바이브레이터의 나라

VIBRATOR NATION by Lynn Comella
© 2017 by Duke University Press
Korean translation copyright © 2022 by Maybooks

이 책의 한국어판 저작권은 대니홍 에이전시를 통한 저작권사와의
독점 계약으로 도서출판 오월의봄에 있습니다. 저작권법에 의해 한국 내에서
보호를 받는 저작물이므로 무단전재와 복제를 금합니다.

바이브레이터의 나라

VIBRATOR NATION

페미니스트 섹스토이숍은
쾌락산업을 어떻게 바꿨는가

린 코멜라 지음
조은혜 옮김

오월의봄

추천의 말

'아니, 이 책은 대체 뭐지?' '이런 책은 처음이야!' 하는 감탄사가 절로 나왔다. 역사? 성교육? 여성학? 사회학? 경영학? 위인전? 어디든 다 속할 수 있는 만능도서는 처음인지라. 이렇게도 책을 쓸 수 있구나 싶어 무릎을 탁 쳤다. 성교육과 성상담 등 성을 다루는 일에 관심 있는 분들에게, 페미니즘 이론서는 많이 읽었지만 배운 걸 어떻게 실천해야 하는지 궁금해하는 분들에게, 그리고 페미니즘에 기반한 활동이나 사업을 구상 중인 분들에게까지 손에 한 권씩 다 쥐어드리고 싶은 책이다. 분명 큰 도움이 될 것이다. 같은 고민을 치열하게 하면서 앞서 그 길을 걸어간 사람들의 경험이 생생하게 담겨 있으니까.

당신은 분명 바이브레이터 하나에도 이런 깊은 역사가 담겨 있는지 몰랐을 것이고, 바이브레이터 하나를 판다는 것에 이런 깊은 실천과 논쟁, 갈등이 엮여 있다는 것도 몰랐을 것이다. 그걸 아는 것이 얼마나 재미있는지, 이 책은 알려준다. 마치 세상 풍파를 다 겪고 돌아온 입심 좋은 언니가 풀어놓는 한 보따리 수다를 듣는 즐거움을 이 책을 통해 한껏 누릴 수 있다. 놀라운 책 한 권이 감사하게도 우리에게 왔다.

— 한채윤, 《여자들의 섹스북》 저자

바이브레이터와 딜도가 인생을 변화시킬 수 있는가? 이 질문에 나는 무조건 그렇다고 대답할 수 있다. 어느 방향으로 변화할지는 물론 알 수 없지만, 좋을 수도 좋지 않을 수도 있다. 섹스를 하고 싶다는 말을 꺼내는 것조차 터부시되는 사회에서 섹스토이는 때로 날개가 된다. 이 책은 섹스 포지티브 운동과 페미니스트 섹스토이 산업의 맥락을 면밀하게 살핀다. 고립된 위치에서 생략된 성 정보를 듣던 이들이 섹스토이숍에서 자신의 욕망을 마주한다. 그 순간 섹스토이숍은 물건을 파는 곳을 뛰어넘어 성교육 강의실이 된다. 나에게 맞는 섹스토이가 뭘까 고민하는 순간, 섹스토이를 골라서 들고 나가는 순간, 어떻게 써볼까 궁리하는 순간, 나의 몸에 섹스토이를 맞대는 순간, 변화는 시작된다. 할머니가 되어서도 딜도를 팔고 싶다던 나의 꿈은 이 책을 읽으며 더 단단해졌다. 세상은 넓고 섹스토이는 많다!

— 은하선, 《이기적 섹스》 저자 · 은하선토이즈 대표

나는 어떤 몸을 가졌든 성적 즐거움으로부터 배제되거나 제외되지 않기, 누구나 진정한 선택과 모험과 실패의 기회를 부여받기, 차별과 폭력이 아닌 좋은 섹스와 나쁜 섹스를 각자가 정의할 수 있기를 활동의 목표로 삼고 있다. 이러한 목표를 실현하기 위해 다양한 전략과 도구가 필요한데, 이 책을 통해 바이브레이터로 대표되는 섹스토이를 매개로 유구하고 울퉁불퉁한 변화의 흐름을 만들어낸 이들이 있다는 것을 배웠다. 그 흐름 속에서 생식과 분리된 쾌락, 비규범적인 즐거움, 안전하고 건강한 섹스가 다시금 정의되고, 성적 지향이나 성별 정체성으로 수렴될 수 없는 성적 실천에 대해 배우고, 대화하고, 경험할 수 있는 장이 형성되었다. 이러한 장을 의식적으로 형성해온 소매업자의 공을 빼놓을 수 없다. 책을 읽으며 아이디어가 하나 떠올랐는데, '버트플러그'에 관심이 있는 사람들의 모임을 꾸려 항문을 모두를 위한 것으로 만드는 작업을 해보고 싶다.

이 책의 또 하나의 장점은 페미니스트 퀴어 정치를 실현하기 위해 조직된 시장의 흥망성쇠가 비영리단체, 여러 협동조합, 의료서비스나 법률서비스를 제공하려는 전문가들에게도 영감을 준다는 것을 짚어낸 데 있다. 필수재와 거리가 멀어 보이는 섹스토이 시장에서 이야기를 만들고 정보와 교육을 연결하면서 누군가의 생존과 건강, 즐거움을 지키고 증진시키는 일 말이다. 동시에 이 시장은 기존의 통념을 재생산하고, 온라인으로 속도를 높이며, 재료와 안전성 검증을 삭제하는 자본 중심의 시장에 잠식되었다. 시장의 역할 및 다양성, 시장을 통해 '평등'하게 교류하는 소비자들, 시장에 대한 국가 규제의 양가성, 섹스 시장에 긴밀히 얽혀 있는 젠더 · 섹슈얼리티 · 인종 · 계급 · 장애의 문제, 자본주의 체제를 넘어서는 시장과 같은 다양한 의제를 고민하는 데 섹스토이만큼 흥미로운 사례가 있을까?

— 나영정, 성적권리와 재생산정의를 위한 센터 셰어SHARE

모든 섹스 포지티브 선구자들에게 바칩니다.
그대들이 이 세상을 더 나은 곳으로 바꿨어요.

프롤로그	시장의 형성	11
1 장	자위산업	37
2 장	상담소를 벗어나 바이브레이터숍으로	89
3 장	사명에 살다	129
4 장	섹스의 포장을 바꾸다	175
5 장	상품의 정치학	221
6 장	섹스퍼트 그리고 섹스 토크	265
7 장	정체성을 팝니다	315
8 장	이윤과 사회변혁	367
에필로그	성장 아니면 죽음?	408
부록	성문화 및 성산업 연구	437

감사의 말 · 446

주 · 455

참고문헌 · 483

옮긴이의 말 · 497

시장의 형성

> 여성이 운영하는 섹스[토이]숍은 여성이 방문해 섹스에 관한
> 정보를 얻고 …… 섹스토이와 바이브레이터를 살 수 있는 몇 안
> 되는 건전한 장소다. 당신이 섹스를 다루고 싶다면, 그곳이야말로
> 페미니즘—그런 게 있다면 말이지만—이 살아 숨 쉬는 곳이다.
>
> —베티 도슨

라스베이거스의 샌즈엑스포앤드컨벤션센터Sands Expo and Convention Center 세미나룸이 꽉 찼다. 강단에는 여섯 명의 여성이 앉아 있었다. 그들은 포르노 제작자, 섹스토이 소매업자, 상품 매입 담당자, 그리고 CEO였는데 모두 존경받는 업계의 리더로, (미국 최대 성인 엔터테인먼트 공개 행사인) 2008 성인엔터테인먼트엑스포2008 Adult Entertainment Expo 기획자들로부터 많은 이들에게 백만 달러의 가치를 갖게 된 질문에 답해줄 것을 요청받은 이들이었다. 그 질문은 바로 "여성은 무엇을 원하는가?"였다.

패널들은 자신이 생각하는 섹스토이와 여성지향적 포르노그래피 마케팅의 핵심 요소를 설명했고, 청중은 열렬히 경청하며 받아 적었다. 여성은 만듦새가 좋으면서 보기도 좋은 제품을 원하며 포장이 예쁜 것을 선호한다고 도매업자 얼리샤 렐스Alicia Relles가 말했다. "예쁘고 기능 좋고 …… 오래 쓸 수 있는 물건이라면 여성들

은 돈을 좀 더 지불하길 주저하지 않죠." 또 여성은 정보를 원한다. "만일 장사가 영 안 되는 성인용품 소매점이 있다면, 난 섹스 워크숍을 시작할 거예요." 펜트하우스 미디어Penthouse Media의 이사인 켈리 홀랜드Kelly Holland가 청중에게 말했다. 이 업계의 베테랑인 킴 에어스Kim Airs도 동의했다. "교육적인 요소는 소매점에 이득을 가져다줍니다. 그런 요소가 있으면 상점은 단순히 가게가 아니라 정보 자료실이 되거든요." 에어스가 강조했다.

패널들은 공통적으로 오랜 기간 남성이 주도해왔으며 페미니즘과 상극이라고 여겨져온 산업의 중력장이 변하고 있다고 말했다. 갓 탄생한 여성지향적 섹스토이 및 포르노그래피 시장은 많은 분석가들이 성인산업에서 가장 빠르게 성장하는 분야로 꼽을 정도였다. 홀랜드가 "여성들도 쓸 돈이 있거든요. 진짜라니까요"라고 청중을 향해 말했다. "그리고 여성들은 자기 자존감, 지성, 성생활을 향상시킨다고 여기는 데 돈 쓰기를 좋아합니다." 세계 최대 규모의 섹스토이 제작사 중 하나인 독 존슨Doc Johnson의 미국 세일즈 매니저 켄 도프먼Ken Dorfman도 비슷한 주장을 하며 달러와 센트 단위까지 인용했다. "남자가 혼자서 쇼핑을 하면 평균 8달러를 씁니다. 두 남자가 함께 쇼핑하면 12달러를 쓰죠. 그런데 여자는 혼자 쇼핑하면서 평균 83달러를 씁니다. 여자 두 명이 쇼핑을 하면 170달러를 쓰죠."[1] 불법 복제와 무료 인터넷 동영상 사이트로 인해 포르노그래피로 얻는 이윤이 급격히 감소한 시대에 이 숫자들은 매우 강렬한 메시지를 전했다. 시장이 변하고 있으며, 성인산업도 그와 함께 변해야 한다는 이야기 말이다.

이 컨벤션의 악명 높은 뒤풀이 파티마저 그러한 변화를 반영하고 있었다. 그날 저녁, 라스베이거스 스트립^{Las Vegas Strip}*을 저 높이서 굽어보는 베니션 호텔·카지노의 한 스위트에서 페미니스트 섹스토이 소매업체 베이브랜드^{Babeland}는 즈주^{Je Joue}**의 바이브레이터 사시^{SaSi} 출시를 축하하는 파티를 열었다. 시장에 출시된 가장 혁신적인 바이브레이터라는 사시는 유려한 디자인과 고객맞춤형 제작 기술이 결합된 제품으로 홍보되었다. 제품 디자이너들이 자신이 영국에서 들고 온 시제품 주위에 옹기종기 모여 있는 동안, 베이브랜드 공동창업자 레이첼 베닝^{Rachel Venning}을 비롯한 다른 참석자들은 '사시티니^{SaSitini}'라는 이름이 붙은 그날의 특별한 칵테일을 마시며 방 안을 서성였다. 트랜스젠더 포르노스타 벅앤절^{Buck Angel}이 침대에서 빈둥거리는 동안 페미니스트 작가이자 영화감독인 트리스탄 타오미노^{Tristan Taormino}는 영화제에서 수상한 자신의 포르노 시리즈 작품 중 하나인 〈케미스트리^{Chemistry}〉 DVD에 사인을 하고 있었다.

이런 광경은 독자들의 아버지 세대가 접했을 법한 포르노 산업계 파티와는 다른 모습으로, 여성지향적 성산업 시장의 영향력이 커졌음을 보여준다. 상당히 최근까지도 여성 성산업은 더 큰 산업계의 작고 하찮은 일부로 취급되었을 뿐 아니라 업자들도 이 분야를 진지하게 고려할 시장이라기보다 장난스런 윙크나 날려줄 특수한 틈새 시장이라고 생각했다. 최근 수십 년간 여성은 수백만 시청자에게 래빗 바이브레이터^{Rabbit vibrator}***를 소개한 〈섹스

---

*   라스베이거스 최대 유흥가이자 중심지.
**   런던에 기반을 둔 다국적 섹스토이 업체로, 주로 고급형 제품을 취급한다.

앤드 더 시티^{Sex and the City}〉 같은 텔레비전 드라마의 인기와 《그레이의 50가지 그림자^{Fifty Shades of Grey}》의 대성공에 일부분 힘입어, 성애 방면에서 흥행주이자 소비자라는 새로운 경제적·문화적 지위를 얻게 되었다.[2]

섹스토이 제작사부터 소매사에 이르기까지, 많은 성인 엔터테인먼트 회사가 여성 소비자에게 구애하는 방향으로 눈을 돌려 사업 관행을 보완하기 시작했다. 예를 들면 기존의 소매상들은 비디오게임장을 없앤 후, 가게가 밝고 환하게 보이도록 페인트칠을 다시 했으며, 여성 직원을 고용했고 질이 좋은 물건을 갖추고 있음을 매우 강조하면서 친절한 고객서비스를 제공했다. 그들은 여성과 여성의 지갑에 호소력을 발휘할 목적으로 성인용품점의 모난 부분을 누그러뜨리면서, 이전에는 관례적으로 야하고 노골적이던 성인용품 산업의 이미지를 부드럽게 바꾸려고 했다.

2009년 인디애나대학교 연구진이 수행한 연구는 여성 중 거의 50퍼센트가 바이브레이터를 사용한 경험이 있으며, 그들 가운데 80퍼센트는 파트너와 함께한 섹스에서 바이브레이터를 사용했다고 밝혔다.[3] 이 연구 결과를 참조한 콘돔 제조사 트로잔^{Trojan}은 독자적인 바이브레이터 상품 라인을 개발하여 섹스토이의 인기 성장에 편승했다.[4] 이후 인기 있는 여성·남성 잡지에 섹스토이 정보가 넘쳐났으며, 근처 월그린^{Walgreen}[미국 체인 마트]에서 바이브레이터를 파는 걸 흔히 볼 수 있었다. 여성 유명인들까지 섹스토이

*** 몸체가 두 개로 갈라져 클리토리스와 질 내부를 동시에 자극할 수 있는 토끼 모양의 여성용 자위 도구.

열풍에 편승했다. 〈애틀란타의 진짜 주부들^{Real Housewives of Atlanta}〉****로 유명해진 출연자 칸디 버러스^{Kandi Burruss}는 섹스토이 제조사 오마이바드^{OhMiBod}와 협력해 자신의 이름을 건 섹스토이 라인 베드룸 칸디^{Bedroom Kandi}를 출시했고, 팝스타 메이시 그레이^{Macy Gray}는 자신의 "배터리로 작동하는 남자친구"에게 부치는 송가를 써서 신문 헤드라인을 장식했다. 주류 언론에서는 섹스토이 혁명에 불을 붙인 여성의 역할을 질리지도 않고 계속 다뤘다. 《허핑턴 포스트^{Huffington Post}》의 한 기고자는 "섹스토이가 여성의 베스트 프렌드일까?"라고 질문했다. 어떤 기자는 "섹스토이가 핫하다"고 선언하면서, 섹스토이 산업이 해마다 150억 달러 이상 성장한다는 자주 인용되는 수치를 언급했다.[5] 섹스토이 업체들이 매출 정보를 숨기기도 하고, 믿을 만한 성인산업 데이터가 거의 없기도 해서 섹스토이 시장 규모를 정확히 확언하기는 힘들다. 그러나 1970년대 이후로 섹스토이를 향한 관심, 논의, 그리고 섹스토이 판매가 기하급수적으로 늘어났으며 여성이 그 과정을 주도해왔다는 점은 반박하기 어려운 사실이다.

새로운 섹스 판매

여성의 성적 만족과 오르가슴이 늘 대중적 관심사였던 건 아니다. 베티 프리단^{Betty Friedan}의 획기적인 저서 《여성성의 신화^{The}

**** 부유한 중장년층 여성들의 일상과 인간관계를 보여주는 리얼리티 프로그램.

Feminine Mystique》는 1950년대를 많은 여성에게 극심한 양가감정을 유발한 시대로 기록했다. 1963년에 출간된 《여성성의 신화》는 전후 가정 이데올로기를 향한 광신에 존재하는 균열을 드러냈다. 그 광신은 불행하고 지루해하며 무기력에 시달리는 교외의 가정주부 한 세대를 만들어냈다. 잡지, 광고, 대중 심리학, 그리고 고등교육은 서로 공모하며 여성이 이룰 수 있는 가장 위대한 성취는 바닥을 윤내고, 캐서롤*을 굽고, 학부모회 임원이 되는 것이라고 설득해왔다. 결국 자녀, 남편, 그리고 가정을 중심으로 삶이 돌아가는 많은 백인 중산층 여성은 "정말 이게 전부란 말야?"라는 의문을 품게 하는 정체성의 위기에 맞닥뜨렸다.[6]

동시에 이 여성들은 섹스 문제에서 상호 모순적인 메시지들을 받고 있었다. 1950년대 대중문화에서 결혼과 어머니됨에 대한 로맨틱한 환상은 매우 큰 자리를 차지했으나, 그와 경쟁하는 다른 기류 역시 흐르고 있었다. 인디애나대학교에서 성을 연구하던 앨프리드 킨제이Alfred Kinsey는 1953년 《인간 여성의 성행동Sexual Behavior in the Human Female》을 출판하여 비밀을 세상에 누설했다. 역사학자 세라 에번스Sara Evans에 따르면, 킨제이의 발견은 20세기 내내 조용한 성혁명이 퍼져나가고 있었음을 보여줬다.[7] 여성은 자위를 하고 오르가슴을 느끼는 존재였다. 여성은 혼전에 격렬한 애무를 하거나 때로는 삽입성교를 하기도 한다. 여성은 혼외 관계인 상대와 바람을 피운다. 연구 대상자 여성 다수가 자신이 이성애자만은 아님을 내비쳤다. 킨제이의 발견은 "공공연하게 지지받는 규범과 완전히

---

*   넓고 평평한 냄비에 채소와 고기, 감자 등을 채운 미국의 대중 요리.

어긋나는 광대한 성 경험의 세계"를 보여줬다.[8]

《플레이보이Playboy》 제1호가 신문 가판대를 장식한 것도 킨제이의 연구가 발표된 1953년이었다. 저술가 바버라 에런라이크Barbara Ehrenreich는 《플레이보이》가 남성들에게 책임감보다 반항을 조장하는, "확장하고 팽창하는 운동을 홍보하는 기관지"였다고 주장한 바 있다.[9] 《플레이보이》는 젊은 남성들에게 남편, 아버지, 그리고 생계를 책임지는 가장이라는 전통적 역할을 거부하고 대신 싱글로 남아 여러 명의 아름다운 여성을 비롯해 더 멋진 것에 탐닉하라고 부추겼다. 이런 식으로 킨제이의 연구와 휴 헤프너Hugh Hefner의 《플레이보이》, 그리고 그보다 조금 뒤에 출판된 헬렌 걸리 브라운Helen Curley Brown의 《섹스와 싱글 여성Sex and the Single Girl》은 베티 프리단이 젠더 역할에 대한 경직된 기대에 짓눌려 교외 지역에 거주하는 수많은 가정주부들이 느끼던 깊은 불만족을 폭로하기 10년 전에, 그리고 1960년대의 성혁명이 본격화되기 몇 년 전에, "가정 이데올로기의 구속복을 느슨하게" 하는 방향으로 당대의 성 관념에 도전했다.[10]

여성들은 더 개방적인 성 문화를 묘사하는 영화·잡지·소설에 둘러싸였다. 1956년에 《뉴욕 타임스》 베스트셀러 목록을 장식했던 《페이턴 플레이스Peyton Place》는 뉴잉글랜드에 위치한다고 설정된 가상의 마을에서 들끓는 고삐 풀린 욕정에 관한 이야기였다. 신문 가판대나 동네 약국에서 야한 레즈비언 통속소설을 쉽게 살 수 있는 시대였지만, 여성에게는 사회적으로 승인된 성적 욕망의 배출구가 없었고, 자신의 성적 욕망, 환상, 좌절과 쾌락을 자유롭게 토로할 기회 역시 부재했다.[11] 그렇다면 프리단이 《여성성의 신화》를 쓰기 위해 인터뷰를 진행하면서 "성적인 것과 전혀 관련 없는 질문에 자주 노골적으로 성적인 대답을 하는" 여성들과 만난 것은 놀랄 일이 아니었다.[12] 이 백인 중산층 여성들은 자신이 경험한 성적 모험을 이야기하고 싶어 하며, 그 이야기에 자주 남편 이외의 다른 남자가 등장한다는 사실에 프리단은 놀라움과 혼란을 느꼈다. 섹스를 향한 이러한 집착은 "이름 없는 문제"의 원인일까, 아니면 결과일까? 여성이 가정에서 누릴 수 있는 더 없는 행복을 기대하며 집으로 물러난 바로 그 시대에 프리단이 "미국 여성의 좌절된 성적 갈망"이라 표현한 것을 어떻게 이해하면 좋단 말인가?[13]

후일 1966년에 전미여성기구National Organization for Women, NOW 창설에 기여한 프리단조차 여성들이 자신의 성생활을 주제로 삼아 토로할 때 어떻게 이끌어가야 할지 알 수 없었다. 그러나 프리단의 책이 출판될 무렵, 미국의 성 관념에는 상전벽해라 할 만한 변화가 이미 시작되었다. 1960년에 미국 식품의약청FDA은 경구피임약을 승인한다. 1964년에 이르면 피임약은 미국에서 가장 인기 있는 피임 방법이자, "여성이 자기 삶의 통제권을 성취하려는 노력에 중요한 도구"로 자리 잡았다.[14] 아주 작지만 너무나 혁신적인 이 알약은 여성의 커져가는 성적 자율성의 상징이었을 뿐만 아니라, 성적 자유의 상업화가 심화된다는 두드러진 지표이기도 했다. 저술가 데이비드 앨린David Allyn은 성혁명이 "자유시장이 아니었다면 [절대] 시작되지 못했을 것"이라고 주장한다.[15] 제약회사들은 수익 가능성을 보고 경구피임약 개발에 투자한 것이다. 앨린에 따르면, "시장이 성애물을 간절히 원했기 때문에" 1950년대와 1960

년대에 미국 연방대법원이 음란물의 정의를 상당 부분 개정한 것이다.[16] 1960년대 말에 이르면 미국 사회는 소비문화와 성 관념의 변천에 힘입어 더욱 눈에 띄게 성애화되는데, 이를 입증해주는 증거는 풍부하다.[17]

1970년대에 소비자이자 판매자로서 성산업 시장에 진출하려 했던 여성들의 시도는 이러한 배경에서 등장한 것이다. 여성들은 남성으로부터 점차 경제적 독립을 이루면서 성적 독립성도 꾸준히 키워갔다. 바버라 에런라이크, 엘리자베스 헤스Elizabeth Hess, 그리고 글로리아 제이콥스Gloria Jacobs 같은 저술가들의 표현을 빌리자면, 그로 인해 "성산업에 새로 등장한 소비 계층"이 형성되었다.[18] 새로운 종류의 여성 섹슈얼리티가 시장 문화를 통해 만들어진 것이다. "이 소비자의 장에서 여성의 섹슈얼리티는 기존의 주류 사회와 다른 방식으로 기능했다. 섹슈얼리티는 재생산, 모성, 모노가미monogamy*, 심지어는 이성애와도 분리되었다."[19] 그러나 무엇보다도 성 시장은 "페미니스트 섹슈얼리티 학회에 참석해본 적 없거나 어쩌면 새로 출판된 성행위 안내서조차 읽어본 적 없는"[20] 여성들에게 성혁명을 전파하여 [성적 영역에서] 일종의 민주화를 이뤄냈다는 것이 이들의 주장이다.

한편, 제2물결 페미니스트들은 게이·레즈비언 해방운동이 지속적으로 가시화되는 것에 힘입어 미국 문화에서 젠더와 섹슈얼리티가 이해되던 방식을 극적으로 변화시키고 있었다. 제2물

---

* 전통적인 일대일의 독점적 연애·성애·결혼 관계를 지칭한다. 관계 참여자의 성별을 특정하는 단어가 아니기에 '일부일처제'로 번역하지 않았다.

결 페미니스트들은 여성이 섹스를 자신의 쾌락을 위해 추구할 수 있는 권리가 아니라 의무로 여기도록 여성들을 교육해온 가부장적 현상에 도전했다. 그들은 여성 오르가슴의 정치학을 주제로 글을 썼고, 섹슈얼리티 의식 함양 모임에 참석했으며, [여성의] 자위를 확고한 페미니즘 실천으로 자리매김했다. 클리토리스의 중요성은 페미니스트 토론회, 워크숍, 섹스 테라피* 모임, 그리고 베티 도슨Betty Dodson의 《자위 해방시키기Liberating Masturbation》 같은 팸플릿에서 새롭게 부상했다. [페미니스트들은] 여성에게 자기 몸을 탐구하고 오르가슴의 주도권을 쥐기 위한 방법 중 하나로 자위를 장려했다.

그러나 모든 사람이 성산업의 팽창을 성적 자유의 지표로 간주하지는 않았다. 1967년 10월, 미국 의회는 음란물과 포르노그래피 거래를 "국가적 관심사"로 선포하고 '음란물 및 포르노그래피 감독위원회'라는 자문 기구를 창설했다.[21] 린든 B. 존슨Lyndon B. Johnson 대통령은 악명 높은 외설 산업이 미국 사회에 혼란을 일으키고 있는지 판단할 증거를 수집하기 위해 18명의 자문단으로 구성된 위원회를 설치했다. 이 위원회가 1970년에 발행한 보고서는 포르노그래피의 해로움을 시사하는 증거를 찾아내지 못했다고 보고한다. 보고서는 오히려 "성적 행위를 노골적으로 묘사한 표현물과 관련된 '문제'의 대부분은 우리 사회에서 사람들이 성적인 문제를 터놓고 직접적으로 다루기를 꺼리거나 아예 그렇게 하지

---

* 섹슈얼리티와 관련한 문제에 전문적인 상담과 치료를 제공하고 조언해주는 활동을 말하며, 이를 수행하는 상담가·임상심리사를 섹스 테라피스트라고 한다.

못하기 때문에 일어난다"고 기술했다.[22]

이러한 발견은 격분을 불러일으켰다. 미국 상원은 60 대 5 표결로 이 보고서 채택을 반대하는 결론을 냈으며 [당시 부통령이 었던] 스피로 T. 애그뉴$^{Spiro\ T.\ Agnew}$는 닉슨 행정부를 대표하여 "리처드 닉슨$^{Richard\ Nixon}$이 대통령직을 수행하는 한, 우리의 번화가$^{Main\ street}$가 외설적인 뒷골목$^{Smut\ Alley}$으로 변해버리는 일은 일어나지 않습니다"[23]라고 미국 국민을 안심시켰다.

여성운동 일각에서도 페미니즘적 관점에서 포르노그래피에 반대하는 움직임이 격화되고 있었다. 1972년 영화 〈목구멍 깊숙이$^{Deep\ Throat}$〉가 개봉한 것을 계기로 포르노그래피는 전국적 관심의 중심에 놓였으며, 이 영화는 포르노 시크$^{porno\ chic}$**의 시대를 열어젖혔다.[24] 〈목구멍 깊숙이〉는 기이하게도 클리토리스가 목구멍 깊숙한 곳으로 옮겨진 한 여성의 이야기를 다룬다. 그 여성은 성적 절정과 오르가슴을 경험하기 위해 목구멍 깊숙이 남성 성기를 삽입하는 오럴 섹스를 완벽하게 해내야 했다. 〈목구멍 깊숙이〉는 많은 여성에게 성혁명의 실패와 미국 문화가 여성의 쾌락을 진지하게 받아들일 능력이 없다는 점을 강조하는 영화였다. 매체 연구자 캐롤린 브론스타인$^{Carolyn\ Bronstein}$에 따르면, 〈목구멍 깊숙이〉는 페미니즘에 깨달음의 순간을 제공했고, 남성이 여성을 생각하는

** 1969년부터 1984년까지 약 15년 동안 이루어졌던 미국 상업 포르노그래피의 황금기를 말한다. 이 시기에는 포르노가 활발하게 제작되고 상업적 성공을 거두었을 뿐 아니라 영화, 방송 등 주류 문화계에서 진지하고 활발하게 논의되었다. '포르노 시크'라는 용어는 랠프 블루먼솔$^{Ralph\ Blumenthal}$이 《뉴욕 타임스》에 기고하면서 최초로 사용한 것으로 추정된다.

방식에 관한 "고통스러운 진실"을 압축해 보여줬다.[25] 조직적인 반포르노그래피 페미니스트 운동이 등장한 것은 이로부터 몇 년이 지난 후였지만 경고음은 이미 울리고 있었던 것이다.

포르노그래피를 쉽게 접할 수 있게 되었다는 사실 외에도 우려를 심화시키는 요인은 더 있었다. 조지아주 주의회는 1975년 '성 도구' 판매를 법으로 금지하는 조지아주 외설 금지 조항을 개정하여 텍사스와 앨라배마 등 다른 주에 모범이 된 법적 선례를 만들어냈다.[26] 바이브레이터는 급작스레 성적 프라이버시에 대한 개인의 권리와 국익을 위한 공공 도덕의 단속이 대립하는 법정 분쟁의 중심에 놓였다. 많은 비평가는 이 공공 도덕이 차별에 근거해 여성만을 겨냥한다고 주장했다(텍사스에서는 바이브레이터를 사는 것보다 권총을 사는 게 더 쉽다는 말이 여러 해 동안 인기 있는 농담거리였다. 여성이 운영하는 오스틴[텍사스의 주도]의 포비든 프루트Forbidden Fruit라는 섹스토이숍은 법과 규제를 피하기 위해 판매 물품의 성적인 쓸모를 감추는 복잡하게 암호화된 언어를 도입했다).[27]

이 책의 주인공은 이 혼란스러운 문화 논쟁의 소용돌이를 헤쳐나간, 선구적인 페미니스트 기업인들이다. 1974년 뉴욕에서 미국 최초로 여성의 쾌락과 건강에 중점을 둔 기업인 이브스가든Eve's Garden을 창업한 델 윌리엄스Dell Williams와, 1977년 샌프란시스코에서 섹스토이 소매점 굿바이브레이션스Good Vibrations를 개업했으며 여성친화적 바이브레이터숍의 모델이 존재하지 않던 시절에 섹스토이숍이 누구를 위한 곳이며 어떤 종류의 문화 공간이 될 수 있는지를 대담하게 재구상한 조아니 블랭크Joani Blank가 그들이다. 성산업 시장에 당당하게 페미니즘 관점을 도입한 사업체는 이들이 처음이었으며, 그들은 베이브랜드의 공동창업자 클레어 캐버너^{Claire Cavanah}가 "대안적 성판매 운동^{alternative sex vending movement}"²⁸이라고 부른 것을 확립하는 데 기여했다.

윌리엄스와 블랭크는 평범한 여성이 편하게 섹스토이를 살 수 있는 곳이 없을 때, 심지어 섹스 이야기를 터놓고 할 만한 장소도 거의 없을 때 사업을 시작했다. 종래의 성인용품점은 여성 구매자를 고려해서 만들어지지 않았다. 택배 주문으로 부부관계 보조 도구를 파는 가게 중 평판이 괜찮은 곳은 극히 드물었다. 그리고 여성이 백화점이나 다른 어떤 가게든 들어가서 진동 마사지기를 산다는 건 "세상에, 우리 예쁜이 진짜 굶주렸나보네"라고 말할지도 모르는 남성 점원을 맞닥뜨릴 위험을 감수해야 하는 행위였다.²⁹

공중보건학으로 석사학위를 받은 섹스 테라피스트 블랭크는 굿바이브레이션스를 [매듭 공예품] 마크라메가 벽에 걸려 있던 샌프란시스코 미션 디스트릭트^{Mission District}*의 구멍가게에서 전국적으로 이름을 날린 일종의 성지식센터로 키워내, 규준이라고 할 만한 것이 없던 업계에서 품질 향상을 주도했다. 그러면서 그는 자신의 사업에 경쟁에 목매지 않는 분위기를 불어넣었을 뿐 아니라, 회사의 재정 기록과 공급자 목록을 비슷한 사업체를 설립할 기업가 정신을 갖춘 인턴들에게 기꺼이 공유했다.

그로부터 몇십 년이 지난 오늘날, 굿바이브레이션스의 소매

---

* 다양한 인종적 배경을 지닌 이민자들의 거주 지역으로, 1970년대부터는 퀴어가 많이 거주했다. 퀴어 문화, 펑크 문화, 예술친화적 분위기로 유명하다.

모델에 기반한 여성친화적 섹스[토이]숍의 디아스포라는 전국의 도시로 뻗어나갔다. 시애틀과 뉴욕의 베이브랜드, 시카고의 얼리 투베드Early to Bed, 미니애폴리스의 스미튼키튼Smitten Kitten, 앨버커키의 셀프서브Self Serve, 볼티모어의 슈거Sugar, 오클랜드의 필모어Feelmore와 같은 섹스토이숍은 질 좋은 상품을 판매하고 정확한 성 지식을 제공하는 것을 자신의 소매업에 부여된 사명의 주춧돌로 삼았으며, 그 과정에서 여성과 자신을 퀴어로 정체화한 이와 젠더비순응자gender-nonconforming가 성적 주체이자 소비자로 중요하게 받아들여지도록 힘썼다.

이 책은 미국의 페미니스트 섹스토이 산업과 그 산업에서 선각자 역할을 했던 여성들의 이야기다. 시장의 형성과 운동의 성장을 연대기로 그리며 쾌락산업과 상업의 정치학을 형성한 인접 영역을 자세히 다룬다. 이를 논의하기 위해 나는 광범위한 민족지학 연구와 아카이브 연구를 활용할 것이다. 이 연구에는 주요 소매업자, 제조자, 그리고 홍보 담당자와 나눈 80회 이상의 인터뷰가 담겨 있다. 이를 통해 이 책은 섹스 포지티브 소매업 운동의 역사를 매우 젠더화되고 계급화된 본성도 빼놓지 않고 탐구하며, 정체성 정치학과 페미니스트 기업 활동의 관계뿐 아니라 현재도 계속되며 어쩌면 해결 불가능할 수익성과 사회 변화 사이에서 발생하는 긴장까지 논한다. 이 책은 페미니즘 발명, 개입, 그리고 모순에 관해 다루며 섹스 포지티브 소매업자들이 사회운동가를 겸업하고, 상품이 해방의 도구로 규정되며, 소비자는 오르가슴을 통해 더 나은 삶을 살 수 있다는 약속을 믿고 기꺼이 돈을 지불하는 세상에 관한 책이다.

쎅-쓰 이야기를 해보자

나는 대학원생이던 1998년에 페미니스트 섹스토이숍이라는 주제로 첫 인터뷰를 했다. 그 당시 참여했던 현장연구 방법론 세미나의 필수 과제가 소규모 민족지학 프로젝트를 수행하는 것이었다. 섹슈얼리티와 대중문화의 관계에 흥미가 있었던 나는 여성의 섹슈얼리티가 사적 공간의 프라이버시로 격하되지 않고 공적 존재로 당당하게 인정받는 공간과 장소에 대해 더 알아보고 싶었다.[30] 운 좋게도 그 무렵 여성지향 섹스토이숍 인티머시스Intimacies가 내가 살던 작은 대학가 마을에 막 개업한 참이었다. 인티머시스에서 경험한 일들이 페미니스트 섹스[토이]숍의 역사를 이해하고 소매 문화에 대한 사유를 발전시키는 데 매우 큰 영향을 미쳤기 때문에, 나는 인티머시스 운영자 에일린 저니Aileen Journey와 나눈 초기 인터뷰로 몇 번이고 되돌아갔다. 이 인터뷰는 나에게 연구자로서 처음으로 돈오頓悟의 순간을 맞도록 해준 경험이기도 했다.

저니는 자신의 사업이 "여성이 자신의 역량을 기를 수 있도록 지원하는 페미니스트적 방법"이라고 여기며 굿바이브레이션스를 모델 삼아 가게를 꾸렸다고 내게 말했다. 굿바이브레이션스는 겨우 50달러의 명목상 비용을 받고 저니에게 섹스토이 공급업체 명단을 제공하기까지 했다. 이는 굿바이브레이션스 창업자인 블랭크가 전국의 많은 도시에 비슷한 가게가 생기길 원했기 때문으로, 인티머시스 이외에도 많은 섹스토이숍이 굿바이브레이션스의 도움을 받았다고 저니는 강조했다. 그에 따르면, 굿바이브레이션스의 사업 모델에는 "포르노가 여기저기 나돌아다니지 않는",

편안하면서도 고객이 환대받을 수 있는 환경을 조성하는 데 강조를 두는 방침이 포함되어 있었다. 그곳은 젠더 정체성과 성적 지향이 어떻든 모든 여성과 남성이 성적 대상이 아닌 주체로 설 수 있는 곳이었고, 제품을 공개적으로 진열해 사람들이 [편하게] 물건을 고르고 "이게 괜찮은 물건이라고 추천받을 수 있는" 곳이었다. 저니는 인티머시스가 사람들이 섹스에 관한 질문을 하고 정보를 얻을 수 있는 자료센터이기도 하다고 설명했다.[31]

나는 남성 고객에 주력하는 것처럼 보이는 전형적인 성인용품점과 이 사업체가 차별화되는 요인을 더 잘 이해해보려는 노력의 일환으로 판매 점원과 고객들의 상호작용을 관찰하며 인티머시스에서 몇 시간씩 보냈다. "가게에 들어와서 이런 물건 이야기를 하면 정말 해방감이 느껴져요!" 한 여성 고객이 강조했다. 다른 고객은 "난 여기 올 때마다 더 용감해져요. 처음 왔을 때는 아는 사람이 나를 볼까 무서워 어깨 너머로 넘겨다 봤어요. 두 번째 왔을 때는 직원분이 물건 작동법을 설명하자 얼굴을 붉혔고요. 이번엔 그냥 아무 데나 주차를 해버리고 바로 당당하게 걸어 들어왔다니까요!"라고 말했다.

나는 연구자로서 이 공간에 매혹되었다. 나는 곧 이것이 한 페미니스트 섹스토이숍의 이야기일 뿐만 아니라 섹스토이를 팔고 섹스를 이야기하는, 성 거래와 페미니스트 정치학이 결합된 특정 방식을 도입한 전국적인 기업 네트워크 전체의 이야기라는 점을 깨달았다. 나는 즉각 이 소규모 조사를 발전시켜 굿바이브레이션스 모델의 역사와 자취를 더 세심히 진술하고 밝힐 수 있는 더 큰 규모의 연구 과제로 만들어야겠다고 다짐했다. 어떤 성적 은

어, 사업 방법, 이념, 난점, 역설이 이 사업체들을 지금과 같은 모습으로 만들었을까? 나는 더 알고 싶었다.

나는 페미니스트 성전쟁sex war*이 최고조에 달했던 1980년대, 즉 포르노그래피, BDSM**, 부치-펨 관계, 그리고 정치적으로 올바른 성적 표현을 둘러싼 격렬한 논쟁이 많은 페미니스트를 양극으로 갈라놓았던 시기에 페미니스트가 되었다. 그래서 이 연구 기획은 나와 특별히 공명하는 데가 있었다. 학부 시절에 나는 여러 가치와 정치적 헌신이 경합하여 페미니스트 그룹이 분열하는 모습을 직접 지켜봤다. 섹슈얼리티 의제를 놓고 입장이 반대라는 이유로 서로 말도 섞지 않는 여성학 교수님이 여럿 있었던 것이다. 여성의 섹슈얼리티와 그 공적 표현을 두고 벌어지는 이러한

---

* 섹슈얼리티 및 여성의 성적 실천에 대해 서로 대립적인 의견을 취한 페미니스트 사이의 논쟁으로 시작해 정치적·사회적 논쟁으로까지 확대되었다. 그 논쟁은 제2물결 페미니즘의 말기인 1970~1980년대에 절정에 달했고, 지금까지도 그 영향이 지속되고 있다. '옮긴이의 말'에 좀 더 자세한 설명이 담겨 있다.

** BDSM은 결박bondage, 훈육discipline과 지배domination, 사디즘sadism과 순종submission, 그리고 마조히즘masochism의 약자를 합한 것이다. 합의하에 참여자들이 역할을 나눠 권력 관계와 가학 및 피학 행위를 소재 삼아 수행하는 일종의 에로틱한 퍼포먼스 또는 역할놀이로, 그 실천 과정에는 맞고 때리기, 결박당하기, 일부러 수치심을 주고받는 행위처럼 일반적으로 폭력에 해당한다고 할 수 있는 것들이 자주 포함된다. 그러나 BDSM과 일반적인 폭력 사이에는 합의라는 경계선이 존재한다. 일방적인 가해 행위인 폭력과 달리 BDSM은 철저하게 참여하는 모든 사람의 사전 합의라는 테두리 안에서 수행해야 하며, 사전 합의 역시 참여자 중 단 한 사람이라도 거부 의사를 밝힐 경우 언제든 즉시 철회될 수 있어야 한다. BDSM의 정의와 의미 및 사회적 의의에 대해서는 페미니즘 안팎에 여러 입장이 존재하나, 여기에서는 독자들의 이해를 위한 간단한 설명으로 대신한다. 한채윤, 《여자들의 섹스북》(이매진, 2019, 146~147쪽)의 '에스엠' 항목을 참조하여 작성했다.

전쟁은 빈번하게 여성의 성적 쾌락 추구와 남성 욕망 및 폭력이라는 익히 알려진 위험 사이에서 발생하는 충돌이기도 하다. 나의 페미니즘 이해와 나 자신의 섹슈얼리티 역시 이 전쟁과 깊이 얽혀 있다.[32]

같은 시기에 나는 도슨이 여성 자위에 대해 쓴 기념비적 논문을 접했다. 이 논문은 자위가 여성해방에 필수적인 디딤돌이었다고 제시했다. 그리고 몇 년 후인 1990년대 초반, 나는 생애 첫 샌프란시스코 여행 중 굿바이브레이션스를 방문했다. 《온 아워 백스On Our Backs》*에 실린 수지 브라이트Susie Bright의 칼럼 〈우리를 위한 토이Toys for Us〉에서 알게 된 그 가게였다. 내가 섹스토이숍에 가본 것은 그때가 처음이었다. 비록 아무것도 사지 않았지만 그날의 방문은 마치 통과의례 같았다. 완전히 새로운 성적 상상과 가능성의 세계로 들어갈 자격을 부여받은 것처럼 느껴졌다. 돌이켜보건대 나 자신을 새로운 방식으로 상상할 수 있도록 해준 다양한 '성적 공중sex public'(여성이 운영하는 섹스토이숍, 섹스 가이드, 에로티카 소설, 그리고 페미니스트 포르노그래피)과 접하지 않았다면 나의 성적 여정이 어떤 길로 접어들었을지 그려보기 힘들 것 같다.

나는 성장하면서 성 관련 정보를 쉽게 접할 수 없었고, 터놓고 섹스 이야기를 하는 가정에서 자라지도 않았는데, 그 때문에 이런 발견이 더 의미 있게 다가왔다. 우리 부모님은 내게 섹스는 결혼할 때까지 미뤄둬야 하는 것이고, 착한 여자아이는 하지 않

---

* 여성이 주체가 되어 발행한 여성지향 에로티카 잡지로, 1984년부터 2006년까지 발행되었다.

는 행동이며, 성적 평판은 어떤 대가를 치러서라도 지킬 만큼 값진 것이라고 가르치셨다. 나는 이른 나이에 섹스가 위험한 것이라고 배웠다. 섹스를 하면 임신을 하거나, 병에 걸리거나, 험담을 들을 수 있었다. 아마도 당연한 결과이겠지만, 이런 교훈은 10대 시절에 섹스를 탐구하거나 실험해보도록 이끌어주진 않았다. 대신, 상당한 혼란과 분노를 불러일으켰다. 나이가 들면서 공개된 성 문화에 호기심을 느꼈고, 덕분에 나 자신의 섹슈얼리티를 탐구할 수 있었다. 그 탐구는 변혁적이고 의미심장한 방식으로 이루어졌다.

2000년대 초반, 뉴욕에 있는 페미니스트 소매점 베이브랜드에서 학위논문을 위해 연구를 수행하면서 나는 내가 성 문화 개혁 운동의 선두에 있음을 깨달았다.[33] 나는 판매 현장에서 성교육 담당 직원으로 일하기 위해 훈련을 받았다. 그러면서 가게의 일상을 구성하는 여러 활동에 참여하고, 내부 지식을 얻을 수 있었다. 나는 수백 명의 고객과 그들의 성생활에 대해 이야기를 나누고, 내게 할당된 분량의 딜도와 바이브레이터를 판매하고, 직원 회의와 마케팅 회의에 참석하고, 한 번에 몇 시간씩 연이어 서서 일했으며, 마감할 때는 손가락을 꼬며 시재 정산 금액이 맞기를 기도했다. 민족지학자의 꿈이자 전국적 인지도를 가진 페미니스트 섹스토이숍의 내부 성소로 들어갈 수 있는 절호의 기회였다(부록 참조).

관찰자이자 참여자, 민족지학자이자 바이브레이터 판매원인 나의 위치는 내가 베이브랜드를 비롯한 페미니스트 섹스토이 소매점들이 고객에게 자랑스럽게 제공하는 성 말하기 현상 안으로 곧장 진입했음을 뜻했다. 나는 쇼핑객들과 지스팟G-spot, 끈 달린 딜도, 그리고 바이브레이터 사용법에 대해 이야기를 나눴다. 나는 그들에게 《굿바이브레이션스의 섹스 가이드^{Good Vibrations Guide to} ^{Sex}》《멀티오르가슴을 느끼는 남자^{The Multi-Orgasmic Man}》《여성을 위한 궁극의 항문성교 가이드^{The Ultimate Guide to Anal Sex for Women}》《성폭력 생존자를 위한 섹스 가이드^{The survivors Guide to Sex}》 같은 책을 추천해주었다. 베이브랜드 영상 도서관에 가서 〈목구멍 깊숙이〉부터 〈숙이는 남자친구^{Bend Over Boyfriend}〉까지 포르노그래피의 역사적 사실을 탐구한 적도 있다. 나는 고객들에게 성 관련 정보를 주고, 흔히 퍼진 근거 없는 우려에 반박했으며("바이브레이터에 중독될 수도 있지 않나요?"에 대한 대답은 "아니오"다), 좀 더 성적 쾌락을 즐기며 살고 싶은 욕구는 전혀 잘못된 것이 아니라고 말하며 다양한 사회 계층에 속한 고객들의 불안을 달래주었다.

이제는 사람들이 나를 일종의 성 상담가라고 할까, 학문적으로 신뢰할 수 있고 실전 요령도 갖춘 유사 전문가로 본다는 것을 안다. 사교 모임이나 저녁 식사 파티에서 내 연구는 자주 화제에 올랐다. 파티 주최자는 "이분들한테 네 연구 이야기 좀 들려줘"라고 말하곤 한다. "여러분은 얘가 어떤 주제로 논문을 쓰고 있는지 **절대로** 못 맞히실걸요!"라는 말도 들린다.

어느 날 밤, 한 파티에서 주최자였던 집주인 여성이 침실로 나를 손짓해 불렀을 때가 특히 기억에 남는다. 그리로 갔더니 30대 여성 여러 명이 침대에서 편하게 뒹굴고 있었다. 그중 한 명은 세련된 대중문화 비평을 집중적으로 다루는 페미니스트 잡지인 《비치^{Bitch}》를 손에 들고 있었다. 가까이 다가가서 보니 그들은 잡지에 실린 래빗 바이브레이터 광고를 들여다보는 중이었다. "이

거 엉덩이에 쓰는 거라고 얘가 그러는데, 진짜예요?" 한 여자가
물었다. "이거 바이브레이터 맞나요?" 또 다른 여자가 미심쩍다는
듯 물었다. 질문은 또 다른 질문을 불렀고, 어느새 나는 침대 끄트
머리에 걸터앉아 한 무리의 낯선 사람들과 바이브레이터와 여성
이 운영하는 섹스토이숍의 역사에 대해 이야기를 나누고 있었다.

어떤 곳이든 나의 연구 영역이 될 수 있었다. 섹스[토이]숍, 성
인산업 박람회, 사교 모임과 저녁 파티, 잡지와 블로그, 패널 대담
과 초청 강연, 그리고 시간이 흐르면서 페이스북·트위터·인스타
그램 같은 소셜미디어 플랫폼도 연구 대상이 되었다. 어떤 경우에
쓸모 있는 데이터를 얻을지, 언제 섹스 이야기를 기꺼이, 실로 열
정적으로 하고 싶어 하는 사람을 만날지 대중없었다. 공공장소에
서 베이브랜드 티셔츠를 입고 있기만 해도 베이브랜드나 다른 섹
스토이숍에서 물건을 샀던 경험을 이야기하고 싶어 하는 낯선 사
람들이 이끌리듯 다가왔다.

무작위적이고 뜻하지 않은 우연처럼 일어나는 이런 만남은
사실을 측정하는 유용한 기준점이었다. 대화에서 얻은 사소한 정
보들이 베이브랜드의 브랜드 인지도나 인기 정도를 알려주었던
것이다. 또한 대화를 통해 베이브랜드의 성 말하기라는 사명이 소
매점이나 웹사이트 너머로 크게 확장되었음을 알 수 있었다. 이런
순간들을 통해 나 자신을 통찰할 수 있었고, 섹슈얼리티가 다른
사회 현상과 동등하게 화제에 오르고 연구되어야 하는 주제라는
생각을 내가 마음 깊은 곳에 지니고 있음을 깨닫게 되었다.

섹슈얼리티의 문화적 생산

이 책 《바이브레이터의 나라》는 문화적 생산물에 대해 연구하는 폭넓은 전통에 포함될 수 있으며, 역사적으로 "'문화 생산자들'(방송 작가, 방송 언론인, 영화감독 등)이 일하는 세계를 구체화시켜보는 것으로 여겨져온" 접근 방식을 취한다.[34] 학자들은 특정한 문화적 텍스트와 의미를 발생시키는 더 광범위한 제도적 맥락, 실천, 과정을 밝히기 위해 텔레비전 프로그램, 소비 시장, 잡지, 단체를 분석한다.[35] 상업적 섹슈얼리티와 문화(포르노 산업, 합법 성매매 업소, 스트립댄스 클럽, BDSM 클럽)가 어떻게 생성되고 조직되는지 탐구하기 위해 이러한 전통에 의지하는 학문 활동이 섹슈얼리티 연구 분야에서 늘고 있는 추세다.[36]

이 책은 고객이 성적인 물품 및 그 판매자들과 직접 소통할 수 있는 물리적 장소인 오프라인 페미니스트 섹스토이숍에 초점을 맞춘다.[37] 대중문화의 다른 형태와 마찬가지로 소매점은 구성되는 것이다. 이 공간을 생산한 이들은 특정 고객을 고려하여 특수한 쇼핑 환경을 조성한 사회적 행위자들(가게 주인, 매니저, 판매점원, 그리고 홍보 담당자)이었다.[38] 판매 공간을 신중하게 꾸미고, 어떤 물건을 들여놓을지 결정하고, 상품을 전략적으로 전시하고, 고객의 젠더, 인종, 사회적 계급과 문화적 취향에 기반해 고객에게 직접 호소하면서 페미니스트 섹스토이 소매상들은 성적 정체성과 소비가 사람들의 삶에 미치는 영향에 관한 사유를 적극적으로 구축했다. 또한 페미니스트 섹스토이숍은 성적 역량 증진에 관한 특정한 메시지, 교육, 그리고 웰빙을 설파하여 프랑스 철학자

미셸 푸코[Michel Foucault]가 "성 담론의 급격한 확산"이라고 부른 것을 생성했으며 이에 부합하는 성적 자아를 만들기 위한 상거래를 실천했다.[39] 베이브랜드의 성교육 담당 직원 한 명은 이렇게 설명했다. "우리는 단순히 물건만 파는 게 아니에요. 우리는 정보를, 교육을 팔죠. 이 세상을 행복하고 건강하게 만들고, 성적인 존재에게 더 안전할 수 있는 곳을 만들겠다는 우리의 사명을 전파하는 거고요."[40] 다시 말해 페미니스트 섹스토이숍은 행복하고, 건강하고, 성적 역량이 충분한 개인이 된다는 것이 무엇을 의미하는지에 대한 특정한 이해 방식을 생산하며, 이러한 목표를 성취할 수 있는 고객지향적 강령을 제공한다.

이러한 섹스토이 판매 세계의 중심에는 섹스 포지티브 담론(누군가는 섹스 포지티브 성 윤리라고 말할 수도 있겠다)이 있다. 섹스 포지티비티[sex-positivity]는 섹슈얼리티를 개념화하고 말하는 한 방법으로, 섹스는 위험하고 파괴적이며 부정적 힘이라는 믿음에 압도되어 형성된 문화에 개입하고자 한다.[41] 굿바이브레이션스 직원으로 오래 근무했던 성 연구자 캐럴 퀸[Carol Queen]은 섹스 포지티비티가 사회비평인 동시에 "섹슈얼리티를 한 사람의 인생에 내재된 긍정적인 잠재력으로 이해하는 문화적 철학, …… 성적 다양성, 여러 형태의 욕망, 개인적 선택과 합의에 기반한 다양한 관계 구조를 허용하고 찬미한다"[42]고 말했다. 섹스 포지티비티에는 사람들이 자신의 섹슈얼리티를 더 긍정하고 지지받는 것이 바람직하다는 생각과 누구나 정확한 성 지식을 접할 수 있어야 한다는 생각, 그리고 삶에서 더 많은 성적 쾌락을 누리고 싶어 한다는 이유로 부끄러워하거나 수치스러워할 필요가 없다는 생각이 포함되어 있다. 섹스 포지티비티는 마케팅과 광고에서부터 판매 상품 선택과 고객 응대에 이르기까지 굿바이브레이션스 소매 모델의 거의 모든 부분에 영향을 미치는 이념적 기반으로 기능했다.

오늘날 페미니스트 섹스토이숍들은 섹스토이, 책, 성생활과 관계의 질을 향상시키는 것이 목적인 다른 제품을 배포하는 현장으로 자리하며, 증대하는 섹스 포지티브한 문화적 생산과 소비망의 핵심에 위치한다. 또한 굿바이브레이션스는 문화 전반에 중요한 방식으로 영향을 끼친 수많은 섹스 포지티브 저술가, 교육자, 포르노그래피 제작자에게 도약대 역할을 해왔다. 저술가 수지 브라이트는 "모험을 즐기는 레즈비언"을 위한 잡지 《온 아워 백스^{On Our Backs}》의 간행에 참여했던 1980년대 당시 굿바이브레이션스의 직원이었다. 1992년 굿바이브레이션스에서 오랫동안 컴퓨터 프로그래머로 근무했던 매릴린 비샤라^{Marilyn Bishara}는 실리콘 딜도 제조사인 빅슨 크리에이션스^{Vixen Creations}를 창업했다. 레즈비언 포르노 회사 SIR 비디오^{Sir Video}에서 창조성을 발휘하는 재키 스트래노^{Jackie Strano}와 샤 레드나워^{Shar Rednour}는 1990년대에 굿바이브레이션스에서 판매원으로 일하면서 교육용 섹스 비디오 시리즈 〈숙이는 남자친구〉를 구상했다. 영화감독이자 비백인 퀴어 배우를 출연시키는 것으로 유명한, 수상 경력이 있는 포르노 제작사 핑크 앤드 화이트 프로덕션^{Pink and White Productions}의 창업자 샤인 루이스 휴스턴^{Shine Louise Houston}은 굿바이브레이션스 덕분에 섹스 포지티브 정신을 배웠다고 했다. 이외에도 굿바이브레이션스에서 도움을 받은 사람이 많다.

이 책은 페미니스트 섹스토이숍의 역사를 되살린다. 본문에서 나는 1970년대 초기부터 미국 섹스 포지티브 페미니스트 소매점들이 섹스토이와 섹스토이숍에 새로운 문화적·정치적 가능성을 품고, 소비자 문화를 성적 의식을 고취하고 사회를 변혁하는 도구로 이용했던 맥락들을 자세하게 그릴 것이다. 많은 문화 비평가가 급진적 정치학은 소비자본주의와 불화하거나 적대관계를 맺는다고 주장했다.[43] 어떤 비평가들은 성산업이야말로 생각 없는 상업주의와 젠더화된 착취, 본질적으로 여성에게 적대적인 남성 지배 영역의 완벽한 전형이라고 여긴다.[44] 나의 연구는 이러한 인식에 도전한다. 나는 페미니스트 섹스토이숍이 섹스 포지티브 기업과 소매 운동을 위한 독자적인 대항 공론장을 창출했다고 본다. 그곳은 진보적이며 잠재적으로 변혁적인 성정치를 중심으로 개인적인 것이 정치적인 것이라는 사상이 도입되는 공간이다. 그러나 독자들은 이 책을 읽으면서 확고하게 상업적인 공간에서 성교육, 성 역량 증진, 페미니즘, 소비자본주의 담론이 서로 영향을 주고받으며 재연접되는 과정이 자명하게 드러나지는 않는다는 점을 보게 될 것이다. 페미니스트 섹스토이숍에서는 사명을 정의하고 키우는 문제와 재정적 성공의 보장 사이에서 발생하는 긴장으로 인해 사장과 직원들 사이에서 날카로운 언쟁이 오고 갔으며, 이는 때로 가게의 생존 자체를 위협하기도 했다. 점주들은 자본주의 맥락에서 성공적인 페미니스트 사업을 운영한다는 게 무엇인지 정의하려 하면서 많은 질문과 맞닥뜨렸다. 그들은 자신의 페미니즘을 어떤 유형으로 설명하며, 거기에는 누가 포함되는가? 인종·계급·젠더의 전형에 의존하지 않으면 섹스를 더러운 것으로 여기는 문화에서 그들은 어떻게 자기 사업을 정당화하는가? 상품화된 버전의 페미니스트 정치학은 어떤 가능성을 열어주며, 그것이 배제하는 가능성은 또 무엇인가?

문화이론가 마이클 워너$^{Michael\ Warner}$는 성적 자율성을 위해서는 "선택의 자유, 관용, 성 관련 법률의 자유주의화 그 이상이 필요하다"고 지적했다. "일반적으로 사람들은 자신의 성적 욕망을 발견할 때까지 자기 욕망을 모르기에, 쾌락과 가능성에 접근할 수단이 필요하다"[45]는 것이다. 워너는 사람들이 성 정체성을 구매하러 다니지는 않더라도, 성적 이질성을 허락하고 그에 관한 지식을 자유롭게 유통하는 환경이 필요하다고 말했다. 그렇지 않으면 사람들은 자신이 섹스에서 무엇을 원하고 무엇을 원하지 않는지 발견할 방법이 없다.

내가 수행한 미국의 페미니스트 섹스토이숍, 섹스토이와 포르노그래피 여성 시장의 성장에 관한 연구는 사실상 많은 이들이 성 정체성과 성 관련 정보, 그리고 그런 지식이 가능케 해주는 일련의 실천과 가능성을 구매하고 있음을 시사한다. 나는 이 책에서 페미니스트 기업가들이 어떻게 성산업 시장을 재정의하고 성적 상업과 성정치의 경계를 다시 그렸는지 자세하게 묘사하고자 한다. 대화, 바이브레이터, 오르가슴 하나하나를 차근차근 말이다.

1

자위산업

어떤 여성이 무슨 말을 하든 관계없이 질 오르가슴만이 진짜
오르가슴이라는 관념에 …… 가로막히는 상황이 우리는
지겹습니다. 우리가 성적 대상이 되어야 하지만, 그렇다고 성적
존재가 되어서는 안 된다는 말을 듣는 것도 질렸습니다. 이런
이유로 우리는 섹슈얼리티 컨퍼런스를 열기로 했죠. …… 그래서
우리는 각기 다양한 페미니즘 사상과 다양한 정체성과 의사결정을
존중하며 우리 자신의 섹슈얼리티를 각자의 방식대로 정의하고
탐구하고 찬미하기 위해 모였습니다. 그 성과를 우리 자매들과
공유할 수 있으면 좋겠습니다.

— 주디 웨닝(전미여성기구 주최 여성 섹슈얼리티 컨퍼런스 중 회장의 인사)

    베티 도슨은 무대 왼쪽에 서서 자신의 눈앞에 펼쳐진 풍경을
바라보았다. 여자들이 인산인해를 이루고 있었다. 도슨의 검은 머
리는 짧았고 요가로 다져진 몸은 탄탄했다. 도슨 뒤에는 커다란
스크린에 180센티미터가 넘도록 확대된 여성의 외성기가 띄워져
있었다. 1973년 6월 10일, 전미여성기구 주최로 맨해튼 어퍼이스
트사이드에 위치한 제29번 공립중학교에서 열린 획기적인 여성
섹슈얼리티 컨퍼런스의 마지막 날이었다. 도슨의 슬라이드쇼 '여
성 생식기의 미학 창조하기'가 컨퍼런스 참석자로 가득 찬 교실에
서 첫선을 보이는 중이었다.
    지난해부터 자신의 아파트에서 자위 워크숍을 운영해온 도
슨은 여성의 외성기가 실제로 얼마나 다양하고 아름다운지 묘사
하는 이미지를 여성들이 볼 필요가 있다고 확신했다. 그는 자신
의 몸을 수치스러워하면서 성장한다는 게 어떤 것인지 알고 있었

고, 워크숍을 진행하면서 자기 몸을 수치스러워하는 여성을 많이 만났다. 도슨도 30대 중반에 '비버^{beaver}* 잡지'를 본 후에야 여성의 생식기가 얼마나 다양한지 알았다. 그는 회고록에 "다른 여성들은 내가 겪은 고통을 겪지 않으면 했다. 난 내 성기가 뭔가 잘못됐다고 생각해서 질 오르가슴을 느끼려고 무진장 노력했고 구강 애무는 받지 않으려고 했다"고 썼다.[1]

그 전날 컨퍼런스에서 도슨은 자신과 바이브레이터의 관계에 대해 터놓았다. "난 바이브레이터에 중독된 것 같아요"라고 그는 선언했다. "바이브레이터와 깊게 사귀고 있는 걸지도 모르죠. 걱정은 나중에 할래요."[2] 그는 '자위와 오르가슴 해방시키기^{Liberating Masturbation and Orgasm}'라는 워크숍도 진행했는데, 참석자가 복도까지 가득 찰 정도로 붐볐다. 도슨은 여성이 자신의 생식기와 친숙해지는 것이 성적 자기 발견의 첫걸음이라고 말했다. 슬라이드쇼를 진행하면서, 그는 다양한 모양·크기·색을 한 여성의 외성기를 가리켰다. "이게 고전적인 보지^{cunt}예요." 한 이미지를 두고 그가 말했다. 다른 이미지를 가리키며 "이건 바로크적인 보지네요"라고 말했다.

처음에 청중은 자기 앞에 펼쳐진 확대된 여성의 외성기를 보고 어쩔 줄 몰라 하며 침묵을 지켰다. 어떤 여자들이 안달복달하며 키득거리는 동안 또 다른 여자들은 도슨이 "보지"라는 단어를 쓴 것이 불쾌하다며 뛰쳐나갔다. 한 여성 참석자는 후일 그날을 이렇게 회상했다. "(슬라이드쇼를) 보자마자 완전 '으웩!' 했어요. 보

---

* 여성 생식기를 일컫는 속어.

지들은 역겨울 정도로 미학적이지 못한 …… 아니, 추해 보였어요. 나한테는요."³ 그러나 슬라이드쇼가 진행될수록 이 참석자의 태도는 달라지기 시작했다. 슬라이드쇼를 보도록 자신을 다그쳤고, 여성 생식기의 아름다움을 말하는 도슨의 해설을 들으면서 자신이 "보지 감상자"가 되었다고 표현했다.⁴

전미여성기구 여성 섹슈얼리티 컨퍼런스는 미국에서 최초로 개최된 여성 섹슈얼리티 행사 중 하나였다. 언론 보도에 따르면 이틀간 진행된 컨퍼런스에 1000명 이상의 여성과 100명에 가까운 남성이 참석했으며, 여성 노인의 섹슈얼리티, 레즈비어니즘, 인종과 섹슈얼리티, 성적 환상, 비非모노가미 등 다양한 주제로 40개 이상의 워크숍이 진행되었고 남성을 위한 워크숍 시리즈도 따로 있었다. 성역할, 결혼, 여성 건강을 다룬 페미니스트 컨퍼런스는 이전에도 있었으나, 대중 언론은 이번이 "'육체적 해방'과 성적 쾌락에 …… 집중한" 최초의 대규모 컨퍼런스이자, 성적 존재인 동시에 페미니스트로 산다는 것이 무엇을 의미하는가를 탐구한 최초의 컨퍼런스이기도 하다고 보도했다.⁵

컨퍼런스는 신나는 "말하기 대회"로 시작했다. 개인적 경험을 정치적 분석의 기반으로 공유하는 페미니스트 의식 고양 활동의 전통을 빌려, 여러 여성이 순서대로 마이크를 잡고 자신의 섹슈얼리티에 대해 이야기했다. 도슨은 자신의 바이브레이터를 가지고 농담을 했고, 다른 발언자들은 개방 결혼open marriage**, 스와핑,

---

** 한 명의 파트너와 법적 결혼 상태를 유지하면서 배우자와 합의한 범위 안에서 다른 사람과 연애를 하거나 성관계를 맺는 결혼 형태.

**1973년 전미여성기구의 주최로 열린
여성 섹슈얼리티 컨퍼런스 현장.
사진 제공 베티 도슨.**

바이섹슈얼리티, 아동 성학대[를 받았던 경험], 이성애의 권력 역학에 대해 진솔하게 말했다.

발언자들은 성적 모험에 관해 이야기를 나눴고 성적 이중잣대에 좌절감을 표했다. "성에 채워진 족쇄를 느슨하게 해준 여성운동과 동성애자 운동에 정말 감사해요."라고 한 발언자가 말했다. "나는 낙관적이에요. 경험을 서로 나누고, 미신에서 해방되고, 섹슈얼리티를 탐구하고, 이런 컨퍼런스를 함으로써, (그리고) 무엇보다도 서로 솔직하게 얘기를 나누면서 우리 모두 자기 섹슈얼리티를 더 충만하게 즐길 수 있을 거라고 보거든요."[6]

컨퍼런스 동안 논쟁이나 반박이 없었던 건 아니었다. 이는 섹슈얼리티 문제에서 모든 페미니스트가 의견을 같이하지 않음을 보여주는 징표였다. 어떤 여성들은 남성의 참석을 반대했다. 어떤 여성들은 도슨이 그린 컨퍼런스 홍보지와 포스터 그림이 너무 남성적으로 보인다고 생각했다. 그런 언쟁이 있긴 했지만, 컨퍼런스 조직위와 참석자들은 이 행사가 엄청난 성공을 거두었다는 평에 동의했다. 행사를 조직하는 데 중요한 역할을 한 로라 샤프Laura Scharf는 "의식 고양 대장정의 경험"을 선사한 행사였으며 많은 여성에게 이 컨퍼런스가 "우리가 처음으로 섹슈얼리티에 대한 자기 감정을 소리 내어 말하며 탐색하고 자신의 의심과 질문을 직면하며, 우리에게 주어진 전통적인 수사를 가로질러 우리 자신의 우선순위와 정의definition를 정립한 시간"이었다고 말했다.[7]

전미여성기구 여성 섹슈얼리티 컨퍼런스는 여성들이 모여 자신의 섹슈얼리티에 대해 이야기 나눌 기회가 거의 없던 시절에 이런 공간을 만들어냈다.

1973년 전미여성기구 여성 섹슈얼리티
컨퍼런스에서 바이브레이터에 대해
이야기하는 베티 도슨. 사진 제공 베티 도슨.

또한 이 컨퍼런스는 여성의 섹슈얼리티를 명백히 정치적 용어로, 권력과 교차하는 여성 삶의 일부이자 페미니스트들이 진지하게 관심을 가져야 하는 문제로 제시했다. 컨퍼런스 기획자 델 윌리엄스는 학회록에 이렇게 썼다. "우리가 성적 구속 상태에서 스스로를 해방시키는 것이 정치 의제가 아니라면, 대체 무엇이 정치 의제인지 모르겠다." 윌리엄스는 진정한 성혁명이 "여성운동으로부터 시작될 것"이라고 예견했다.[8]

1970년대가 시작되면서, 이른바 성혁명을 비롯한 1960년대의 사회운동에 활발하게 참여하고 그 영향을 받은 여성들은 환멸을 느꼈다. 결혼 관계 바깥의 성행위와 비非모노가미는 여성들에게 여성의 성생활을 사고하는 새로운 방식을 제공했으나, 그런 식의 개방적 관계가 성적 이중잣대를 끝장낸 것은 아니었다. 게다가 여성이 그 누구든 원하는 상대와 섹스할 자유는 남성과 여성 사이의 불평등한 권력 역학을 없애는 데 그다지 기여하지 못했다. 역사학자 루스 로젠Ruth Rosen에 따르면, "[성관계에] 동의한다고 말하라는 동료의 압력"이 "거부하라는 오랜 의무"를 갑작스레 대체해버렸다.[9] 많은 여성이 [1960년대의] 성혁명을 성차별은 대부분 내버려둔, 명백한 남성 혁명으로 기억했다. "우리 중 거의 모두가 (성혁명이) 전혀 해방이 아니라는 걸, 이전과 또 다른 게임에 불과하다는 걸 깨달았죠." 전미여성기구 활동가 주디 웨닝Judy Wenning은 이렇게 회상했다. "이제 우리는 섹스를 잘해야만 했고, 섹스하지 않아도 되는 선택지는 잃어버린 거예요."[10] 이에 대한 대응으로 여성들은 성의식 고양 모임에 참여하고 자위의 이점을 공개적으로 논하기 시작했다. 그들은 질 오르가슴이라는 개념에 이의를 제기했고,

오르가슴을 느끼기 위해 섹스 테라피스트와 협업하기도 했다. 여성들은 서로 정보를 공유하고 섹슈얼리티를 말하기 위해 확고하게 정치적인 언어를 고안해냈다.

여성의 자위와 오르가슴이 여성해방의 근본 요소로 규정된 이 의기양양한 시기가 바로 미국의 섹스 포지티브 페미니스트 운동과 기업 활동의 뿌리다. 찾기 힘든 오르가슴을 탐색하는 일은 페미니스트 섹슈얼리티 컨퍼런스, 의식 고양 모임, 그리고 바이브레이터숍과 같이 여성이 자신의 몸을 배우고 자기 섹슈얼리티를 터놓고 이야기할 수 있는 새로운 종류의 문화적 공간을 만드는 데 기여했다. 1970년대 1세대 섹스 포지티브 페미니스트 기업들은 자조성을 중시하는 풀뿌리 형태의 자유주의적 페미니즘 요소와 여성도 성에 관한 정보와 성적 쾌락을 향유할 기본권이 있다고 주장하는 인본주의적 성과학의 핵심 원리를 결합시켰다. 도슨과 윌리엄스 같은 선구자들은 성해방을 자신이 내건 페미니즘 의제의 최전방에 배치하여 미래 세대의 페미니스트 기업이 설립될 기반을 마련했다.

여성 오르가슴의 정치학

1970년대 초반에 활동했던 페미니스트 저술가와 활동가는 여성 섹슈얼리티에 관한 기존의 사고방식을 반전시키는 급진적인 분석을 고안하기 시작했다. 그들은 섹슈얼리티가 단순히 생물학의 문제만은 아니라고 주장했다. 섹슈얼리티는 사회적 합의, 과학 담론, 그리고 가부장적 현 상태를 지탱하는 젠더화된 권력 관계의 복잡한 그물망에 견고히 내포되어 있다. 또한 섹슈얼리티는 그 네트워크 속에서 형성된 일련의 실천 및 신념이기도 하다.

페미니스트들은 지그문트 프로이트^{Sigmund Freud}와 그의 질 오르가슴 이론을 정면으로 겨냥했다. 프로이트는 질 오르가슴이 건강한 여성의 섹슈얼리티에 필수라는 관념을 대중화시켰다. 프로이트의 이론적 도식에서 클리토리스 오르가슴은 유아적 섹슈얼리티를 의미하지만, 질 오르가슴은 여성의 성적 발달 과정에서 좀 더 성숙하고 따라서 바람직한 상태를 보여준다. "발달 초기 단계에서 나타나는 여성성의 발현에 따라 클리토리스는 그 민감성과 중요성 모두를 질에 전부 또는 일부 이양해야 한다"고 프로이트는 썼다.[11] 프로이트는 삽입성교로 질 오르가슴에 도달하는 데 실패한 여성에게 정신의학적 개입이나 의료 조치를 요하는 상태인 불감증이라는 딱지를 붙였다.

뉴욕 래디컬 페미니스트^{New York Radical Feminists}* 창립 멤버인 앤 코트^{Anne Koedt}는 큰 반향을 일으킨 저서 《질 오르가슴이라는 신화^{The Myth of the Vaginal Orgasm}》에서 프로이트에게 반격을 가했다. 코트는 프로이트와 프로이트의 사상을 지지한 이들이 여성 섹슈얼리티를 남성에게 쾌락을 주는 것으로만 규정했다고 논했다. "여성들은 해방된 여성과 그 여성의 질 오르가슴이라는 신화가 지긋지긋하다. 질 오르가슴은 사실 존재하지 않는다."[12] 코트는 "자기 자신을 비난하며 조용히 고통받거나 떼지어 정신과 의사를 찾아가 질

---

*   1969년에 설립된 뉴욕의 급진 페미니스트 단체다.

vagina이라는 운명에 도달하지 못하게 그들을 가로막는, 숨겨진 끔찍한 억압을 찾으려 했던"[13] 셀 수 없이 많은 여성들에게 부당한 고통을 준 프로이트의 질 오르가슴 이론을 맹비난했다. 사람들이 허구 대신 사실을, 질이 아니라 클리토리스가 여성의 성적 쾌락과 오르가슴의 핵심이라는 사실을 접한다면 여성이 처한 성적 상황은 어마어마하게 개선될 것이다.

앨릭스 슐먼Alix Shulman은 《신체기관과 오르가슴Organs and Orgasms》에서 망설임 없이 "질 오르가슴"이라는 용어가 사라져야 한다고 선언했다. "페니스와 질은 모두 아기를 만들거나 남성 오르가슴을 일으킬 수 있지만, 페니스와 질이 동시에 여성 오르가슴을 일으키는 일은 매우 드물다."[14] 슐먼에 따르면, 남성 중심적인 섹스의 정의 어디에서도 여성의 성적 쾌락은 찾아볼 수 없었다. "오랫동안 클리토리스에 관한 말은 허용되지 않았으며, 지금도 여전히 사회는 정치적인 이유로 케케묵은 신화를 믿고 섹슈얼리티의 이중잣대를 강요한다."[15] 슐먼은 여성의 몸이 여성을 좌절시키는 것이 아니라 사회가 여성을 좌절시킨다고 주장했다.

페미니스트들은 여성의 성적 반응에서 클리토리스의 우선성을 주장하는 자신의 의견을 강화하기 위해 앨프리드 킨제이와 윌리엄 마스터스William Masters, 버지니아 존슨Virginia Johnson의 연구를 활용했다. 동물학자였다가 [인간] 성 연구자로 전향한 킨제이는 여성의 섹슈얼리티를 진지하게 연구할 가치가 있는 주제로 판단하고 접근한 최초의 과학자 중 하나다.[16] 사회학자 재니스 어빈Janice Irvine에 따르면, "킨제이는 (여성의) 성적 쾌락을 논했고, 성적 쾌락이라는 개념을 재생산과 분리했으며, 자위의 쾌락을 언급하고 여성을 성적 주체로 여겼다".[17] 킨제이는 여성 섹슈얼리티에 당연시되는 많은 가정에 의문을 제기했는데, 그중에는 삽입성교가 여성이 느끼는 성적 쾌락의 최우선 원천이라는 가정도 있었다. 또한 킨제이는 정신분석학자들이 클리토리스의 중요성을 축소시켰다고 비판했다. "일부 정신분석가와 임상심리학자는 질 자극과 '질 오르가슴'만이 '성적으로 성숙한' 여성에게 행위의 만족스러운 절정을 제공할 수 있다고 고집한다. 그러나 성적 반응에 관련된 현대 해부학과 생리학에 비춰본다면 '질 오르가슴'이 무엇을 의미하는지 이해하기 어렵다".[18] 킨제이는 너무 많은 여성이 자신이 "생물학적 불가능성"[19]이라고 설명한 것 때문에 불필요한 고통을 겪어왔다고 계속 주장했다. 후일 어빈은 킨제이가 수십 년간 지배적이었던 질 오르가슴 개념에 대담하게 도전함으로써, 1960년대 중반 마스터스와 존슨의 저서가 출판된 후에야 "비로소 폭발할 시한폭탄"을 미리 설치했다고 표현했다.[20]

마스터스와 존슨의 여성 섹슈얼리티 연구는 킨제이의 발견에 확증을 제공했으며, 킨제이의 야심 찬 성행위 연구에 중요한 생리학적 측면을 추가했다. 마스터스와 존슨은 해부학적 증거와 여성의 주관적 경험이라는 실제 삶을 모두 무시한 '남근 [중심주의의] 오류Phallic fallacies'로 인해 클리토리스가 수십 년간 고통받았다고 주장했다.[21] 클리토리스는 여성 오르가슴에 핵심 역할을 하는 기관으로 밝혀졌으며, 오르가슴이 질 오르가슴과 클리토리스 오르가슴이라는 별개의 두 종류로 분류된다는 생각을 입증해주는 과학적 증거는 없었다.

여성 섹슈얼리티의 정치학과 관련해 여성운동계에서 생산된 글들은 정치적 의도가 담긴 소책자에 실렸다. 이는 여성 건강 분야의 저술가이자 활동가인 리베카 초커[Rebecca Chalker]가 "인간 섹슈얼리티의 남성 중심적이고 이성애적 모델"이라고 부른 것에 개입하려는 페미니즘적 시도였다.[22] 페미니스트들은 질 오르가슴이라는 신화가 담론으로서, 그리고 담론에 부합하는 실천으로서 이성간 삽입성교에 고정된 형태의 여성 섹슈얼리티를 생성해냈으며, 이러한 사회적이고 성적인 배치가 궁극적으로 남성에게 이득을 안겨주며 가부장제를 지탱해왔다고 논했다. 굿바이브레이션스 창업자 조아니 블랭크는 이 점을 더욱 날카롭게 지적한다. "질 오르가슴과 클리토리스 오르가슴을 [분리해서] 논하던 그 시절에, 우리는 질 오르가슴을 확실히 느낄 수 있는 사람은 남성뿐이라고 말하곤 했다."[23]

　　1970년대 초반 페미니스트들은 자기 몸에 대한 정보의 빈틈을 메우기 시작했는데, 클리토리스의 재발견도 그러한 기획의 일부였다. 여성들은 바지를 벗고 검시경을 집어 들고는 자신의 질과 오르가슴을 주류 의학으로부터 탈환하려 했으며, 동시에 여성 건강 운동이 널리 퍼뜨린, 아는 것이 힘이라는 생각을 키우려 했다. 페미니스트여성건강센터연합[Federation of Feminist Women's Health Centers]에 적을 둔 한 무리의 여성들은 "자가 검진, 개인적 관찰과 꼼꼼한 분석"을 통해 "클리토리스를 보는 새로운 관점을 확립했다."[24] 그 여성들은 겉으로 보이는 핵과 질구膣口만이 클리토리스의 전부가 아님을 알아냈다. 클리토리스는 피부 밑에 숨겨진 부분부터 발기 조직, 분비샘, 여러 근육, 혈관, 그리고 신경이 질을 둘러싸고 이어지는 매우 복잡한 구조로 이루어져 있었다. 클리토리스의 해부학적 구조가 얼마나 넓은지를 고려한다면 삽입성교 중 쾌감을 경험하는 여성이 있다는 사실도 놀랄 일이 아니라고 그들은 주장했다. 최종적으로, 그들은 우리가 "클리토리스 오르가슴과 질 오르가슴을 둘러싼 논쟁에 종지부를" 찍을 수 있다고 선언했다.[25]

　페미니스트 작가와 활동가들은 저술가 티-그레이스 앳킨슨 Ti-Grace Atkinson이 '삽입성교 규정institution of sexual intercourse'[26]이라고 부른 것에 얽매이지 않고 여성의 신체와 성적 반응을 사유하는 새로운 방식을 개척해냈다. 그들은 이성애의 사회적 구성에 내포된 권력의 젠더화된 차원을 부각시켰으며, 질 오르가슴과 관련된 이론이 어떻게 여성의 성적 종속 상태를 지속시켰는지를 설득력 있게 논증했다. 또한 그들은 여성이 성에 갖는 관심을 개인적인 언어가 아닌 명백히 정치적 언어로 표현했다는 점에서 중요하다. 슐먼은 다음과 같이 썼다. "이제 여성들은 …… 함께 모여 이야기하고 의견을 교환하기 시작했고, 서로의 경험이 놀랄 만큼 비슷하며 자신이 비정상이 아님을 발견하는 중으로 …… 이들은 각자의 성 문제로 고민하는 개인이 아니다. 오히려 이 사회야말로 매우 심각한 정치적 문제가 있다."[27] 사적인 것에서 정치적인 것으로, 그리고 개인적인 것에서 사회적인 것으로 역점이 바뀌는 일은 페미니즘 관점에서 가부장제를 분석하고 개입할 때 결정적으로 드러난다. 페미니스트들은 클리토리스를 여성 오르가슴이 발생하는 위치로 특권화함으로써 후일 일련의 강력한 대항담론을 생성해냈다. 그 담론은 섹슈얼리티 의제에서 여성들을 교육하고 자율성을 부여하려는 수많은 프로젝트를 통해 구체화되었다. 여성의 섹슈얼리티는 더 이상 질로 축소될 수 없었다. 여성은 수천 가닥의 신경 말단이 접하는 복잡한 기관인 클리토리스를 가진 존재로, 클리토리스가 어떻게 기능하는지 배울 것을 권유받기 시작했다.

오랫동안 여성 신체에 관한 지식을 억압해온 만연한 여성 섹슈얼리티 이해를 무너뜨리는 데는 페미니스트들의 논쟁, 그리고 과학적 증거를 수긍하는 것 이상이 필요했다. 페미니스트들의 의식 고양 모임에서 나오는 여러 이야기는 많은 여성이 오르가슴을 느끼지 못하고, 자위를 한 적이 없으며, 심각한 성적 불만족 상태임을 드러냈다. 이에 여성운동 일각에서는 여성이, 그리고 사회 전체가 성적으로 다시금 구성되어야 할 필요가 있다는 정서가 강화되기 시작했다. 여성들은 여성의 쾌락에 대한 과학적 데이터와 글로 쓰인 이론을 넘어 성을 탐구하고 발견하는 현실에 놓이도록 격려받아야 하며, 이때 특히 다른 여성들의 격려를 받는 것이 중요하다. 도슨에게는 자위야말로 추상적인 성 해부학 이론과 그것의 실제 표현을 잇는 다리였다.

베티 도슨의 페미니즘적 몸 탐구

1970년대 초반, 도슨은 맨해튼에 있는 자기 아파트 거실을 페미니스트 오르가슴 강습소로 만든 후 여성을 위한 신체 및 성적 의식 고양 모임을 열기 시작했다. 그는 가구를 버리고, 방바닥을 전부 덮는 커다란 카펫을 깔고, 베개를 여기저기 흩뿌려놓고, 에로틱한 그림을 벽에 걸었다. 도슨은 이 모임을 보디섹스 워크숍 Bodysex Workshop이라고 불렀다. 나체로 진행되는 이 모임에는 참가자들의 신체 감각을 키우기 위해 고안된 요가와 심호흡 활동이 포함되어 있었다. 이 모임에서 도슨은 스스럼없이 알몸을 드러낸 채 자위로 절정에 달하기 위해 바이브레이터를 쓰는 방법을 시연했다. 1974년에 도슨은 자기애에 관한 급진적 페미니스트 선언서인 《자위 해방시키기》를 자비로 출판하는데, 후일 윌리엄스는 이 책이 "여성운동계에 오르가슴의 파문처럼" 번져나갔다고 평했다.[28]

도슨이 언제나 성적 이탈을 일삼았던 것은 아니다. 1929년 캔자스주 위치토에서 태어난 그는 일러스트레이터가 되겠다는 꿈을 품고 1950년에 홀로 뉴욕으로 갔다. 주머니에는 달랑 250달러가 있었다. 예술학교에 등록한 도슨은 누드를 그리는 작업에 푹 빠졌다. 1950년대에 성년기를 맞은 다른 많은 여성들처럼, 도슨은 결혼과 직업적 성취 사이에서 갈등을 겪었다. 좀 더 전통적인 그의 자아 일부는 당시 대중문화를 지배한 전후의 가정 이데올로기(정확히는 거기서 자식만 제외한 삶)와 부합했지만, 반항적인 그의 다른 자아 일부는 여성이 남성과 동등하게 경쟁하길 원했을 뿐 아니라 침대에서도 대등한 지위를 누리길 원했다.[29]

결국 혼인의 축복이라는 환상과 재정적 안정이 승리를 거뒀고, 도슨은 1959년 결혼했다. 그는 직업 화가를 그만두었고, 그 자신이 표현한 것처럼 "그림 그리는 전업주부"가 되었다. 하지만 곧 그는 결혼이 세간의 말처럼 좋은 게 아님을 깨달았다. 남편은 도슨에게 푹 빠져 있었지만 섹스에는 별 관심이 없었다. 오래지 않아 섹스는 월례 행사가 되었고, 가끔 섹스를 할 때마저 남편이 혼자 너무 빨리 절정에 달해 도슨은 전혀 오르가슴을 느낄 수 없었다. 욕구 불만이 된 도슨은 남편이 잠든 후 이불 밑에서 몰래 자위를 하기 시작했다.[30] 섹스리스 부부로 체념하고 살던 도슨은 결혼 5년차가 지났을 때 남편이 비서와 사귀느라 그를 버리자 남몰래 안도했다.

1965년이 되자 성혁명이 차츰 속도를 내기 시작했다. 서른다섯 살이 된 도슨은 독신이었으며, 새로 찾은 자신의 자유를 탐구할 만반의 준비가 되어 있었다. 도슨에게 이혼은 인생의 전환점이자 새 시작이었다. 이혼 후 처음 가진 성적 관계도 새 출발을 하는 데 조금은 도움이 되었다. 당시 그의 연인이었던 그랜트 테일러Grant Taylor라는 남성은 전직 영문학 교수였고, 성적으로 불만족스러운 결혼을 막 끝낸 참이었다. 도슨만큼이나 섹스에 굶주리고 호기심이 많던 테일러는 도슨의 성애를 나누는 동료가 되었다. 두 사람은 성적 개방성과 왕성한 탐구로 가득 찬 열정적 관계에 돌입했다. 도슨은 자신과 테일러가 "섹스에 완전히 빠지게"[31] 되었다고 말했다. 그들은 죄책감과 수치심으로 얼룩진 과거의 성적 이야기, 특히 자위 이야기를 스스럼없이 나누었다. "우리 둘 다 자위 덕분에 자신이 성적으로 온전한 상태로 남을 수 있었다는 걸 알았기에 다시는 자위를 '2등급'의 성행위로 여기지 않기로 맹세했다."[32] 도슨과 테일러는 함께하는 성생활에 자위를 포함시켰고, 그것을 서로의 몸과 성적 반응을 배우는 방법으로 삼았다. 몇 년간 지속된 그들의 관계에는 비非모노가미적 관계와 스리섬, 그룹섹스가 포함되어 있었다. 그 관계는 도슨이 섹스, 사랑, 그리고 관계에 대해 배웠던 다양한 메시지를 면밀하게 조사해볼 수 있는 공간을 열어주었다. 도슨은 죄책감 없는 섹스를 삶의 일부로 계속 누리겠다고 맹세했다.

도슨에게 처음 전동 바이브레이터를 소개한 사람도 테일러였다. 테일러가 이발을 하던 어느 날 이발사가 손에 전기 진동기를 달고 두피 마사지를 해준 일이 있었다. 그날 테일러는 이발용품 판매점에 가서 섹스에 이용하기 아주 좋겠다고 생각하며 진동기를 하나 샀다. 진동기는 자그마한 시멘트 혼합기와 유사한 모양이었는데, 도슨은 자기 손에 진동기를 단 채로 하는 섹스가 어떤지 잘 알지 못한 상황이었다. 그렇지만 오래지 않아 도슨은 바이브레이터가 "공평한 여성 오르가슴의 장을 만들"[33] 잠재력을 지녔음을 깨달았다. 그는 오스터^Oster, 파나브레이터^Panabrator, 그리고 히타치 매직완드^Hitachi Magic Wand* 같은 여러 다른 모델을 시험해보기 시작했고, 자신이 여는 그룹섹스 파티에서 바이브레이터를 이용했으며, 나중에는 자위 워크숍에서도 바이브레이터를 썼다.

전동 바이브레이터는 1880년에 영국 내과의사 조지프 모티머 그랜빌^Joseph Mortimer Granville이 다양한 불안증을 치료하기 위한 기구로 발명한 것이다. 특히 불안증과 우울증에서부터 불면까지 폭넓은 동반 증상을 수반하는 여성 히스테리^female hysteria를 치료하기 위함이었다.[34] [상용화] 초기에 바이브레이터는 여성과 남성 모두의 각종 병증을 치료하는 데 쓸 수 있는 의료 기술이자, 가정용 미용 기기 및 건강 증진 도구로 대량 판매되었다. 셸턴 일렉트릭 컴퍼니^Shelton Electric Company가 1917년에 발간한 사용설명서는 바이브레이터의 장점을 격찬하면서 천식, 비듬, 발기 불능, 비만, 눈의 습기, 주름을 포함한 86가지 질병을 진동과 마사지로 치료할 수 있

---

* 일본의 전자기기 제조업체인 히타치日立에서 출시한 바이브레이터 야심작.

Shelton Vibrator for Results

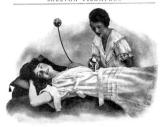

Nervousness and Sleeplessness
Use the hard or soft rubber disc applicator

NERVOUSNESS and insomnia may be said to act and retro-act. Nervousness is a direct cause of loss of sleep, while the certain result of continued lack of rest will be a highly nervous unstrung condition. An application of the Shelton Vibrator just before retiring, preferably but not necessarily by a second person, will soothe the nervous system by regulating the blood supply to the brain. The tendency of the vibration is to relax the nervous tension and impart a grateful tired yet refreshed feeling under which nature yields to sound slumber.

Let the patient recline on the back with the head slightly elevated on a pillow while the second party runs the Vibrator slowly over the forehead and temples following up the application over the limbs and trunk. Turn on the face and repeat the treatment applying (very slowly) up and down the spinal column last. It is noteworthy that the Vibrator may be used in sensitive regions where the ordinary touch is intolerable. The same treatment will yield comforting relief in high strung conditions following tense excitement or nervous strain.

1917년 발간된 셸턴 바이브레이터 사용설명서.
1981년 다운데어 출판사Down There Press가
재발간했다. 조아니 블랭크 제공.

다고 쓰고 있다. 제조사는 셸턴의 바이브레이터를 정기적으로 사용하면 "장기간 병자나 다름없는 상태로 축 처져 지내던 남녀가 새 삶을 열어줄 건강과 흘러넘치는 활력"[35]을 회복할 수 있을 거라고 주장했다. 바이브레이터를 에로틱한 목적으로 사용할 수 있다는 사실이 알려져 있긴 했지만, 20세기 초 광고주들은 내숭을 떨었다. 바이브레이터의 성적 기능을 암시하면서도 감추기 위해 돌려 말하는 방식을 사용한 것이다. 1960년대부터 바이브레이터는 섹스토이임을 명시하며 판매되기 시작했고, 1970년대 초반에 이르러 도슨과 같은 페미니스트들은 바이브레이터를 여성해방의 필수 도구로 재조명했다.

곧 도슨의 작품에 커져가던 그의 성 의식이 반영되기 시작했다. 1968년 맨해튼 아트 갤러리에서 열린 〈러브 픽처 전시회^{Love Picture Exhibition}〉는 도슨의 첫 단독 개인전으로, 커플들이 성관계를 하는 모습을 묘사한 작품을 선보인 에로틱 아트 전시회였다. 2년 후 그는 자위, 그리고 본인의 표현에 따르면 "온갖 아수라장"[36]을 주제로 삼은 두 번째 개인전을 열었다. 그림이 아트 갤러리로 운반되던 날, 자위하는 사람들의 모습을 담은 거대한 그림 네 점 때문에 소동이 일었다. 갤러리 관장은 그 그림들을 걸지 못하게 하려고 했다. 하지만 검열에 굴복하는 성정이 아닌 도슨은 그러면 아예 전시회를 취소해버리겠다고 맞섰다. 결국 네 점 중에서 두 점만 전시하는 것으로 타협이 끝났다. 도슨의 여자 애인들 중 한 명이 알몸으로 바이브레이터를 쓰며 자위하는 6피트[약 183센티미터] 크기의 그림이 갤러리의 메인 벽면을 장식했다. 전시회 관객 가운데 많은 여성이 자신은 자위를 해본 적이 없다고 인정했고,

많은 남성은 여성이 자위한다는 걸 전혀 몰랐다고 도슨에게 말했다. 이런 인식을 확인한 도슨은 여성의 성적 재현이 자위를 둘러싼 사회적 금기와 직접적으로 연결되어 있음을 더욱더 확신하게 되었다. 진정으로 해방되기 위해 여성들은 (스스로 오르가슴을 조절하는 것을 포함해) 자신의 섹슈얼리티를 다룰 줄 알아야 한다.[37]

1970년대 초 한 작가가 "성적 스펙트럼의 희미한 지대에 속해 있다"[38]고 표현한 곳에서 자위를 되찾아 오겠다고 결심한 사람은 도슨뿐이 아니었다. 종교적 권위는 몇백 년 동안 자위를 신과 자연에 반하는 짓으로 규정했다. 의료인들은 자위가 질병, 광기, 그리고 사회적·성적 부적응의 원인이며 상습적 자위는 특히 위험하다고 주장했다. 1970년대 초에 들어서면서 자위를 둘러싼 금기가 약해지기 시작했다. 페미니즘 및 게이·레즈비언 해방운동과 결합된 성혁명은 자위를 비롯한 다양한 성적 표현이 좀 더 공개적으로 논의될 수 있는 문화적 기류를 형성했다. 역사학자 토머스 월터 라큐어Thomas Walter Laqueur는 이렇게 논했다. "사상 처음으로 자위가 해방, 자율성 선언, 그 자체가 목적인 쾌락, 사회적으로 규정된 규범적 성년기로부터 탈출하는 방법으로 권장되었다. 자위는 잘못된 사회질서로부터 일탈하는 섹슈얼리티에서 출발하여 새롭게 상상된 공동체의 기반이 되는 섹슈얼리티가 되었다."[39] 자위의 새로운 문화적 담론, 특히 여성 자위 담론이 부상하고 있었다.

여성 건강 분야에서 신기원을 연 책《우리 몸 우리 자신Our Bodies, Ourselves》*은 책의 한 장 전체를 섹슈얼리티에 할애했고, 자위가 나쁘다거나 자위하는 여성은 남성과의 섹스를 즐기지 못하게 된다는 생각을 반박하는 내용을 담았다. 책의 저자들은 자위하는 여성이 자위하지 않는 여성보다 오르가슴을 잘 느낀다는 것이 통계로 입증되었다고 썼다. "자위는 그저 남자가 없어서 하는 행위가 아니라 …… 당신의 몸을 탐구하는 제일 좋고 편하고 손쉬운 방법이다. 자위는 무엇이 나를 기분 좋게 하는지, 어느 정도의 압력과 속도가 좋은지, 얼마나 자주 하는 것이 좋은지 알아내는 방법이다."[40] 다른 책들도 이런 입장에 공명했다. 전미섹스포럼National Sex Forum은 1972년에 《여성을 위한 기술·터치에 익숙해지기Techniques for Women/Getting in Touch》라는 소책자를 발간했는데, 이는 단체에서 발간하는 '예스 섹스 북Yes Book of Sex' 시리즈 중 한 권이었다.[41] 이 책의 저자들은 자신의 몸을 배우고 오르가슴을 긍정하며 반기도록 스스로 허락하라고 여성들을 격려했다. "우리는 당신이 자위 방법을 배우고 스스로 절정을 느끼도록 돕고자 한다. 이는 자연스러운 욕구이며 당신은 자신의 몸을, 전부, 머리부터 발끝까지 즐길 권리가 있다."[42]

전미섹스포럼은 샌프란시스코에 있는 글라이드어반센터Glide Urban Center 소속으로 1968년에 설립되었고, 전문 상담가로 일하는 사람들이 활용할 수 있는 교재 및 훈련 자료를 개발하는 것을 목적으로 삼았다. 재니스 어빈은 전미섹스포럼이 인본주의 성과학sexology에 큰 영향력을 발휘하는 곳이 되었다고 말했다. 감수성 훈련이나 대면 집단 활동과 같은 경험 치료를 대중화시킨 인간 잠재

---

* 1960년대에 보스턴의 여성 건강 비영리단체가 펴낸 여성 건강 지침서로, 한국어판[보스턴여성건강서공동체, 《우리 몸 우리 자신》, 또문몸살림터 옮김, 또하나의문화, 2005]도 출간되었다.

력 운동^{human potential movemen}*에 뿌리를 둔 인본주의 성과학은 1960년대와 1970년대에 전성기를 맞았으며 특히 캘리포니아에서 번성했다.[43] "이제 섹스에 '예스'라고 말할 시기가 왔다"는 구호를 내걸고, 전미섹스포럼은 매우 개인주의적이고 독립적인 방식으로 섹슈얼리티에 접근했다.[44] 인본주의 성과학의 목표는 킨제이나 마스터스·존스 같은 연구자가 했던 방식처럼 섹슈얼리티에 과학적 이해를 키우는 쪽보다는 성적인 기능 수행과 소통을 향상하고 좋은 섹스의 해방적 잠재성을 찬양하는 쪽에 좀 더 무게를 실었다.

논쟁의 여지가 있겠으나, 전미섹스포럼과 이 단체가 발간한 섹슈얼리티 책들인 '예스' 시리즈에 도입된 기본 전제들은 섹스포지티브 관점의 초기 구상이라고 할 만했다. '예스' 시리즈 저자들은 섹스가 모든 인간의 삶에서 중요한 역할을 하며, 섹스를 얕은 생각으로 심판하지 않는 방식으로 논할 수 있어야 하고, 각 개인은 섹스에 관련된 사실을 알 권리가 있으며, 누구나 만족스러운 성생활을 누릴 권리가 있고, 섹스가 어떤 형태로 표현되든 괜찮다고 상정했다.[45] 이런 생각은 성적 권리를 인간의 기본 권리로 자리매김하는 성적 자유주의^{sexual liberalism}의 언어로 구체화되었다. 1970년대 초반은 성적 자유주의 관점을 공유하는 저술가·활동가·상담가·교육자들이 늘어나던 시기이며 도슨도 이런 흐름에 포함되어 있었다.

도슨이 전하는 메시지의 탁월성은 단순성에 있다. 도슨은 만

---

* 상담과 정신 치료 분야에서 개인의 잠재력, 특히 대인관계와 내적 심리의 성장과 발달을 촉진시키려는 운동 중 하나이다.

일 여성이 자신의 오르가슴을 주도할 수 있다면 자신의 삶을 주도할 역량 또한 향상시킬 수 있을 것이라고 주장했다. 도슨에 따르면 이 과정의 핵심에는 자위가 있다. "(자위는) 우리가 자신의 에로티시즘을 발견하는 방법으로, 이를 통해 성적으로 반응하는 방법과 스스로를 사랑하고 자존감을 높이는 방법을 배우게 된 것이다. 성적 기술과 성적으로 반응하는 능력은 우리 사회에서 '자연스럽'지 않다. 우리 사회에서 '자연히 흘러가는 대로' 살면 성적으로 억제된 상태에 놓이게 된다. 다른 모든 기술과 마찬가지로, 섹스도 배우고 연습해야 한다. 자위하는 여성은 자기 생식기를 좋아하는 방법과 섹스와 오르가슴을 즐기는 방법을 배우게 되고, 거기에 더해 섹스에서도 숙달되고 독립적이 된다."[46]

도슨은 당시 통용되던 여성 섹슈얼리티 이론에서 많은 부분을 끌어와 여성이 자신의 섹슈얼리티를 배우고 성적 역량을 키울 수 있는 일관성 있는 프로그램으로 묶어냈다. 그는 여성의 개인적 경험을 페미니즘 이론과 운동의 출발점으로 삼는 의식 고양 원칙을 성적 탐험 및 보디워크와 결합하여 새로운 페미니즘 실천 방식을 만들어냈다.

도슨은 이미지의 힘을 신뢰했다. 그러면서 그는 대부분의 여성이 여성이 자위하거나 성적으로 고조됐을 때 실제로 어떻게 보이는지 전혀 모르며, 따라서 자신이 성적으로 흥분했을 때 자기 몸에서 무슨 일이 일어나는지를 알아차리지 못한다고 주장했다. 도슨은 여성들이 여성의 성적 반응을 놓치고 있다고 생각했기에, 자위를 시범 보이면서 여성의 성적 반응을 시각적으로 증명하는 '에로틱한 증거'를 제공했다.[47] "그게 완전히 논리적인 방법일 거

라고 여겼어요"라고 도슨은 내게 말했다.[48] 1970년대 초반에 도슨
의 워크숍에 참석한 한 여성은 후일 "다른 여성들이 절정에 달하
는 것을 보고 난 뒤 포르노그래피나 소설에서처럼 여성이 과장된
오르가슴 반응을 보이며 완전히 뒤집어질 필요가 없다는 걸 깨달
은 것이 흥미로웠다"고 그 수업을 회상했다.[49]

모든 페미니스트가 도슨의 자위친화적 메시지를 수용한 것
은 아니었다. 많은 여성이 바이브레이터를 너무 기계적이라고 느
끼며 거부했다면, 어떤 여성들은 바이브레이터에 중독될까봐 겁
을 냈다. 도슨은 잡지 《미즈[Ms]》*가 여성 섹슈얼리티 전반, 그리고
특히 여성 자위를 향한 페미니즘의 양가적 태도를 상징한다고 여
겼다.

1971년, 《미즈》 편집자들은 창간호에 자위와 관련된 기사를
기고해달라고 도슨에게 부탁했다. 도슨은 '자위 해방시키기'라는
제목으로 17쪽 분량의 선언문을 보냈다. 그 선언문에는 여성들이
스스로 오르가슴을 통제해야 한다는 믿음과 함께 도슨의 성철학
이 담겨 있었다. 도슨에 따르면, 《미즈》 편집자들이 그 기사를 실
을 경우 구독자를 잃게 될 거라고 염려한 탓에 그 선언문은 누군
가의 책상 위에서 2년 넘게 뒹굴어야 했다.[50] 결국 심하게 편집된
훨씬 짧은 버전이 '나 자신 알아가기'라는 제목으로 1974년 8월호
에 실렸다.

《미즈》 편집자들은 여성 자위에서 얻을 수 있는 이점을 드러
내는 기사를 싣는 데 대해 불안해했으나, 도슨의 에세이는 독자들

---

* 1971년에 창간호를 발간한 미국의 페미니즘 잡지.

에게 강한 호소력을 발휘한 것이 분명했다. 여러 여성 독자가 잡지사에 그 기사에 대한 감상을 담은 편지를 보내왔다. 댈러스의 한 독자는 "자위라는 주제를 다들 너무 기피하기 때문에 자위를 즐기고 받아들이는 여자들조차 그런 사람은 나쁜인지 의심하곤 합니다"[51]라고 편지에 썼다. "자위는 자신을 알아가는 방법 중 하나"라고 편지를 보낸 사람도 있었다. 그러면서 "혼자 절정에 달하는 건 다른 사람과 함께 절정에 달하는 것과 다르지만 양쪽 모두 역동적인 동작이고 (성적) 경험을 완성시키는 데 기여한다. 도슨의 말이 정말 옳다. 자위는 2급 섹스가 아니다"라고 썼다.[52]

도슨은 자위라는 말을 입 밖에 내는 여성이 거의 없던 시절 여성 자위의 전도사였고, 수지 브라이트가 후일 말했듯이 "바이브레이터를 든 오노 요코Ono Yoko"[53]가 되었다. 도슨은 섹스는 남성의 영역이지 여성이 끼어들 곳이 아니라는 성적 이중잣대에 도전했으며, 여성의 성적 쾌락은 [남성 생식기의] 발기와 삽입에 의존한다는 관념을 일축해버렸다. 그는 클리토리스에 관한 지식을 여성들에게 가르치는 것을 자신의 사명으로 삼았고, 자신이 "안티섹슈얼한 사회체제anti-sexual social system"[54]라고 묘사한 것에 반격했다. 도슨이 1970년대 성적 도그마에 맞서 해낸 역할은 많은 면에서 《우리 몸 우리 자신》이 의료적 도그마에 맞서서 해낸 일과 비견할 만하다. 도슨은 "여성이 체화한 경험을 …… 여성 신체에 관한 도그마에 도전하는 데 유효한 자원으로 인정했으며, 또한 결과적으로 여성 경험을 개인적·집단적으로 성적 역량을 키우기 위한 전략으로 승격시켰다"[55] 도슨은 여성들의 경험적 지식을 일종의 성교육법으로 활용했고 여성들에게 스스로 자신을 제일 잘 아는 전문가가 되라고 격려했다. 그리고 아마도 가장 중요한 지점은 도슨이 많은 여성들에게 여성이 자기 몸을 탐구하고, 자기 오르가슴을 통제하고, 삶에서 성적 쾌락을 느끼는 일을 중요하게 여길 필요가 있음을 승인해주었다는 데 있을 것이다. 윌리엄스도 도슨에게 그러한 가르침을 받은 많은 여성 중 한 명이었다.

"우리는 여성에게 쾌락을 주는 물건을 늘린다"

1973년 봄, 윌리엄스는 12B호 아파트 앞에 서 있었다. 심장이 쿵쿵 뛰었다. 도슨의 보디섹스 워크숍에 참석할 용기를 내기까지 몇 달이나 걸린 상황이었다. 그는 아파트 안에 들어가는 순간 옷을 전부 벗어야 한다는 것을 알고 있었다. 도슨 집의 문밖에 서서 초인종에 손가락을 올려놓고 있는 동안, 윌리엄스의 마음은 호기심과 두려움으로 가득 찼다. 만 50세였던 윌리엄스는 초조한 와중에도 스스로가 몸과 자신, 그리고 섹스와 자신의 관계를 새롭게 조정하기 위한 중요한 첫걸음을 내디디고 있음을 알았다.

"난 이렇게 서 있었어요." 윌리엄스가 당시를 회상하며 말했다. "방에 들어갔고, 완전히 나체가 되어야 했어요. 좀 무서웠죠. 문으로 다가갔더니, 벌거벗은 도슨이 거기 서서 '안녕하세요'라고 말했어요. 도슨은 솔직하고 직설적이고 담백하고 …… 여자는 대부분 섹스에 관한 것에서는 죄책감, 공포, 부끄러움을 느끼기 쉬운데, 도슨은 그런 것이라곤 전혀 없어 보였어요. 순수하고 진실한 사람이 거기 있었죠."[56]

나신의 여자들에게 둘러싸인 윌리엄스는 곧 어색함을 벗어던졌다. 도슨은 몸에 대한 자각을 증진하고 자신감을 높이는 데 도움이 되는 일련의 동작을 하도록 수강생들을 지도했다. 수강생들은 자기 몸과 자아의 관계에 대해 이야기를 나누었고 생식기 '보고 말하기show and tell'[57] 활동에 참가했다. 윌리엄스는 이때 난생처음으로 다른 여성의 외성기를 보았다. 그러나 윌리엄스의 생각에 그날의 하이라이트는 도슨이 히타치 매직완드를 집어 들고 오르가슴을 느낄 때까지 자위를 한 것이었다. 윌리엄스는 원래 '기계를 쓴다고 뭐가 다르겠어?'라고 생각했다. 그렇지만 윌리엄스와 다른 여성들은 도슨이 이끄는 대로 따랐다. 윌리엄스가 바이브레이터를 사용해본 것은 그날이 처음이었는데, 그날 오르가슴을 느꼈는지 아닌지 확실히 기억나지 않지만, 그 방의 에너지만큼은 생생히 기억했다. "고동치고 있었어요"라고 그는 말했다. "거기서 뿜어져 나오는 열기로 말이에요."[58]

"그건 정말 놀라운 경험이었어요" 윌리엄스의 말이다. "그 덕분에 이브스가든을 창업한 거예요."

워크숍을 통해 새로 얻은 자신감에 고취된 윌리엄스는 미드타운 맨해튼에 있는 메이시스 백화점에 히타치 매직완드를 사러 갔다. 그 제품은 메이시스나 다른 백화점에서 마사지기로 선전되며 팔리고 있었다. 윌리엄스가 남성 판매 직원에게 도움을 청하자, 그는 그 마사지기를 어떤 용도로 쓰려느냐고 물었다. 그 직원의 목소리는 아주 컸고 윌리엄스는 주변 사람들이 그의 말을 들을까봐 걱정했다. "백화점 그 층에 있는 모든 사람이 내가 그걸 사서 자위하는 데 쓰려는 걸 알고 있는 것 같은 기분이 들었다니까요."[59] 수치스러워져서 빨리 물건을 사서 돌아가고 싶어진 윌리엄스는 작은 소리로 중얼거렸다. "등을 마사지하려고요."

메이시스에서 겪은 경험으로 윌리엄스는 좌절과 분노를 느꼈다. 성적 자신감을 새로 얻었음에도, 수년에 걸친 성적 수치심이 하룻밤 사이에 사라지지는 않았다. 또 이 사건으로 인해 윌리엄스는 얼마나 많은 여성이 바이브레이터를 사려고 할 때 비슷한 불편함과 수치심을 느끼는지 궁금해졌다. 여성에게 이런 물건을 파는 사람이 여성이어야 한다고 생각한 윌리엄스는 52세이던 1974년에 미국 최초로 온전히 여성의 쾌락과 건강에 매진하는 사업체 이브스가든을 창업했다.

윌리엄스의 이력 중 그가 언젠가 페미니스트 바이브레이터 사업을 시작할 거라고 짐작할 수 있게 해주는 단서는 거의 없다. 1922년 브롱크스에서 태어난 델 제틀린^{Dell Zetlin}은 파리를 경유해 미국으로 온 러시아계 이민자 가정의 두 자녀 중 첫째였다. 평범한 학생으로 고등학교를 졸업한 그는 대학에 진학하지 않고 바로 직업 전선에 뛰어들었다. 그렇지만 그의 진짜 꿈은 언젠가 배우나 가수가 되는 것이었다. 윌리엄스는 1945년 육군여군단^{Women's Army Corps}에 입대하여 예능 특수 보직으로 근무했다. 군 시절은 인생에서 가장 행복했던 시기 중 하나였다. 군 제대 후 그는 로스앤젤레스로 가서 노래와 춤 수업을 들으며 쇼 비즈니스로 길을 뚫으려고 했다. 1950년대 초에 뉴욕으로 돌아온 윌리엄스는 UN에서 타이피스트로 일했고, 짧은 결혼 생활 끝에 이혼했다. 1970년대 초 광고 대행사에서 일하던 윌리엄스는 페미니즘을 접했고, 그 뒤로 그의 인생은 완전히 바뀌었다.

뉴욕의 소매점 쇼룸에 있는 이브스가든의
창업자 델 윌리엄스(1976년경). 사진 제공
코넬대학교도서관 미출간 원고 및 희귀 자료
컬렉션, 델 윌리엄스 자료(#7676).

1970년에 윌리엄스는 10만 명이 넘는 시위자로 뉴욕 5번가를 끝까지 꽉 채운 역사적인 행진에 참가했다. 이 시위에 참여한 이들 중에는 베티 프리단, 엘리노어 홈스^{Eleanor Holmes}, 벨라 앱저그_{Bella Abzug}도 있었다. 마치 전구에 불이 들어온 듯했다. 윌리엄스는 여성운동에 과감하게 뛰어들어 전미여성기구에서 활발하게 활동하는 회원이 되었다. "난 그저 세상을 바꾸고 여성에게 평등한 권리를 부여하려는 우리의 노력에 열성을 쏟은 것뿐이에요"라고 윌리엄스는 내게 말했다. "지금의 젊은 여성들이 그런 일에 우리가 쏟았던 것과 같은 열정과 헌신을 이해할 수 있을지 모르겠네요. 우린 여성들이 [자신에게는] 기회가 제한되어 있다는 걸 자각했던 시대를 산 세대거든요."[60]

몇 년 후, 전미여성기구 뉴욕시 지부장 주디 웨닝은 윌리엄스에게 기념비적인 여성 섹슈얼리티 컨퍼런스의 기획을 맡아달라고 요청했다. 윌리엄스가 기억하기로, 그전에 여성들은 직장과 정치 영역에서의 평등을 요구하더라도 섹스 이야기는 하지 않았다.

컨퍼런스의 장소 배치를 구상하던 어느 날, 윌리엄스에게 어떤 남성이 접근해 왔다. 그는 행사장에서 바이브레이터를 팔고 싶다고 했다. 윌리엄스는 그에게 여성 사업가가 운영하는 사업체 직원이 아닌 이상 그건 불가능하다고 말했다. 그 남성은 자신이 여성 사장 밑에서 일한다고 했다. 후일 그 말이 거짓말임이 밝혀졌지만, 그들은 합의에 도달했다. 바이브레이터 한 개가 팔릴 때마다 그 남성 판매자가 전미여성기구에 1달러씩 기부하기로 한 것이었다. 그리하여 전미여성기구는 110달러를 받았는데, 이를 보면서 윌리엄스는 왜 여성은 다른 여성에게 바이브레이터를 판매

하는 소매 사업을 하지 않는지 다시 한번 의문을 가졌다.[61]

윌리엄스는 당시 단추, 티셔츠, 자동차 범퍼 스티커 등 여러 [여성]운동 관련 물품을 팔던 여성 사업가들을 여럿 알고 있었기에, 그들에게 연락해 판매품 목록에 바이브레이터를 추가할 생각이 있는지 물어보았다. 아무도 흥미를 보이지 않았다. 어쩌면 그들은 '바이브레이터 팔이'로 불릴까봐 겁먹었는지도 모른다. 아니면 혹시 《미즈》 같은 페미니스트 지면에 더는 광고를 걸 수 없을까봐 걱정하는지도 모른다고 윌리엄스는 생각했다. "난 '그래, 아무도 안 한다면 내가 하지 뭐. 그냥 내가 시작해도 되잖아?'라고 여겼죠." 윌리엄스는 후일 이렇게 회상했다.[62]

윌리엄스는 남는 시간에 맨해튼 아파트 자택에서 히타치 매직완드와 프렐류드2라는 두 종류의 바이브레이터를 광고하는 두 페이지 분량의 등사판 카탈로그를 준비하는 것으로 시작했다. 도슨이 자비로 출판한 팸플릿 《자위 해방시키기》도 카탈로그에 넣었다.

신생 바이브레이터 판매업체에 대한 소문이 퍼지면서 윌리엄스는 금요일 저녁마다 여성들이 물건을 살 수 있도록 아파트를 개방하기 시작했다. [좋은] 반응에 고무된 윌리엄스는 1975년에 《미즈》에 짧은 광고를 실었다 (《미즈》는 이브스가든 광고를 실으면 무슨 일이 생길지 그다지 걱정하지 않는 것 같았다). 페미니스트 액세서리와 "우먼 파워" 티셔츠, 그리고 "아담은 습작이었다니까"나 "자매애는 강하다" 같은 슬로건이 인쇄된 [차량용] 범퍼 스티커 사이에 걸린 광고 메시지는 단순하고 간단명료했다. "성해방된 여성을 위한 해방적인 책과 바이브레이터 팝니다."

1975년 5월호 《미즈》에 실린
초창기 이브스가든의 광고.

전국에서 여성들이 카탈로그를 요청했고, 곧 바이브레이터 주문이 물밀듯이 쏟아져 들어왔다. 윌리엄스는 수요를 감당하기 위해 종종 늦은 밤까지 주문서를 작성해야 했고, 때로 남동생 로렌조의 도움을 받았다. 사업을 시작한 지 단 1년 만에, 윌리엄스는 다니던 직장을 그만두고 [뉴욕] 웨스트 57번가와 매우 근접한 건물에 이브스가든의 사무실과 쇼룸을 꾸렸다. 그는 카탈로그에 바이브레이터 종류를 늘리고, 여러 마사지 오일, 그리고 성해방과 여성 건강을 다루는 다양한 책도 실었다. 《우리 몸 우리 자신》과 여성의 에로틱한 판타지를 모은 낸시 프라이데이^{Nancy Friday}의 책 《나의 비밀 정원^{My Secret Garden}》도 카탈로그에 담겼다. 1979년에 윌리엄스는 미드타운 맨해튼에 '우아한' 곳이라고 자평한 부티크숍을 따로 열었고, 그곳에서 계속 바이브레이터를 팔면서 여성이 성적 자기 발견과 쾌락이라는 권리를 증진시키도록 노력했다.

윌리엄스는 이브스가든이 살아 숨 쉬는 여성운동의 증거라고 여겼다. "난 한 번도 '이건 엄청 흥하는 사업이 될 거고 난 돈을 벌겠지'라고 생각해본 적이 없어요." 그가 말했다. "그런 의도는 전혀 없었어요." 윌리엄스는 돈을 좇기보다 여성들이 성적 역량에 자신감을 갖고 자신의 섹슈얼리티를 찬미하고, 오르가슴을 스스로 주도하며 자신을 긍정적으로 보는 세상을 만들고 싶었다. "창업할 때부터 갖고 있던 내 궁극적인 비전은 여성이 진정으로 자기 섹슈얼리티를 표현할 수 있고, 자신의 에너지와 연결될 수 있고, 그 에너지를 자신의 삶에서 사용해 행복을 느낀다면 우리는 세상을 바꿀 수 있다는 거예요. 이게 내 결론이었어요."[63]

윌리엄스의 철학은 오스트리아 정신분석가 빌헬름 라이히 Wilhelm Reich로부터 지대한 영향을 받았다. 라이히의 섹슈얼리티 이론은 인본주의적 성과학 분야에 큰 영향을 주었다. 이브스가든을 열기 몇 해 전, 윌리엄스는 라이히의 책 《오르가슴의 기능 The Function of the Orgasm》을 읽었는데 이를 통해 오르가슴에는 단지 성적 쾌락을 생산하는 것 이상의 목적이 있다는 걸 알고 놀랐다. 《오르가슴의 기능》에서 라이히는 성적 에너지와 삶의 에너지가 연결되어 있다고 주장했다.[64] 오르가슴 에너지는 개인과 사회에 중요한 역할을 한다. 라이히는 "만족스러운 생식기"가 사회적 생산성과 정신적 평형[유지]의 선결 조건이라고 주장했다.[65] 그는 섹스와 정치가 "깊이 연결되어" 있으며 성적 억압은 끔찍한 사회적 결과를 불러온다고 믿었다.[66]

윌리엄스는 라이히의 생물물리학적[biophysic] 섹슈얼리티 이론과 오르가슴의 기능을 삶의 에너지를 생성하는 데 필수적인 원천으로 보는 관점을 자신의 페미니스트 정치학과 이브스가든의 비전에 통합시켰다. 그는 "(오르가슴은) 당신을 기분 좋게 해줄 뿐 아니라 파도처럼 당신의 몸을 물결치며 관통하는 전하 에너지로, 들끓어오르면서 톡톡 쏘고 오르락내리락하는 헤아릴 수 없이 무수한 감각을 일깨워 온몸의 긴장을 단번에 해소시킨다"고 이브스가든의 한 카탈로그에 썼다.[67]

라이히의 주장처럼 성적 억압이 마음과 몸을 구속한다면, 그 억압이 수천 년간 성적으로 억압당해온 집단인 여성에게 어떤 영향을 미쳤을지 윌리엄스는 궁금했다. 윌리엄스는 여성이 사회적 권력을 획득하기 어려운 것이 성적 억압과 직접적으로 관련이 있기에 가부장제를 해체하려면 여성이 성적 역량을 증진해야 한다고 믿었다. 그러나 성적 권력의 박탈과 그 영향이 모든 여성에게 똑같은 의미로 작용하지 않는다는 점을 탐문하는 데 실패하면서, 그 대신 당연하다고 가정된 보편적 자매애의 집합체인 '우리'에 의지한 것도 사실이다. 그럼에도 윌리엄스는 여성들에게 에로틱한 에너지를 오르가슴뿐 아니라 사회 개혁 프로젝트에도 쏟을 것을 장려했다. 후일 윌리엄스는 내게도 이렇게 말했다. "나는 항상 오르가슴을 지구 에너지의 일부로 여겼거든요. 그러니까, 맞아요. 난 (여성의) 역량을 키우려고 노력하고, 내 목적은 여성, 즉 나뿐만 아니라 모든 여성이 성적으로 자유로워지고 자기 몸에 대한 권한을 갖는 데 있어요. 어떤 면에서 그것이 여성들에게 세상을 바꿀 힘을 주리라는 걸 난 알고 있었어요."[68]

이브스가든의 우편 주문 카탈로그
(왼쪽부터 1986년, 1991년, 1995년).
델 윌리엄스 제공. 사진 촬영 저자.

윌리엄스는 여성의 에로틱한 에너지가 인류의 공공선에 기여할 수 있다고 확신했다. "우리는 성적 에너지가 생산적이고 아름답고 창조적인 거라고 생각하지 않죠. 그런데 성적 에너지를 단순히 섹스와 관련된 것으로 여기는 건 협소한 생각이거든요."[69] 그는 만일 오르가슴부터 해양, 세계 평화에 이르기까지 세상의 모든 에너지가 연결된다면, 여성의 에로틱한 에너지에 일어나는 변화 역시 우주의 다른 에너지에 영향을 끼칠 잠재력을 갖는다고 보았다. 다시 말해, 여성의 성적 에너지를 촉발시키면 여성들의 창조력이 해방될 것이고, 그러면 도미노 효과처럼 하나의 변화가 일으킨 파문이 다른 파문을 일으키는 식으로 계속되리라고 본 것이다. 오르가슴만으로 세계적인 기아·빈곤·인종차별과 같은 구조적인 문제를 해소할 수는 없다는 사실에도 불구하고, 윌리엄스는 순진한 낙관주의와 불굴의 정치적 이상주의로 오르가슴을 느낀 여성이 세상을 바꿀 수 있다고 믿었다.

이브스가든은 재빨리 페미니즘 단체로 천명해 여성건강센터, 페미니즘 책방, 신용 협동조합, 성폭력 위기대응센터 등을 비롯해 1970년대 초기에 등장하기 시작한 여러 영리 및 비영리 페미니즘 단체의 명단에 이름을 올렸다. 이 단체들은 페미니스트 의식을 고양하고 페미니즘 공동체를 설립할 기회를 꾸리면서, 역사학자 앨리스 에콜스Alice Echols가 '저항의 섬'(이는 여성에게 적대적인 가부장제 문화 안에 존재한다)이라고 부른 것이 되었다.[70]

윌리엄스는 여성의 섹슈얼리티 역량을 키우겠다는 소망으로 이브스가든을 창업했고, 자신이 여성 특유의 성적 감수성이라고 여긴 것을 충족시킴으로써 그 소망을 이루어냈다. 그러나 이

감성에는 주로 이성애자, 백인, 전문직 여성이라는 그 자신의 정체성이 강하게 반영되었다. 실로 윌리엄스가 이해하는 여성 섹슈얼리티는 대체로 일차원적인 버전의 페미니즘에 기반을 두고 있었다. 윌리엄스는 여성의 공통성과 여성들이 공유하는 '에로틱한 자매애'가 있다고 여기며 거기에 집중했다. 또한 윌리엄스는 자신이 좋아하고 편하다고 여기는 소수의 상품과 책만을 엄선하여 취급했고, 자신이 싫어하는 것은 팔지 않았다. 그 점에서 그는 소매업자인 동시에 특정 종류의 섹스 제품과 성적 실천의 위계를 설정하는 취향 감별사이기도 했다. 윌리엄스는 사업 초기에 모든 본디지bondage* 도구를 거부했는데, 왜냐하면 그가 생각하기에 BDSM이 권력을 향해 전하는 메시지가 "영 별로"였기 때문이다.[71] 그리고 윌리엄스는 자신이 "궁둥이 마개butt plug"[버트플러그]라는 말을 입에 담기에는 너무 "고상하다"고 생각한 나머지 "항문 쾌감 기구anal pleasure devices"의 약자인 APD로 그 이름을 바꾸었다.[72] 딜도도 몇 년 동안 취급하기를 거부했는데, 개인적으로 딜도의 생김새와 모양을 좋아하지 않았고 다른 여성들도 좋아하지 않을 거라고 여겼기 때문이다. "그것들이 왜 남성 성기 모양으로 제작되어야 하는지가 내겐 큰 고민거리였어요"라고 그는 내게 말했다. 그러나 고객들이 딜도를 요청하기 시작했고, 윌리엄스는 결국 페미니즘이 클리토리스를 재전유하는 것에 초점을 맞추더라도 어떤 여성들은 무엇인가를 [성기] 안에 넣는 느낌을 좋아한다는 걸 깨달았다.

---

* 도구를 이용하여 신체를 구속하는 플레이로, BDSM의 일부로 취급되며 자주 성적인 함의를 띤다.

윌리엄스는 결국 좋아하는 딜도 스타일을 묻는 고객 설문지를 발송했다. 다수의 여성이 물결 모양 굴곡이 있는 디자인을 선호한다고 답을 보내왔다. 그 무렵, 사고로 하반신이 마비된 장애 활동가 고스넬 덩컨^{Gosnell Duncan}은 자신이 사용하려는 목적으로 실리콘 딜도를 제작하기 시작했다. 이후 두 사람은 이브스가든의 고객들을 위해 협업해 (페니스를) 모방하지 않은 딜도 디자인에 착수했다. 그들은 디자인한 딜도에 비너스 라이징^{Venus Rising}이나 스콜피오 라이징^{Scorpio Rising} 같은 이름을 붙였다. 윌리엄스의 성적 취향과 페미니즘 관점은 다소간 편협한 편이었는데, 딜도를 제작하는 과정에서 결국 그 편협함을 넘어 여성들이 원하는 것은 무엇인가를 생각할 수 있게 된다.[73]

이브스가든은 섹슈얼리티에 대한 의식을 향상시키기 위한 페미니스트 전초기지이자 섹스 분야에 특화된 건강 상품 매장으로 자리매김했다. 그가 직접 쓴 글에서 밝혔듯, 윌리엄스는 자신의 사업이 "동네 약사나 가족 주치의에게 자기 자신의 성적인 사고방식이나 행동을 탐험하고 확장하는 일과 관련해 말을 꺼내기 너무 부끄러워하는" 여성들을 위한 자원센터가 되기를 바랐다.[74] 또한 윌리엄스는 섹스 테라피스트들과도 접촉했다. 과학적 섹슈얼리티 연구협회^{Society for the Scientific Study of Sexuality}를 비롯한 여러 전문가 단체에도 가입했으며, 학회에 참석해서 테이블 한 자리를 얻어 카탈로그를 배포하고 바이브레이터를 팔았다.[75] 곧 윌리엄스를 충실하게 지지하는 섹스 테라피스트와 상담가 무리가 생겨났다. 자신을 찾아오는 환자와 내담자에게 늘 이브스가든을 추천한 루스 웨스트하이머^{Ruth Westheimer} 박사도 그중 한 사람이었다.

윌리엄스는 섹스 테라피스트들과의 인연을 활용해 더 광범위한 마케팅을 시행했다. 예를 들어 이브스가든이 초기에 발송한 우편 주문 카탈로그에는 '전문가가 말하는 이브스가든'이라는 페이지가 포함되어 있었다. 《당신 자신을 위하여^{For Yourself}》의 저자인 심리학자 로니 바바크^{Lonnie Barbach}가 언급한 내용("이브스가든은 여성이 자신의 섹슈얼리티를 긍정하고 만족스럽게 표현하는 데 매우 중요한 기여를 했다")과 성교육 강사 셰레 하이트^{Shere Hite}의 추천("윌리엄스는 이 분야에 놀라울 정도로 헌신하고 있다. 그의 가게는 정말로 여성을 사랑하는 곳이다")이 그것이다.[76] 그리고 이브스가든의 광고 전단에는 "우리 상품을 임상 진료에 사용해서 효과를 본 섹슈얼리티 분야의 저명한 전문가 다수에게 조언을 얻었다"는 사실도 자주 언급되었다.

전문 섹스 테라피스트들의 언급과 홍보는 새로운 시장에 바이브레이터를 판매하는 일을 정당화하는 데 도움을 주었다. 윌리엄스와 같이 자신의 섹슈얼리티와 오르가슴을 스스로 제어하기 시작한 여성 구매자로 이뤄진 시장은 사실상 전인미답의 영역이었다. 윌리엄스는 자신의 사업이 성적 건강과 복지에 기여한다고 강조함으로써 다른 섹스토이숍들, 즉 이브스가든에서 겨우 몇 블록 거리에 모여 있는 타임스퀘어 근처의 선정적이기만 한 그런 업체들과 이브스가든을 차별화할 수 있었다. 이뿐만 아니라, 그런 식으로 기존과 완전히 다른 소비자 집단에 호소하고 사실상 그런 [새로운] 소비자 집단을 구성하면서 윌리엄스는 성 도구 판매업이 건전한 것으로 여겨지도록 만들었다. 새로운 소비자 집단이란, 성적 호기심이 왕성하지만 성에 대해 드러내놓고 말하지는 못하는

Our prize-winning dildos aren't that sticky latex, and they're not mass-produced. They are made of silicone rubber, just for us, from our own designs. They are molded, just six of them, at a time, then smoothed and finished, by hand. Silky and supple to the touch. Completely hygienic since they can be sterilized safely in boiling water.

"Venus Rising"

Venus Rising I   6½" long by 1¼" wide **$27.50**
Venus Rising II   6½" long by 1⅜" wide **$32.00**
Venus Rising III   7" long by 1½" wide **$37.50**
Venus Rising IV   8" long by 1⅞" wide **$50.00**

Available in Pink or Lavender
Including free totebag

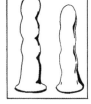

"Scorpio Rising"

Scorpio Rising I   5" long by 1¹/₁₆" wide **$20.00**
Scorpio Rising II   6½" long by 1¼" wide **$27.50**
Scorpio Rising III   7" long by 1¼" wide **$30.00**
Scorpio Rising IV   7" long by 1⅜" wide **$37.50**

Available in Pink or Tan
Including free totebag

Suzie-Q

In answer to the requests for "we want one shorter and fatter," here is SUSIE-Q, measuring 5½" long and 1⅝" wide. In pink or lavender silicone rubber **$35.00** (Note: If ordering harness for SUSIE-Q, please specify 1¾" ring)

Double Venus Rising

DOUBLE VENUS RISING 1-A. Overall length 13", 6½" each side, 1¼" wide **$39.95.** Lavender only. Free tote bag.
DOUBLE VENUS RISING 1-B. Overall length 13", 6½" each side, 1⅜" wide **$49.95.** Lavender only. Free tote bag.
DOUBLE VENUS RISING II. Overall length 16", 8" each side, only available in 1¼" width **$49.95.** Lavender. Free tote bag.

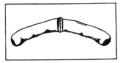

APD

The first silicone rubber Anal Pleasure Device. So, if you are exploring new pleasure domains, check it out. APD I measures 4½" high, and 1" wide for **$15.00.** Also available, APD II, which is 4½" long, 1¼" wide for **$17.50.**

이브스가든의
우편 주문 카탈로그
1986년판에 실린
딜도 상품 목록.
델 윌리엄스 제공.
사진 촬영 저자.

여성 소비자들이었다. 그들이 마음놓고 과감하게 바이브레이터 숍에 들릴 수 있게 하려면, 그들을 지지하고 격려하는 말이 더 필요했다. 설령 그 가게가 여성이 소유하고 운영하는 가게더라도 말이다.

페미니스트가 왜 이런 사업을 하는 거야?

창업 후 첫 1년간은 미드타운 맨해튼에 위치한 윌리엄스의 아파트에 있는 부엌 탁자가 회사의 우편 주문 담당 부서였다. 매일 밤 윌리엄스는 힘든 광고 회사 업무를 마치고 녹초가 된 채 할 일이 기다리는 집으로 돌아와서는 겨우 이브스가든 업무를 처리하고 침대로 기어들어가곤 했다. 바이브레이터 주문이 줄을 이었고, 주문서들이 조리대와 가스레인지 위까지 점령했다.

주문서에는 자주 편지가 동봉되어 있었다. 여성 고객, 때로는 남성 고객도 성생활의 내밀한 세부 사항과 자신의 선호를 털어놓았고, 성적 실패에서 느낀 좌절을 두고 슬퍼하기도 했다. 우편 봉투에는 도심지부터 시골 마을까지 미국 전역의 소인이 다양하게 찍혀 있었다. 주문서는 대체로 잉크와 펜을 이용한 단정한 손글씨로 작성되었다. 어떤 주문서는 꽃무늬 편지지에 왔고, 어떤 주문서는 노란 줄공책 종이에 적혀서 왔다. 받는 사람 이름은 '델' '이브' '정원사' '정원지기님' '자매님', 그리고 가끔은 '친애하는 사장님sir' 혹은 '선생님gentleman'이라고 적혀 있었다. 마지막 호칭으로 미루어보건대 어떤 사람들은 여성이 운영하는 바이브레이터숍을 상상하기 어려웠던 듯했다. 윌리엄스는 그 편지를 전부 읽었고, 아직도 대다수 보관하고 있다.

1975년 4월, 한 통의 서신이 윌리엄스에게 도착했다. 편지지 맨 상단을 가로지르는 제목은 〈평등권 수정안Equal Rights Amendment, ERA〉*의 한 항목을 인용하고 있었다. "미국 연방 정부 혹은 미국의 모든 주정부는 성별에 기반해 법적 평등을 박탈하거나 축소할 수 없다." 이어서 편지는 "윌리엄스 님께"라는 구절로 시작했다.** "여성들이 성적으로 자족할 수 있도록 도와주는 이러한 서비스를 제공해주셔서 감사합니다. 저는 절대로 바이브레이터를 파는 가게에 직접 가지는 못하겠지만, 당신 덕분에 직접 가지 않고도 물건을 구입할 수 있게 되었어요. 우리 자매들을 여러 가지로 도와주셔서 모두 정말 고마워하고 있어요. 제가 주문한 물건이 도착하길 고대하고 있겠습니다." 페미니스트 연대의 표현과 함께, 편지에는 "당신의 자매 동지로부터"라는 서명이 담겨 있었다. 서명 아래에는 작고 조심스럽게 [여성을 상징하는] '♀' 기호가 그려져 있다.[77] 윌리엄스는 이런 편지를 받을 때마다 크게 기뻐했다. 그가

---

* 사회·정치·일상의 모든 분야에서 여성 차별을 철폐할 것을 요구한 헌법 수정안. 성이 인간의 법적 권리를 결정하거나 제한하는 기준이 되어선 안 된다는 주장이 핵심이다. 1923년 전미여성당The National Women's Party, NWP이 의회에 제출했으며, 1960년대 중반 미국 페미니즘 운동의 주요 의제로 떠올라 연방의회를 통과했으나 모든 주의 비준을 얻지는 못했다. '남녀평등 헌법 수정안' '성차별 방지법' 등으로 번역되는 경우도 있지만, 법안 자체의 이름에 '평등'만이 명시되어 있으므로 '평등권 수정안'으로 번역했음을 밝힌다. 이화여자대학교 도서관의 '미국의 평등권 수정안ERA 제정과정에 대한 일연구' 항목 참조. http://dspace.ewha.ac.kr/handle/2015.oak/188018.

** 이 편지에는 혼인 여부를 나타내지 않는 여성 경칭 '미즈Ms.'가 사용되었다.

여성의 삶에 진정한 변화를 일으키고 있음을 알려주는 이러한 편지는 사업을 계속해나갈 의지에 불을 지폈다.

사람들은 다양한 이유로 윌리엄스에게 편지를 썼다. 그의 노고를 칭찬하고 이브스가든과 같은 곳이 존재한다는 사실에 감사하는 내용이 많았다. 어떤 여성은 "제 주문을 빨리! 처리해주세요"라고 썼다. "이 물건을 주문하기만 했는데도, 제 자신의 섹슈얼리티를 스스로 더 책임지는 느낌을 받았어요." 자기 문제에 충고를 부탁하거나 염려를 표하는 사람도 있었다. "제 아내는 자기가 그런 대단한 오르가슴의 쾌감을 느끼는 것이 스스로 너무 이기적이라고 생각된다는데요. …… 의사에게 이 문제를 상담하기는 어렵겠습니다만, 사장님께서 조언해주실 수 있을까요? 아니면 이 문제에 긍정적인 답변만 해주는 책을 한 권 추천해주실 수 있습니까?" 어떤 남성의 질문이었다. 때로는 기대한 만큼 황홀한 오르가슴을 느끼지 못해 제품에 실망한 여성들의 편지도 도착했다. "프렐류드3의 스위치를 올리자마자 알았다니까요. 성의 없고 소심하게 약해 빠져가지곤." 어떤 실망한 여성의 편지다.[78]

이런 편지들이 분명하게 보여주는 점이 있다. 많은 여성이 바이브레이터를 원했지만 기존 방식의 성인용품 소매점에서 불편한 경험을 했거나 그런 경험을 할까봐 겁이 나서 가게를 방문하지 못했고, 이브스가든을 통해 원하던 것을 얻을 수 있었다는 사실 말이다. "카탈로그를 보내주셔서 고맙습니다." 어떤 여성의 편지다. "덕분에 환락가를 누비다가 별로 좋아하지도 않는 사람들한테 내 돈을 바칠 필요가 없어졌어요." 또 다른 여성 고객은 이렇게 썼다. "당신의 가게 같은 곳이 존재한다는 걸 알아서 너무 좋네요.

추잡하고 여성을 비하하는 포르노로 가득한 질 낮은 가게 대신에 말이에요. 번창하시길 바랍니다. 여성이 자기 발견에 필요한 도구를 얻을 수 있게 해주시는 건 아주 좋은 방식으로 긍정적인 일이라고 봐요."[79]

윌리엄스는 카탈로그에서 시작해 후일 소매점으로 사업을 확장하면서 여성 섹슈얼리티의 한 가지 형식을 제안했다. 여성에게 남성의 쾌락과 오락을 위해서만 존재하는 성적 대상이 아닌 성적 주체이자 행위자라는 새로운 정체성을 제공하는 그 제안에 많은 여성이 공명했다. 그러나 일부 여성에게 주체의 위치, 성적 권리와 성적 자유를 익숙하게 행사하는 자리를 점하는 일이란 여전히 쉽지 않은 과제였다. 윌리엄스에게 편지를 보낸 많은 여성이 주위의 격려가 부재하고, 섹스 포지티브한 지적 자원에 거의 혹은 전혀 접근할 수 없는 현실이 자신을 방해하고 제한한다고 느끼고 있음을 내비쳤다.

> 당신의 카탈로그는 진짜 엄청나요! 카탈로그를 받고 정말 안심했어요. 정말 따뜻하고, 긍정적이고, 수용적이고, 솔직하고, 편하게 읽히면서 영양가도 많고요! 전 항상 제 섹슈얼리티를 인정하기가 어려웠어요. 지금 싱글이고 결혼한 적이 없지만, 바이브레이터를 써보기로 마음먹었어요. 우리 동네 루이스빌의 "섹스[토이]숍"에 바이브레이터가 있겠지만 **그런** 거리에 갔다가 변사체로 발견될 순 없잖아요. 《코스모폴리탄》에 실린 광고 카탈로그는 추잡하고 외설적이고 여성은 섹스 도구에 불과하다는 걸 강하게 암시해요. 정말 끔찍하죠. (로니 바바크의 책)《당신 자신을

위하여》에서 주문 주소를 봤고 …… 초조하게 기다렸어요. 물건을 받았을 때 정말 기쁘고 위로가 됐죠. 당신이 저한테 개인적으로 설명서를 써서 보내준 것 같아요. 여기 [미국의] 중서부 지역 사람들은 자기가 성적인 존재라는 걸 인정할 수 없고, 다른 지역보다 자위에 섹스 포지티브하지 못해요. 그래서 우린 당신의 가게에서 제공되는 그런 정보가 아주 절박하게 필요해요. 뉴욕의 당신 가게에 들릴 수 있다면 얼마나 좋을까요. 직접 가진 못할 것 같지만, 당신이 거기 있다는 데 감사해요.[80]

창업 2년 만인 1976년에 이브스가든의 카탈로그는 이미 미국 전역의 소비자들을 만났을 뿐 아니라 해외 고객에게까지 전해졌다. 많은 고객이 윌리엄스를 전문 지식을 보유한 조언자이자 절친한 여성 친구로 여겼다. 그들은 윌리엄스가 자신의 결혼생활이 끝나지 않게 도와주었다고, 삶을 바꿔놓았다고, 성적 자아를 재발견하도록(어떤 경우 아예 처음 대면하도록) 해주었다고 말했다. 그들은 자신의 성적 각성과 자기 발견의 이야기가 담긴 매우 사적인 감사장을 보냈다. "방금 프렐류드2로 자위를 해봤는데요. 하면서 '사랑해요 델' 이렇게 말했어요. 전 다른 자매들을 긍정적으로 도와주시는 모든 자매님을 사랑해요. 베티 도슨 씨도 포함해서요." 한 고객의 감사 편지다.[81]

곧 75번째 생일을 앞둔, 결혼한 지 오래된 어떤 여성도 윌리엄스에게 감사 편지를 썼다. 1년 전에 친구의 추천으로 알기 전까진 바이브레이터라는 물건이 존재하는지도 몰랐다고 했다. "전 섹스하고 임신하는 걸 언제나 즐겨왔죠. …… 그렇지만, 오, 그 경이로움이란! 바이브레이터를 쓰고 나니 비로소 오르가슴이 뭔지 알게 되었답니다. 결혼생활 내내 한 번도 그걸 느껴보지 못했어요. …… 이제는 혼자 있을 때 제 몸을 스스로 즐기고 유쾌한 오르가슴을 느낄 수 있어요."[82]

윌리엄스에게 편지를 보낸 사람 대부분은 그를 실제로 만나거나 가게의 쇼룸을 방문한 적이 없었다. 그럼에도 그들은 윌리엄스를 친근하고, 아는 것이 많고, 자신의 욕구와 걱정에 공감하는 사람이라고 여겼다. "절 이해해주는 사람하고 개인적으로 공감할 수 있다는 게 너무 좋아요." 친족성폭력 피해자이자, 다발성경화증 환자이며, 자신의 섹슈얼리티를 되찾고 싶다고 스스로 밝힌 한 여성의 말이다.[83] "고객을 진심으로 생각하는 **진짜** 사람에게 편지를 쓸 수 있다는 게 너무 좋네요." 다른 여성도 이렇게 썼다. 윌리엄스가 받은 편지에는 "제 얘기를 들어주셔서 고마워요"나 "거기 있어주셔서 감사해요" 같은 표현이 빈번하게 등장한다.

많은 편지에 내밀한 이야기가 담겨 있었다. 불감증, 남편의 발기 불능이나 조루, 그리고 자궁 절제술 이후 성감의 상실 같은 것들이었다. 만족스럽지 못한 성생활과 반응하지 않는 몸을 두고 편지에 엄청난 좌절감, 절망, 그리고 심지어 분노까지 표출하는 이들이 많았다. "성적으로 엄청 흥분했는데 어째서 오르가슴을 느끼지 못하는 거죠?" 어떤 여성이 물었다. "절정에 도달하기가 왜 이렇게 어려운 거예요?" 다른 여성의 편지다. "경험이 부족해서 그래요? 제 몸에 문제가 있는 건가요?" "전 레즈비언인데요. …… 클리토리스가 전혀 기능을 하지 않아요. 거기 있는 건지도 모르겠네요." 또 다른 여성의 편지는 이랬다. "성에 안 차고 만족스럽지 못하고 불완전한 '성'관계가 지겨워요. 그런데 섹스 파트너는 항상 쉽게 완전한 오르가슴을 느끼죠. …… 제 여자 파트너가 금세 오르가슴을 느끼는 걸 보면 항상 역겹고 화가 나고 울화통이 치밀어요. 전 항상 '공허'하고 혼자 남겨지는 것 같아요."[84] 이들의 고통이 마치 손에 잡힐 듯했다.

윌리엄스는 연민과 격려의 태도로 고객에게 정보나 조언을 제공하는 섹스 전문가 역할을 했다. 그는 받은 편지에 성실히 답장을 썼다. 사람들의 성적 자기 발견에 갈채를 보냈고, 나이 많은 친구나 집안 어른에게서 기대할 법한 소탈한 지혜가 담긴 실용적인 충고를 하기도 했다. 바이브레이터를 너무 "남용"하는 것 같다고 고민하는 여자 대학생에게 윌리엄스는 이런 답장을 보냈다. "전 여성의 섹슈얼리티와 관련된 일에서는 '지나치게 하지는 마세요'라고 말하는 의사한테 정말 머리끝까지 화가 나요. 제가 볼 때 그런 말은 완전히 헛소리예요!" 바이브레이터를 자주 쓰는 것에 대해 걱정하지 말라며, 윌리엄스는 그 젊은 여성을 안심시켰다. "마음껏 남용해버려요!"[85]

수년간 윌리엄스가 받은 편지들은 여성은 물론 남성도 내면화된 젠더 및 섹슈얼리티의 문화적 메시지에 큰 영향을 받는다는 점을 보여준다. 많은 여성이 오르가슴을 느끼지 못하거나 아주 약하게 느꼈다. 그 여성들은 자위를 하거나 자기 몸을 알아보도록 권장받은 적이 전혀 없었다. 그들에겐 정확한 성 지식에 접근할 방법이 거의 없었고, 염려를 덜어주고 성적 자신감을 북돋아줄 실용적인 정보를 얻을 수 있는 곳은 더더욱 부재했다. 자위에 죄책감을 느끼는 사람도 있었다. 자신이 여성, 레즈비언, 또는 페미니

스트가 성적으로 원해야 한다고 상정된 것에 들어맞지 않는 욕망
을 갖는다고 죄책감을 표하는 경우도 있었다. 많은 이들에게 윌리
엄스는 정보의 원천이자 구명줄이었고, 성적 가능성과 희망의 생
생한 실현 그 자체였다.

많은 고객이 당당히 페미니스트의 입장을 드러내는 이브스
가든의 면모에 마음이 끌렸다. 이브스가든 카탈로그에 드러난 언
어는 그들에게 친숙한 해석 프레임을 제공했다. 의식화와 정보 공
유라는 프레임 안에서 사람들은 성 해방과 여성 역량 강화라는 윌
리엄스의 더 큰 목표를 이해할 수 있었다. 한 여성 고객이 보내온
편지에 그 점이 잘 드러나 있다.

> 이브스가든 카탈로그를 메일로 받았는데요. 그걸 받고 얼마나
> 기분이 좋았는지 알려드리고 싶었어요. 여성이자 활발하게 활
> 동하는 페미니스트로서, 우리 자매들의 마음과 몸을 해방시키
> 고자 하는 여성분의 노력에 감사드립니다. 전 언제나 자기 억압
> 적이고 불공평한 순환 논증에 사로잡힌 여성들을 만나죠. 그들
> 은 자기 섹슈얼리티를 자유롭게 즐기고 싶은데 낙인을 털어버
> 리지 못하는 것 같아요. 걸레, 창녀, 헤픈 여자 그런 거요. 억압적
> 인 구시대의 유물이죠. 그런 시대를 이미 지나와서 정말 다행이
> 에요! 그래서 정보와 질 좋은 상품으로 우리를 위해주고, 우리
> 여성들이 섹슈얼리티를 이해하고 활짝 피워낼 수 있도록 도와
> 주시는 당신 같은 여성분이 계시는 것을 이루 말할 수 없이 고맙
> 게 생각해요.[86]

여성 맞춤형 페미니스트 바이브레이터 판매업을 하는 여성이란 너무도 낯설어서 어떤 여성들은 카탈로그를 요청하는 편지를 보내면서도 의심을 떨치지 못했다. 어떤 여성은 이렇게 썼다. "카탈로그를 보내주시기 바랍니다. 그렇지만 제 입장을 분명히 밝히는데요. 귀하의 가게가 페미니스트 에로티카숍을 가장하는 그런 추접한 섹스[토이]숍들과 다름없다면 보내실 필요 없습니다." 한편 그 당시 대중 페미니즘의 대변자였던《미즈》잡지의 광고 지면에서 이브스가든 광고를 우연히 본 어떤 여성도 자신이 제대로 된 페미니스트 회사에 서신을 보낸 거라고 확신하지 못했다. "제게 카탈로그를 보낼 때 쓰실 수 있도록 10센트 우표를 동봉합니다. 외설적인 팸플릿이랑 광고 무더기 말고 귀사의 상품을 설명하는 격조 높은 카탈로그를 보내주시길 바라요. 거기 있어주셔서 고마워요." 이런 편지도 있다. "왜 페미니스트가 바이브레이터 사업을 하는 건지 모르겠네요(그런 사업은 반사회적이고 비인간적으로 보이는데요). 그래도 일단 카탈로그는 보내주세요."[87]

윌리엄스에게 이런 편지는 이브스가든을 위한 페미니스트 비전을 표현할 기회였다. 윌리엄스의 답장은 이랬다. "페미니스트가 왜 바이브레이터 사업을 하느냐 하면, 여성들이 오르가슴의 해방에 존재하는 잠재력과 만날 수 있는 공간을 창조하기 위해서입니다. …… 더 많은 쾌락을 느끼고, 적의와 분노가 아닌 쾌락을 밑바탕에 두는 입장에서 세상을 바꾸는 능력이죠. 여하튼, 아주 간단히 줄여서 말씀드리면 그렇다는 거예요. 고객님께서 이해해주시길 바라고, 우리가 마음이 맞으면 좋겠네요."[88]

2

상담소를 벗어나
바이브레이터숍으로

내 목표는 단순했다. 여성들이 자기 섹슈얼리티를 스스로 책임지고 즐길 수 있도록 권장하는 것이다. …… 나는 섹스를 향한 불안이 아닌 흥미를 활용해보기로 했다.

— 굿바이브레이션스 창업자 조아니 블랭크, 〈굿, 굿, 굿, 굿바이브레이션스〉

1977년 샌프란시스코 미션 디스트릭트의 거주민은 대체로 라틴아메리카계 노동계급이었다. 또한 레즈비언 인구가 늘고 있었다. 당신이 당시 이곳에 살았다면 자그마한 가게를 우연히 마주쳤을지도 모른다. 주차장 한 칸만한 공간에 벽에는 마크라메가 걸려 있고 골동품 바이브레이터로 가득 찬 진열장이 있는 가게 말이다.[1] 당시 [도시에] 급격히 확장되던 여성주의적 구역 중 하나였던 여성 카페와 페미니스트 책방을 지나면 바로 보이는 그 가게는 손뜨개 "바이브레이터 덮개"와 같은 "이국적인 도구들이 정신없이 진열된"[2] 곳이다. 이곳은 성교육 강사이자 섹스 테라피스트이며 상대방을 무장해제시켜버리는 매력의 소유자 조아니 블랭크가 운영하는 가게로, 지역신문에 소개되어 관심을 모으고 있었다. 이브스가든의 창업자 델 윌리엄스가 섹스에 관심을 가진 여성해방론자라면, 캘리포니아대학교 샌프란시스코 캠퍼스의 클리

굿바이브레이션스 창업자 조아니 블랭크(1997).
조아니 블랭크 제공.

닉에서 여성들에게 오르가슴 느끼는 법을 가르쳐온 강사인 블랭크는 자신이 운영하는 가게를 섹스 포지티브 자원센터로 만들 수 있는 전문성을 보유한 성 전문가였다. 비록 허름한 외관이었지만, 이후 굿바이브레이션스는 소매업계에 섹스 테라피 기술을 차용하고 성교육의 언어를 도입한 새로운 섹스[토이]숍 모델의 기수가 된다. 결국 다음 세대 페미니스트 기업가들은 블랭크에게 영감을 얻어 그의 발자취를 좇았다.

블랭크는 섹스토이숍을 싫어하는 사람들을 위한 섹스토이숍이 필요하다고 확신했다. 특히 여성들이 보통의 성인용품점을 방문할 때 종종 겪는 혐오감 없이, 원하는 바이브레이터를 손에 넣을 수 있는 장소가 필요했다. 그는 가게 분위기를 밝게 꾸미기 위해 커다란 중고 카펫을 사고, 자신이 판매하는 바이브레이터와 책 중 엄선한 것을 전시하는 진열 선반을 만들었다. 굿바이브레이션스에는 포르노그래피도, 란제리도, 신기한 속임수 장난감도 없었다. 바이브레이터들은 전원이 연결된 채 전시되어 있어서 사람들은 물건을 작동시켜 손목이나 손에 대보고 자신에게 맞는 모델인지 테스트해볼 수 있었다. 블랭크는 심지어 작은 화장실을 시험 작동실로 만들어 고객들이 옷 위로 물건을 테스트해 진동 강도를 알아볼 수 있도록 하기도 했다. 또 그는 구매한 물건을 숨기고 싶어 하는 고객을 위해 무지 갈색 종이로 된 쇼핑백을 준비하고, 장난삼아 "그냥 갈색 종이가방"이라는 글씨가 새겨진 도장을 찍었다. 블랭크는 신문에 작은 광고를 낸 다음, (그 자신의 표현에 따르면) 가만히 앉아서 사람들이 자기 가게를 발견하기를 기다렸다.

샌프란시스코 페미니스트 공동체에 작은 바이브레이터숍

에 대한 입소문이 퍼졌다. 굿바이브레이션스가 개업한 지 세 달 후,《버클리 바브Berkeley Barb》*에 친근하고 건전한 바이브레이터숍과 고객을 환대하는 여자 사장 이야기가 실렸다. 기자는 다정하고 친해지기 쉬워 보이는 데다 편히 섹스 이야기를 할 수 있도록 만드는 블랭크가 "독특하고 위협적이지 않은" 분위기를 형성한다고 묘사했다.[3] 그곳은 완전히 다른 질서로 운영되는 섹스토이숍이었다. 여성친화적이고, [성]교육에 집중하며, 분명한 페미니스트 분위기를 드러내는 가게 말이다.

블랭크는 사업을 시작할 때부터 이미 자신이 "다양한 성적 스타일"[4]이라고 부르는 것을 만족시키는 데 관심이 있었다. 나이 든 사람, 젊은 사람, 독신자, 기혼자, 레즈비언, 게이, 트랜스젠더, 그리고 성노동자부터 교외의 가정주부까지 말이다. 굿바이브레이션스는 "여성을 위한, 여성 전용은 아닌"이라는 구호를 도입했고, 블랭크는 섹스를 1년에 두 번 하는 사람이든 하루에 두 번 하는 사람이든 상관없이 비난하지 않고 모두 환영하는 가게를 만들기 위해 열심히 노력했다.

블랭크는 쥐구멍만한 가게를 월 125달러에 빌렸다. 그는 창업 비용으로 4000달러를 투자했다. 가게의 평일 평균 판매액은 40달러 정도였다. 비좁고 천장이 머리에 닿을 듯한 공간이었다. 블랭크는 사업계획서를 써본 적이 없었을뿐더러 사업을 시작하고 10년간은 예산안에 맞춰 지출하지도 않았다. 그는 내게 "그냥

---

* 1965년부너 1980년까지 캘리포니아 버클리 지역에서 비공식적으로 간행된 진보 성향의 주간지이자 지하출판물.

물건을 팔고, 판 돈으로 다시 물건을 주문하고 그랬죠"라고 말했다.[5] 블랭크에게 가장 중요한 것은 돈을 벌거나 부자가 되는 것이 아니라, 사람들이 섹스에 관해 터놓고 질문하고, 정보를 얻고, 이야기하도록 도와주는 환경을 조성하는 일이었다. 그들이 바이브레이터를 구매하기도 한다면, 블랭크에겐 더없이 좋은 일이었다.

교사로 일하던 블랭크의 아버지는 연구자로 전향한 뒤 피부과학에 기여해 '보습의 아버지'라는 별명을 얻었다. 블랭크에게는 여동생이 한 명 있었으며, 진보적인 정치 성향을 가진 보스턴 교외의 유대인 가정에서 성장했다. 오하이오주에 위치한 소규모 인문대학 오벌린Oberlin[칼리지]에 진학한 블랭크는 인류학에 열정을 품었다. 1959년 대학을 졸업한 후에는 1년간 세계여행을 했다. 그는 침낭과 기타, 지갑만 지닌 채 홀로 기차를 타고 인도를 여행했고, 그 기간 동안 인도 무용 수업을 듣고 마드라스 외곽에서 일했다. 그 여행은 다른 무엇보다 그 세대의 젊은 여성들이 받았던 압력을 피할 수 있게 해준다는 점에서 의미가 있었다. 그 시절엔 많은 젊은 여성들이 대학 졸업 후 바로 결혼을 하거나 석사 진학을 해야 한다는 기대를 받았다. 여행을 마치고 집으로 돌아온 블랭크는 하와이대학교에서 아시아 연구Asian studies로 석사학위를 취득했고, 노스캐롤라이나대학교에서 지역사회 보건과 가족계획에 관한 연구로 공중보건학 석사학위도 취득했다.[6]

석사 졸업 후에는 가족계획과 관련된 분야로 취업했다. 블랭크는 그 분야에서 일하면서 피임을 둘러싼 공중보건 담론에 매우 비판적인 관점을 갖게 되었다. 당시 피임 담론은 피임을 여성의 기회를 늘리는 페미니즘적 선택으로 보지 않았다. 피임은 여성,

특히 가난한 여성의 임무이자 의무로 제시되었다. 그 일을 하며 블랭크는 피임 도구를 제대로 사용하기 어려워하는 여성들을 접했다. 여성용 피임 도구나 살정제와 같은 피임 도구를 쓰려면 자신의 성기를 만져야 하는데, "성기와 관련된 것이라면 모두, 그리고 자기 섹슈얼리티의 많은 부분을 전적으로 불편해하는" 여성들이 너무나 많았던 것이다.[7]

블랭크 또한 자기 신체와 섹슈얼리티를 항상 편하게 수용해 온 사람은 아니었다. 자신이 섹스 포지티브한 분위기에서 성장했다고 말하긴 했지만, 그는 만 24세에 처음으로 삽입성교를 경험했으며 그 전에 자위를 해본 적이 한 번도 없었다. 그는 첫 연인에게서 간접적으로 자위를 배웠다고 말했다. "여자가 자위를 한다는 걸 전혀 몰랐어요. 책에는 남자애들이 몽정하고 자위하는 것만 나오잖아요. 그냥 그런 생각을 전혀 못했어요." (몇 년 후, 블랭크는 어머니에게 왜 자신과 여동생에게 자위에 관해 전혀 알려주지 않았는지 물었고 어머니는 이렇게 말했다. "그냥 너나 네 동생이 늘 하고 사는 줄 알았지. 다들 그러지 않니?")[8]

1971년 블랭크는 샌프란시스코로 이주했고 샌마테오 카운티 보건당국에서 시행하는 가족계획 프로그램 관련 일을 하게 된다. 이전에 몇 년간 활동했던 인권의료위원회Medical Committee for Human Rights, MCHR의 지역 지부는 그가 샌프란시스코에서 지역 공동체에 소속감을 느끼기 위해 처음으로 의지했던 단체 중 하나였다. 그곳에서 블랭크는 매기 루벤스타인Maggi Rubenstein을 만났다. 간호사 겸 바이섹슈얼 활동가 겸 성교육 강사인 루벤스타인은 샌프란시스코 성지식센터San Francisco Sex Information, SFSI의 공동 설립자 중 한 명이자 샌프란시스코의 다른 주요 섹슈얼리티 운동 단체 설립에도 관여한 사람이다. 어느 날 인권의료위원회 회의 자리에서 루벤스타인이 블랭크를 한 모임에 초대했다. 그렇게 블랭크는 난생처음으로 페미니스트 의식 고양 모임에 참석하게 되었다.

당시 샌프란시스코는 활발하게 교류하며 성장하는 성교육 공동체가 존재하는 곳이었다. 이곳에서 시작된 루벤스타인과의 우정은 블랭크에게 많은 기회를 열어주었다. 1972년 루벤스타인은 여러 사람들과 함께 샌프란시스코 성지식센터 전화 상담소를 설립했다. 페미니즘, 인간 잠재력 운동, 게이 및 레즈비언 해방운동에서 비롯된 여러 사상적 흐름이 합쳐진 성 지식을 긴급 직통전화로 얻을 수 있는 곳이었다. 블랭크가 말하길, 샌프란시스코 성지식센터는 성과 관련된 이야기를 솔직 담백하게 나누는 것을 강조하는 새로운 종류의 성 지식 서비스였다고 한다. 그는 센터 초창기에 자원 활동가로 참여했고, 그때 얻은 인맥을 통해 전도유망한 섹스 테라피스트였으며 지금은 전설의 반열에 오른 로니 바바크도 만났다. 블랭크는 캘리포니아대학교 클리닉에서 오르가슴을 경험하지 못한 여성들에게 오르가슴에 도달하는 방법을 가르치는 프로그램에도 합류했다.[9] 당시는 여성이 성적 주체성을 발휘하며 오르가슴에 도달하는 방법을 알아내기 시작한 지 얼마 안 된 시기로, 캘리포니아대학교에서는 여성을 위해 바로 그 분야에 그룹 상담 프로그램을 제공했다.

"처음부터 바이브레이터를 이용한 건 아니에요." 블랭크가 설명했다. "우리는 내담자들이 손을 이용해 자신의 몸을 만지는 걸 편하게 받아들이게 되길 간절히 바랐거든요."[10]

기본적으로, 우리는 (여성들에게) 오르가슴 느끼는 법을 가르쳤어요. 어떻게 하라고 지시한 건 아니고요. …… 로니 바바크식 접근법을 사용했죠. 바바크가 이 기법을 개발했는데, 순차적인 접근 방식이에요. 먼저 참여자들은 자신의 성적 역사를 공유합니다. 그런 다음 자기 몸을 거울로 살펴보는 과제를 받고, 자기 몸에 대해 어떻게 느끼는지 이야기하도록 하죠. 참여자들은 자위, 클리토리스, (그리고) 성적 파트너와 관련된 질문을 하곤 했어요. 그건 모임이자 그룹 테라피였죠. 만일 그들이 오르가슴에 도달하기 힘들어하면 우리는 바이브레이터의 도움을 받아보라고 권했습니다. 그리고 멀끔한 곳에서 바이브레이터를 구하기란 불가능했기에 나는 그 여성들이 바이브레이터를 좀 더 쉽게 구할 수 있도록 하기로 했어요.[11]

여성들이 자기 몸을 배우고 스스로 섹슈얼리티의 주도권을 행사할 것을 권장하는 캘리포니아대학 클리닉 프로그램의 활동은 그곳의 반대편에 위치한 도슨의 아파트에서 열리던 DIY 보디 워크숍과 매우 유사했다(클리닉에는 도슨의 워크숍에 있는 쇼가 없었지만). 그러나 도슨의 워크숍은 '성 의식 고양'으로 불렸고 클리닉 프로그램은 '섹스 테라피'로 명명되었다. 후자는 여성의 성적 자기 발견을 치료적 기획으로 전환시킨 것이다.

이 시기 블랭크가 섹스 테라피와 성교육을 병행하며 습득한 지식은 후일 굿바이브레이션스의 기반이 된다. 예를 들어, 임상에서 일하는 상담가는 흔히 상담을 시작하기 전에 새로운 내담자에게 성적 해부학, 성적 반응 주기, 인간 성의 다양성 등에 관한 전반적인 정보를 알려준다. 이는 매우 표준적인 절차가 되어서 캘리포니아대학 클리닉은 상담을 원하는 사람들에게 한 달에 한 번 의무적인 워크숍을 여는 방식으로 효율을 높이기로 했다. 상담가들은 교육받은 사람들 중 클리닉에 재방문하지 않는 사람이 놀랄 만큼 많다는 것을 빠르게 알아차렸다. 워크숍에서 얻는 기초적인 정보만으로 충분히 "치료"된 것이 분명했다.

블랭크는 이렇게 말했다. "(당시 진행한 세션에서) 반복적으로 등장하는 여러 사실, 계속 언급된 정보는 대부분 10대들이 물을 법한 질문과 연관이 있었죠. '제가 겪는 게 정상적인 경험인가요?' 같은 질문 말이에요." 자신이 겪는 것이 성적 문제나 치료가 필요한 기능장애가 아니라 정상적인 인간의 성적 다양성에 흔히 포함되는 일이라는 걸 알고 나면 큰 안도감을 느끼는 경우가 잦았고, 그런 내담자들에게선 추가 상담을 진행하고자 하는 욕구가 사라지는 듯했다.[12]

남성들의 걱정거리는 블랭크가 "오래된 공포"라고 부르는 부분에 주로 집중되어 있었다. 페니스의 사이즈라든지, 발기하거나 발기 상태를 유지할 때 종종 겪는 어려움 말이다. 여성들의 경우 삽입성교만으로 오르가슴을 느끼지 못하는 자신에게 문제가 있는 것인지, 혹은 자위는 남성에게만 허락된 행위가 아닌지 하는 불안이 가장 흔했다. 블랭크는 많은 사람이 섹스가 항상 완벽할 수는 없다는 사실을 전혀 알지 못한다는 사실, 그래서 소위 전문가가 그런 경험이 사실 꽤 흔한 것이라고 말해주면 안심하거나 해방감을 느낀다는 사실을 알았다.[13] 이런 관찰을 토대로 블랭크는 정확한 성 지식을 조금만 제공해도 사람들의 자존감을 높이고 인간관계를 개선하는 데 큰 도움이 될 수 있다고 생각했다.

블랭크는 결국 [샌프란시스코만의 대도시] 베이 에어리어^{Bay Area}에서 섹슈얼리티 워크숍을 시작했다. 또 그는 내담자들과 다른 상담가들의 격려에 힘입어, 성과 관련한 책을 쓰고 출판해 상담이나 워크숍에 참석할 일이 없는 이들에게도 이야기를 전하기로 결심했다. 1975년 블랭크는 [섹스 포지티브 페미니즘을 지향하는 독립 출판사] 다운데어 출판사^{Down There Press}를 열었는데, 이곳은 훗날 굿바이브레이션스 산하의 출판사가 된다.

그의 첫 책인 《여성을 위한 섹스 해설서^{The playbook for Women about Sex}》는 당시 블랭크가 듣던 캘리그래피 수업의 과제로 처음 시작된 글이다("내 손글씨가 너무 싫어서 캘리그래피 수업을 들으면 글씨를 깔끔하게 쓸 수 있을 것 같더라고요. 그래서 그 책을 쓰면서 연습했죠." 블랭크는 내게 이렇게 말했다). 《여성을 위한 섹스 해설서》는 흔히 퍼져 있는 잘못된 믿음을 떨쳐버리고 여성의 성적 자존감을 고취시키는 활동으로 구성된다. 또한 이 책은 자신의 몸을 살펴보고 좋아하는 부분과 싫어하는 부분의 목록을 만들어보라고 권한다. 블랭크는 여성 독자가 자기 성기의 초상을 그릴 수 있는 빈 페이지까지 삽입해두었다. "당신의 보지에 이름을 붙이고 초상화의 이름 칸에 적어보세요." "크레파스나 물감으로 당신의 초상화를 색칠하세요."[14] 이 책에는 벽장에서 탈출한 자위 행위자들의 모임^{Society of Out-of-the-Closet Masturbators} 회원가입 신청서도 들어 있었다. 입회 희망자는 처음 자위를 했을 때 몇 살이었는지, 얼마나 자주 하는지, 어떻게 하는지(가령 "한 손이나 두 손으로, 위아래로, 앞뒤로, 아니면 둥글게 원을 그리며?") 등 자위 경험을 묻는 질문에 대답하도록 되어

The Society of
Out-of-the-Closet Masturbators

Application for membership

~*~

Name (or pseudonym)_____

Rank_____

Serial number_____

Age now_____ Age I first masturbated_____ Age I first called "that" masturbation_____ Age I plan to stop_____

Reason for stopping, if any_____

Current Pattern

Frequency (how often)_____

this is: ☐ too much   ☐ just right
        ☐ too little   ☐ none of your business

Method(s):

hand(s)	yes no
vibrator	yes no
running water	yes no

My "special" (describe):

_____

_____

towel, pillow, teddy bear, etc.   yes   no
dildo, zucchini, candle, etc.   yes   no
railing, edge of chair, door, etc.   yes   no
squeezing legs together   yes   no

How I do it:

One or two hands____

This many fingers and thumbs 1 2 3 4 5 6 7 8 9 10

Up and down____   Back and forth____

In and out____   Round and round____

Something in my vagina____ what?____ or____

ǁ

조아니 블랭크가 처음으로 출판한 섹슈얼리티 안내서인 《여성을 위한 섹스 해설서》(다운데어 출판사, 1975)의 한 페이지. 조아니 블랭크 제공.

있었다. 책의 마지막 페이지에는 독자가 자신의 이름을 적도록 하는 수료증도 있었다. 이 사람이 "진정 성적으로 자각한 여성임"을 증명한다는 내용이었다.

1976년 블랭크는 두 번째 저서인 《굿바이브레이션스: 여성을 위한 바이브레이터 완전 가이드Good Vibrations: The Complete Woman's Guide to Vibrators》를 출판한다.[15] 블랭크는 이 재미있게 생긴 기계가 어떻게 작동하며, 왜 여성들이 이것들을 사용해보고 싶어 하는지 [앞서 낸 책과] 비슷하게 불손한 어조로 썼다. 이 책은 블랭크가 자신이 수년에 걸쳐 터득한 "붕붕 막 나가기의 예술과 과학"을 공유한 것이기도 했다. 거기에는 바이브레이터 유형(전기 충전식 혹은 배터리형)을 선택하는 방법과 혼자서 또는 파트너와 함께하는 사용 방법도 포함되었다. 블랭크는 페미니스트 의식 고양 모임이 유행시킨 방법을 빌려 실험적 지식을 일종의 페미니즘 인식론으로 활용했다. 그가 책 앞부분에 썼듯, "이 주제의 연구를 정석으로 진행한 적은 없다. 나는 내 경험, 다른 여성들의 경험, 그리고 내가 바이브레이터에 있어 민중의 지혜라고 믿는 것을 보고하는 것이다. 이 책이 여성을 위한 자위 책의 최종 완성본이라고 하기는 힘들다. 그보다 이 책은 우리 모두가 충분히 알고 독립적인 선택을 함으로써 자신의 섹슈얼리티를 좀 더 즐길 수 있기를 바라는 취지에서 수행하는 정보 공유다."[16]

블랭크는 섹스 포지티브 철학에 의거해 바이브레이터의 장점을 논했다. 섹스 포지티브 철학은 섹슈얼리티가 인간의 삶에 잠재된 긍정적 힘임을 주장하는 사상으로, 당시 샌프란시스코의 성교육 전문가들 사이에서 인기를 얻고 있었다. 블랭크는 바이브레이터 사용법을 설명하면서 이 사상을 활용했다. "뭐든 당신의 기분이 좋아지는 방식으로 사용하라. 어떤 방법이든 상관없다. 아프지만 않다면, 그 방법이 당신에게 해를 끼치지 않는 것이다."[17] 블랭크는 여성이 바이브레이터에 중독될 수 있다는 의견을 일축했다. 대신 그는 "바이브레이터 중독자"에게 발생하는 치명적인 부작용이 알려진 바 없다고 주장했고, 지나친 쾌락이나 너무 잦은 자위 같은 건 없다고 했다. 블랭크는 섹스 상담 분야를 언급하며 "여성을 연구하는 성 연구자와 여성 내담자와 상담하는 상담가들은 성적 반응을 많이 경험한 여성일수록 더 확실하게 반응한다는 사실을 알게 된다"고 말했다.[18]

집필한 책과 작은 바이브레이터숍을 통해 블랭크는 후일 섹스 포지티브 페미니즘이라고 명명되는 사상이 형성되는 데 기여했다. 그는 섹스 테라피스트로서 교육에 지향을 두며 갈고 닦은 상담과 유사한 기법으로 섹스에 관해 이야기하는 접근법, 그리고 1970년대에 부상한 페미니즘적 의식 고양 모임과 인간주의 성과학humanistic sexology의 측면을 조합한 방식을 도입했다. 블랭크는 이렇게 여러 지식을 융합하여 새로운 담론의 집합assemblage을 형성해냈다. 이런 표현에는 논쟁의 여지가 있겠지만, 그것은 각각의 개별 지식보다 더 거대한 집합이었다. 굿바이브레이션스에서 일했던 캐시 윙크스Cathy Winks는 이 지점을 다음과 같이 요약했다. "블랭크는 굿바이브레이션스를 창업하면서 아직 오르가슴을 경험하지 못한 여성들과 자신이 진행한 워크숍을 통해 확인된 수요에 응답하고자 했습니다. '으음, 선생님이 바이브레이터가 그렇게 좋다고 말씀하시고 저도 그걸 사고 싶은데, 마음 편히 살 만한 곳이 없어요. 성인용품점에 들어가기는 싫단 말이에요.'"[19] 굿바이브레이션스는 상담소가 아니라 소매점이었지만 근본 철학은 성 상담소와 같았다. 사람들에게 더 충만한 성생활을 누리게 해줄 지식과 도구를 제공하면 세상은 더 나은 곳이 될 거라는 믿음 말이다.

굿바이브레이션스가 다른 성인용품점과 차별화되는 지점은 블랭크의 섹스 포지티브한 태도 및 철학이나 가게의 여성지향성, 또는 "쾌적하고 밝은" 환경만이 아니었다. 블랭크는 대안 기업을 운영하는 일에도 아주 열정적이었다. 소매가격이 부담스럽지 않고 이윤이 점주의 주머니로 들어가는 대신 굿바이브레이션스의 교육적 사명을 추구하고 유지하는 데 사용되는 사업 말이다. 사업 규모가 커지자 블랭크는 기대 이상의 성과를 거두는 유능한 직원을 고용하는 요령을 터득했다. 그들은 성교육을 향한 블랭크의 열정에 공감했을 뿐 아니라, 그가 생각하는 굿바이브레이션스의 비전을 이해하고 그것을 실현하도록 열정적으로 도와주는 이들이었다. 블랭크는 자신도 모르는 사이에 곧 미국 전역의 도시로 퍼져나갈 섹스 포지티브 지지자들의 디아스포라를 마련하고 있었던 것이다.

영업 말고 성교육

1980년, 수지 브라이트는 처음으로 가게 문을 열고 굿바이브레이션스 안으로 들어갔다. 당시 그는 아직 전국적으로 알려진 작가이자 선구적인 '섹스퍼트sexpert 수지'가 아니었다. 그때 브라이트는 스물두 살이었고, 굿바이브레이션스 근처 발렌시아 20번가에 살고 있었다. 브라이트는 그 첫 방문을 생생하게 기억한다. 계산대에 훗날 그의 연인이자 공동 작업자가 되는 허니 리 코트렐 Honey Lee Cottrell이 서 있었다. 새치로 머리가 희끗한 코트렐은 25센트 동전이 든 봉투를 여는 중이었다. 당시 우편 주문 카탈로그의 기능을 겸하던, 항목별로 정리된 바이브레이터 리스트 한 권당 블랭크가 책정한 가격이 25센트였던 것이다.[20] 브라이트는 코트렐이 봉투를 열어 25센트 동전을 금전등록기 옆에 차곡차곡 쌓는 모습을 흥미롭게 바라보았다.

"그냥 전부 출납기에 넣으면 되잖아요?" 마침내 브라이트가 물었다.

"이 돈을 어떻게 정리해야 할지 몰라서요." 코트렐이 대답했다. "매출액은 아닌데 이게 무슨 돈인지 아무도 몰라서, 여기 쌓아놓으면 블랭크가 나중에 처리하겠대요."

1980년대 굿바이브레이션스에는 예스럽고 좀 별나기까지 한 면이 있었다. 블랭크의 수집품인 골동품 바이브레이터들이 들어 있는 나무와 유리로 된 장식장이 비좁은 가게의 공간 대부분을 차지하고 있었던 것이다. 매우 협소한 제품 창고에는 바이브레이터 모델 몇 개, 엄선된 책 몇 권만이 놓여 있었다. "그곳이 보여주는 태도와 주장이 전부 정말 좋았어요." 브라이트는 이렇게 회상했다. "바이브레이터를 집어 들고 어떤 느낌인지 바지 위로 잠시 대볼 수 있는 것도 정말 좋았죠. 모든 걱정거리, 사람들이 머릿속에 담고 있는 쓸데없는 좋음과 나쁨, 싫음의 관념을 다 돌파해버릴 수 있잖아요."[21]

1992년의 수지 브라이트.
필리스 크리스토퍼Phyllis Christopher 촬영.
출처 www.phyllischristopher.com.

브라이트는 그날 생애 첫 바이브레이터를 사갔다. 집으로 돌아간 그는 자신의 표현에 따르면 "개인적 혁명"을 경험했다. 브라이트에게 바이브레이터 사용은 계시와 같았다. 그것은 그때껏 자신의 몸에 대해 생각해온 방식을 근본적으로 변화시키는 "의식의 본능적 도약"이었다. 이전에 그는 왜 사람들이 오르가슴에 도달하려고 뭔가를 사거나 기계를 쓰는지 도통 이해하지 못했다. 이전까지 자위할 때 손가락 말고 다른 것을 사용할 생각은 해보지도 못했던 것이다(비록 그 방법으로 오르가슴을 느끼려면 엄청난 시간이 걸린다는 것을 인정해야겠지만). 바이브레이터는 그런 생각을 바꿔놓았다. 바이브레이터 하나면, 브라이트는 30초도 지나지 않아 오르가슴을 느낄 수 있었다. "10대 남자애들하고 똑같죠." "진짜 재미있었어요." 브라이트가 내게 말했다. "방에서 나오질 않았다니까요. (내가 오르가슴을 얼마나 빨리 느낄 수 있는지 알아보려고) 3일 동안 바이브레이터를 달렸다고요."[22]

이후 얼마 지나지 않아 브라이트는 굿바이브레이션스에서 영업 직원을 구한다는 것을 알게 되었다. 알래스카에서 낚시로 돈을 벌려고 했으나 실패한 그는 샌프란시스코로 돌아와 발렌시아가의 가게 앞 쪽방에서 살고 있었고, 직업이 필요했다. 당시 브라이트에게는 두 건의 면접이 예정되어 있었다. 그가 기억하기로, 하나는 금문교에 차선을 표시하는 원뿔형 도로 표지를 놓는 일이었고 다른 하나는 굿바이브레이션스였다.

브라이트는 페미니스트 바이브레이터숍에서 일한다는 생각에 완전히 사로잡혔다. 블랭크는 면접에서 분명히 말했다. "당신이 하루 종일 단 한 개도 못 팔아도 신경 안 써요. 교육하는 일, 그리고 여성이 자신의 성적 이익을 탐구할 수 있는 대안 공간을 제공하는 게 중요해요." 블랭크와 브라이트는 스무 살 정도 나이 차가 나지만, 브라이트는 진정한 동지를 만났다고 생각했다. "(블랭크의) 열정과 결의가 너무 마음에 들었죠. 그리고 그는 매력적이고, 카리스마가 넘쳤어요. 그가 사람들과 대화하는 방법이나 질문에 대답하는 방법으로 제시한 건 딱 내가 할 만한 것들이었죠. 우린 단번에 마음이 맞았어요. 블랭크도 유쾌하게 '알겠습니다!'라고 대답하는 젊은 여자를 만나는 게 즐거웠겠죠."[23]

브라이트는 자신이 판매 기술에 뛰어나서가 아니라 블랭크의 비전을 잘 이해했기 때문에 채용되었다고 설명했다. "(굿바이브레이션스가) 그냥 가게가 아니라는 걸 알고 있었어요. 모던 타임스 Modern Times*가 단지 빨갱이 아나키스트 책방이 아닌 것과 마찬가지죠. 이런 가게들에는 더 큰 목적이 있다는 거예요." 브라이트가 말했다. "그들이 소매상이라는 건 사실 그 목적에 비하면 부차적인 문제였죠."[24]

블랭크는 브라이트를 자신의 열정과 정치적 비전을 공유하는 사람으로 보았던 것 같다. 브라이트는 1970년대 초 절정에 달한 여성해방운동의 결과물을 누린 사람이다. 후일 그가 내게 말하길, 페미니즘은 그에게 "모유"였다. 그는 고등학생일 때 마르크시즘을 처음 접했고, 노동자 및 지역 조직화에 힘쓰며 미국 신좌파

---

* 샌프란시스코 미션 디스트릭스에 위치했던 독립서점. 2016년 폐업하기까지 45년간 미션 디스트릭트 공동체의 일부로서 베트남전쟁으로 촉발된 반전운동, 퀴어, 인종 의제 등 다양한 진보적 담론이 확산 및 형성되는 데 기여했다.

의 일원으로 10대 시절의 상당 부분을 보냈다. 그는 페미니즘 의식 고양 모임과 자궁 검시경^{speculum}을 든 여성들의 자조모임에도 참여했다. 자기 몸에 대해 배우기 위해 자궁경부 자가 검진을 하는 것이 가입 필수 조건인 곳이었다.[25] 고등학교에 다닐 때 그는 친구들과 함께 학교 수위실 벽장을 점거해 그곳을 피임센터로 바꿔놓았다. "진짜 솔직히 말하면 나 스스로가 운동가이자 혁명가라고 생각했어요." 브라이트의 설명이다.[26]

브라이트가 굿바이브레이션스에서 점원으로 일하기 시작한 1980년대는 레이건 시대의 문화전쟁이 펼쳐지던 시기로, 포르노그래피, 동성애, 그리고 에이즈를 둘러싼 논쟁의 열기가 절정에 달해 있었다. 그리고 브라이트는 곧 자신이 성적 표현 및 재현을 두고 벌어지는 페미니스트 전쟁의 격전지 한가운데에 있음을 알게 되었다.

1976년 베이 에어리어의 페미니스트들은 포르노그래피와 미디어의 폭력에 반대하는 여성들^{Women Against Violence in Pornography and Media}(이하 WAVPM)을 설립했다. 미국 최초로 미디어에 나타나는 성차별과 폭력에 맞서 싸우는 데 헌신하기 위한 목적에서 설립된 이 단체는 얼마 지나지 않아 포르노그래피 문제로 초점을 좁혔다. WAVPM은 성인 라이브쇼로 유명한, 샌프란시스코에 있는 미첼 브라더스 극장^{Mitchell Brothers Theatre} 바깥에서 반포르노 시위를 열었다. 또한 그들은 샌프란시스코 노스비치에서 정기적으로 걷기 대회를 열어 그 지역 곳곳에 산재한 마사지숍, 성인용품점, 그리고 포르노 상영 극장에 주의를 집중시켰다. 포르노그래피가 가부장적 억압과 젠더 차별의 도구라는 생각이 당시 페미니스트들 사이에서 호응을 얻고 있었다. 그리고 포르노그래피가 끼치는 사회적 해악이 커지고 있다고 본 일부 페미니스트는 이에 대한 법적 규제를 요구했다.[27]

성적 폭력과 위험을 강조하는 반포르노 페미니즘이 지배적 영향을 행사한다는 것은 한편으로 1980년대 초 페미니즘에 섹슈얼리티와 쾌락의 낙관적이고 삶을 긍정하는 측면을 이야기하고 이를 대변할 만한 문화적 공간이 축소되고 있었음을 뜻한다. 페미니즘의 전선에는 포르노그래피만 있는 것이 아니었다. 반포르노 운동이 열기를 더해가면서, 베이 에어리어뿐 아니라 다른 곳에서도 성적 표현을 두고 좋음과 나쁨의 위계가 세워졌다. 뉴라이트 세력이 맹위를 떨치던 시기에 섹슈얼리티는 특히 여성과 성소수자에게 가장 핵심적인 문제였다.

샌프란시스코에 기반을 둔 레즈비언 페미니스트 BDSM 단체인 사모아Samois 또한 자신들이 반포르노 페미니스트들에 의해 나쁜 종류의 섹슈얼리티라고 비난받으며 표적이 되고 있음을 깨달았다. WAVPM은 레즈비언 S/M이 폭력을 성애화하고 "가부장제 사회의 근본인 불평등한 권력관계"를 미화한다고 보았다.[28] 이들은 S/M이 합의된 실천일 수 있다는 점을 부인했으며, 그것이 레즈비언 간에 일어나는 일이더라도 마찬가지로 보았다. 대신 그들은 지배와 복종을 자연스러운 상태로, 심지어는 욕망할 만한 상태로 믿도록 가부장제가 여성들을 조건화했다고 주장했다. 미디어 연구자 캐롤린 브론스타인은 "반포르노 운동에 가담한 많은 활동가에게 레즈비언 S/M은 결코 페미니즘과 조화를 이룰 수 없는 것이었다"[29]라고 썼다.

딜도 역시 페미니즘적 논쟁과 경악의 소재였다. 레즈비언 사이에서 특히 그랬다. 헤더 핀들레이Heather Findlay에 따르면, "중산층 백인이며 대체로 도시 거주자인 레즈비언 사이에서 딜도만큼 방대한 분량에 달하는 심도 깊은 논의가 이루어진 섹스토이는 없었다".[30] 어떤 레즈비언들은 딜도를 "남성 정체성을 체화한" 도구로 보았고, 따라서 "여성 정체성을 체화한" 섹슈얼리티와는 근본적으로 양립할 수 없다고 여겼다. 《권력에 다가가기Coming to Power》*에서 누군가가 회고했듯, 딜도는 "레즈비언이 섹스하는 방식에 대한 남성의 망상"을 그대로 구현한다는 점에서 "절대 안 될 말"이었다.[31] 딜도를 사용하거나 사용하는 환상을 품는 레즈비언은 **나쁜 레즈비언**이다. 페미니스트 성교육자들은 스스로 의식하지 못하는 사이에 딜도의 이미지 문제를 심화시킨 것으로 보인다. 1970년대에 질 오르가슴만이 여성 섹슈얼리티의 본질이자 궁극이라는 사상을 탈중심화하고자 너무나 열심히 노력하던 와중에 일어난 일이었다. 처음에는 굿바이브레이션스에서 딜도를 팔지 않았지만 블랭크는 이 점을 강조했다. "나는 딜도 사용에 그렇게 반대하지 않았다. 딜도는 클리토리스와 친화적이기 때문이다."[32]

《온 아워 백스On Our Backs》[이하 OOB]는 "모험을 즐기는 레즈비언"을 위한 섹스 잡지였다. 이 잡지는 반포르노, 반BDSM, 그리고 반딜도 노선을 견지하는 페미니즘 분파와 대조적으로 포르노, BDSM, 딜도를 레즈비언 욕망과 저항의 상징으로 새롭게 의미화

---

* 레즈비언 S/M에 대한 담론과 실천을 망라하는 에세이를 엮은 모음집으로, 사모아 회원들의 편집으로 1981년에 출간되었다. 레즈비언 BDSM 논의의 주춧돌이 된 저작으로 평가받는다.

하려는 급진적이고 섹슈얼리티 친화적인 잡지였다(잡지 제목부터 레디컬 페미니스트 신문인 《오프 아워 백스Off Our Backs》를 장난스럽게 비튼 것이다). "레즈비언의 삶에서 재미와 다양성을 되찾기 위한 노력의 일환으로, 우리는 오락의 형식을 빌려 섹스의 정치적 본성을 표현하기로 의식적인 결정을 내렸다." OOB 편집자 데비 선달Debi Sundahl 과 낸 키니Nan Kinney가 편집자의 말에 쓴 구절이다.[33]

브라이트는 1984년 OOB 창간을 도울 당시 굿바이브레이션스의 매니저로 일하는 중이었다. OOB는 딜도, 스트랩 딜도, 다이크 레더 대디들dyke leather daddies*과 그들의 애인인 펨들femmes**, 채찍과 유두 집게, 스리섬, 바이브레이터, 그리고 야외 성행위를 하는 레즈비언들의 그림을 실었다. 레즈비언 섹스의 스테레오타입에 저항하는 이미지들 말이다. 또한 브라이트는 '우리를 위한 토이'라는 제목으로 정기 칼럼을 기고했다. 레즈비언 버전의 《컨슈머 리포트Consumer Reports》*** 같기도 하고 〈애비에게Dear Abby〉**** 같기도

---

* 다이크dyke는 레즈비언 일반을 지칭하는 말로 사용되기도 하지만, 주류 문화의 관점에서 규정한 '여성성'이 부족하다고 여겨지는 여성을 비난하는 말이기도 하다. 원래는 퀴어 혐오적 비하어였으나 성소수자 여성 당사자들이 긍정적인 의미로 전유하여 쓰는 경우도 있다. 여기서 말하는 '다이크 레더 대디'는 레더 신에서 활동하며 이른바 '남성적' 역할을 하는 성소수자 여성을 뜻한다. 레더 신에 대한 설명은 159쪽 옮긴이 주를 참조하라.
** 주류 문화의 관점에서 '여성적'이라고 여겨지는 스타일을 추구하는 레즈비언 및 바이섹슈얼 여성을 지칭한다. 이와 대조적으로 소위 남성성을 강하게 표현하는 이들은 '부치butch'라고 칭한다.
*** 각종 상품에 대한 평가를 제공하는, 미국에서 널리 공신력을 인정받는 비영리 소비자 정보지.
**** 독자가 익명으로 사연과 상담을 기고하면 상담가 애비가 답해주는 방식으로 구성되는 칼럼.

WHY IS THE HITACHI MAGIC WAND ALMOST EVERYONE'S FAVORITE VIBRATOR?

- It's fun to use alone or with a partner.
- It's wonderful for massage, too.
- It's strong, reliable and guaranteed.

Get yours from GOOD VIBRATIONS, the sensual toy and book service especially for women (since 1975). Only $35.00 postpaid. Or send $3.00 for our unique catalog, FREE mini-vibrator and certificate worth $2.00.

Good Vibrations   Women-owned
3418·B 22nd Street   and operated.
San Francisco, CA 94110

《온 아워 백스》에 실린 1986년
굿바이브레이션스의 히타치 매직완드 광고.

한 글이었다. 〈우리를 위한 토이〉는 에이즈와 안전한 섹스부터 딜도와 질 피스팅fisting*에 이르기까지, 레즈비언 삶에 영향을 미치는 다양한 의제를 논했다.[34] 브라이트는 OOB의 창간호에 쓴 글로 딜도 논쟁에 참여했고, 다음과 같이 기지 넘치는 발언을 남겼다. "삽입은 딱 키스만큼만 이성애적이다."[35]

　브라이트는 1980년대에 OOB의 기고가 겸 편집자로 일하며 굿바이브레이션스가 더 많은 섹스 포지티브 공동체와 접촉하도록 중요한 연결고리를 만들었다. OOB는 샌프란시스코 레즈비언 및 퀴어 섹스 신scene의 중심으로 독자를 안내했으며, 멀리 떨어져 있던 레즈비언들 사이에 가상의 성적 공동체를 형성했다. 1990년대에 OOB와 그 자매사 파탈 미디어Fatale Media에서 일했던 샤 레드나워는 이렇게 회고했다. "레즈비언 섹스의 실재(그것이 실제로 어떻게 보이는지와 그것이 가져다주는 쾌락)는 1980년대와 1990년대에 쉽게 접근할 수 없는 이미지였다."[36] OOB에는 기사, 소설, 칼럼, 그리고 그림들이 굿바이브레이션스, 스토미 레더Stormy Leather**, 더 러스티 레이디the Lusty Lady(샌프란시스코의 유명한 스트립쇼 클럽)와 파탈 비디오Fatale Video 광고 옆에 나란히 실려 있었다. OOB는 레즈비언 공동체의 시장과 유통망이 발달하도록 이끌었으며 독자들이 샌프란시스코에서 가장 큰 문화적 영향력을 행사하는 성 관련 사업체들에 접근할 수 있도록 했다. 페미니스트 성전쟁의 절정기에 OOB는 섹스 포지티브 담론의 확성기로서, 레즈비언 섹스나

---

*　　주먹과 손목을 신체에 삽입하는 성적 행위.

**　　샌프란시스코의 가죽 제품 판매처로, 레더 신에서 유명한 곳이었던 것으로 추측된다.

성소비주의sexual consumersim를 거리낌 없이 솔직히 논하고 그려냈다.

〈우리를 위한 토이〉 칼럼은 샌프란시스코의 섹스 포지티브 집단을 넘어 훨씬 더 광범위한 독자들에게 섹스와 섹스토이 이야기를 할 수 있는 플랫폼이었다. 또한 이 칼럼으로 인해 많은 독자들이 브라이트의 이름을 굿바이브레이션스와 거의 동일시하게 되었다. 브라이트는 미션 디스트릭트 거리에 있는 작은 바이브레이터숍의 걸어다니고 말하는 광고판이 되었다.

1980년대에 브라이트는 굿바이브레이션스에 매우 크게 기여했다. 브라이트는 1985년에 출간된, 마샤 쿼켄부시Marcia Quacken-bush의 일러스트가 포함된 작은 책자인 초창기 우편 주문 카탈로그의 문구 대부분을 썼다. 카탈로그는 전기 충전식과 배터리 구동식 바이브레이터의 차이, 지스팟에 대한 메모, 딜도에 부착하는 끈과 윤활제에 대한 소개, 그리고 다운데어 출판사에서 출간된 책들의 목록으로 빽빽하게 차 있었다. 예전의 한 장짜리 우편 주문 신청서와는 전혀 다른 형식이었다. 브라이트는 블랭크와 함께 '허로티카Herotica'라는 책 시리즈도 만들었다. 후일 브라이트는 여성의 관점에서 쓰인 에로틱한 소설들을 선보인 이 시리즈를 두고 또 다른 "경고 사격"이었다고 평했다. 또한 브라이트는 노골적으로 에로틱한 비디오를 다루고, 질 좋은 딜도들을 판매 목록에 포함시키자고 블랭크를 설득하여 여러모로 블랭크를 새로운 시대의 페미니스트 성정치로 이끌었다. 후일 브라이트는 실리콘 딜도를 굿바이브레이션스에서 비밀시하며 감춰야 하는 물건이 아닌 당당한 판매품으로 만들기 위해 벌였던 캠페인에 대해 이렇게 회고했다.

블랭크와 그 이야기를 하면서 "질 오르가슴이 터무니없는 소리라는 당신 의견에 내가 완전히 동의하는 걸 알잖아요"라고 계속 말했던 것을 기억합니다. 그 문제는 우리가 산꼭대기로 지고 가야 하는 십자가였어요. 우리는 끊임없이 이 주제를 놓고 떠들겠죠. 하지만 솔직히 말해서, 몇몇 다이크나 성 경험이 많은 사람이 가게에 와서 딜도를 찾는 건, 그것만 쓰면 누워서 애국가나 부르다가도 오르가슴을 느낄 수 있다고 착각해서가 아닙니다. 그들은 이미 느끼고 있는 오르가슴을 더 고조시키고 싶었던 것이고, …… 이것이 우리가 팔아야 하는 물건이었던 거예요. 딜도는 무식하거나 역겨운 것이 아닙니다. 시대가 변하고 있었고, 블랭크는 아마 내가 이 문제에 얼마나 확고한 의견을 견지하는지 알고 있었을 겁니다.[37]

브라이트가 판매원 또는 매니저로 일했던 1981년부터 1986년까지, 굿바이브레이션스는 사업 이익이 증가했으며, 창고는 더 혁신적이고, 참신하고, 컬러풀한 디자인의 바이브레이터와 딜도를 보관하는 곳으로 확장되었다. 브라이트 자신도 쉬이 인정하듯, 그가 지닌 강점은 재고 파악처럼 소매점 관리에 필수적인 일에 있지 않았다. 대신 그는 사람들과 섹스 이야기를 하는 데 매우 탁월한 능력이 있었고 바이브레이터를 잘 팔았다. "우리가 수익을 내고 있다는 건 알았지만, 수익 수준이 얼마나 달라지고 있는지는 전혀 몰랐어요. 간접비가 얼마지? 순익이 얼마지? 그런 건 몰랐어요. 알아보지도 않았고요." 브라이트가 매출과 이윤을 따지지 않은 이유 중에는 굿바이브레이션스의 강조점이 소매업이 아니라 교육에 놓인 탓도 있었다. "난 내가 성교육 키오스크를 운영하는 거라고 생각했어요. 아무것도 못 팔아도 괜찮잖아요. 그렇죠?"[38]

브라이어패치의 철학

이윤 문제를 뒷전으로 밀어두는 블랭크의 독특한 사업 방식은 브라이어패치[Briarpatch]에 빚지고 있었다. 브라이어패치는 사회적 의식이 강한 소상공인들의 집단으로, 1960년대 반문화운동*의 가치에 뿌리를 두고 있었다(어떤 굿바이브레이션스 직원은 브라이어패치를 "사장이 된 히피들의 느슨한 모임으로, 사회적 책임의식을 유지하고 싶어 했다"고 묘사했다).[39] 브라이어패치의 철학은 베트남전쟁 중에 형성된 다소 우울한 세계관에서 비롯되었다. 브라이어스[Briars][브라이어패치의 구성원들]는 대기업들이 결국 쇠퇴할 거라고, 다시 말해 그들의 게걸스러운 탐욕을 만족시킬 수 없게 만드는 "비즈니스 아포칼립스"에 굴복하리라고 보았다.[40] 그와 대조적으로 자신들은 새로운 기술을 배워 더 적은 돈을 가지고도 살아남고 번영할 수 있을 거라고 내다보았다. 브라이어스는 다른 이들과 자원을 나누고 공동의 선善에 이바지했으며, 가장 중요하게는 이 모든 일에 기꺼이, 그리고 정직하고 열린 태도로 임하려고 했다.

---

* 서구에서 전후 베이비부머 세대가 주축이 되어 기성 사회구조나 문화적 질서에 반기를 들면서 평화·반차별 등의 대의를 추구했던 사회운동이다. 베트남전쟁에 반대하며 촉발된 반전주의, 성적·인종적 소수자의 시민권 운동에 대한 동조, 자유로운 삶의 양식을 추구하는 히피 정신 등으로 특징지어진다.

브라이어스는 탐욕과 경쟁은 성공적인 사업체를 운영하는 데 좋지 않은 모델이라고 보았다. 그들은 잔혹한 운영 방식 대신 협력에 중점을 두었다. 게리 원^{Gary Warne}이 《브라이어패치 북^{The Bri-arpatch Book}》에서 설명했듯, "정보 공유는 브라이어패치 사업체들의 주요 가치 중 하나다. 남성 또는 여성 회원이 자신의 일과 창업 과정에서 배운 모든 것은 다른 사람들이 사업을 시작할 때 배우고 성장할 수 있는 자원이 되어야 한다."[41] 브라이어스의 입장에서 경영 구조, 재정, 판촉 기술, 그리고 법적·기술적 전략과 관련된 정보를 다른 사업체들과 나누는 것은 성공적인 사업을 위한 필수 요소였다. 그들은 [단지] 돈을 벌기 위해서가 아닌 다른 목적을 가지고 사업을 한다면 물건을 더 싸게 팔 수 있고 고용인들에게도 더 좋은 대우를 해줄 수 있으리라 믿었다.

블랭크는 브라이어패치의 철학에 공감했다. 그 철학은 블랭크가 자신을 사장으로 여길 수 있도록 사회적 의식과 공동체주의^{communitarian}라는 가치관을 제공해주었다. 그리하여 그는 자신이 비즈니스계에 품어왔던 거부감을 누그러뜨렸을 뿐 아니라 떨칠 수 있었다(고등학교 때 블랭크는 하버드대학교 경영대에 다니는 남학생과의 소개팅을 거절한 적이 있었다. 다른 이유가 아니라 그 남자가 경영자가 되고 싶어 했기 때문이었다. 블랭크는 그런 것이 싫었다). 브라이어패치 철학이 장려하는 원칙은 블랭크가 사업체 소유자주로서 자기 자신에 대해 다르게 생각할 수 있도록 해주었다. "그런 방식으로 사업을 할 수 있다면 내가 사장이 된다 해도 괜찮았어요. 만일 내가 경영을 전공하고 MBA를 따야 하는(흥!) 아니면 이윤을 신경 써야 하는 그런 보통의 사업가가 되어야 한다면? 집어치우라고 해요. 그

바이브레이터의 나라

런 사장이 되고 싶지 않아요. 저항할 거라고요. 그게 내가 교육적인 측면에 자연스레 초점을 맞추게 되는 한 가지 이유이기도 해요. 교육에 힘쓰면 사장이 되는 것에 대한 걱정이 덜어졌거든요."[42]

블랭크는 브라이어패치가 중시하는 사람 중심의 경영, 협동 의사결정, 투명한 회계 원칙을 굿바이브레이션스에 적용했다. 직원들은 자신의 봉급을 스스로 결정했다. 또 블랭크는 여러 해 동안 회계 공개 정책을 도입하여, 회사의 내부인과 외부인을 막론하고 누구든 재정 기록을 볼 수 있도록 했다(브라이트는 후일 회계 장부를 보여달라고 말하지 않았던 것을 후회했다. "그럴 마음이 전혀 안 들었어요. 이상하죠?"). 굿바이브레이션스는 손익을 요약해 비정기 사내 뉴스레터인 《굿바이브스 사보 Good Vibes Gazette》로 인쇄했다(처음 발행된 사보에는 1985년 1월부터 9월까지 손실액이 3520달러로 집계된 회계 내역서가 실려 있었다). 가게에 걸린 눈에 띄는 표지판은 굿바이브 레이션스가 공개 경영을 하는 회사임을 고객들에게 상기시켰다. 표지판에는 "공개 경영이라 함은 우리의 도매가, 거래처 목록, 그리고 회계 내역이 포함된 모든 기록을 여기 계신 분들을 포함하여 알고 싶어 하는 모든 분에게 공개한다는 의미입니다"라는 문구가 쓰여 있었다.

브라이어패치 철학을 향한 블랭크의 헌신은 가게 직원들에게 퍼져나갔고, 성공적인 사업이 무엇인가에 대한 관점을 형성했다. 캐시 윙크스가 1986년부터 1996년까지 10년 넘게 굿바이브 레이션스에서 일하며 블랭크에게 배운 것 중 하나는 사회적 의식을 지키면서 동시에 사업적 측면에서도 성공적인 가게를 운영하는 것이 가능할 뿐 아니라, 그것이 친근한 페미니스트 섹스토이숍에서 물건을 구입하길 좋아하고, 그곳을 소문내주고 싶어 하는 고객들에게 신뢰와 존경을 일으킨다는 점이었다. 굿바이브레이션스는 점차 이 점을 마케팅과 판촉에 활용하기 시작했다. "1980년대 후반에서 1990년대 초반은 사회적 기업과 그것을 둘러싼 사상적 움직임, 광고 없는 마케팅과 대의를 강조하는 마케팅 같은 것들의 전성기였죠." 윙크스는 이렇게 회상한다. "그리고 여성이 자기 섹슈얼리티의 통제권을 쥐고, 1인 출판을 비롯해 성적 상품을 직접 생산하는 일이 영상 제작 등의 분야가 성장할 수 있는 아주 멋진 플랫폼이었던 거죠. 바로 그게 (굿바이브레이션스에) 존재했던 거예요. 대안적 목소리가 갑자기 훨씬 많이 들리기 시작했고, 우리는 그 목소리들을 세상에 퍼뜨리는 수단이 될 수 있었어요."[43]

굿바이브레이션스는 고객들에게 자주 팬레터를 받았다. 이 편지들은 사람들이 굿바이브레이션스를 아끼는 이유가 단지 그들이 파는 상품과 제공하는 정보 때문이 아니라 그들의 사업 방식 때문이기도 하다는 생각을 뒷받침했다. 1986년 6월,《굿바이브스 사보》의 초창기 호 중 한 권에 실린 캐스린이라는 고객이 보낸 편지에는 이런 구절이 있다. "바이브레이터에 카탈로그를 함께 보내주셔서 고맙습니다. 거기 실린 성에 관한 정보가 전부 맘에 들었는데요. 특히 사장님과 사장님 회사에 관련된 개인적인 이야기를 보내주셔서 정말 감사해요. 제가 보낸 돈을 밴더빌트*나 록펠러** 같은 사람들이 소유한 대기업이 꿀꺽하는 게 아니라는 걸 알

---

*　해운업 및 철도 산업으로 천문학적인 돈을 모은 미국의 재벌 코닐리어스 밴더빌트Cornelius Vanderbilt 가문을 말한다.

무엇이든 직접 만들자는
굿바이브레이션스의 정신은 포장 봉투를
선택하는 데서도 명확히 드러난다.
사진 촬영 저자.

게 되어서 좋아요. 저는 사장님의 사업 방식이 좋답니다."

어떤 사람들은 굿바이브레이션스가 재정 상태를 낱낱이 공개하는 것을 불편해하기도 했다. 《굿바이브스 사보》의 같은 호에는 회사의 재정보고서 옆에 다른 고객이 보낸 쪽지도 함께 실려 있다. "다른 사람의 프라이버시를 강제로 알게 되니 난처하군요. 저는 귀하가 침실에서 성관계하는 장면을 보고 싶지 않은 만큼이나 귀사의 재정 상태를 알고 싶은 마음이 없습니다." 블랭크는 이런 일을 당연하게 받아들이고 이렇게 답장을 썼다. "오, 항상 모두를 만족시킬 수는 없는 법이지요."

블랭크는 절약하며 살았고 굿바이브레이션스 이외에도 작은 수입이 있었다. 가족의 벌이와 집을 판 돈이었다. 그래서 그는 사업의 수익성을 크게 신경 쓰지 않는 자유를 누릴 수 있었다. 하루에 얼마를 팔든 상관없이 스스로가 윤리적이라고 생각하는 방식으로 사업을 해나갔다는 뜻이다. 블랭크는 가격 인상폭을 낮게 유지했고, 종종 수익이 거의 혹은 전혀 없는 상품을 판매하기도 했다. 그저 사람들이 그 물건을 구할 수 있어야 한다는 생각에서였다. 그는 몇몇 물건이 이름값을 못하는 이유도 주저 없이 설명했다. 예를 들면, 블랭크는 벤와볼Ben Wa Ball(조약돌 크기의 도금된 작은 구슬)이 왜 소문대로 기능하지 않는지 설명하기 위해 몇 년 동안이나 가게에 구슬 한 쌍을 진열해두었다(벤와볼은 구슬을 질 안에 넣으면 그것들이 질 안에서 굴러다닐 때마다 여성이 반복해서 오르가슴을 느끼

** 거대 정유 기업 스탠더드 오일Standard Oil의 설립자인 존 D. 록펠러John D. Rockefeller 가문을 말한다.

122   바이브레이터의 나라

굿바이브레이션스의 1993년 광고물. 회사의 정체성을 친근한 페미니스트 섹스토이숍으로 강조하고 있다.

게 될 거라는 아이디어에 착안한 물건이다. 그러나 블랭크는 벤와볼을 질 안에 넣는 것이 탐폰을 사용하는 것과 마찬가지로 하나도 재미가 없다고 주장했다). 블랭크는 또한 고객이 아무것도 사지 않은 채 가게를 나가도 전혀 개의치 않았다. 가게로 온 남성들을 자주 돌려보냈다고 블랭크는 내게 말했다. 아내나 여자친구에게 줄 바이브레이터를 찾던 그 남성들은 블랭크가 "그분이 지금 자위를 하시나요?"라고 물으면 "모르겠어요"라고 대답했다. "그분이 자위할 때 손을 사용하시나요 아니면 바이브레이터를 쓰시나요?" "잘 모르는데요." 블랭크는 그 남성들에게 돌아가서 파트너와 대화를 나누며 그들이 어떤 물건을 좋아할지 알아보라고 권했다. 그 여성들이 직접 가게로 와 스스로 물건을 고르면 더 좋다고도 했다. 후일 블랭크는 이렇게 말했다. "이윤에 신경을 썼다면 그런 일은 못했을 것이다."[44]

매출액과 재정 정보를 공개하는 것 외에도, 블랭크는 굿바이브레이션스와 같은 가게를 열고 싶어 하는 사람들에게 자신의 경영 방법을 공개하는 일에 힘썼다. 굿바이브레이션스에서 일했던 앤 세먼스Anne Semans는 이렇게 회상했다. "블랭크가 이렇게 말하던 걸 기억해요. '내 꿈은 모든 동네에 섹스토이숍이 하나씩 있는 거야. 그리고 그 숍들을 꼭 우리가 운영할 필요는 없지.' 그러면 나는 '참 좋겠네요'라고 대답하곤 했어요. 왜냐하면 모든 사람이 자기 성생활을 기분 좋고 완벽하다고 느끼는 세상은 우리 모두가 바라는 거니까요. 그렇지 않나요?"[45]

블랭크는 경쟁을 두려워하거나, 정보를 나누지 않거나, 회사의 경영을 비밀에 부칠 이유가 전혀 없다고 생각했다. 윙크스의 다음 설명처럼 말이다.

나눔이란 모두의 몫이 더 많이 생기는 일이지, 우리 몫이 줄어드는 것이 아닙니다. 경쟁자란 당신이 자신과 스스로를 그들과 비교해보고 자신과 그들이 어떤 점에서 같은지, 어떤 점에서 자신이 더 낫거나 다른지 볼 수 있도록 해주는 이들이에요. 누구 하나를 앞서기 위해 수상쩍은 책략을 도입해야 하는 경주에 모든 힘을 소진하지 말고, 탁월해지도록 노력해야 합니다. [그 시절 굿바이브레이션스는] 항상 이런 식이었어요. "그래요. 우리 가게 같은 가게를 차리고 싶으신 거죠? 우린 항상 이런 가게가 더 있었으면 하고 바랐어요. 우리가 물건을 어디서 구해오는지 모두 알려드릴게요. 함께 해봅시다." …… 그건 아주 개방적이며 공동체를 생성하는 방식의 접근이었죠.[46]

바이브레이터의 나라

이러한 종류의 접근 방식은 비즈니스계의 잔혹한 경쟁의 장에서 보기 드물었다. 특히 성인산업은 재정 정보와 자원을 철저히 기밀에 부치기로 악명 높았다. 그러나 1980년대와 1990년대 초반 굿바이브레이션스에서 일했던 직원 다수는 통상적 의미의 경쟁이란 존재하지 않는다는 감각을 가지고 있었다. 블랭크가 적극 권장한 관점이었다. 1990년대에 굿바이브레이션스에 입사한 캐럴 퀸의 말처럼 "우리는 [지배] 문화와 그것의 기대, 지배 문화가 적합하다고 여기는 것을 바꾸기 위해 서로를 돕고 있다. 그것을 바꿔낼 때 우리 모두가 이익을 얻게 될 것"[47]이라는 게 [직원들 사이의] 지배적인 신념이었다. 다시 말해, 굿바이브레이션스처럼 바이브레이터를 팔고, 개방적이고 솔직하게 성 이야기를 하는 식으로 사업을 하는 업체가 많아진다면 더 많은 곳에서 더 많은 사람이 지지받고 환영받는 환경에서 섹스토이를 구매할 기회를 얻게 될 것이다. 블랭크는 진심으로 이런 입장을 추구했고, 1990년대 초반에는 사업을 하려는 사람들에게 어떻게 굿바이브레이션스 같은 업체를 운영할 수 있는지 알려주는 짧은 인턴십 프로그램까지 시작했다. 프로그램을 끝까지 수료한 이들은 첫 인턴십에 참여한 클레어 캐버너와 킴 에어스 단 둘뿐이었다. 캐버너는 1993년 레이철 베닝과 함께 시애틀에서 베이브랜드를 공동 창업했고, 에어스는 같은 해 보스턴에서 그랜드 오프닝Grand Opening을 창업했다 (그들의 창업 축하 광고는 OOB의 같은 호에 나란히 실렸다).

블랭크는 인턴십 프로그램을 계속 운영하고 싶어 했지만 직원들은 그 프로그램이 너무 많은 시간과 노동력을 요한다고 생각했고, 경쟁사를 훈련시켜주는 것이 현명한 일인지 의심하기도 했

《온 아워 백스》 1993년호에 실린
그랜드 오프닝과 토이스 인 베이브랜드
(현 베이브랜드)의 창업 축하 광고.

다(퀸에 따르면, 브라이어패치 철학을 "철두철미하게" 받아들인 사람은 블랭크뿐이었다는 사실이 드러난 것이다). 그럼에도 블랭크의 공동체주의적이고 경쟁을 추구하지 않는 정신(오픈소스의 소매업 버전이라고 할 만한)은 섹스 포지티브 지향의 파급력을 이끌어냈고, 그 덕분에 섹스 포지티비티는 결국 다른 도시들로도 확산될 수 있었다. 베이브랜드의 캐버너가 후일 "우리는 굿바이브레이션스 모델을 본떠 운영한다"고 단언했듯 말이다. 그렇게 굿바이브레이션스의 DNA는 복제되고 있었고, 이와 더불어 페미니스트 소매업자와 문화 생산자들의 섹스 포지티브 디아스포라가 형태를 갖추기 시작했다.

3

사명에 살다

우리는 성적 탐험이 사람들의 역량을 신장시킨다는 신념을 따른다.
딜도나 바이브레이터를 갖는다고 세상이 변화지는 않는다. 하지만
자신의 욕망을 따르는 행동은 당신을 변화시킬 수 있다.
─베이브랜드 창업자 클레어 캐버너와 레이철 베닝, 〈토이스 인 베이브랜드 카탈로그〉

2001년 8월 어느 날 오전이었다. 희끄무레 불을 밝힌, 맨해튼의 로어이스트사이드에 있는 델런시 가^{Delancey Street} 역을 빠져나왔다. 한여름 날은 이미 덥고 끈적했다. 에섹스 스트리트 마켓*의 쓰레기통은 아직 어제 버려진 쓰레기로 가득했다. 왼쪽으로 꺾어 공사장과 가죽 제품을 취급하는 상점을 지나고, 1937년부터 계속 이 자리를 지켜온 동네 사탕가게인 이코노미 캔디^{Economy Candy}도 지나간다. 잠시 후면, 인종과 계층이 다른 사람들이 섞여 사는 이 동네가 전형적인 뉴욕의 일요일 풍경과 소리로 붐빌 것이다.《뉴욕 타임스》를 옆구리에 끼고 돌아다니는 사람들, 좁은 골목을 누비는 택시들, 자잘한 일을 처리하러 다니는 가족들과 근처의 트랜디한 카페에서 만나 카푸치노를 홀짝이는 친구 무리들 말이다.

---

*   뉴욕의 오래된 재래시장.

한 블록을 더 걸어간 나는 리빙턴 가 94번지의 비교적 수수한 매장 앞에 멈췄다. 페미니스트 섹스토이숍인 베이브랜드 매장이다. 가방을 뒤져 열쇠를 꺼내 밤중에 가게를 지키는 무거운 보안문을 열었다. 앞문을 연 나는 매장 안으로 들어갔다.

나는 가게 문을 열기 전 혼자 가게에 있는 시간을 사랑했다. 고객도, 섹스 이야기도, 바이브레이터가 윙윙대는 소리도, 금전등록기의 칭 소리도 없었다. 이러한 부재는 공간을 완전히 다른 곳처럼 느껴지게 했다. 어쩌면 이상하게 배열된 생명력 없는 물체들이었을 가게 상품들에 부착된 사회적 의미와 가치가 부분 부분 지워지는 곳 말이다. 조명을 켜고 출근 시간을 기록했다. 방금 전까지 윤곽만 보이던 섹스토이들이 이제 색색으로 빛을 발했다.

아래층의 비좁은 지하 사무실로 내려갔다. 왼쪽으로는 벽을 따라 재고품 선반이 나란히 놓여 있었다. 여러 종류의 콘돔, 바이브레이터, 딜도, 버트플러그, 콕링*, 가죽 하네스, 채찍, 회초리, 손목 구속구, 책, 포르노 [비디오], 그 밖의 많은 물건이 무더기로 깔끔하게 정리된 채 쌓여 있었다. 《레즈비언 섹스의 모든 것 The Whole Lesbian Sex Book》 한 권도 책장에 꽂혀 있다. 책상 위에는 손으로 쓴 "포지티브 섹슈얼리티" 팻말이 걸려 있고, 그 옆에는 포스트잇 메모 하나가 붙어 있다. "윤활제 주문할 것." 그리고 소매점의 일상을 보여주는 좀 더 평범한 흔적들도 있다. 서류 보관함, 계산기, 은행 예금 전표, 영수증 용지, 택배 상자, 포장 완충재 등. 나는 현금 상자를 들고 위층으로 올라갔다.

---

* 사정을 지연시키는 남성용 섹스토이.

위층으로 돌아온 나는 가게를 여는 의례를 시작했다. 현금을 금전등록기에 넣고, 바닥을 닦고, 상품을 정리하고, 재고를 채워두고, 샘플로 진열된 바이브레이터들이 잘 작동하는지 배터리 상태를 점검했다. 판매 목표, 새로 올라온 사용 후기, 할인 행사, 언론 보도 등에 변동 사항이 있는지 가게 일지를 훑어본다. '인기 좋은 섹스토이 101'이나 '이성애자 남성을 위한 섹스팁' 같은 워크숍 행사 정보도 확인한다. 감사를 표하는 고객들의 팬레터도 와 있었다. "섹스[토이]숍에 가본 건 처음인데, 정말 최고였어요"라고 한 편지에 쓰여 있다. 일지의 다른 페이지는 이렇다. "세라님이 〈계곡의 불꽃〉을 빌렸는데 케이스 안에 〈도자기 인형의 복수〉가 들어 있었음. 이 손님께 비디오 1회 무료 대여권 드릴 것."

정오가 되기 직전에 나는 가게 문을 열었다. 베이브랜드의 장사가 공식적으로 시작되었다.

베이브랜드는 여성을 염두에 두고 설립된 곳이지만 이곳의 고객은 사회의 모든 계층을 망라한다. 그들은 성 지식을 얻으려고, 성 도구를 사려고, 안심되는 말을 들으려고, 확인을 받으려고, 동지애를 느끼려고, 그리고 이런 것들을 찾기 어려운 세상에서 공동체에 소속되길 원해서 가게로 온다. 소방관, 브루클린에 사는 젊은 퀴어, 롱아일랜드에서 온 이성 간 커플. 이곳이 아니었으면 절대로 서로 만날 일 없었던 사람들이 어깨를 나란히 한 후 펄럭이는 토끼 귀가 달린 회전 바이브레이터[래빗 바이브레이터] 정보를 주고받는다. 베이브랜드 판매원으로 일한 지 6개월이 된 나는 조금 전까지 서로 전혀 모르는 사이던 고객들이 다양한 소비와 성에 대한 열린 대화를 기반으로 비록 잠깐일지라도 의미 있는 친밀감을 형성하는 광경을 목격했다.

오후 두 시 즈음엔 작은 가게가 발 디딜 틈이 없었다. 나는 고객들의 질문에 답하고, 상품을 정리하고, 금전등록기에 가격을 입력했다. 전기 충전식 바이브레이터와 배터리 구동식 바이브레이터의 차이가 뭔가요? 고객들이 질문했다. 왜 실리콘 딜도가 고무 딜도보다 비싸죠? 좋은 윤활제를 추천해주실 수 있나요? 지스팟이란 게 진짜로 있나요? 여성용 포르노도 있나요? 커플이 같이 볼 만한 건요? 레즈비언용은요? 이건 어디에 쓰는 물건이에요? 이거 어떻게 쓰는 거예요?

점심시간 직후에 몰렸던 사람들이 좀 빠지고 나면 잠깐 소강 상태가 찾아오는데, 이 시간 대부분은 뒤죽박죽이 된 섹스토이들을 다시 정리하는 데 썼다. 구석에서 굴러다니는 바이브레이터를 제자리에 올려놓고, 책을 정리하고, 제자리를 벗어난 버트플러그는 '항문성교 섬anal island'이라는 애정 어린 이름이 붙은 원래 자리로 돌려놓았다.

돌아서니 젊은 여성이 한 손에는 작은 분홍색 헬로키티 바이브레이터를, 다른 손에는 HBO 드라마 〈섹스 앤드 더 시티〉 덕분에 갑자기 유명해진 래빗 바이브레이터를 들고 서 있었다.

"바이브레이터를 사려고 하는데요." 그 여성 고객이 말했다. "어떤 게 좋을지 전혀 모르겠어요."

고객들, 특히 처음으로 온 고객들은 베이브랜드에서 고객을 기다리는 수많은 상품의 종류에 압도되기도 한다. 전기 충전식과 배터리 구동식 바이브레이터가 갖가지 모양과 크기, 그리고 다양한 소재로 준비되어 있으며 어떤 것은 방수 기능이 있지만 어떤 것은 없고, 가격은 20달러부터 시작해 200달러를 넘기도 했다.

나는 고객의 예산에 맞는 바이브레이터를 추천하기 위해 그에게 어느 정도의 가격을 원하는지부터 물어보았다. 내 임무는 고객에게 강매하는 것이 아니고("이 200달러짜리 바이브레이터를 꼭 사셔야 해요. 이걸로 인생이 완전 달라진다니까요."), 고객이 돈을 많이 쓰게 하는 것도 아니다("그 30달러짜리도 괜찮긴 한데요. 세상이 뒤집히는 경험을 하고 싶으시면 이 100달러짜리 바이브레이터를 권해요. 요즘 다들 사는 제품이에요."). 나는 예산뿐 아니라 정보의 측면에서도 각 고객의 요구에 맞춰 대화하라고 배웠다. 고객이 성적 경험이 풍부한 스윙어swinger*인가, 아니면 수줍어하며 인생 첫 바이브레이터를 사러 온 교외의 전업주부인가? 모든 고객에게 자신에게 맞는 섹스토이를 찾도록 해주는 단 하나의 만능 접근법 따위는 없다.

성교육 강사(관리자들이 우리 직원들을 일컫는 명칭이다)로서, 나는 꾸준히 섹슈얼리티 공부를 해야 했다. 우리는 성 지식이 풍부할수록 섹스 포지티브 운동을 더 많이 전파할 수 있다고 배웠다. 나는 사내 성교육 워크숍에 참석하고, 동영상 자료나 책을 빌려가고, 다양한 자료를 읽고, 동료 직원들에게 질문하라고 권장받았다. 판매 목표를 달성하거나 지역공동체 아웃리치 프로그램에 참여하면 베이브랜드 달러를 받았다. 이것은 가게 내에서 통용되는 구매권으로, 가게에서 파는 섹스토이나 책을 구매하는 데 쓸 수 있다. 섹스토이를 직접 사용하는 것과 파는 것은 서로 다른 일이

---

*   지속적인 관계를 유지하는 파트너가 있지만, 합의하에 다른 커플과 파트너를 교환하여 성행위를 하는 사람.

지만, 물건을 써보고 어떻게 작동하는지 알아보는 것 역시 내 일의 중요한 부분임은 처음부터 분명했다.

일하는 모든 순간 나는 베이브랜드가 내건 다음과 같은 사명의 최전선에 있었다. "성적 활력을 권장하고 찬양하라. 솔직하고 개방적이고 재미있는 환경을 만들고, 개개인의 성적 역량을 증진시키고, 우리 공동체를 교육하고, 모든 이를 위한 더 열정적인 세상을 지지함으로써 그렇게 하라." 나는 바이브레이터를 발사하는 문화적 중재자이자 성적인 상품 및 담론의 생산과 그것들을 전파하는 매개자 역할을 맡았다. 물건을 파는 일이 중요하지 않다고는 결코 생각하지 않았지만, 판매는 내 식업의 유일한 목표도, 주된 목표도 아니었다. 나는 스스로를 "섹스 포지티브 안내인"으로 여겼다. 내 임무는 사람들이 성생활에 의미 있는 변화를 일으키기 위해 필요로 하는 도구를 제공하는 것이었다. 그 도구가 어떻게 생겼든 말이다.

1990년대에는 굿바이브레이션스의 사업 모델이 전미의 여러 도시로 퍼지면서 그곳의 섹스 포지티비티 사명도 함께 퍼졌다. 굿바이브레이션스와 그 발자취를 좇은 후발 사업체들은 성적 쾌락이 태어날 때부터 갖는 권리이며, 성 지식과 성 도구에 접근하는 일에 모든 인간의 삶의 질을 향상시킬 수 있는 잠재력이 있다고 보았다. 마침내 섹스 포지티브 철학은 신중하게 표현된 강령으로 추대된다. 그리고 그것은 페미니스트 섹스토이숍을 저속한 돈벌이 기계 이상의 그 무엇으로 위치시키는 방식으로 광고와 판촉전략을 구축했다. 페미니스트 섹스토이숍은 더 큰 사회적 목표와 더 고상한 소명을 띤 사업이었다. 그러한 업체들은 정보 접근성과 성에 관한 솔직한 대화를 통해 사람들의 삶을 변화시킨다는 목표를 판매와 이윤 창출만큼이나, 혹은 그보다 더 중요히 여기는 섹스 포지티브 브랜드 공동체였다.

열정적 세계를 위한 섹스토이

사회적 기업이라는 말이 유행어가 되고 기업들이 핵심 가치를 선전하고자 문화 인플루언서를 고용하는 관행이 시작되기 한참 전에, 캐리 슈레이더Carrie Schrader가 있었다. 베이브랜드 소유주인 클레어 캐버너와 레이철 베닝이 재미있고 거침없는 페미니스트 섹스토이숍을 현실화하기 위해 수년간 노력해왔으나, 가게의 그러한 성격을 기업의 모든 면을 이끄는 조직 문화로 확립한 인물은 슈레이더였다.

슈레이더는 시애틀에 위치한 워싱턴대학교 학부생일 때 처음 베이브랜드를 알았다. 그는 베이브랜드에서 일하기 한참 전부터 그곳을 좋아했다. **바로** 그곳이야말로 자신이 레즈비언으로 커밍아웃하기에 가장 안전한 장소였다고 슈레이더는 내게 말했다. "베이브랜드에 가서 진열된 책들을 읽다가 다른 레즈비언을 보고 '우와 세상에!' 이러고, 또 섹스토이를 사는 다른 여자를 보고 '우와 세상에!' 이러곤 했지요. (베이브랜드가) 내 세상의 중심이었어요."[1]

소매업에 종사하며 자란 슈레이더는 어떻게 하면 물건을 팔 수 있는지 잘 알았다. 1998년에 베이브랜드의 판매원으로 일하기 시작한 그는 섹스토이를 여느 다른 물건과 다름없이 판매했다. 고

한 손에는 [섹스토이] 매직완드를,
다른 한 손에는 베이브랜드 기업 강령을 든
자유의 여신상이 로어이스트사이드점 안쪽에
전시되어 있다(2001). 사진 촬영 저자.

객들에게 "이게 그 물건이고, 이런 기능이 있어요"라고 설명한 것이다. 그러던 어느 날, 갑자기 모든 것이 바뀌었다. 한 번도 오르가슴을 느껴보지 못한 여성이 가게에 찾아온 날이었다. 그 고객이 바이브레이터 고르는 것을 돕던 슈레이더는 매우 중요한 깨달음을 얻게 된다. 그가 자신의 인생에 중대한 전환점을 만드는 정보를 제공하는 자로서 슈레이더를 신뢰했던 것이다. "창고에서 바이브레이터를 가지고 나오는데, 그 정보가 그 고객의 삶에 영향을 미칠 거라는 사실, 그가 자신의 조력자로서 나를 신뢰한다는 사실에 벅찼어요. 단지 베이브랜드를 방문한 것만으로 그분은 삶에 생기를 더하기 위한 발걸음을 뗀 거예요." 슈레이더는 말했다.[2]

그날 고객과 주고받은 경험이 그야말로 눈물 날 정도로 슈레이더를 감동시킨 덕택에, 그날 이후로 그는 새로운 목표와 헌신으로 무장하고 일에 임하게 되었다. 그는 베이브랜드가 가능케 하는 판매원과 고객 사이의 상호작용이 변혁적일 수 있으며, 여성이든 남성이든 누군가 가게 문을 열고 자신의 성생활에 더 많은 쾌락을 구할 때 그것이 "하나의 작은 혁명"이 될 수 있다고 주장했다. 사람들의 삶에 긍정적인 영향을 미칠 수 있는 베이브랜드의 힘에 한계가 없음을 슈레이더는 느꼈다. "난 우리가 가게에 조성한 것이 사람들을 끌어모은다고 진심으로 믿기 시작했어요. 우리 모두가 가진 에너지가 사람들을 우리에게로 데려오고, 그들에게 심대한 변화를 일으킬 기회를 제공하는 거죠. 우리 가게를 방문하는 사람뿐만 아니라 모두에게요. …… 한 사람이 가게에 만족해서 친구 한 명에게 말하고, 그 친구가 다시 다른 친구에게 말하고, 친구의 친구가 또 다른 친구에게 말하게 되면 우리는 단지 한 사람의 인생

1998년의 베이브랜드 시애틀점 외관.
사진 제공 베이브랜드.

을 돕는 게 아니고 많은, 수많은 사람(의 삶)을 돕는 거예요."³

　　베이브랜드는 블랭크가 굿바이브레이션스에서 개척한, 협업을 중시하는 섹스 포지티브 경영 모델을 직접 이어받았다. 캐버너와 베닝은 대학교 졸업 직후 포틀럭 파티에서 만나 친구가 되었고, 캐버너의 침실에서 함께 이야기를 나누며 "아하!" 하는 깨달음을 얻은 후 20대 중반에 베이브랜드 시애틀점을 열었다(그전에 의논했던 스페큘럼Speculum이라는 레즈비언 클럽을 열겠다는 계획은 실현하지 못했다).

　　그날, 당시 워싱턴대학교에서 MBA 과정을 밟고 있던 베닝은 학교에 가기 싫어서 캐버너의 집에 있다가 침대 옆 협탁에서 윤활제 한 병을 발견했다. "프로브[Probe] 거 쓰네?"라고 베닝은 물었다. 시애틀에 여성이 마음 편히 질 좋은 섹스토이를 살 만한 곳이 없다는 대화가 뒤를 이었고, 이날의 논의는 캐버너와 베닝의 기업가 정신에 불을 붙였다.

"그 불꽃에 아주 홀려버렸어요." 캐버너가 회상했다. "그 빛이 방 안을 채웠고, 그날 바로 (베닝이) 블랭크 씨한테 전화했죠. 샌프란시스코의 굿바이브레이션스 창업자 말이에요. 그리고 '블랭크 씨와 상담하고 싶어요. 우린 당신의 가게와 같은 가게를 열고 싶거든요'라고 했죠."[4] 운 좋게도 마침 블랭크가 과학적 섹슈얼리티 연구협회와 회의가 있어 시애틀로 향하는 중이었기에, 그 길로 캐버너와 베닝을 만나 75달러에 컨설팅을 해주기로 했다. "우리가 평생 제일 잘 쓴 75달러였어요"라고 캐버너는 후일 내게 말했다.

블랭크는 그들의 용기를 북돋아주었으며, 어떤 동네, 어떤 규모의 마을이더라도 굿바이브레이션스 같은 가게가 유지될 수 있다고 확신을 주었다. 캐버너는 블랭크가 섹스토이 사업을 "끝없이 확장되는 시장"으로 진단했다고 회상했다. 블랭크는 그 이유로 섹스토이 사업이 "의식 고양과 비슷"하다는 점을 꼽았다고 한다.[5] 굿바이브레이션스에서 섹스토이를 구매하며 긍정적인 경험을 하는 사람이 많을수록 고객이 더 늘어난다는 것이다.

한때 안티포르노그래피 운동 지지자였던 캐버너는 아버지의 《플레이보이》 잡지를 태워버린 적이 있었다. 그는 대학 진학 이후 페미니스트 포르노그래피를 만드는 쪽으로 전향했고, 샌프란시스코에서 한 달을 지내며 굿바이브레이션스가 어떻게 운영되는지 자세히 배웠다. 캐버너가 내게 해준 말이다. "내 기억에 블랭크는 (인턴십 프로그램을) 아주아주 진지하게 운영했어요. 블랭크는 내게 섹스토이를 파는 방법만 알려주려고 한 게 아니라, 회계 담당자와 함께 장부를 전부 살펴보고, 제조업체의 목록을 보고, 굿바이브레이션스 산하 출판사에도 가보고, …… 창고에 가서 우편 주문 사업이 운영되는 방식도 보고. …… 그때 굿바이브레이션스의 적자가 얼마만큼 되는지도 봤어요. 철두철미한 도제식 교육이었죠. 하나도 빠뜨리지 않고 모든 걸 다 가르쳐줬어요."[6] 그러나 캐버너가 얻은 가장 큰 수확은 굿바이브레이션스 직원들이 "모든 종류의 섹슈얼리티에 모든 순간" 얼마나 개방적이고, 관용적이고, 수용적인 태도를 보여주는지 알게 된 것이었다.

시애틀로 돌아간 캐버너는 베닝과 함께 시애틀의 캐피톨 힐Capitol Hill*에 가게를 열었다. 매우 영세한 자본으로 창업해 쓰레기장에서 주워온 가구에 물건을 진열하고 담배 상자에 현금을 보관하는 가게였다. "매일 50달러에서 200달러 사이의 매출이 발생했고, 우린 모든 고객을 빠짐없이 기억했어요." 베닝의 회상이다.[7]

몇 년 후, 슈레이더가 베이브랜드에서 일하기 시작했을 무렵에 그곳은 질 좋은 섹스토이를 취급하고 믿을 만한 정보를 제공하며 재미있고 안락한 가게로 정평이 나 있었다. 캐버너는 이렇게 말한다. "우리는 시애틀의 모든 레즈비언들한테 딜도를 하나씩 팔고 나면 그걸로 끝일 줄 알았어요. 얼마나 많은 사람이 그런 제품과 판매 환경을 원하는지 과소평가한 거죠."[8] 베이브랜드는 꾸

---

* 재미있는 물건을 파는 독립 상점, 트렌디한 바와 카페, 게이 클럽 등이 밀집한 지역.

Welcome to Toys in Babeland. After two years of running the most beautiful sex toy store in the world (do you detect a bias?) at last we have a catalog! When we opened our store two years ago, it was for one reason: we couldn't get good lube at a good

price. While our inventory has grown, our original goal—to make it easier for women to get quality toys and reliable sex information—has stayed the same. We are acting on our belief that sexual exploration empowers people. Getting a dildo or a vibrator may not change the world, but acting in the interests of your own desire may change you!

The only downside of realizing our dream of producing a catalog is that we will no

longer be able to meet each Babeland customer. Please feel free to contact us by fax, mail or e-mail with any suggestions or comments. Drop in if you find yourself in Seattle.

Rachel

Claire

베이브랜드의 첫 우편 주문 카탈로그에
그려진 공동창업자 레이철 베닝과
클레어 캐버너의 모습(1996년 봄).
베이브랜드 제공. 일러스트 엘런 포니Ellen forney.

준하게 성장해 1998년 뉴욕시에 새로운 오프라인 매장을 열었다.

슈레이더는 시애틀점 매니저로 승진했고, 베이브랜드의 조직 구조와 운영 문화에 자신의 신념을 불어넣기 시작했다. 어느 날 밤, 슈레이더는 직원 회의에서 이렇게 말했다. "우리는 서비스를 제공합니다. 이건 중대한 일이에요. 사명이죠. 그 이야기를 합시다. 그것을 주장하고, 이름을 붙입시다. 우리 의식에 그것을 새겨넣고, 우리가 여기서 하는 일의 목적으로 만듭시다. 그리고 이 사업 전체를, 우리가 하는 일을 이 사명의 연장선으로 만드는 겁니다."[9] 캐버너와 베닝까지 포함해 모든 직원의 의견을 모아, 슈레이더는 회사 사훈의 초안을 작성했다. 이 사훈은 성적 활력을 촉진하고, 개인의 성적 역량을 강화하며, 공동체 구성원들을 교육하고, 더 열정적인 세상을 만드는 데 힘을 보태는 것이 베이브랜드의 근본 목적임을 간단명료하게 설명했다.

2000년 3월 20일, 사훈의 최종안이 완성되어 사내 직원 뉴스레터인 《베이브랜더스 리포트Babelander's Report》에 실렸다. 슈레이더는 이 기사에 다음과 같은 글을 덧붙였다. "(사훈은) 당신이 원할 때마다 사용할 수 있으며, 우리가 회사로서 대중과 우리의 관계를 정립하고 구축할 때 사용할 수 있다. 그러나 사훈은 우리 모두가 같은 목적을 추구하고 믿는다는 것을 전제로 한다. 우리를 함께 묶는 것도, 우리를 계속 앞으로 나아가게 하는 것도 바로 그 목적이다."

다음 단계는 모든 직원들이 사훈을 공유하도록 하는 것이었다. 슈레이더는 그러한 사훈이 이미 판매 현장에서 직원들이 매일같이 실천하고 있던 것이어서 설득하기 어렵지 않았다고 이야기한다. 다만 ('사훈'이라는) 명확한 이름이 붙고, 그것이 회사 정체성의 핵심임이 강조되면서 사훈은 더욱 우선시됐고, 한층 더 중요해졌다.

섹스 포지티브 브랜드 만들기

베이브랜드의 사훈은 처음부터 여러 면에서 중요했다. 먼저 사훈은 일련의 원칙과 가치를 알림으로써 회사와 연관된 모든 사람들이 목적·헌신·자긍심의 공감대를 형성하도록 했다. 베이브랜드 지점 매니저 데이나 클라크Dana Clark가 "나는 그 사훈 때문에 이곳에서 일하고 싶다"고 했듯이 말이다. 둘째로, 사훈은 한 직원이 회사의 "뇌"라고 표현한 것에 해당했다. 인력 고용 및 고객서비스 방침부터 상품 선택 및 광고 전략에 이르기까지, 사훈은 마치 나침반처럼 회사의 모든 부문을 이끌었다. 소유주와 경영진들이 회사의 자산을 어떻게 성장시키고 어디에 사용할지 결정하거나 어떤 섹스토이가 회사의 페미니즘적 가치에 부합하는지 결정할 때, 그들은 몇 번이고 사훈으로 되돌아가 그것을 시금석으로 이용했다. 사훈의 마지막이자 어쩌면 가장 중요한 측면은 이 사훈이 베이브랜드라는 브랜드를 정의하고 유지하는 일종의 계명으로 기능했다는 점이다. 사훈은 회사의 "신념 체계를 집약하고, (고객들에게) 전달"했고, 고객들에게 자신이 무언가 더 큰 것, 단순히 상품과 돈의 거래보다 더 의미 있어 보이는 일에 참여하고 있다는 신뢰를 주었다. 고객 자신의 개인적인 성혁명까지 포함해서 말이다.[10]

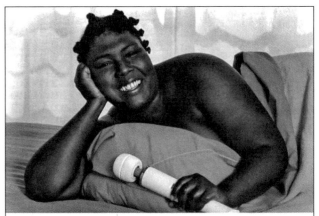

베이브랜드가 성교육과 개인의 성 역량
증진을 중시하고 있음을 강조하는 광고.
잡지 《비치Bitch》의 2003년 여름호에 실렸다.

베이브랜드의 사훈은 회사의 브랜드 정체성을 알기 쉬운 메시지로 정제해냈다. 브랜드 전문가들도 인정하듯, 치약과 세제부터 바이브레이터와 딜도에 이르기까지 시장은 디자인과 기능이 비슷한 상품으로 가득하다. 논쟁의 여지가 있겠지만, 상품 및 그것을 판매하는 기업을 다른 물건이나 회사와 차별화하는 중요한 요소는 그것에 부여되는 이야기다. 이야기를 부여하는 일은 [문화]연구자 제임스 트위첼James Twitchell이 "상품화된 스토리텔링 과정"이라고 지칭하는 브랜딩 실천이다. 이 실천은 사람들에게 "우리는 **저** 역사가 아니라, **바로 이** 역사의 일부가 되고 싶다"고 말할 수 있는 기회를 준다.[11]

브랜드는 우리가 물리적으로 만질 수 있는 실체가 아니다. 오히려 우리는 브랜드와 감성적 연대를 느끼는데, 이 과정을 말로 정확히 표현하기란 어렵다. [미국의 디자이너이자 브랜드 컨설턴트] 마크 고베Marc Gobé는 이렇게 썼다. "감성이라 함은 브랜드가 소비자와 감각적·정서적으로 관계 맺는 방식을 말한다. 하나의 브랜드가 사람들에게 살아 움직이는 대상으로 받아들여지는 방식, 그리고 그들과 더 깊고 오래 지속되는 관계를 만들어내는 방식을 감성이라 칭한다."[12] 고베에 따르면 현대사회에서 시장과 구매 행위는 단지 특정 상품을 사는 행위만 뜻하지 않는다. 그보다는 사람들이 브랜드와 그 브랜드를 둘러싼 이야기를 어떻게 경험하는지가 더 중요하다고 고베는 주장한다. "감성 브랜딩이란 소비자와 사적인 소통을 하는 것이다. 오늘날 소비자는 브랜드가 소비자 자신의 욕구와 문화적 지향을 확실하게 이해한 후에 친밀하고 개인적인 방식으로 자신을 알아주길 바란다."[13]

성교육, 성적 역량 증진, 성적 활력, 그리고 공동체를 강조하는 브랜드를 개발함으로써 베이브랜드는 고객들을 상품 자체를 초월하는, 고베가 경험의 "새로운 차원"이라고 표현한 세계로 이끌었다. 베이브랜드 직원 한 명은 이 가게가 "탐험을 유도하는" 장소라고 말했다. 이 여성 직원은 사람들이 "자신이 그냥 흔한 섹스 토이숍 중 한 곳에 간다"고 생각하면서 베이브랜드에 방문하는 것은 아니라고 설명했다. "그 사람들은 뭔가 다른 것을 기대하죠." 사람들은 자신이 찾는 것이 무엇인지, 어떤 모습일지 가게에 오기 전까지는 모를 수도 있다. 하지만 그 직원에 따르면 "그들은 준비가 되어 있다".

직원과 고객을 신나게 하고, 그들을 더 큰 비전과 목표로 이끄는 브랜드를 만들기 위해 분투한 회사는 베이브랜드뿐만이 아니다. 신발 판매점으로 유명한 온라인 쇼핑몰 재포스^Zappos의 CEO인 토니 셰이^Tony Hsieh는 《행복을 배달합니다: 이윤, 열정, 그리고 목표에 도달하는 길^Delivering Happiness: A Path to Profits, Passion, and Purpose》에서 어떻게 가능한 한 최고의 고객서비스를 제공하는 데 집중해 회사를 브랜딩했는지, 그리고 어떻게 그 목표를 뒷받침하는 기업 문화를 창출했는지 설명한다. 셰이에 따르면, "기업 문화와 브랜드는 동전의 양면이다. 브랜드는 기업 문화를 사후적으로 보여주는 지표일 뿐이다".[14]

재포스의 비전이 신발 상자로 "행복을 배달하는" 것이라면, 베이브랜드의 비전은 최대한 많은 사람에게 "섹스 포지티브를 배달하는" 것이었다. 이런 결과는 고객이 꼭 물건을 사지 않아도 얻을 수 있었다. 내가 베이브랜드 판매원으로 일하기 시작했던 2001년에만 해도 직무 매뉴얼에 판매에 대한 언급은 거의 나와 있지 않았다. 사실상 소매업 경험이 채용 스펙으로 여겨지지도 않았다. 반면 섹스 이야기를 편안하게 할 수 있는 능력은 베이브랜드가 제시한 직원의 자격에 포함되었다. 베이브랜드 로어이스트사이드점 매니저인 데이나 클라크와 면접을 볼 때 나는 고객을 대하는 내 서비스 마인드에 대해 설명해달라는 요청(나는 "고객을 '읽고' 그에 따라 나의 반응을 조정한다"고 설명했다)과, 섹스 이야기를 할 때 조금이라도 불편함을 느끼는지 질문(나는 불편하지 않다고 대답했다. 하지만 콕링이나 BDSM 같은 몇몇 주제는 잘 모른다는 점을 인정했다)을 받았다. 또한 클라크는 베이브랜드에서 일하는 경험을 통해 개인적으로 얻고 싶은 게 무엇인지 물어보았다. 그는 베이브랜드를 언급할 때 "문화"나 "공동체" 같은 말을 썼다. 분명 그 면접은 내가 거기서 일할 자격이 있는지 클라크가 판단하는 자리였다. 그러나 그에 못지않게 내가 이 회사 문화에 얼마나 잘 맞는 사람일지 판단하는 자리이기도 했다. 추후 나는 면접관 역할을 하면서 사훈에 대한 "감수성"이 구직자의 고용 여부를 가르는 큰 기준이었다는 것을 알게 되었다.

　베이브랜드 판매원의 직무에서 가장 중요한 부분은 가게에 온 고객이 자기 본연의 모습으로 편안히 있도록 돕는 것이었다. 내가 받은 직원 교육용 소책자에서 슈레이더는 "사람들이 섹스에 대한 수치심이나 두려움을 극복할 수 있도록 잘 맞는 토이, 책, 영상을 추천하는 일이 이 사업 전체의 핵심"[15]이라고 설명했다. 판매원으로 일하면서 나는 친근하고, 사람을 환영하고, 안심시켜주고, 정이 많고, 지식이 풍부하고, 그리고 가장 중요하게는 남을 함부로 판단하지 않는 태도를 지녀야 했다. 이런 태도는 어떤 소매점 판매원에게나 일반적으로 요구되는 자질이지만, 성을 다루는 일에서는 특히 더 중요했다.

베이브랜드에서의 일은 내가 경험했던 다른 어떤 판매직의 그것과도 완전히 달랐다. 나는 고등학생 때 옷가게 점원으로 일한 적이 있었고, 음식점 서빙도 해보려고 했다(비참하게 실패했지만). 20대 초반 런던에 있는 [다국적 패션 기업] 톱숍^{Top Shop}에서 6개월간 일한 적도 있고, 몇 년 후인 1990년대 중반에는 뉴욕의 페미니스트 책방 주디스룸^{Judith's Room}에서 근무한 적도 있다. 베이브랜드 판매직으로 일하기 시작할 무렵 나는 이미 소매점의 고객서비스를 훤히 꿰고 있었다. 그러나 섹스토이를 파는 것은 원피스나 피자, 책을 파는 일과 달랐다. 섹스토이를 판매할 때는 다른 차원의 기술과 수완, 감수성, 그리고 감정노동이 필요했다. 어떤 고객이 섹스토이나 자신의 섹슈얼리티를 얼마나 편안하게 느끼는지 미리 알 수 없기 때문이다. 그것은 훨씬 더 친밀하고, 때로 까다로운 거래였다. 나는 고객이 가게로 들어올 때 그들의 몸짓을 읽는 법을 배웠다. 이것은 부끄러워하거나 불안해 보이는 고객을 대할 때 특히 중요했다. 처음 방문하는 고객의 경우 '처음'임을 쉽게 알아볼 수 있을 때가 많았다. 그들은 책이나 목욕 용품이 진열된 곳, 그러니까 누군가는 위축될 수도 있는 공간에 점차 익숙해지도록 가게 맨 앞자리에 배치된 물건들이 있는 곳에서 머뭇거린다. 캐버너에 따르면, "우리가 진정으로 초대하는 사람, 우리가 진짜 목표로 하는 사람은 초짜들이에요. 자기가 섹스토이숍에 들어가게 될 거라는 걸 상상도 못했던 사람들요. …… (우리 목표는) 그 사람들에게 상상도 못했던 경험을 배달하는 거죠."**16**

"이들이 내 사람들이야"

나는 베이브랜드에서 헤더라는 여성을 처음 만났다. 고객으로 온 헤더는 고마워하면서 내게 말했다. "베이브랜드처럼 물건을 파는 가게는 어디에도 없어요." 얼마 지나지 않아 우리는 베이브랜드 건너편 카페에서 만났고, 헤더는 내게 그 말에 대해 설명해주었다. 그는 《빌리지 보이스^{Village Voice}》에 실린 기사를 보고 베이브랜드를 알게 되었는데, 그 주간지를 보면 항상 웃음이 나온다고 했다(헤더가 본 광고에는 포켓 로켓 바이브레이터의 사진과 함께 "나사가 지금까지 발사한 모든 위성보다 더 많은 오르가슴 발사"라는 문구가 쓰여 있었다).

헤더는 여자친구와 "밤 데이트"를 하다 처음으로 베이브랜드에 가게 되었다. 헤더에게 베이브랜드는 지금까지 경험했던 섹스토이숍과 "정반대"인 곳이었다. 그가 갔던 다른 섹스토이숍은 불편하고 고객을 반기는 느낌이 없었으며, 판매원은 "무언가 물어보면 굉장히 귀찮아했"다고 한다. 헤더는 베이브랜드에서의 경험에 대해 이렇게 말했다. "마치 쇼핑을 한다기보다는 사람들이랑 노는 기분이었어요." 고객을 환대하는 베이브랜드의 분위기, 친근하고 아는 것이 많은 직원, 그리고 헤더가 그곳에서 일하는 사람들의 "열정"이라고 느낀 태도는 그에게 깊은 인상을 남겼다. 헤더와 그의 여자친구는 그날 밤 100달러 어치가 넘는 물건을 샀다.

"생각도 안 해보고 마구 샀죠." 헤더는 말했다. 그리고 그는 그 이후로 가게에 대여섯 번 더 방문했다. "자기가 하는 일에 열심인 사람들한테 내 돈을 쓰고 싶거든요. 내가 그런 의리가 있죠."[17]

헤더가 베이브랜드에 호감을 가지고 계속 다시 찾는 이유를 듣고 있으니, 그가 설명하는 것이 지난 몇 년간 설득력을 얻은 개념인 경험으로서의 구매experiential retailing가 분명하다는 생각이 들었다. 점점 더 많은 오프라인 소매업자들이 컬럼비아대학교 마케팅학과 교수인 베른트 슈미트Bernd Schmitt가 "경험으로서의 경제experiental economy"라고 이름 붙인 범주에 포함되기를, 마케팅 브랜드를 실제로 살아 있는 것으로 만들기를 원하고 있다.[18] 고객이 브랜드를 살아 있는 대상으로 받아들인다는 말은 여러 가지로 해석될 수 있지만, 특히 경험으로서의 구매는 판매를 넘어서는 방식으로 고객과 관계 맺음으로써 "소비자의 마음과 생각을 사로잡을 때" 가능하다.

나는 헤더말고도 베이브랜드 브랜드에 정서적 유대를 표현하는 사람들을 만났다. 주아와나는 열일곱 살에 처음으로 섹스토이숍에 가봤다(몰래 들어갔다)고 했다. 그저 다들 왜 그렇게 그걸 가지고 야단인지 알고 싶어서였다. 그 가게는 라스베이거스의 네바다 582번 고속도로변에 있던 어덜트 수퍼스토어Adult Superstore(의류 소매업체 H&M의 섹스토이숍 버전에 해당하는 곳)로, 주아와나가 자란 네바다주 헨더슨 시와 멀지 않았다. 아무도 주아와나에게 말을 걸지 않았던 데다, 뭔가를 사기엔 너무 겁에 질려 있었기 때문에 그저 가게 안을 돌아다니며 구경했다. 가게는 성인 남성들로 가득했고 그들은 눈을 둥그렇게 뜨고 주아와나를 바라보았다. 아마 자신이 "열일곱 살짜리처럼 입고 있"다 보니 거기 들어가면 안 되는 사람처럼 보여서 그랬을 거라고 그는 말했다.[19]

몇 년 후 주아와나가 베이브랜드 시애틀점을 방문할 무렵, 그는 페미니스트 섹스토이숍이 있다는 이야기를 들었다. 그는 그곳이 어덜트 수퍼스토어와는 다를 거라고 기대하고 있었다. "(베이브랜드를) 지지하고 싶어서 간 걸로 기억해요. 그곳이 페미니스트가 운영하는 가게라는 걸 알았거든요." 그러나 당시 주아와나는 섹스토이에 쓸 여윳돈이 전혀 없었다. 주아와나가 살 수 있었던 것은 콘돔과 윤활제 같은 작고 저렴한 물건뿐이었고, 가끔 책을 살 수 있는 정도였다. 그런데도 그는 내게 이렇게 말했다. "소외당한다는 느낌을 받지 않았어요. …… 저도 그 사훈이 추구하는 사명에 참여하고 있는 거니까요."

주아와나는 2011년에 시애틀로 왔고, 베이브랜드는 빠르게 그의 페미니스트 공동체의 일부가 되었다. 그는 가게에서 일하는 사람들에게 유대감을 느꼈고 가게에 "주인 정신"을 갖게 됐다. "이들이 내 사람들이에요"라고 그는 말했다. 베이브랜드에서 주아와나는 페미니스트, 섹스포지티브주의자, 그리고 성적 인간으로서 "수치심에서 완벽하게 벗어난" 사람이 될 수 있었다. 베이브랜드는 주아와나의 성적 호기심을 길러주었고, 그가 공동체에 속하도록 해주었다. 그 공동체는 물건을 살 돈이 있는지 여부가 아니라, 주아와나의 표현처럼 "사명에 동참할 수 있는지" 여부에 따라 소속이 결정되는 곳이었다. 다음과 같은 그의 설명처럼 말이다. "가게에 있으면 진짜 공동체에 속해 있다는 느낌을 받아요. 들어가면 정말 멋지게 꾸며져 있죠. 편안하고, 아주 힙하기도 하고요. 내가 페미니즘 신념을 가진 사람이라는 느낌이 들죠. 말 그대로 페미니스트 정체성을 손에 넣는 것처럼요. 그건 아주 특별한 느낌이에요."[20]

베이브랜드 직원들은 주아와나의 경험에 중요한 역할을 했다. "(베이브랜드에) 가면 (판매 직원이) 어떤 목적을 추구해서 여기서 일한다는 걸 알잖아요. 거기는 사명을 가진 가게니까요. 그들이 그 사훈을 '아는' 사람들이라는 걸 난 이미 아는 거죠. 그렇지 않으면 그분들이 거기서 일하지 않을 테니까." 주아와나는 자신이 아는 베이브랜드의 사훈을 통해 판매 직원들의 성향을 추측할 수 있다고 생각했다. 직원들이 페미니스트이고 퀴어 정체성을 가진 이들일 가능성이 크다고 말이다. 주아와나는 판매 직원이 상품이 어떻게 작동하는지 기꺼이 의견을 들려준다는 점, 직접 사용한 경험을 바탕으로 제품을 추천해준다는 점을 좋아했다. 그래서 그는 때로 자신의 느낌보다 판매 직원의 의견을 더 신뢰했다.

고객서비스가 너무 완벽하다 보니, 고객 입장에서는 그게 서비스인지도 모르겠는 거예요. '여기 내 친구가 있네. 이 섹스토이를 어떻게 생각하는지 좀 말해줘.'(이런 식으로 생각해요.) 따지고 보면 그게 쇼핑인데도요. 물건을 사고파는 건 맞는데, …… 거기에 뭔가 좀 더 더해지는 거예요. 타깃^Target*에서 장 보고 나갈 때 페미니스트 공동체에 기여했다고 생각하진 않죠. 그렇지만 베이브랜드에서 쇼핑하고 나면 기분이 좋아져요. 마치 내가 "좋은 일을 한다"는 느낌, 마치 더 큰 사회운동에 (참여하고) 내 정치 성

---

* 미국의 대형 체인 마트.

향과 맞는 곳에 돈을 썼다는 느낌이죠. 비건 식료품점에서 쇼핑하고 나서 느끼는 것과 같은 기분이에요.[21]

헤더와 주아와나가 베이브랜드에 대해 품고 있는 생각은 마케터의 꿈이기도 하다. 고객들은 상품을 초월하는 브랜드 경험을 만들어내는 회사의 능력에 말을 걸고, 그 과정에서 소속감, 유대감, 그리고 브랜드 충성심을 쌓게 된다. 슈레이더가 사훈을 베이브랜드 소매사업 문화의 중심으로 만들 때 예측했던 것도 바로 이것이다. 더 솔직히 말하자면, 주아와나의 다음과 같은 말이 적절하겠다. "(쇼핑을 어디서 할지) 선택해야 한다면 항상 베이브랜드를 고를 거예요. 훨씬 더 총체적이고 강력한 경험을 제공하는 곳이니까요."

판매원을 넘어서

베이브랜드 사훈의 성공 여부는 판매원들에게 달려 있다. 슈레이더는 시애틀점 매니저로 일하면서, 그리고 후일 시애틀점과 뉴욕점 모두를 관리하는 총괄 매니저로 일하는 내내 항상 직무에 적임자를 고용하기 위해 최선을 다했다. 또 그는 현장에서 일하는 판매 직원들이 업무에 필요한 지원을 충분히 받는다고 느끼도록 노력했다. 판매 직원들이야말로 고객과 이야기하고 상품을 판매하는 당사자로, 사업의 성공 여부에 가장 큰 영향을 미치는 인력이다. 슈레이더는 근무 환경에 대한 직원들의 의견을 경청하기 위해 정기적으로 직원 회의를 열었고, 그들에게 자신의 열정을 불태울 일을 찾길 권했다. 그는 "여기서 일하면서 제일 신나는 게 뭔가요?"라고 묻곤 했다. "좋아하는 업무는 어떤 거예요? 마법의 딜도를 흔들어서 가게를 바꿔놓을 수 있다면, 어떤 걸 바꾸겠어요?"

슈레이더는 행복하고 충만함을 느끼는 직원이 베이브랜드의 사훈이 목표하는 바를 달성하는 것은 물론 순익을 늘리는 일에도 도움이 된다고 믿었다. "나는 믿고 있어요. 우리, 그러니까 성교육 강사, 관리자, 그리고 가게에서 일하는 모든 사람이 여기서 일해서 행복하다고 느끼고 우리의 사훈으로 인해 힘을 얻는다면, 그건 사람들을 끌어당기는 에너지와 같습니다. 그러면 (베이브랜드에) 와본 사람들은 다시 올 거예요. 기분이 끝내주게 좋거든요. 여기 시애틀점에 그런 조짐이 보이고, 실제로 판매량도 늘고 있어요."[22]

슈레이더는 베이브랜드를 일하기 좋은 직장으로 만들기 위해 열심히 노력했다. 그러려면 시스템을 만들거나 돈을 들이는 일도 필요했다. 슈레이더는 매니저, 부매니저, 회계 담당자를 고용했고, 신입 판매 직원의 시급을 올리고 직무 지침서, 직원용 책자, 직원 평가, 현금 관리 지침을 만들었다. 회사가 계속 성장하고 새 지점을 내려면 이런 정책과 절차가 필요하다. 이런 규정은 직원들에게 자신이 공정한 대우를 받고 있다고 안심할 수 있게 하고, 자신이 해야 할 업무가 무엇인지, 관리자들에게 무엇을 요청할 수 있는지 알려주기도 한다. 슈레이더에게 사훈은 번창을 위한 발판이었다. 그는 직원이 행복할 때 고객이 그것을 느낄 거라고, 또한 그런 고객이라면 베이브랜드가 만들어내는 섹스 포지티브 경험에 참여하고 싶어 할 거라고 확신했다.

내가 베이브랜드에서 일할 때 직원들은 자주 사명을 위해 살아간다는 생각을 이야기했다. 2001년 말 슈레이더가 퇴임한 뒤에 총괄 매니저가 된 리베카 뎅크[Rebecca Denk]는 이 현상에 대해 이렇게 설명했다. "베이브랜드에서 (판매 직원들은) 그냥 딜도를 파는 게 아니에요. 어떤 면에서 그건 소명의식일 수 있어요. 난 (사명이) 우리가 하는 일에 필수적이라고 생각해요. 고객들을 신나게 해주고 새로운 고객을 찾는 일이요. 그건 물건만 팔아서 될 일이 아니죠."[23] 발티모어에 슈거라는 자신의 가게를 열기 전까지 베이브랜드에서 일했던 자크 존스[Jacq Jones]는 이렇게 말한다. "(베이브랜드에서) 일하는 사람들 대부분은 그걸 단지 직업으로만 여기지 않았어요. 베이브랜드에서 일하길 선택하는 건 내가 뭘 가치 있다고 생각하는지, 인생에서 중요하게 여기는 게 무엇인지를 내가 속한 공동체에 선언하는 것이죠."[24]

이런 생각을 하는 이들은 결코 적지 않았고, 베이브랜드 이외의 다른 곳에도 있었다. 내가 이야기를 나눠본 미국 전역의 페미니스트 섹스토이숍 직원들은, 사장부터 판매원에 이르기까지 거의 대부분 자신이 사명에 이끌렸다고 했다. 페미니스트 섹스토이숍이 추구하는 사명과, 섹스토이 사업에도 사명이라는 게 있다는 사실에 이끌려 이 일을 시작하게 되었다는 것이다. 그들은 굿바이브레이션스와 베이브랜드 같은 기업들이 진전시켜온 섹스 포지티비티와 개인의 성적 역량 증진의 역사에 동참하기를 원했다.

작가이자 바이섹슈얼 운동가인 에이미 안드레[Amy Andre]는 의심의 여지 없이 그 경우에 속한다. 1997년 대학 졸업 후 샌프란시스코로 온 안드레는 바로 다음 날 굿바이브레이션스에 지원했다.

내가 인터뷰했던 많은 이들과 마찬가지로, 안드레 역시 굿바이브 레이션스에서 일하기 전까지는 그곳의 고객이었다. 그는 "회사가 하는 일의 느낌과 철학"을 포함해 굿바이브레이션스가 대변하는 것들이 좋았다.[25]

샌프란시스코에 도착한 안드레는 "여기가 내가 있어야 할 곳"이라고 느꼈다고 했다. 그는 고등학생 때 플랜드 패런트후드 Planned Parenthood*에서 성교육 또래 강사로 활동한 적이 있었고 대학 생 때도 그곳에서 인턴으로 일했다. 굿바이브레이션스는 안드레 에게 딱 맞는 곳인 듯했다. 그렇지만 성교육 강사·판매직으로 지 원한 안드레는 취업에 실패했다. 창고 정리직으로 입사하기 전까 지 그는 1년 동안 세 번에 걸쳐 각각 다른 직렬에 지원해야 했다. 안드레는 어떻게든 입사하기만 하면 그 안에서 다른 기회가 저절 로 열릴 거라고 믿었다. 그가 옳았다. 입사 후 몇 달이 지나자 안드 레는 굿바이브레이션스 교육 부서의 아웃리치팀으로 이동했다. 지역사회로 나가 지역의 대학교와 고등학교에서 성교육을 이끄 는 일을 하는 팀이었다. 안드레는 그 후 6년 동안 굿바이브레이션 스에서 일했다. 그에게 회사의 사훈이란 종이에 적힌 글자 그 이 상이었다. 사훈은 매일 새로운 영감을 주는 원천이었다. "그 사훈 이 너무 좋아서 굿바이브레이션스로 간 거예요. 1년에 걸쳐 지원 하고 지원하고 또 지원할 때마다 절대 같은 직렬에 다시 원서를 내지 않았어요. 그리고 사훈을 사랑하고 매일을 그 사훈으로 살았

---

* 미국 뉴욕시에 위치한 비영리단체로, 성교육·재생산 권리 운동·피임·안전한 섹스 등의 의제에 초점을 두고 활동한다.

죠. …… 사훈을 전적으로 신뢰했어요. 고객과 나누는 모든 상호작용이 변혁을 일으키는 경험이어야 한다고 믿었어요. 고객과 나 모두에게요. 내가 자기를 바꿔놓았다고 직접 말해주는 고객들이 있었고, 그런 경험이 내 인생도 바꿨죠."[26]

굿바이브레이션스는 안드레와 같이 헌신적인 직원에게 사업 운영에 더 큰 발언권을 부여하는 실험도 하고 있었다. 이 실험은 페미니즘적 사명을 추구하는 동시에 이윤을 내는 일의 일부 어려움을 보여준다.

1992년, 블랭크는 상호 협력과 공동체 구축에 전념하면서 결국 직원들에게 사업체를 팔게 된다. 회사를 직원들 소유의 협동조합으로 재구축하자는 결정이 난 것은 1990년 발생한 내부 논쟁 직후였다. 이 논쟁은 팻(패트릭) 캘리피아[Pat (Patrick) Califia]**의 소설 《독 앤드 플러프[Doc and Fluff]》를 굿바이브레이션스에서 판매해야 하는지 여부를 두고 일어났다. 당시 캘리피아는 샌프란시스코 레더 신[leather scene]***의 핵심 인물이었고, 성에 관한 글을 쓰는 손에 꼽을 만큼 적은 작가 중 한 명이었다. 굿바이브레이션스 직원 다수는 캘리피아의 저술이라면 가게에 모두 갖춰놓는 것이, 한 직원의 표현처럼 "생각할 필요도 없이" 당연한 일이라고 여겼다.

그러나 블랭크는 그렇게 생각하지 않았다. 그는 지인으로부

** 1954~, 여성에서 남성으로 성전환한 ftm[female to male] 바이섹슈얼 트랜스젠더 남성. 퀴어 이슈를 주로 다루는 작가이자 활동가.

*** 가죽으로 만든 복장이나 소품을 성행위에 활용하는 하위문화 집단 및 그 공동체를 일컫는다. 레더 신에 참여하는 이들 중에는 BDSM이나 모터사이클 문화를 함께 즐기는 사람이 많다.

터 그 소설이 폭력을 묘사한다는 이야기를 듣고 염려를 표했다. 그 책을 직접 읽지 않았다는 것을 인정하기는 했지만 말이다. 그는 어느 날 직원회의에서 굿바이브레이션스는 더 이상 《독 앤드 플러프》를 판매하지 않을 것이라고 발표했다. 이에 직원들이 반대하며 그 책을 계속 팔아야 한다는 쪽에 투표했지만, 블랭크는 거부권을 행사하며 투표를 막았다. 이는 많은 직원에게 결정적 계기가 되었다. 기업의 단독 소유주인 블랭크가 수년간 민주적으로 운영되어온 굿바이브레이션스의 이력을 저버리고 불균형한 권력을 휘둘렀던 것이다. 직원들은 그 어떤 직원이 내린 결정이든 블랭크 자신이 동의하지 않는다고 해서 마음대로 무시할 수 있다면, 굿바이브레이션스의 의사결정이 과연 평등하게 이루어지는 것인지 의문을 품지 않을 수 없었다.

직원들은 이 사건을 두고 분개했고, 감정을 다쳤다. 이를 계기로 블랭크는 사업체를 직원들에게 매각하는 것을 고려하게 된다. 그때부터 블랭크는 회사의 일일 업무에 덜 관여하게 되었다. 직원 고용, 우편 주문 처리, 홍보 및 언론 보도자료 제작, 그리고 판매원 교육과 같은 일상적인 업무를 열두 명 정도의 다른 직원들이 처리했다. 사업이 직원들에게 매각되면 굿바이브레이션스에 느슨하게 존재하던 민주적 절차 다수가 정식으로 자리 잡을 것이었다. 마침 1991년 초 즈음은 다수의 노동자가 [공동으로] 소유하는 기업 모델을 대상으로 한 연구가 활발하게 진행되던 시기였다. 이러한 변화가 법적으로나 과세의 측면에서 어떤 형태가 될지, 또 회사와 연관된 모든 사람에게 개인적으로 어떤 의미인지를 두고 담론이 생산되고 있었다.

블랭크는 전례 없는 제안을 했다. 그의 계획은 직원들에게 사업체를 팔고 본인은 뒤로 물러나려는 것이 아니었다. 블랭크는 자신이 굿바이브레이션스의 일상 업무에 계속 참여하면서 직원들과 공동 소유주가 되겠다고 제안했다. 이런 시스템은 어떻게 작동할까? 어떻게 비춰질까? 블랭크는 단지 한 명의 직원이 될 것인가, 아니면 창업자로서 이 협동조합에서 특별한 위치를 차지하고 더 많은 지분을 소유할 것인가?

이 논의가 진행되던 초기에 직원들은 자신이 그저 직원이 아니라 소유주였다면 지금 하는 일이 어떻게 달라질지 생각해보고 답변하라는 질문지를 받았다. 그중에는 회사의 이익을 자신의 이익으로 여기며 더 신경 쓸 것이고, 자신의 결정 능력이 증대되었다고 느낄 것이며, 직업 안정성이 더 커지고, 회사에 더 헌신하며, 한층 더 자긍심을 갖게 될 것이라고 대답하는 직원들도 있었다. 어떤 직원은 노동자 소유 기업에 대해 이렇게 말했다. "위대한 사회적 실험이다. 자신의 운명을 스스로 결정하는 개인적 책임에 대한 일종의 유토피아적 이상이며, …… 사업·체계·패러다임 전체를 이해하는 일이자 그 안에서 당신에게 맞는 고유한 자리, 혹은 그에 영향을 미칠 수 있는 당신의 자리를 찾는 행위다." 또 어떤 직원은 노동자 소유를 페미니스트 원칙의 관점에서 논했다. "우리 회사는 페미니즘 이론을 실천하는 곳이다. 내가 보기에 이곳의 페미니즘은 래디컬 페미니즘이다. 그리고 직원들의 회사 소유는 급진적으로 페미니즘적인 일이다. 그러므로 직원 소유를 제도화하는 일은 우리 기업의 논리적 진화 방향과 부합한다."

1980년대 중반에 굿바이브레이션스에 입사한 앤 세먼스는 이렇게 말했다. "(노동자 소유 기업은) 나의 투표, 의견, 기여, 충실함, 그리고 나의 초과 근무가 가치 있는 것임을 뜻한다. 나에게는 돈보다 내가 여기서 하는 일을 인정받는다는 점이 더 빠르게 직접 와닿는다. 그렇게 된다면, 나는 나 스스로를 블랭크의 부하직원이라기보다 동료로 느낄 수 있을 것이다. 공동소유란 블랭크가 이렇게 말하는 것이다. '이봐, 당신은 이 회사를 발전시켰어. 회사를 성장시키고 어려운 시기를 헤쳐나가게 해줬지. 이 회사가 내 삶의 일부인 만큼이나 당신 삶의 일부가 된 거야.'"

블랭크는 거의 2년 동안 연구와 계획 수립에 매달렸다. 그동안 자문가·회계사·변호사 여럿을 만나야 했다. 그리고 1992년에 굿바이브레이션스는 공식적으로 노동자 소유 기업이 되었다.[27] 당시 공동소유자 중 한 사람이었던 테리 헤이그Terri Hague는 이렇게 회고한다. "우리는 각자 (굿바이브레이션스로부터) 500달러어치 주식을 사들였고, 모두 동등한 투표권과 발언권을 가졌으며 …… 말 그대로 모두 빠짐없이 둘러앉아 서로의 피고용·고용 서류에 서명하면서 종이를 한 바퀴 돌렸다." 헤이그는 협동조합 모델로의 전환에 대해 "아주아주 신나는 일이었다. 우리 모두에게 새로운 경험이었으니까"라고 회상했다.[28]

직원 운영 협동조합으로의 전환에는 흥분과 가능성만큼이나 시련과 좌절도 뒤섞여 있었다. 굿바이브레이션스는 새로운 수요에 부응하기 위해 조직을 확장하고 인력을 채용 중이었다. 1994년 가을, 이 새로운 협동조합은 직원을 12명에서 45명으로 늘리며 성장통을 겪었다. 민주적인 운영 원칙과 의사결정 과정을 포함한 조합 구조가 조합원의 증가, 그러니까 회사 운영에 의결권을 가진 사람이 늘어난 상황을 어떻게 감당할 수 있을지 탐색하면서 일어난 일이다. 1990년 후반이 되면서 조합원은 100명을 넘겼고, 기업을 노동자 소유 협동조합으로 운영하며 맞닥뜨려야 하는 문제는 점점 더 쌓여만 갔다.

협동조합 초기에는 의사결정이 꽤 수월했다. 소유주가 비교적 적었고, 회사에서 일하는 사람들은 모두 서로 아는 사이였다. 그러나 기업이 점점 성장하면서 의사결정은 점차 어렵고 복잡한 일이 되었다. 목표가 상이한 이들이 권력 다툼을 하다 관계가 어색해지는 경우도 있었다. 모든 직원이 같은 이유로 입사한 것도 아니었다. 굿바이브레이션스의 섹스 포지티브 정신과 가치에 끌린 이들이 다수였지만, 협동조합 구조와 자기 노동의 소유자가 바로 자기 자신이라는 생각에 이끌린 사람도 있었다. 시간이 흐르면서 경영진을 향해 울분을 품는 사람이 늘어났다. 경영진이 부당한 결정권을 행사한다고 생각했던 직원들이 있었던 것이다. 어떤 이가 말하길, 결국 좋은 사람들이 많이 "팽당했다"고 한다. 특히 연차가 오래된 직원들이 많이 떠났다. 그들은 협동조합 구조를 부담스러워했으며, 신규 직원을 채용할 때마다 거의 모든 일을 다시 의논해야 한다는 점에 좌절했다. 블랭크는 1994년에 처음으로 협동조합을 떠난 이들 중 하나였다. 그는 협동조합 운영위원회에 어쩌면 자신이 회사를 매각하면서 권력을 지나치게 많이 포기한 것인지도 모르겠다고 시사하는 쪽지를 남기고 떠났다. 여성이 소유하고 노동자가 직접 경영하는 섹스토이 회사는 이론적으로는 더없이 멋져 보였다. 그러나 그것을 실천으로 옮기기란 생각보다 훨씬 더 어려웠다.

윙크스에 따르면, 사실 블랭크는 애초 직원 전체에게 사업 소유권을 넘기려고 했던 게 아니었다고 한다. 블랭크는 원래 회사에서 오래 일했고 자신이 신뢰하는 직원 다섯 명 정도에게 회사 권리를 매각하고자 했다. 그러나 당시 직원은 열두 명 정도로, "직원 절반에게만 절묘히 회사를 팔 수 있는" 그럴듯한 본보기나 지침이 회사에 존재하지 않았다는 문제가 있었다.[29] 나머지 절반의 직원을 어떻게 할 것인가? 이 문제에 답을 내릴 수 없었기에, 그들은 자신들이 걸어온 길을 그대로 갔다. 회사를 협동조합으로 전환하고 전체 직원에게 소유권을 매각한 것이다.

결국 협동조합 모델은 회사의 성장에 몇 가지 시련을 불러왔다. 세먼스는 이렇게 말한다. "어떤 시점에 이르니 (굿바이브레이션스가) 거의 정지해버렸다고 생각하게 됐어요. 왜냐면 이제 어느 정도 규모가 커졌는데도 결국 이렇게 정말 부담스러운, 성장하기 어려운 협동조합 구조가 된 거잖아요. 아이디어가 많아도 하나도 실행할 수 없는 거예요. 그걸 통과시킬 만큼 찬성표를 얻을 수 없었거든요."[30] 협동조합식 의사결정 과정이 가장 큰 문제였던 것으로 보인다. "모든 게 교착 상태에 빠지는 지점은요. 우리가 전체 직원의 의결을 얻어야 할 결정과 그렇게 하지 않아도 되는 결정을 구분할 수 없었다는 거예요."[31] 윙크스의 설명이다. 예를 들면, 발렌시아 가에 있는 가게에 깔 카펫의 색깔이나 업무용 자동차의 색깔을 선택하는 것이 전 직원의 투표로 결정할 사안일까?

이뿐만 아니라 윙크스는 회사가 협동조합으로 전환된 후에 사람들이 더 보수화되고 모험을 기피하게 되었음을 확인하고 충격을 받았다. 노동자들은 어떤 결정이 자신에게 영향을 미친다는 것을 불현듯 깨달았다. 회사의 우편 판매 확장과 같은 일이 다음 해의 봉급 인상에 영향을 줄 수도 있다는 점을 깨닫게 된 것이다. 이로 인해 회사는 점차 마비되었다. 그 결과, 윙크스가 "무용한 내적 성찰"이라고 부른 일에 엄청난 시간과 에너지가 소모되었다. 지점을 새로 오픈하는 것과 같이 바깥으로 성장하는 일 대신 운영 체계, 경영 구조, 임금 책정 방식, 인사 관리처럼 회사의 내적 체계를 바꾸는 일에 시간과 노력을 전부 쓴 것이다. 많은 직원이 이 점에 엄청나게 좌절했다.

그러나 성장 침체와 내부 권력 다툼 이외에도 문제는 더 있었다. 복잡한 협동조합 구조 때문에 회사의 최우선 사명을 추구하기가 점점 더 어려워졌던 것이다. 굿바이브레이션스의 우선적 목표는 최대한 많은 사람에게 성 도구와 정보를 전하는 것이었다. 1994년 버클리에 2호점을 여는 과정에서 중심 역할을 했던 윙크스는 이 점이 몹시 실망스러웠다고 한다. "회사의 사명은 이런 자원과 정보에 최대한 많은 사람이 접근할 수 있도록 하는 것이어야 했어요. 그런데 협동조합 구조가 발전할수록, 우리 사명을 세상 밖으로 확장하는 대신 회사 내부 프로세스에 집중하는 직원들이 점점 많아졌어요. 그 점이 저한테는 심히 실망스럽더군요. 인간관계나 개개인의 문제를 지나치게 파고드는 경향 때문에 회사의 진짜 임무는 방치되는 것 같았어요 정말로. 내부에 공회전이 너무 많았어요."[32]

2006년, 노동자 소유 협동조합이라는 굿바이브레이션스의 거대한 실험은 종료되었다. 협동조합으로 전환된 지 14년 만에 다시 구조를 개편한 회사는 좀 더 전통적인 기업 구조로 돌아가기로 했고, 노동자-소유주들은 주주가 되었다. 굿바이브레이션스 직원이었던 찰리 글리크먼^{Charlie Clickman}은 이렇게 회상했다. "(구조 개편의 이유가) 딱 무엇 하나였던 것 같지는 않아요. 그렇지만 모든 이유를 하나의 범주로 묶을 수 있을 것 같네요. 협동조합이 안 돌아간다는 것 말이에요."³³ 협동조합이 맞닥뜨린 문제는 새로운 것이 아니라, 직원들이 몇 년간 관찰한 바가 반영된 것이었다. 문제는 다름이 아니라 무언가를 결정하는 데 필요한 만큼의 찬성을 얻기가 너무 어려웠거나 아예 불가능했다는 데 있었다. 회사 규모가 커지면서, 모든 동료 직원을 전부 아는 직원은 드물어졌다. 게다가 관리직은 책임만 부여받았을 뿐 권한은 없었기에 관리 업무를 수행할 수 없었다. 게다가 협동조합 구조에 성산업이 결합한 탓에 은행이나 다른 금융기관에서 대출을 받기도 어려워졌다. 2000년대 중반에 이르자 회사를 안정시킬 수 있는 자금과 재정 확충 계획이 더 절박해졌다. 또한 뒤에서 다시 설명하겠지만, 섹스토이 시장의 경쟁이 급격히 치열해지자 구조 개편이 불가피하다는 의견에 수긍하는 내부인들이 늘어났다.

섹스-포지티브 디아스포라 생성하기

협동조합 실험은 종료되었지만, 그럼에도 굿바이브레이션스는 섹스 포지티브 메시지가 광범위하게 확산되는 데 선구적이고 중심적인 역할을 했다. 2000년대 초반 내가 베이브랜드에서 일할 무렵 굿바이브레이션스는 이미 페미니스트 집단은 물론이고 외부에도 널리 알려져 있었다. 마케팅과 광고를 통해 회사의 사명을 확장하려는 동력은 1980년대 후반에 나타났다. 이 시기에 세먼스와 윙크스를 포함한 굿바이브레이션스 초기의 핵심 인물들은 세먼스가 "공격적인 홍보"라고 부른 것을 개시했다. 샌프란시스코 미션 디스트릭트의 경계를 넘어 블랭크의 원래 비전을 확장하기 위해서였다. "우리는 항상 사명에 깊은 감정을 느꼈어요. 개인적으로 모두 그걸 경험해봤거든요. 자신의 섹슈얼리티를 알게됨으로써 겪는 강력한 전환이요." 세먼스가 내게 해준 말이다.[34]

가능한 한 많은 사람이 섹슈얼리티 역량을 신장시킬 수 있기를 바라던 굿바이브레이션스 일부 직원들의 헌신은 1980년대에서 1990년대에 회사가 성장하고 섹스토이 시장 전반이 확대되는데 박차를 가했다. 사람들은 전 세계로 배송되는 굿바이브레이션스의 카탈로그를 훑어보고, 영업시간 이후 가게에서 열리는 교육 프로그램에도 참여했다. 인터넷 소매가 도래하면서 굿바이브레이션스의 온라인 매장도 개점했다. 굿바이브레이션스 직원 세라 케네디Sarah Kennedy는 그때를 이렇게 기억한다.

(굿바이브레이션스의) 카탈로그를 온 사방으로 보냈어요. 우리 강연자와 아웃리치 담당자들은 어디든 갔고요. 우리는 사람들이 가게에서 배워서 갈 수 있도록 했는데 그 친구들이 온 사방에 자기네 가게를 열었어요. 섹스토이 시장과 섹스토이 산업에서 일어난 일들은 많은 부분 1970년대 후반, 1980년대, 그리고 1990년대 (초반) 굿바이브레이션스의 작업들에서 비롯된 것 같아요. 블랭크의 시대 말이죠. 굿바이브레이션스가 섹스토이를

멋지고, 괜찮고, 재미있는 걸로 만들기 위해서 했던 일이요. 섹스토이 가게가 여성과, 여성의 애인이나 파트너 혹은 친구들을 위한 곳으로 변했고 …… 그게 굿바이브레이션스가 해낸 일이라고 생각해요.[35]

이렇게 형성된 섹스 포지티브 디아스포라는 더 많은 사람이 더 많은 장소에서 섹스토이와 섹슈얼리티에 관한 긍정적 메시지를 접할 수 있게 되었음을 뜻했다. 베이브랜드에서 일하는 트랜스 남성* 직원 아이제이아 벤저민Isaiah Benjamin은 베이브랜드를 처음 접했을 당시를 이렇게 회상했다. 뉴욕 북부에서 자란 퀴어 청소년이던 그에게 베이브랜드를 처음 만나게 해준 카탈로그는 힘을 북돋아주었다. "(그 카탈로그 덕분에) 뭔가 기대할 만한 게 생겼고, 거기서 정보와 아이디어도 엄청 얻었어요." 그가 말했다. "어딘가에서 사람들이 어떤 젠더이든 상관없이 이런 물건을 살 수 있다는 것과 그걸 심판하려고 하거나 무슨 더러운 물건으로 취급하지 않고 사용한다는 것. 그게 그 나이의 저한테는 정말 강렬하게 다가오더라고요."[36]

매티 프리커Matie Fricker는 앨버커키에 있는 [섹스토이숍] 셀프서브의 공동창업자 중 한 명이다. 그 또한 벤저민과 비슷한 경험을 한 바 있다. "굿바이브레이션스가 내 인생을 바꿨어요." 그는 확신에 가득한 목소리로 말했다. 굿바이브레이션스는 "정치와 마케팅

---

*   지정 성별이 여성이지만 자신을 남성으로 정체화하여 성전환한 트랜스젠더를 말한다. 흔히 'ftm'이라고도 한다.

이 만난" 곳이라는 게 그의 설명이었다.[37]

　　여성 소매업자인 자크 존스도 비슷한 경험 때문에 베이브랜드의 편이 되었다. 그는 1990년대 후반 미시간 여성 음악 축제[Michigan Womyn's Music Festival]**에서 베이브랜드와 처음 만났다. 그 축제에서 베이브랜드는 축제에서 섹스토이를 판매하고 워크숍을 열었다. 그때 그는 만일 자신이 베이브랜드 지점이 있는 도시에 살게 된다면 거기에서 일하겠다고 맹세했다. 몇 년 후 존스는 뉴욕시에 살게 되었다. "베이브랜드가 나를 고용해줄 때까지 그 앞에 주저앉아 있었던 거나 다름없었죠."[38]

　　존스는 베이브랜드에서 일하기 전 섹슈얼리티와 재생산 건강 문제에 관련된 일을 했다. 그는 대학에서 여성학을 전공한 뒤 플랜드 패런트후드에서 다양한 직책을 맡으며 9년을 일했다. 치료나 상담 대신 베이브랜드와 같이 쾌락에 기반한 환경에서 성교육을 할 수 있는 건 그에게 매력적인 기회였다.

　　존스는 이전에 판매원으로도 일해본 적이 있었지만, 상담 경력 역시 베이브랜드에서 일할 때 도움이 되었다. 그는 상담사로 일하면서 얻은 능력으로 고객이 얼마나 편안해하고 있는지 판단할 수 있었고, 그에 따라 자신의 반응을 조절했다. 그는 말과 몸짓을 신중하게 사용했으며, 성인들이 합의하에 하는 일이라면 무엇을 원하거나 욕망하든 전혀 문제가 없다는 걸 사람들에게 전달하려고 노력했다. 존스는 모든 고객을 베이브랜드가 지속적인 관계

**　　여기서 'womyn'은 'women'의 대안적 표기법으로, 여성을 남성man에게 종속되는 부차적인 존재나 개념으로 파악하지 않으려는 의도가 담겨 있다.

를 쌓아가는 사람으로 여기고 대했다. "베이브랜드에서 일하는 건, 그런 환경에서 일하는 건, 정말 내가 해본 일 중에서 가장 좋은 일이었어요."[39] 그가 내게 해준 말이다.

존스는 2000년대 초반 베이브랜드 로어이스트사이드점에서 2년 가까이 일했다. 그는 처음에는 판매 보조 겸 성교육 강사로 근무했고 나중에는 가게 부매니저로 일하다가 발티모어로 돌아왔다. 그러던 어느 날, 그는 인적서비스 부서에서 하는 일이 마음에 들지 않는다고 그의 아내[동성 파트너]에게 투덜댔다. 그러자 아내는 이렇게 말했다. "자기는 섹스토이숍에서 일할 때 행복하잖아. 그러니 섹스토이숍을 하자. 가게를 열자구." 처음에 존스는 "우리가 어떻게 가게를 열어?!"라고 반응했다. 그러나 그들은 가게를 열 수 있었다. 그들에게는 초기 자금으로 쓸 집과 저축이 있어서 재정적으로 튼튼한 상태였다. 그 무엇도 존스가 오랫동안 품어온 꿈, 자신의 페미니스트 섹스토이숍을 여는 일을 가로막을 수 없었다.[40]

굿바이브레이션스와 베이브랜드가 성공한 덕분에, 존스는 스스로 페미니스트 섹스토이 사업을 운영하는 일을 꿈꿀 수 있었다. 그가 처음으로 한 일은 변호사를 찾는 것이었다. 존스는 가능하면 퀴어인 변호사, 혹은 반드시 퀴어에 우호적인 사람이면서 성 관련 사업을 다뤄본 경험이 있는 변호사를 원했다. 이런 조건에 꼭 맞는 사람을 찾은 존스는 변호사와 함께 개업 신고를 하고, 용도지역 조례를 한 글자도 빼놓지 않고 꼼꼼히 검토했다. 그는 햄던에 있는 소매점 하나를 발견했다. 발티모어 시의 한 구역인 햄던을 존스는 "소자본 사업의 근거지"라고 표현했다. 그는 햄던의 마을 소상인 조합에 가입했다. 또한 은행에 구좌를 트고, 보험을 들고, 직원을 고용하고, 급여를 책정했다. 그는 사훈도 작성했다. "슈거는 레즈비언 여성이 사장이고 다양한 젠더를 가진 사람들이 운영하는, 이윤을 추구하며 사명을 중심에 두는 섹스토이숍이다. 우리는 수치심이 없고, 섹스 포지티브하고, 재미있는 환경에서 교육과 섹스토이를 제공함으로써 그 어떤 젠더와 성적 지향을 가진 사람들이든 모두 자신의 고유한 섹슈얼리티를 수치심 없이, 즐겁고 열정적으로 경험하도록 돕는다."

베이브랜드와 슈거의 섹스 포지티브 중심성은 섹스토이 사업을 더욱 광범위하고 변혁적인 산업체들과 결속시켰다. 우리는 그 사업계를 진보적인 섹스토이 소매업자들의 브랜드 공동체라고 부를 수 있을 것이다. 또 섹스 포지티브 중심성은 베이브랜드와 슈거를 기존의 성인용품점과 구별해주기도 했다. 지배적 서사에 따르면, 성인용품점은 교육과 성적 역량 증진보다는 손익에 관심이 더 많다. 존스는 슈거의 사훈이 지닌 중요성을 다음과 같이 설명했다.

어떤 경영서나 경영 이론가든 사업에서 진짜로 파는 건 물건이 아니라고 말할걸요.. 우리는 느낌을, 가게에 있다는 경험을, 그리고 정보를 파는 거예요. 사업이 성공하려면 자기가 진짜 파는 게 뭔지 알아야죠. 사훈은 우리가 정말로 파는 것을 추구하도록 해줘요. 사훈은 나와 직원들이 우리가 매일 여기서 뭘 하는지 항상 분명히 알 수 있게 해주죠. 또 그건 우리가 가게를 자기 자신과 구분할 수 있도록 해주고, 사람들이 온라인 쇼핑이나 다른 가게가 아니라 우리 가게에 와서 물건을 사도록 (이유를) 제공하죠. 슈거나 베이브랜드 같은 가게는 아직 드물기 때문에 나는 사훈을 중요하게 생각해요. 웹사이트에 사훈을 올리는 건, 사람들이 이 가게는 다르다는 기대를 갖고 여기에 안심하고 오게 되기를 바라서예요. 다른 흔한 섹스토이숍에서 좋지 않은 경험을 한 사람이라면 더욱 안심하길 바라고요. 또 솔직히 말하면 사훈이 우리를 많고 많은 다른 성인용품점과 달리 보이게 만들어주길 바라기도 하죠.[41]

여기서, 존스는 '브랜딩branding'이라는 단어를 한 번도 쓰지 않고 브랜드 차별화의 과정을 설명했다. 그는 슈거를 "많고 많은" 다른 성인용품점과 구분해야 한다는 것을 알고 있고, 슈거가 진정으로 파는 것이 무엇인지를, 많은 사람이 애초 슈거에 호감을 느끼는 이유는 선반에 진열된 물건이 아닌 그 너머에 있음을 예리하게 포착하고 있다. 존스가 만드는 섹스 포지티브 서사에서는 상품 자체도 중요하지만, 그것이 이야기의 전부는 아니다. 슈거는 느낌과 감정을 판다. 그리고 자신의 섹슈얼리티를 새롭고, 때로는 심오한 방식으로 경험할 수 있게 사람들을 초대하는 세심하게 조성된 환경을 파는 것이다. "가게가 영업 중인 걸 알면 사람들이 기뻐해요." 존스가 내게 말했다. "이런 가게에 갈 수 없으면 진짜 열받거든요."

섹스 포지티브 메시지가 미국 전역은 물론 다른 나라까지 퍼지고 더 많은 사람이 그것의 긍정적인 영향을 경험하게 되면서, 섹스 포지티브 운동가로서 그 대의에 동참하고자 하는 사람들이 늘어났다. 그들은 페미니스트 섹스토이숍에서 일하기를 원하거나 자기 가게를 열고 싶어 했다. 이런 섹스토이숍의 직원 중에는 가게와 자신이 연결되어 있다고 느끼고 가게를 통해 개인적 변혁을 경험하고는, 그 사명을 실천하면서 가게의 일부로 살아가는 사람들이 많았다. 이는 종종 자신이 자본주의적 조건하에서 노동하는 피고용자이며, 실제로 상품을 파는 것 역시 자기 일의 일부임을 잊는 결과를 초래했다. 이처럼 자신의 일이 종래의 소매업과 달리 더 고상한 소명이라는 믿음에 의해 촉발된 돈과 사명 사이의 단절은 머잖아 많은 사업체가 페미니즘의 원칙과 시장의 현실을 양립시키기 위해 분투하게 되면서 심각한 문제로 부상한다(이에 관해서는 8장을 보라).

이런 긴장 속에서도, 새로운 시장은 형태를 갖춰가고 있었다. 그 시장을 선도적으로 이끄는 이들은 점차 성장하고 있는 섹스 포지티브 소매업자들의 네트워크였다. 굿바이브레이션스, 베이브랜드, 슈거, 그리고 다른 업체들이 소속된 이 네트워크는 성교육과 개인의 섹슈얼리티 역량 신장이라는 공동의 비전 아래 결속했다. 그러나 그들의 상업적 성공은 궁극적으로 대안적인 판매와 마케팅 전략을 개발하는 데 달려 있었다. 이 전략은 여성 고객에게 호소하기 위해 섹스토이숍에서 추잡함을 몰아내는 것을 목표로 삼았다. 그들은 여성 고객이 자신을 염두에 두고 특별히 디자인된, 품위 있고 친절한 분위기의 소매 환경을 선호한다고 믿었다.

4

섹스의 포장을 바꾸다

> 범주에 따라 분류되는 사회적 주체는 미와 추, 고상함과 천박함을
> 변별함으로써 자신을 구별짓는다. 그러한 구분짓기의 과정에서
> 그들의 객관적 범주는 표현되거나 배반당한다.
>
> —피에르 부르디외, 《구별짓기Distinction》

　A-액션 성인책방A-Action Adult Books은 스트라토스피어 호텔-카지노가 드리우는 그늘에 자리 잡고 있다. 예식장*, 전당포, 보석保釋 보증 대행업체들이 늘어선 라스베이거스 대로Las Vegas Boulevard의 북쪽 끝부분에서 몇 블록밖에 떨어져 있지 않은 위치다. 가게 앞의 밝은 노란색 차양막에는 "비디오 판매 및 대여"라는 글자가 쓰여 있다. 건물 앞면을 이루는 양쪽 벽면에는 헐벗은 여자들이 도발적인 포즈를 취하고 있는 벽화가 그려져 있고, 벽화 위에는 커다란 빨간 글자로 쓰인 "XXX 등급**" 알림 문구가 중첩되어 있다. 가게에는 앞문도 창문도 없으며, 화살표만이 폐허가 된 골목처럼 보이는 길 쪽으로 모퉁이를 돌면 출입구가 있다는 것을 알려준다.

---

* 　라스베이거스는 호텔이 많고 결혼을 승인하는 법적 절차가 빠르고 간단해 결혼의 명소로 꼽힌다.

** 　성행위를 직접 묘사하는 포르노라는 뜻이다.

문을 열고 들어서면 회전문 위에 걸린 안내판이 입장료가 25센트임을 고지한다. 내가 2015년에 그곳을 방문했을 때는 희끗한 머리에 50대 후반쯤으로 보이는 상냥한 백인 남성 직원이 벌떡 일어나서 회전문을 비켜 가게 해주었다.

"여성분은 무료 입장입니다." 그가 나를 안내하며 말했다.

A-액션 성인책방은 마치 타임캡슐로 보존된 화석 같다. 'A-Action Adult'라는 이름은 전화번호부 맨 앞에 실리기 위해 채택되었을 것이다. 이런 성인용품점은 이제 미국에서 찾아보기 힘들다. 이곳에서는 반드시 필요한 서비스만 제공된다. 카운터 뒤에 놓인 컴퓨터는 가게가 개업한 30년 전부터 계속 그 자리를 지켰을 것처럼 생겼다. 검은 매직펜으로 직접 쓴, 때로 오탈자나 직설적인 표현이 섞여 있는 안내판이 가게 곳곳에 걸려 있다. 그중 하나는 "$5.59 DVD $2.95 할인 판매"라는 DVD 판매 안내였다. 다른 안내판은 이랬다. "잡지는 30분 이상 읽을 수 없는 점 양해 바람."

A-액션의 단골들은 꼭 포르노그래피 때문에만 이곳을 방문하지는 않는다. 이곳에 고전과 신작 DVD나 포르노 잡지가 엄청나게 갖춰져 있긴 하지만 말이다. 단골들은 오히려 가게 뒷편 벽에 줄지어 있는 비디오 아케이드 때문에 이곳에 온다. 최소 열두 개 이상의 부스가 있고, 각 부스에는 글로리 홀^{glory hole}*이 있어서 이용자들은 인접한 부스에서 일어나는 성적 행위를 관람하거나 거기에 참여할 수 있다.

---

*   페니스를 삽입하여 성행위를 할 목적으로 벽에 뚫은 구멍.

A-액션은 성적 접촉이 발생하는 공간이다. 특히 이곳은 게이, 바이섹슈얼, 바이큐리어스**, 그리고 벽장 속의closeted*** 이성애자 남성이 은밀하게 간음을 즐기기 위한 공간이다.

아케이드에 입장하려면 최소한 4달러어치의 토큰을 구매해야 하는데, 그러면 20분간 비디오를 시청할 수 있다. 2시간 이상 머물려면 추가로 토큰을 구매해야 한다. "뭘 하든 상관없어요." 부스 안쪽에서만 일어난다면 어떤 일이든 모두 괜찮다고 직원이 설명했다. 하지만 흡연이나 마약은 허용되지 않는다고 덧붙였다. 사람들이 규칙을 지키는지 확인하기 위한 감시카메라와 보안경이 벽에 걸려 있었다. 직원은 언젠가 한번 싸움이 일어나 누군가를 쫓아냈던 적 빼고는 아무런 일도 없었다고 말했다.

크로스드레서crossdresser****가 포함된 단골 고객들 이야기를 하는 점원의 태도에는 애정이 배어 있었다. 그는 부스에서 일어나는 여러 종류의 성적 행위에 관한 이야기를 들려주었다. 어떤 때는 이성 간 커플이 환상을 충족하기 위해 오거나, 모르는 사이인데 비디오 부스에서 만나 즉석으로 섹스하는 연기를 하기도 한단다. 점원은 여기서 일하면서 인간의 성적 행동에 관해 엄청나게 많은 것을 배웠다고 인정했다.

A-액션은 섹스토이도 소량 판매한다. 고급 모델은 취급하지

** 자신을 바이섹슈얼로 정체화하지는 않으나 둘 이상의 성별을 향한 성적·감정적 이끌림에 호기심을 가지고 탐구하는 사람.
*** 자신이 동성애자 혹은 기타 성소수자임을 숨긴 채 대외적으로 시스젠더 이성애자인 것처럼 살아가는 방식을 지칭한다.
**** 사회적으로 자신과 다른 성별의 것으로 지정된 복장을 착용하는 사람.

라스베이거스에 위치한 A-액션 성인책방의
인테리어 사진(2015). 사진 촬영 저자.

A-액션 성인책방의 인테리어 사진(2015).
사진 촬영 저자.

않지만 말이다. 그곳에는 주로 저렴한 플라스틱 바이브레이터와 고무 딜도가 벌크 포장으로 진열되어 있다. 고객들이 비디오 부스로 가는 길에 지나치도록 가게 뒤편에 화려하게 진열된 이 물건들은 가게의 필수 코너라기보다는 뒤늦게 만들어진 코너처럼 보인다. 물품은 몇 년째 업데이트되지 않았으며, 다수의 제품에는 먼지가 얇게 덮여 있다.

이것은 성적 정보가 아니라 성적 기회를 거래하는 사업이다. 비디오 부스가 본행사이자 진짜 셀링포인트다. 가장 중요한 점은 이 부스가 큰돈을 벌어들인다는 것이다. 게다가 그 직원은 내가 묻지도 않은, 직접 경험한 페니스 펌프 사용기를 들려줄 정도로 수다스럽고 친근하게 굴었지만, 이곳을 드나드는 남성 고객들 (모든 고객이 남자였다)은 내가 왜 이곳에 있는지 모르겠다는 듯 내게 의아한 시선을 보냈다. 저 여자는 누구고, 왜 여기에 왔지? 저 여자하고 섹스할 수 있나? 만일 섹스할 수 없는 여자라면 왜 여기 있는 걸까?

A-액션 성인책방을 보니 내가 10년도 더 전에 가보았던, 매사추세츠에 있는 어덜트온리Adult Only라는 도로변의 성인용품점이 떠올랐다. 그때 나는 카운터 뒤에 앉은 남성 직원이 나를 못 본 체하고 도움이 필요하거나 궁금한 게 있냐고 말을 붙이지도 않았다며 남자인 친구에게 불평을 했다. 놀랍게도 그 친구는 자신이 몇 년 전 어덜트온리에서 일한 적이 있다고 말했다.

"나라도 똑같이 했을 거야." 그는 무심하게 말했다. "네가 싫어서 그러는 게 아니라, 거기서 내 일은 계산을 해주는 거지 정보를 제공하거나 성교육을 하는 게 아니잖아. 거기서 내 직업은 계산원이었으니까."

"제품에 관해 특별히 교육을 받기도 했어?" 나는 물었다. 그는 고개를 가로저었다. "물건은 알아서 팔리게 되어 있어." 그는 주장했다. "사람들은 자기가 이만큼 큰 걸 원하는지"(그는 양손을 발 한 개 크기만큼 벌렸다) 아니면 "요 정도를 원하는지 알고 있어." 그가 양손 간격을 좁히면서 말했다. "나는 최저 시급을 받고 일했어. 그때는 시간당 5.15달러였지. 내가 상대해야 하는 고객 중에는 취한 사람도 있었고 무례한 사람도 많았어. 난 사람들을 돕거나 교육하라고 고용된 게 아니야. 고객이 물건을 훔쳐가지 못하게 하려고 고용된 거지."

델 윌리엄스나 조아니 블랭크 같은 페미니스트들은 A-액션 성인책방과 어덜트온리 같은 종류의 가게에 반기를 들면서 1970년대에 바이브레이터 사업을 시작했다. 그 가게들은 사라져가는 종류의 섹스토이숍이기도 하다. 많은 도시가 비디오 아케이드와 훔쳐보기 부스$^{peep\ booth}$가 있는 대여점을 금지했다. 한편 많은 성인용품점이 시대의 변화에 발맞춰 모든 유형의 고객, 특히 여성 고객을 환대하기 위해 성 지식 자원센터로 거듭났다. 그들은 포르노를 없애거나 줄이는 대신 섹스토이 상품을 늘렸고, 가게를 더 밝고 가볍게 보이도록 새로 칠했다. 많은 경우 여성을 판매원으로 고용하기도 했다.

마케팅 경향이 이런 식으로 전환되긴 했지만, A-액션이나 어덜트온리 같은 구식 성인용품점은 많은 페미니스트 소매사업자들이 자신의 사업을 이해하고 홍보하는 방식에 핵심 역할을 했다. 페미니스트 사업자의 깨끗하고 환한 섹스토이숍이 문화적 의미와 의의를 획득하기 위해서는 그와 대비되는 구식 가게가 필요하다. 실로, 굿바이브레이션스 소매 모델의 정의는 '○○이/가 아니다'라는 설명 방식에 크게 기대고 있었다. '굿바이브레이션스는 건전하고 여성친화적인 가게다. 추잡하고 남초적인 곳이 아니다. 굿바이브레이션스는 더럽지 않고 깨끗하다. 굿바이브레이션스는 저급하지 않은, 세련된 가게다.' 이러한 구분의 담론과 그에 상응하는 차이의 관점은 페미니스트 섹스토이숍의 점주와 직원들의 문화적 상상력에 상당히 강력한 영향을 주었다. 어떤 페미니스트 섹스토이 사업자는 "섹스토이 산업의 역겨운 남성적 부분과 자그마하지만 급성장하는 페미니스트 부문"을 대비해 이런 차이를 표현했다. 논의에 논의를 거듭하며, 페미니스트 소매업자들은 종래의 성인용품점을 과장되고 거의 희화화되었다고 할 만한 형상으로 제시했다. 그들은 여성친화적 섹슈얼리티 부티크를 더 고상한 세계에 속하는 것으로 정의하는 반면, 이와 대조적으로 기존 성인용품점을 문화적 하층-타자low-other로 위치시켰다. 여러 연구자들이 지적했듯, 사회적으로 주변부에 있다고 간주되는 것(이 경우 전형적인 지저분한 성인용품점)은 실로 다양한 종류의 사회적 구분을 생산하고 유지하는 데 "상징적으로 주요한" 역할을 수행하게 된다.[1]

굿바이브레이션스의 소매업 모델은 여성 구매자에게 호소하기 위해 성적 코드와 관습이 어떻게 새로운 포장으로 제시되고 다시금 젠더화될 수 있는지 알아보고자 할 때 좋은 사례 연구 대상이다. 그러나 저급함과 고상함, 성적 방종과 안전한 섹스 사이의 구별 지점을 표시하려는 노력에 가치가 개입되지 않기는 어렵다. 구별은 사회적 판단에 물든 활동이며, 사회적 판단이 생산하는 것에는 무엇보다 백인과 상업화할 수 있는 중산층 여성의 섹슈얼리티 형태도 포함된다. 이런 특정 형태의 섹슈얼리티는 일련의 선명한 효과를 불러일으켰다. 잠재적 부동산 임대인, 지역조합, 도시계획위원회 같은 공동체로부터 폭넓은 인정을 받게 된 것이 그중 하나였다. 그러므로 섹스토이숍을 "부끄럽지 않은" 곳으로 만드는 일은 매우 사회적인 과정이자 젠더와 섹슈얼리티만큼이나 인종과 계급이 얽혀 있는 문제였다.

특히 계급 문제가 개입되면 이런 개념은 정의하기가 더욱 어려워진다. 학자들은 일반적으로 계급[의 정의]에는 개인과 생산수단의 관계뿐 아니라 다른 요소도 개입된다는 점에 동의한다. 레즈비언 페미니스트 학자 리타 매 브라운^{Rita Mae Brown}의 1970년대 저서는 계급을 이렇게 논한다. "계급은 행동, 인생의 기본 가정, …… 어떻게 행동하라고 배웠는지, 자신과 다른 사람들에게 무엇을 기대하는지, 미래에 대한 관념이 어떤지, 문제를 어떻게 이해하고 해결하는지, 어떤 방식으로 생각하고 느끼는지 등과 관련이 있다."[2] 최근에는 커뮤니케이션 학자 리사 헨더슨^{Lisa Henderson}이 사회적 계급이란 "사회적 구분과 위계의 경제적이고 문화적인 공동생산물^{coproduction}"이라고 주장한 바 있다. 핸더슨은 계급 범주가 "문화적 우주^{cultural universe}"를 표시하는 방식으로 사용된다고 지적했다.[3] 이러한 계급 구분은 페미니스트 섹스토이숍들이 어느 정도의 시장 적법성과 도덕적 권위를 요구할 때 드러난다. 적법성과 권위는 그들의 저급한 상대로 여겨지는 가게들에는 허락되지 않았던 것들이다. 따라서 페미니스트 소매업자들은 여성을 위한 새로운 성적 가능성과 계급을 구분하는 오래된 표식, 부티크 문화의 전통적 논리와 성적 접근성과 개방성이라는 대항논리, 다양성과 포용성을 향한 헌신과 틈새 마케팅 세계의 젠더 본질주의^{gender essentialism}*라는 제약 사이에 위치했고, 때로는 그 사이에 갇히기도 했다.

---

*   성별이나 성차를 논할 때 타고난 생물학적 구분을 절대화하며 젠더의 문화적 구성 가능성을 상당히 또는 절대적으로 부정하는 주장.

안전 vs 방종

클레어 캐버너와 레이철 베닝이 1993년 베이브랜드 창업을 결심했을 때, 그들은 확실히 부티크 느낌이 나는 가게를 원했다. 여성이 좋아하지만 남성도 싫어하지는 않을 만한 그런 가게 말이다. 캐버너는 마치 예술가처럼, 가게는 그와 베닝이 말하고자 하는 것을 표현할 수 있는 빈 캔버스라고 여겼다. 캐버너에 따르면 그들이 전하고 싶었던 가장 중요한 메시지는 "섹스토이들을 다른 방식으로 경험하도록 여성을 (가게로) 초대하는 것"이었다.[4] 따스한 조명과 노란 수성 페인트를 칠한 벽부터 소박하게 손으로 쓴 안내판과 물건이 진열된 방식에 이르기까지, 캐버너와 베닝은 섹스토이숍이 어떻게 보일지 고민하며 그 가게가 누구를 위한 가게인지를 나타내는 일련의 시각적 암시를 활용해 재미있고 친근한 소매 환경을 조성하려고 노력했다.

굿바이브레이션스 또한 창업 초기부터 고객들이 집처럼 편하고 환대받는다고 느끼는 분위기를 조성하려고 했다. "우리는 거실에 사람들을 초대하는 것처럼 만들려고 했어요." 굿바이브레이션스 매니저로 일한 바 있는 캐시 윙크스의 회상이다. "초기의 굿바이브레이션스를 다룬 예전 기사들을 읽어보면 소파와 러그와 화분이 있고 가게가 얼마나 안락한 느낌인지 나와 있죠. 우리는 그런 걸 의식적으로 조성하려고 했어요. 안전하고 편안한 공간 말이에요."[5]

섹스토이숍을 편안한 거실처럼 꾸미는 것은 희미한 조명과 불편한 분위기라는 성인용품점의 전형에서 과감히 벗어나는 일

바이브레이터의 나라

이었다. 굿바이브레이션스 창업자 블랭크의 의도, 특히 창업 초기의 방향은 바로 그것이었다. 블랭크는 가게를 집, 그러니까 전통적으로 여성과 결부되어온 공간이 연상되도록 꾸미고 배치해서 효과적으로 가정화했다. 그리고 논쟁의 여지가 있을 수 있는 부분이지만, 친숙하고 가정적인 공간의 감정적 편안함과 바이브레이터숍을 연결시켜 그곳을 성적으로 살균했다.

블랭크가 기울인 이러한 노력에는 선구적인 페미니스트 포르노 제작자들의 노고가 상당수 반영되어 있었다. 1984년 [페미니스트 영상 스튜디오] 펨 프로덕션스^{Femme Productions}를 창업한 캔디다 로열^{Candida Royalle} 같은 사람이 그 예일 것이다. 로열은 포르노그래피의 세계에 여성적 관점이 "확연하게 부재"한다고 보았다.[6] 그는 여성의 쾌락에 초점을 맞추는 포르노그래피 시장이 존재한다고 확신했다. 그저 그것을 드러내기만 하면 되었다. 그러나 여성을 위한 포르노그래피는 어떤 모습이며, 이미 존재하는 포르노와 어떻게 다를까?

로열은 이성애 포르노그래피의 당연한 관습을 많은 경우 무시했다. 언제나 등장하는 머니숏^{money shot}*, 즉 관람자에게 연기가 아니라 진짜로 성관계가 이뤄졌음을 확인시켜주는 의무적 이미지도 마찬가지였다. 대신 로열은 절정에 달한 배우의 얼굴을 보여주었고 그들의 땀에 젖은, 몸부림치는, 긴장한 몸에 초점을 맞췄다. 또한 그는 또 다른 주류 포르노그래피의 주요 요소인 성기의 클로즈업에 딱히 관심을 두지 않았다. 그는 포르노그래피적인 신

---

*   남성 배우가 사정하는 장면.

1998년의 베이브랜드 시애틀점
내부 사진(위). 사진 제공 베이브랜드.
새롭게 브랜딩되고 디자인된 2015년의
베이브랜드 시애틀점(아래).
사진 제공 베이브랜드.
사진 촬영 바비 헐Barbie Hull.

체를 새로운 모습으로 보여주는 미디엄숏과 롱숏을 선호했다. 로열은 관능과 애정, 그리고 배우들이 서로 나누는 열정과 소통을 더 많이 묘사하고 싶어 했다. 여성을 위한 포르노를 찍으려면 성적 쾌락을 재현하는 다른 시각 언어를 도입해야 한다고 생각했던 것이다.

페미니스트 포르노 제작자와 마찬가지로 블랭크는 역사적으로 남성과 연결되어 있는 형태(성인용품점)를 취한 다음, 그것을 자신이 더 여성친화적일 것이라고 여기는 무언가로 탈바꿈시켰다. 장사를 시작할 때부터, 블랭크는 기존의 성인대여점처럼 과시적이고 심히 성애화된 기운을 내뿜는 "불결한" 외관을 거부하겠다는 의지가 확고했다. 대신 그는 굿바이브레이션스를 최대한 에로틱하지 않은 곳으로 만들고자 했다. 그는 (섹스토이숍에서) 란제리를 파는 것을 경멸했다. 그런 것이 "섹시한 여자란 어떤 모습인가에 대한 고정관념을 영속화하"기 때문이었다. 그리고 포르노그래피를 일체 취급하지 않았다. 적어도 1980년대 후반 수지 브라이트가 세심하게 엄선한 에로 비디오를 팔자고 그를 설득하기 전까지는 말이다(특히 로열의 작품들은 여성친화적 섹스토이숍들이 포르노그래피를 취급하게 되는 데 도움이 되었다). 블랭크는 그저 따스하고 환대하는 분위기를 가진 가게를 만들고자 한 것이 아니다. 그는 가게를 통해 여성의 섹슈얼리티에 관한 메시지를, 기존의 성인용품점에서 전형적으로 찾아볼 수 있는 것과는 다른 여성 섹슈얼리티에 관한 메시지를 전하고자 했다. 본질적으로, 블랭크와 그의 발자취를 따른 소매업자들은 "섹슈얼리티 방언sexual vernacular"을 효율적으로 사용했다.[7] 그것은 섹스와 성적 지식을 재현하던 기존의 것과 다른 방법으로, 여성이 섹스에서, 그리고 그 연장선상에서 섹스토이숍에서 원할 법한 것에 호소하는 고도의 젠더화에 초점을 맞춘 전략이었다.

페미니스트 섹스토이숍 대부분은 설계와 배치에서도 성적 호기심을 고취시키면서 감정적이거나 심리적인 불편감을 최소화하도록 디자인했다. 베이브랜드에서 일한 적 있는 얼리샤 렐스는 이렇게 말한다. "내가 발견한 것 중 하난데, 베이브랜드에 들어서는 순간 안전하다고 느낀다는 거예요. 들어가자마자 도서·잡지 코너가 있거든요. 고객 중 절반 정도는 바로 그쪽으로 가죠. 거기에 안전함이 있는 거예요." 렐스의 설명대로, 그것은 우연이 아니라 긴장한 고객이 편하게 가게로 들어오도록 의도한 전략이었다. 상품을 "순한 맛부터 센 맛까지" [차츰차츰] 보여주려고 했던 것이다.

> 나는 (베이브랜드의) 구조가 좋아요. 사람들이 다양한 위치에서 상품을 볼 수 있고 무섭거나 겁날 수 있는 물건들에서 떨어져 있을 수 있게 해주는 게 좋아요. 딜도는 색과 모양에 중점을 두는 것과 진짜 페니스를 닮은 것이 대비되도록 전시되어 있어요. 가게에서 제일 잘 보이는 위치에 있는 것들은 색과 모양이 예쁘고, 극도로 남근적인 느낌이 나진 않았어요. 고객은 특정 이미지에 노출되지 않고, 노출된다고 해도 다른 방식으로 노출되는 거죠.[8]

페미니스트 소매업자와 판매원에게 성적 안전과 편안함을 구성하는 것이 무엇이냐는 생각은 순진한 고객, 특히 여성 고객을 "극도로 남근적"이거나, 다른 방식으로 충격적이거나, 무서울 수도 있는 사람이나 물건으로부터 보호하려는 갈망과 긴밀히 연결되어 있었다. 이런 생각은 가게의 설계와 배치 디자인에 적용됐고, 더 나아가 고객서비스 정신에도 배어났다. 굿바이브레이션스의 찰리 글리크먼은 다음과 같이 말했다.

> (우리 가게에 오는) 사람들이 편하게 느껴야 해요. 입구로 들어와서는 그렇게 무서운 장소가 아니라는 걸 깨닫고 심호흡을 하며 긴장을 푸는 사람들을 내가 얼마나 많이 봤다고요. 보통 포르노숍은 휘황찬란하고, 요란하고, 강매를 하죠. 우리는 강매하지 않아요. 우린 고객에게 질문이 있는지 물어본 다음에 혼자 있게 둡니다. 만일 질문이 있으면 뭐든 물어봐도 되고요. …… 그리고 고객의 질문에 어떻게 답해야 하는지 잘 모르겠으면 그 답을 아는 사람을 데려옵니다.[9]

이런 페미니스트 섹스토이숍들은 섹슈얼리티가 공포스러울 수 있다는 믿음을 누그러뜨리기 위해 힘써왔다. 자신들의 가게가 아니라면 평생 섹스토이숍에 가지 않을 법한 사람들에게 가게가 최대한 접근 가능한 곳이 될 수 있기를 바라는 마음에서였다. "이건 우리한테 아주 중요한 일이에요." 굿바이브레이션스의 캐럴 퀸이 설명했다. "왜냐하면, 편안함을 느끼거나 올바른 정보를 접해보지 못한 사람들이 점점 더 많이 우리 가게를 찾아 그런 정보를 얻을 테니까요."[10] 페미니스트 소매업자들은 그랜드 오프닝의 킴 에어스의 말처럼 섹스토이숍이 "당신이 원하는 걸 얻기 위해 불편하거나 수치스럽거나 더러운 걸" 겪어야 하는 곳이 아니라는

메시지를 고객에게 전하고자 했다.[11]

　판매하는 상품이 어떤 종류이든 상관없이, 거의 대부분의 소매업자들은 사람들이 편안하게 느낄 만할 환경을 조성하려고 노력한다. 그럼에도 고객의 안전과 편안함에 대한 생각은 페미니스트 섹스토이숍에 상징적 무게를 더했다. 그들이 다루는 상품이 바로 섹스였기 때문이다. 자신들의 가게를 고객이 환대받으면서도 안전이 보장되는 장소로 만들기 위해 애쓰며 페미니스트 소매업자들은 일련의 규범과 판매 전략을 정립하려고 했다. 그리고 그런 노력은 A-액션 성인책방같이 좀 더 전통적인 성인용품점을 방문한 고객이 받을 응대와 구별되는 것이었다. 이렇게 개량된 규범들은 섹스 네거티브sex negative한 관념과 여성이 남성에게 성적으로 제공된다는 관념에 도전하기 위한 의식적 노력이기도 했다. 페미니스트 소매업자들은 그러한 관념이 성인산업과 문화 전반에 퍼져 있다고 믿었다. 퀸은 이렇게 설명한다.

　아마 전통적인 성인대여점 모습을 한 성행위 공간에 가보셨을 거예요. 그런 곳은 어쩐지 뭔가 …… 친근하지 못해요. 남자들이 굿바이브레이션스에 발을 디밀었다가 "난 거기 좀 별로더라"라고 하는 이유를 잘 알 수 있죠. 물론 싫겠죠! 굿바이브레이션스는 성행위 공간으로 적당하지 않잖아요. 그리고 어떤 측면에서, 그곳을 [남자들이] 좋아하지 않는다는 점이 우리 문화의 섹스 네거티브한 경향을 입증해주는 거예요. 이런 물건을 왜 깨끗하고 좋은 공간에서 사야 하지? 대체 누가 그런 생각을 한단 말야? **누구냐면, 여자가 그렇게 생각한다는 거죠. 여자가요!**[12]

마린의 가정주부에게 구애하다

편안하고 안전한 환경을 조성하는 일은 굿바이브레이션스 소매 모델의 본질적 특성이었다. 그리고 그것은 굿바이브레이션스가 애초에 불러들이고자 한 고객의 유형을 반영하고 있었다. 섹슈얼리티를 유보하지만 호기심을 가진 여성들, "그런 곳"에 가는 모험은 상상조차 못해봤을 수도 있는 그런 여성들 말이다.

퀸의 말처럼 굿바이브레이션스가 출신과 젠더 표현*, 그리고 성적 지향이 다양한 여성과 남성을 포함해 "모든 사람에게 충분히 안전한" 곳이 되기를 바란 것은 맞다. 그러나 굿바이브레이션스는 여성 중 일부 집단에게 특히 더 안전한 장소를 마련하고자 했다. 1990년대에 굿바이브레이션스에서 일한 직원들을 인터뷰했을 때, 많은 이들이 가게가 겨냥하는 고객 집단으로 '마린의 전업주부'라는 스테레오타입을 소환했다. 마린 카운티^{Marin County}는 샌프란시스코 북부의 베이 에어리어에 위치해 있다. 미국 통계청의 자료에 따르면, 거주자의 72퍼센트가 백인이며 가구소득 중간값은 9만 1000달러로, 미국에서 가장 부유한 카운티 중 하나다. 마린 카운티 거주자들은 부유하면서도 정치적으로 진보적인 것으로 알려져 있다.

[1990년대에 일했던 직원들의] 마린의 전업주부에 대한 묘사는 굿바이브레션이 상정하는 고객에 대한 관념을 보여준다. 이들의

---

* 개인이 자신의 젠더를 공적으로 천명하는 방식을 뜻한다. 복식, 행동 양식, 태도, 언어 등 다양한 영역에 걸쳐 표현된다. 젠더 표현은 생물학적으로 지정받은 성별과 일치할 수도, 그렇지 않을 수도 있다.

고객 관념은 매우 특정한 젠더, 인종, 그리고 사회경제적 스테레오타입의 질서에 뿌리를 둔다. 굿바이브레이션스에서 일했던 로마 에스테베스^{Roma Estevez}에 따르면 마린의 전업주부는 중류층 내지는 상류층으로 아마도 교외에 사는 백인 여성일 것이고, "성적으로 그다지 과감하지 않은, 오르가슴을 전혀 느껴본 적 없거나 확실하게 경험하지 못한, 친구들이나 남편이나 어머니와 섹스 이야기를 하지 않는, 물론 이성애자고, (섹스에) 관심은 있는데 [섹스에 관련된 것을 직접 추구하려면] 옆에서 많이 격려하고 손을 잡아줘야 하는" 그런 이들일 것이다.[13]

캐시 윙크스는 굿바이브레이션스에서 매니저로 일할 때 직원들에게 고객을 교외 지역에 사는 전업주부처럼 대하라고 자주 말하곤 했다. 같은 교회에 다니는 친구에게 "여자한테 진짜 좋은" 섹스토이숍이 있다고 듣고 온 교외의 주부 말이다. "난생 처음으로 섹스토이숍에 온 이 여성을 편안하게 해주려면 뭐가 필요할까요?" 윙크스는 자주 직원들에게 이런 질문을 던졌다. "어떤 음악을 틀어야 할까요? 직원들이 어떤 복장을 하면 좋을까요? 이런 고객을 어떻게 대하면 될까요?" 윙크스는 가장 수줍고 성적인 것을 거리끼는 여성 고객에게도 가게가 계속 편하고 안전한 공간으로 느껴지도록 세세히 배려하라고 판매 직원들에게 권장했다.[14]

앤 세먼스도 그런 부분을 강조했다. "진짜 그런 경향이 있었죠." 그는 내게 말했다. "우리 가게 우편 주문의 80퍼센트는 교외에 사는 전업주부들이 한다는 걸 잊는 거예요. 그리고 어떤 특정한 용어나 태도나 재치에 모든 사람이 편안함을 느낄 거라고 넘겨짚으면 안 된다는 것도 잊는 거죠."[15]

굿바이브레이션스의 소매 전략은, (아마도 이성애자일) 교외의 백인 전업주부는 섹슈얼리티 문제에서 다른 여성들보다 더 많이 손을 잡아주고 격려해줘야 하는 사람이라는 믿음에 기반을 두고 있었다. 만일 그런 주부들이 안전하다고 느끼는 바이브레이터숍이라면 그 가게에서는 모든 사람이 안전하다고 느낄 거라는 생각 말이다. 따라서 굿바이브레이션스의 성적 안전과 편안함은 고도로 젠더화되고 계급특정적이며 인종적으로 약호화된 관점을 상정한 개념이었다. 이러한 관점은 기존의 전형과 다른 섹스토이숍이 무엇인가를 결정할 때 강력한 구성 원리가 되었다.

굿바이브레이션스의 소매 모델과 함께 발전한 재현 전략과 미학적 규범은 페미니스트 섹스토이숍을 기존의 성인용품점과 구별짓는 데 그치지 않았다. 그러한 전략과 규범은 문화적 취향에 대한 고도로 젠더화되고 계급특정적인 담론의 산물이다. 프랑스의 사회학자 피에르 부르디외Pierre Bourdieu는 이런 선호에 대해 "필연적 차이의 실천적 확증"이라고 지적한 바 있다.[16] 1990년대부터 2000년대 초반에 굿바이브레이션스와 베이브랜드 양쪽에서 잠깐씩 일해본 적 있는 로라 와이드Laura Weide는 다수의 페미니스트 섹스토이숍이 도입한 "대안적 미학"이 "성별 간 대비를 상정한다"고 인정했다.[17] 여성친화적 섹스토이숍은 자주 스타일 요소라든지 "세련된" 디스플레이에 의존했다. 벽을 라벤더색으로 칠한다거나, 미술작품을 걸거나, 따스한 느낌이 드는 조명과 다채로운 색으로 꾸민 안내판을 배치하고, 안락의자와 소파를 두어 가게가 위협적이지 않고 좀 더 여성적이고 가정적인 분위기를 갖도록 했다. 시카고의 [페미니스트 섹스토이숍인] 얼리투베드는 한때 섹스토이와 섹시한 슬로건을 수놓은 장난스러운 자수 공예품을 걸어 놓기도 했는데, 자수는 전통적으로 여성과 연결된 활동이다. 그렇다면, 이런 식의 소매 모델에서 여성 섹슈얼리티 개념은 중산층의 성적 예절 및 체통respectability과 같이 안전하고 위협적이지 않은 관례로 여겨지는 것과 사실상 구분되지 않는다.

체통은 이데올로기가 촘촘히 관통하는 개념이다. 체통에는 말로 표현되지 않은 가치판단과 도덕적 규칙이 스며 있다. 사회학자 베벌리 스케그스Beverley Skeggs의 논의에 따르면, 체통에는 언제나 예외 없이 계급, 인종, 젠더, 그리고 섹슈얼리티와 관련된 의견이 담겨 있다. 그는 누가 가치 있는 사람으로 보이며, 그런 사람들의 집단에 속하기 위해 필요한 것이 무엇인지 결정하는 핵심 요소가 바로 체통이라고 설명했다. 그러나 모든 집단이 체통을 산출하고 전시하는 데 필요한 기제에 접근할 수 있는 것은 아니다. 따라서 체통이 있다는 것은 도덕적 권위를 체현하고 있다는 뜻이다.[18]

페미니스트 섹스토이숍의 경우, 체통이 있다는 것은 청결과 불결을 구분하는 일과도 연결되어 있었다. 한편으로 이런 구분은 상징적인 것이었다. 페미니스트 섹스토이숍은 호색하고 자극적이며, 과잉 성애적인 방식의 섹슈얼리티 재현을 거부하는 대신, 더 건전하고 여성친화적이며 온순한 재현을 선호했다. 그러나 청결한 섹스토이숍 혹은 불결한 섹스토이숍이라는 기준에는 문자 그대로의 의미도 있었다. 슈거의 자크 존스는 발티모어에서 가게를 운영할 때 어떤 식으로 여성에게 안전한 공간을 만들었냐고 묻는 내게 다음과 같이 대답했다.

내 관점에서는 청결이 제일 중요했어요. 깨끗함이 얼마나 가게를 차별화시켜주는데요. 왜냐하면 우리 가게를 제외한 발티모어의 모든 섹스토이숍은, 내가 갈 때마다, …… 진짜로 더럽거나 먼지가 앉아 있었거든요. 그게 자신이 하는 일을 어떻게 보고 있는지를 명확히 말해주는 거예요. …… 그리고 고객들한테도 그런 의견을 많이 들어요. 고객들은 자주 이런 식으로 말하곤 해요. "신발 밑창이 가게 바닥에 들러붙지 않는 곳에 있으니 기분이 정말 좋네요."[19]

존스의 생각에 (특히 여성에게) 안전하고 편안한 소매 환경을 조성하려면 말 그대로 가게를 깨끗하게 유지해야 했다. 먼지와 오물이 없도록 가게를 깔끔하게 정돈해야 하고 바닥을 자주 닦아 주어야 했다. 가게를 청결하게 하는 것은 [기존의 섹스토이숍과] 다른 분위기를 조성하고, 존스가 슈거에서 지향하는 성애화된 공간에 대한 차별화된 메시지를 전달할 때 중요한 부분이었다.

그러나 소위 말하는 불결한 성인용품점이 상징적으로 재현하는 것은 무엇인가? 이는 풀어내기가 복잡하지만 중요한 문제다. 섹스 포지티브 소매업자들은 종종 섹스를 더러운 것으로 취급하는 문화에 개입하고자 했다. [우리 문화에서 섹스는] 특히 돈의 교환과 결부되는 지점, 상품화된 형태일 때 더럽게 여겨진다(가령 성매매, 포르노그래피, 성적 상품의 구매). 이러한 문화적 신념 체계를 고려할 때, 섹스 포지티브 소매업자들은 섹스 자체, 그리고 그 연장선상에서 자신들이 종사하는 성산업이 본질적으로 불결하다는 관념에 정치적으로나 상업적으로나 도전해야 하는 입장에 있었다. 이런 도전은 단순히 그들의 "재미있고, 대담하고, 페미니즘적인" 업체와 "추잡한" 성인용품점의 극명한 대비를 보여주는 방식으로 이뤄지지 않았다. 페미니스트 업자들은 그들의 사업이 누구에게 호소하기 위해 기획되었으며, 왜 그런지를 일종의 살균된 버전으로 제시함으로써 섹스에 대한 주류 문화의 관념에 도전했다.

불결한 성인용품점이라는 개념은 남성 섹슈얼리티라는 매우 특정한 [사회적] 구성물에 닻을 내리고 있다. 이러한 구성은 남성을 성적으로 흥분하기 위해 특정 종류의 성적 자극, 경험, 환경을 필요로 하는 존재로 상정한다. "전형적인 성인용품점들은 불결함을 홍보해서 남성 고객을 겨냥하는 것 같아요." 위스콘신주 매디슨시에서 [섹스토이숍] 우먼스터치^{Woman's Touch}를 운영하는 점주 엘런 버나드^{Ellen Barnard}의 말이다. "그런 가게들은 더러움이 어떤 남자들한테 [성적 흥분을 유발하는] 트리거가 된다는 걸 알거든요. 그 남자들은 더러운 것에 신나하죠. 우리 가게는 그렇지 않아요. 우리는 '아뇨, 사실 (섹스는) 불결한 게 아니에요. 그건 아주 멋진 거랍니다'라고 말하죠."[20]

이러한 고정관념대로라면, 남성이 섹스를 섹시하다고 느끼기 위해서는 어느 정도 추잡함이 필요하다. 반면 여성은 무언가 다른 것, 즉 좀 더 살균되고 건전한 버전의 섹슈얼리티를 원하는 존재로 간주된다. 그러나 이런 식의 묘사는 매우 제한적이다.

사회학자 멀 스토^{Merl Storr}는 영국의 소매업자 앤 서머스^{Ann Summers}의 홈 섹스토이 파티를 연구했다. 이 연구에서 스토는 독자에게 담론이 단순히 개인의 관념이나 선호에 대한 표현이 아님을 상기시킨다. 담론은 "사회적 집단이 세계를 이해하는 방식을 형성하는 일련의 신념과 가정들"이다.[21] 담론은 결코 중립적이지 않으며, 권력관계와 "밀접하게 연결되어" 있고 그 자체로 의미를 둘러싼 투쟁의 장이 된다. 예를 들어, 남성과 여성의 섹슈얼리티, 그리고 사회적으로 수용 가능한 소비의 한계와 같은 것이 무엇을 의미하는지 말이다. 따라서 담론에 집중하는 것은 곧 권력에 집중하는 것이다.[22]

청결 대 불결, 성적 안전 대 추잡함과 같이 페미니스트 소매업자들이 일상적으로 동원한 차이의 담론이 특정한 종류의 소매 환경만 생산해낸 것은 아니다. 그 담론은 이상적인 성적 소비자의 이미지 또한 구성했으며, 그 이미지는 페미니스트 섹스토이숍들이 바랐던 만큼 인종과 계급의 다양성을 망라하지는 못했을 수 있다. 에이미 안드레는 굿바이브레이션스가 "청결 유지에 극도로 신경을 쓰는" 점을 자신이 어떻게 보는지 논하면서 그런[포용성이 부족한] 측면을 강조했다.

우린 계속 가게가 청결하고 조명을 환하게 해야 한다고 강조했어요. 전 (그런 강조가) 확실히 계급과 인종[이라는 범주]에 연루되어 있다고 봐요. 그런 암시가 노골적으로 표현된 적은 없지만, 제 생각에 환함과 깨끗함은 이런 말을 전달하는 방법이에요. "여기선 흑인 남자나 가난한 남자를 볼 일이 없어요. 이 장소에서 직접 성적 경험을 하는 사람들을 마주치지도 않을 거예요. 노스비치에 가서 스트리퍼들 사이에 있다가 매춘부나 스트리퍼로 오해받을 위험을 무릅쓸 필요가 없어요. 여기서는 그 누구도 당신을 단정치 못한 여자로 여기거나 섹스토이숍에 간다고 해서 성노동자일 거라고 생각하지 않아요." 우리[굿바이브레이션스]가 고객과 한 소통의 많은 부분은 말이 아닌 다른 방식으로 이루어졌던 것 같아요.[23]

이러한 침묵(특히 인종 및 계급과 관련해 언어로 표현되지 않은 것)은 구조적 부재를 구성하며, 말로 표현되지 않는 판단과 고정관념을 강화한다. 그러한 판단과 고정관념은 특정한 고객의 욕망(과 그 욕망을 품는 주체)을 다른 욕망보다 상위에 위치시킴으로써 성적 소속과 배제, 남성과 여성의 섹슈얼리티, 좋은 섹스와 나쁜 섹스 사이에 경계선을 긋는다.

섹스토이숍에서 추잡함을 몰아내고 성적 소비를 체통에 어긋나지 않는 활동으로 만들어내는 일에는 상징적 제스처 이상의 의미가 있었다. 페미니스트 소매업자들은 그 과정에서 실질적인 이익을 얻었다. 이런 식의 구분짓기는 페미니스트 섹스토이숍이 지저분하다고 여겨지는 [기존의] 사업체 또는 그런 지저분한 곳에 자주 드나드는 사람들과 차별화될 수 있도록 정당성을 부여했다. 따라서 [자기 건물에서 성인용품 사업을 하는 것을] 불안해하는 건물주라든지, "그런 쪽 업체"를 받아들여서 생길 영향과 그런 업체가 끌어들인다는 "지저분한 늙은 남자", 가난한 고객, 성노동자, 그리고 마약상이 자기들의 건물이나 동네에 나타날까봐 걱정하는 지역 소상공인 연합은 안심할 수 있었다.

소매업자인 에일린 저니는 1990년대 후반에 인티머시스를 창업하기 위해 매사추세츠주 노샘프턴에 가게 자리를 알아보는 과정에서 "꽤 의뭉스럽게" 구는 방법을 익혔다고 내게 말했다. 저니가 인티머시스가 전형적인 성인용품점과 비슷하게 취급되기를 원치 않았기 때문이다. "'성인용품점'이라고 하면 사람들은 곧바로 불결하고 추잡한 (장소를) 떠올린단 말이에요. 난 사람들이 오해하지 않길 바랐어요."[24] 시카고의 얼리투베드를 창업한 시어라 데이색Searah Deysach의 말도 같은 맥락에 있다. "(가게 자리를 찾으면서) '섹스'라는 단어를 전혀 입에 올리지 않은 것 같아요. 그리고 나는 가게가 여성을 위한 곳이라는 걸 강조했어요. 제 생각에 사람들이 여성을 위협으로 여기는 일은 정말이지 전혀 없을 것 같았거든요. 또 난 '섹스토이숍'이라는 말을 들을 때 사람들이 즉시 뭔가 쓰레기 같은 걸 떠올린다고 보는데. …… '에로틱 부티크숍'이라든지 아무튼 내가 만들어낸 무슨 바보 같은 이름을 들으면 사람들은 뭔가 좀 더 유하고 커플지향적인 곳으로 생각하더라고요."[25]

자크 존스도 발티모어에서 슈거를 창업할 때 비슷한 일을 겪었다. 그에 따르면, 지역 평의회에서 의원들이 다소간 "웅성웅성" 댔다고 한다. 많은 평의회 의원에게 존스가 열려고 하는 종류의 가게를 이해할 만한 참조점이 전무했기 때문이었다. 그들을 만나는 자리에서 존스는 슈거의 사훈을 의원들에게 돌렸고, 어떤 가게인지 설명했으며, 어떤 사람들이 주 고객층인지 자세히 이야기했다. 또한 존스는 굿바이브레이션스와 베이브랜드의 사례도 끌어왔는데, 그 가게들이 꾸준히 지역 평의원들의 우려를 누그러뜨릴 만한 방향으로 운영되고 있다고 생각했기 때문이다. 의원 중 몇 명은 그 가게들을 익히 알고 있었다. 이뿐만 아니라, 그들은 교육지향적인 섹스토이숍과 전형적인 추잡한 가게들의 차이점도 이해했다. 아마 평의원들은 그런 가게들이 유인할 거라고 여기는 고객의 성향 차이도 파악했을 것이다.

전통적인 성인용품점과 페미니스트 섹스토이숍의 차별화는 단순한 말장난이 아니었다. 상업 공간을 임대하고, 의심스럽거나 위험한 사업이 아니라 존스의 말처럼 "여성에게 안전한 공간으로 만들겠다"고 지역공동체 구성원들의 우려를 누그러뜨릴 때 그런 구분은 정말 효과를 발휘했다.[26] 따라서 페미니스트 소매업자들은 뉴 노멀new normal을 창조했다. 오늘날 성산업 시장에서 '여성'은 섹스토이 소매업의 안전하고 체통을 지키는 모델을 지칭하는 코드가 되었다. 결과적으로 안전과 체통은 백인, 중산층, 여성 섹슈얼리티의 상업적으로 실현 가능한 버전의 유의어가 된 것이다. 페미니스트 소매업자들은 수익성 있는 틈새시장 역시 장악했고, 결국 성적 낙인, 수치심, 악평이 특징이던 상업 분야에서 어느 정도 도덕적 권위를 획득하게 되었다.

격조 vs 무심함

2000년대 초반 베이브랜드에서 연구를 수행하던 중에 한 여성 고객을 만났다. 그는 20대의 아프리카계 미국인으로, 가게를 처음 방문한 고객이었다. 잠시 가게를 둘러본 그 고객은 나를 구석으로 부르더니, 자기는 몇 달이나 건너편 카페에서 직장 동료와 커피를 마시면서 항상 베이브랜드가 신발가게이려니 했다고 말했다. 이제 근처에 있는 직장을 그만두게 되어서 몇 달이나 지켜보기만 하던 가게에 한번 와보기로 했다는 것이다. 베이브랜드가 섹스토이숍인 걸 알고 자신은 충격을 받았는데, 어느 정도는 기쁨이 섞인 놀람이었다고 그는 말했다. "진짜 전혀 몰랐어요." 밖에서 보면 베이브랜드는 소규모 명품 구두 전문 부티크처럼 보인다고 했다. "선반에 진열된 딜도는요?" 내가 물었다. "저것들이 신발인 줄 알았지 뭐예요." 그 고객은 웃음을 터뜨렸다. 이 고객뿐 아니라, 때로 다른 고객들도 베이브랜드를 구두가게(나 주얼리숍 또는 미용실)로 착각하곤 했다. 이 사실은 캐버너와 베닝이 무엇을 파는지 알 수 없는 전문 부티크처럼 보이는 섹스토이숍을 만드는 데 성공했음을 알려준다.

부티크 문화의 언어는 미학적 세련됨과 패셔너블한 소매 행위에 대한 가정으로 가득하다. 페미니스트인 업주, 판매 직원, 고객들은 "격이 높은"이나 "고급스러운" 같은 말을 빈번하게, 그리고 종종 성찰 없이 사용했다. 그들이 생각하기에 덜 화려한 성인용품점, 즉 어떤 작가가 "관음적 쇼나 하는 지저분한 성인숍"[27]이라고 표현한 곳들과 자신들의 가장 큰 차이점은 격조와 고급스러움이었던 것이다. "(베이브랜드가) 그런 부티크 느낌이 나죠. 불결하거나 은밀한 장소 같지 않고요." 한 직원의 말이다. "숍이 너무 좋았어요." 어떤 여성이 베이브랜드에 보낸 이메일이다. "저질 같은 느낌이 조금도 안 들었거든요." 이러한 [페미니스트] 가게들은 시각적 판촉과 가게 내부 진열 방식으로 격이 높은 소매점이라는 관념을 구현했다. 그러한 요소는 그 가게들이 평범한 성인용품점과 자신들을 차별화하는 또 다른 방법이었다. 굿바이브레이션스의 에스테베스는 다음과 같이 설명했다. "굿바이브레이션스는 매장과 카탈로그, 그리고 웹사이트의 개성에 더 고급스러운 느낌을 담고자 합니다. 제 생각에, 이런 발상과 입지는 초창기에 금속과 대량 포장된 싸구려 물건이 가득한 추잡한 섹스토이숍과 우리를 차별화하기에 아주 좋았을 것 같아요. 그래서 처음에는 정말 영리한 전략이었던 것 같고, 효과가 있었다고 생각합니다.[28]

앞면에 여자 포르노 배우 사진이 박힌 대량 포장된 상품을 꺼내 진열한 것은 페미니스트 소매업자들이 더 편안하고 '격이 높은' 가게 분위기를 조성하기 위해 채택한 전략이었다. 최근 섹스토이 포장이 더 매끈하고 세련되어졌으며, 인간 신체의 형태를 닮지 않고 대담하며 화려한 색감을 내세우는 브랜딩이 인기를 끌고 있다. 그러나 페미니스트 소매업자들은 오래전부터 상품을 포장에서 꺼내거나 섹스토이임이 드러나지 않는 형태로 재포장하면서 섹스토이 산업이 섹스와 젠더에 관해 전하는 메시지를 바꾸려고 노력했다. 나는 베이브랜드에서 일하면서 때로 계산대에서 움찔하는 고객들을 보았다. 그들이 받은 물건의 포장지에는 여자가 유혹적인 포즈를 취하고 있었는데, 선반에 진열된 물건과 달랐기 때문이다. 나는 "이 물건이 이런 상자에 들어있는 줄 알았더라면 안 샀을 텐데요"라는 말을 자주 들었다. 구매한 물건이 노골적으로 성적으로 보이지 않는 것을 선호하는 고객 중에는 여성도 있었고, 남성도 있었다.

페미니스트 섹스토이 소매업자가 포르노적 느낌을 주는 포장에서 제품을 꺼내 전시하는 행위에는 거부의 의미가 담겨 있다. 주로 극히 제한된 형태의 여성의 미美나 욕망으로 여겨지는 것을 거부하는 행위 말이다. "우리는 그런 판타지에 휘둘리지 않아요." 베이브랜드의 캐버너가 설명했다. "그래서 (고객의) 절반은 갈

팡질팡해요. 지루한 (여성에 대한) 판타지가 아니면 뭐가 남는 거지? 글쎄, 이건 바이브레이터고 기분이 좋으려고 쓰는 것이거든요! 바이브레이터는 환상을 품으라고 있는 게 아니라 실용적으로 쓰라고 있는 거죠."[29]

고객이 들고 작동시켜볼 수 있는 견본 모델을 진열하면 가게의 겉모습과 느낌을 바꾸는 데 도움이 되었다. 또한 그것은 사람들이 상품과 직접 상호작용하도록 초대하여 다른 차원의 편안함을 조성하는 판매 전략이기도 했다. 고객은 상품을 손에 들고 소재를 만져보고, 손목이나 어깨에 대고 진동의 강도를 시험해볼 수 있었다. 페미니스트 소매업자들은 촉각적 경험이 상품의 구매 여부를 결정하도록 도울 뿐 아니라, 일부 구매자를 위축시킬 수 있는 종류의 물건들이 정상적인 것으로 여겨질 수 있도록 이끈다고 보았다. "우편 주문도, 카탈로그와 웹사이트도 아주 좋죠. 하지만 사람들의 삶을 바꿀 수 있는 굿바이브레이션스의 진짜 변혁적인 효과는 물리적 공간에 직접 와봐야 나타나거든요. '와, 내가 이렇게 위반적이고 무서운, 덜덜 떨리는 물건하고 똑바로 마주보고 있네. 심호흡을 하고 이걸 들고 앉아보면 그렇게 무섭진 않을 거야.'"[30] 인티머시스의 에일린 저니도 동의했다. "(물건을) 사람들이 직접 들어볼 수 있게 하면 뭔가 크게 달라져요. …… 사람들이 이게 괜찮은 거라고 느끼기 시작하거든요."[31]

전통적인 성인용품점의 미학적 코드와 관습은 어둑어둑하거나 충격적일 만큼 번쩍이는 조명, 대량의 인쇄물과 포르노 비디오테이프, 그리고 "열지 마시오!"라고 쓰인 안내판 아래 쌓인 대량으로 묶음 포장된 신기한 물건 등으로 대표된다. 이런 코드와 관습에 익숙한 고객은 [페미니스트 섹스토이숍의] 매력적인 전시대나 장난기 가득한 안내판을 보고 혼란스러워하거나 어리둥절할 수도 있다. 내가 만난 그 고객만 혼란을 느낀 게 아니다. 캐버너는 내게 비슷한 일화를 여럿 들려주었다. 그에 따르면, 고객이 베이브랜드에 와서는 이런 반응을 보인다고 했다. "자기가 어디 있는지 모르는 거예요. '여기 미용실 아니에요? 여기 커피전문점 아니에요? 여기는 뭐 하는 곳이죠?' 자기가 생각했던 것과는 완전히 다른 경험을 하는 거죠."[32]

작가이자 문화비평가인 로라 키프니스Laura Kipnis가 섹슈얼리티, 미학, 그리고 계급 기표signifier의 관계를 정교하게 논한 바 있다. 〈역겨움과 욕망: 잡지 《허슬러》〉라는 글에서 그는 《플레이보이》나 《펜트하우스Penthouse》 같은 남성 잡지에서 당연시되는 코드와 관습이 상당 부분 중산층을 기준으로 한 예의·교양·세련됨·취향을 통해 결정되는데, 래리 플린트Larry Flynt와 《허슬러Hustler》는 그런 코드와 관습을 파괴한다고 썼다.[33] 키프니스는 《허슬러》가 반항적인 태도로 노동계급 독자에게 말을 걸었고, "좀 더 격이 있는 동류의 남성용 포르노 잡지들이 금기시하는 것을 위반하려는 의지가 확고했다"고 언급했다.[34] 《허슬러》는 페니스를 실었는데, 이는 다른 남성 잡지에서 금지된 광경이다. 또 《허슬러》는 임신한 여성, 뚱뚱한 여성, 중년 여성, 그리고 경악과 성적 자극을 동시에 유도할 목적으로 신체가 절단된 사람들의 사진을 실었다. 키프니스에 따르면, 《허슬러》가 선보인 부적절하고 역겹기까지 한 성적인 신체는 《플레이보이》나 《펜트하우스》가 묘사하는 적절하고, 온순하고, 절제된 여성 신체의 반대항으로서 그 사회적이고 정치적인 의의를 주장한다. 《허슬러》는 남성 잡지의 재현 관습을 어김으로써 성적 고상함의 사회적 수용 한계를 위반했다. 키프니스의 논의는 무엇이 성적으로 역겹고 혐오스럽거나 고상하고 수용할 만하다고 여겨지는지는 포함과 배제의 경계를 그리는 계급 구분의 문제임을 상기시킨다.

《허슬러》와 그보다 좀 더 고상한(사회적으로 좀 더 수용될 수 있는) 잡지들[《플레이보이》《펜트하우스》]을 다룬 키프니스의 분석은 유용한 참조점을 제시한다. 페미니스트 섹스토이 소매업자들은 더 전통적이고 덜 여성친화적이라고 여겨지는, 더 선정적이고 수위가 높은 분위기에서 제품을 판매하는 업체들과 자신의 사업을 적극적으로 차별화하고자 했으며 [그들에게 제품을 공급하는] 제조업자들 또한 점차 이런 흐름을 따랐다. 키프니스의 연구는 그들이 적극적으로 생산하려고 했던 것이 어떤 종류의 차이인지 생각해볼 만한 비교 사례를 제공한다.

캔디다 로열은 1990년대에 인기를 끈 '내추럴 콘투어스Natural Contours'라는 바이브레이터 라인을 출시했으며 영상 회사도 운영했다. 왜 자신의 제품이 여성에게 인기가 있었는지 설명하는 로열의 다음과 같은 말은 젠더, 계급, 그리고 미학적 고상함의 관계를 가장 강력하게 표현하는 동시에 자연화naturalization한다.

난 언제나 여성이 섹스를 좋아한다고 말해왔어요. 여성은 [섹스를 싫어하는 게 아니라] 잘된 섹스를 좋아하는 거예요. 잘하는 섹스를 보고 싶어 하고요. 여자들이 내 작품을 잘 봤다면서 나한테 보내는 편지에 제일 중요하게 등장하는 단어는 "격조class"예요. 그 여자들은 "고마워요. 마침내 격이 높은 작품이 출시되었군요"라고 말하곤 했죠. 여성들은 자기 자신과 자신의 섹슈얼리티를 더 심하게 수치스럽다고 느낄 만한 저질 영상물을 원하지 않죠. 그건 이런 것(바이브레이터)에서도 마찬가지라고 봐요. 여성은 수준 높은 걸 좋아한다고요. 여성의 마음을 사로잡는 건 그런 거예요. 여성들에겐 수준 높고 질 좋은 것, 뭔가 예술성이 가미된 걸 제공해야 해요. 그러면 남성에게 통하는 뻔하고 낡은 싸구려식 접근법을 쓸 때보다 여성들이 훨씬 잘 반응하게 되죠.[35]

로열의 의견에 따르면 포장지와 전시를 통해 성산업 시장에 고품질과 예술성을 도입하는 일은 "여성의 마음을 사로잡는 방법"이기만 한 것이 아니다. 그것은 판에 박힌 듯 무심하고 저속한 위치에 처해 있는 섹스, 포르노, 그리고 섹스토이를 구출하는 방법이기도 하다. 로열이 보기에 "성적 고양sexual uplift"이라는 이 거대한 프로젝트는 섹스 포지티브 사명을 추구하는 것과 밀접하게 연결되어 있었다. "여성의 섹슈얼리티에는 수치심이라는 유산이 남겨져 있죠. 그리고 [섹스토이 판매를] 이런 식으로 하면 이런 물건이 더럽거나 수치스러울 이유가 전혀 없어져요. 이 물건들은 당신이 더러워졌다거나 수치스럽다고 생각하게 만들지 않을 거예요. 사실 이것들이 [여성 고객의] 자신의 섹슈얼리티에서 긍정적인 자아 수용을 강화해주죠. 이건 정말 중요한 부분이고, (여성들에게) 계속 필요했던 부분이라고 생각해요."[36]

로열의 이론은 설득력이 있지만, 다른 한편으로 여성이 섹스와 섹스토이에 무엇을 원해야 하는가라는 질문에 대해 극도로 편

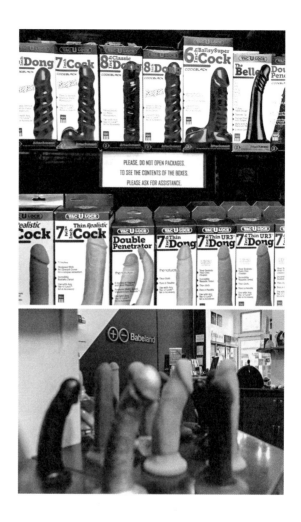

위 사진은 "포장을 개봉하지 마시오"라는 안내판이 잘 보이는 곳에 걸린 딜도 매대. 일리노이주 애디슨의 스튜디오21(2015). 사진 촬영 저자. 아래 사진은 베이브랜드 시애틀점에 전시된 딜도(2015). 사진 제공 베이브랜드. 사진 촬영 바비 헐.

협한 대답을 내놓는 것이다. 이런 관점은 소비자의 수요가 형성되는 데 널리 영향을 미친다. 확실히 어떤 여성에게는 로열의 생각이 정확히 들어맞을 것이다. 로열에게 감사 편지를 보낸 여성들처럼 말이다. 그러나 로열이 모든 여성을 대변한다거나, 혹은 로열이 만드는 작품이나 제품이 모든 여성에게 매력적일 거라고 넘겨짚는다면 실수일 것이다. 로열이 여성 섹슈얼리티에 관해 제시한 '진실'은 기껏해야 부분적 진실일 뿐이다. 로열은 그 부분적 진실을 자신의 벤처사업에 잘 활용하여 큰 성공을 거둘 수 있었다. 그러나 성적 편안함, 안전함, 체통을 전혀 섹시하지 않고 매력적이지 못한 성적 불능으로 번역해버리는 여성들도 존재한다. 굿바이브레이션스에서 10년을 일한 윙크스 같은 사람마저도, 1980년대 초반에 고객으로 처음 굿바이브레이션스를 방문했을 때는 그 가게가 확실히 섹시하지 못하도록 조성됐다고 인정했다. "가게에서 조성하려고 하는 안전한 분위기는 이해했어요." 윙크스의 말이다. "그렇지만 거의 억압적일 정도로 에로틱한 것과 반대였죠. 처음에 갔을 때는 그랬어요."[37]

문화적 위반의 느낌, 금기 범하기, 그리고 익명성을 적극적으로 추구하는 여성은 아주 많다. 그런 여성들은 섹스를 살균하려 들거나 갭Gap이나 애플스토어Apple Store의 소매 미학을 모방하려고 하지 않는 가게를 찾는다. 연구 도중 만난 한 백인 중산층 레즈비언은 나에게 여자친구와 함께 전통적인 성인용품점에서 쇼핑하는 것을 좋아한다고 말했다. 여성친화적인 섹스토이숍은 "섹스토이숍 같지 않"다는 게 그 이유였다. 그 여성에게 페미니스트 섹스토이숍들이 새롭게 체계화한 젠더의 신호들은 "주얼리숍처럼 보일" 정도로 그 공간을 효과적으로 탈성애화^{desexualize}했고, 따라서 따분한 곳에 가까웠다.

대학교를 졸업한 30대 백인 페미니스트 여성인 주아와나에게도 마찬가지였다. 주아와나는 자신이 "가장 좋아하는 섹스토이숍"으로 단호히 베이브랜드를 꼽았지만, 더 옛날 느낌이 나는 성인용품점, 라스베이거스의 어덜트 수퍼스토어 같은 곳에 갔을 때도 즐거웠다고 말했다. "그 현실적인 경험을 즐겼어요. 그런 것도 재미의 일부예요. 어둑하고, 우중충하고, 실제로 위험하진 않지만 으스스한 곳에 가는 것 말이에요."[38] 주아와나에게 전통적인 성인용품점의 문제는 외관이나 느낌이 아니라, 그가 원하는 질 좋은 상품을 거의 취급하지 않는다는 데 있다. 굿바이브레이션스와 베이브랜드는 자신을 전통적인 섹스토이숍들과 구분하기 위해 여성적 체통과 격조를 추구하는 판매 방식을 구축했다. 이런 식의 구분은 많은 이들의 마음을 끌었다. 그러나 그런 가게가 몇몇 여성들이 욕망하는 위반적이거나 포괄적인 성애의 경험을 제공하기에 항상 적합한 곳은 아니었다. 그리고 주아와나의 말에서 알수 있듯, 어떤 쇼핑객들이 여성친화적 섹스토이숍에 매력을 느낀 것은 가게의 외관이나 느낌보다 주로 거기서 취급하는 상품의 종류 때문이었다(이에 관해서는 5장을 보라).

성적 체통의 구역 설정하기

캘리포니아주 버클리에서 굿바이브레이션스 2호점이 개업

하기 직전이었던 1994년 어느 날, 뜻밖의 걸림돌이 나타났다. 개업 예정일이 일주일도 채 남지 않았는데 갑자기 영업 허가가 취소된 것이다. 신문 기사에 따르면, 굿바이브레이션스가 성인사업체가 아니라 선물 가게와 서점으로 영업 허가를 받았다며 버클리 시의회에 민원을 제기한 거주민이 있었다고 한다. 만일 성인사업체로 영업 허가를 받는다면 운영에 제약이 많아지고, 예정된 위치에서 개업을 하는 것도 불가능해지는 상황이었다.[39]

굿바이브레이션스 직원과 지지자들은 가두시위를 하고, 탄원서에 서명을 하고, 이메일을 보내고, 공무원들에게 전화를 돌렸다. 굿바이브레이션스는 버클리의 조례가 규정하는 "음란한 관심사"로 흥미를 끄는 더러운 대여점이 아니라는 것이 그들의 주장이었다. 굿바이브레이션스는 교육적 목적을 가진 섹슈얼리티 자료센터이며, 가치 있고 존중받을 만한 사업이라는 것이다. 시의회 의원 칼라 우드워스Carla Woodworth가 받은 편지 중 하나에는 이런 구절이 쓰여 있었다. "굿바이브레이션스는 우비를 입은 소름끼치는 남자들이 다니는 외설물 판매점이 아닙니다. 그곳은 고상한 곳이고, 에이즈라든지 다른 긴급한 섹슈얼리티 의제에 관해 필요한 정보를 제공하는 곳입니다."

2호점은 결국 다시 영업 허가를 받았다. 하지만 자신이 추접한 성인업체의 전형과는 다르다고 시의원들을 설득하기 위해 상징적 자원과 지역의 지지를 결집시킨 다음에야 허가를 얻어낼 수 있었다. 또 굿바이브레이션스 2호점은 가게에서 취급하는 물건 대부분이 원래 성적 용도로 쓰이는 물건이 아니라 교육 자료이거나 선물용 상품임을 입증해야 했다. 결국 자신을 특정 가게들, 캐

바이브레이터의 나라

럴 퀸이 "더 야해 빠진 (판매) 환경이나 덜 교육적이거나 덜 깨끗하고 불이 휘황찬란한" 업소라고 표현한 곳과 차별화할 수 있는 능력은 굿바이브레이션스에 일정 부분 도덕적 권위를 제공했다. 그런 권위는 굿바이브레이션스와 대조되는, 평판이 좋지 않은 가게들은 획득하기 어려운 것이었다.[40]

굿바이브레이션스가 겪은 이 사건은 페미니스트 소매업자들이 자신의 사업을 언급할 때 일상적으로 동원한 구분의 담론(격조 vs 무감각함, 그리고 고상함 vs 싸구려)이 단지 기술적^{descriptive} 용어가 아니었음을 보여준다. 그러한 구분의 담론은 문화적 가치들 사이에 사회적 위계를 생성하고 특정 사업에 합법성을 부여하는 동시에 그와 다른 종류의 사업을 불법화하는 생산적 힘을 발휘한다. 이 생산적 힘은 수많은 결과를 초래한다. 이를테면 언론에서 섹슈얼리티와 건강을 다룰 때 어떤 가게에 연락을 취해 전문가 패널을 섭외할 것인지부터 지역 상공회의소에서 환영받으려면 어떤 종류의 가게를 열어야 하는지에 이르기까지 많은 것이 이러한 구분을 통해 결정된다. 그러나 많은 여성친화적 섹스토이 사업의 높아진 사회적 지위(모든 여성친화적 섹스토이숍이 이런 지위를 누린 건 전혀 아니었지만)를 가장 실감케 하는 사례는 그 가게들이 다른 경우라면 제한받았을 용도지역 조례를 성공적으로 돌파한 일일 테다.

최근 수십 년간, 여러 도시가 성인 지향 산업을 헌법적으로 보장하는 미국 수정 헌법 제1조를 준수하는 범위에서 그런 산업을 규제하는 데 용도지역 조례를 이용하는 경우가 점차 늘어났다. 다시 말해, 시민들이 염려하고 공무원들이 그 내용을 탐탁지 않아 한다는 이유만으로 성적인 사업체를 시 차원에서 금지할 수는 없다. 그러나 성인산업 사업체가 발생시킨다고 여겨지는 부수적 영향을 완화하고 중화할 목적의 내용들로 설계된 조례는 시 차원에서 제정할 수 있다. 부수적 영향이란 예를 들어 도시 황폐화, 범죄, 특히 매매춘의 증가, 그리고 부동산 가치의 하락 등이다. 이를 규제하면 많은 경우 성인사업체들(가게의 사명과 타깃층이 누구인지는 상관없이 전부)이 시 변두리의 고립된 공업지대로 밀려나게 된다. 그런 변두리는 학교와 교회, 다른 성인사업체와, 가장 중요하게는 부유한 동네의 상권과 고객들과 멀리 떨어져 있다.[41]

앨버커키의 셀프서브도 비슷한 일을 겪을 뻔했다. 가게 소유주인 몰리 애들러^{Molly Adler}와 매티 프리커는 2006년에 셀프서브를 창업할 상업 공간을 찾으면서 예상치 못하게 용도지역 조례 문제와 맞닥뜨렸다. 지역 조례가 갑자기 바뀌는 바람에 앨버커키의 안정적인 상권에서 밀려나게 되었고, 이상적인 입점 장소로 점찍어두었던 놉 힐^{Nob Hill}에서 개업하는 것이 불가능해진 것이다. 용도지역 조례에 따르면 두 가지 경우밖에 없었다. 황량한 공업지대에 가게를 얻거나, 그게 싫으면 가게 재고품에서 성인용품의 비율을 25퍼센트 이하로 낮춰야 했다. 여기서 '성인용품'의 범주에는 성기, 엉덩이와 유두를 포함해 해부학적으로 특정한 부위를 자극하는 물건이 모두 포함되어 있었다. 포르노그래퍼처럼 성기 이미지를 묘사하는 상품도 성인용품으로 지정되었는데, 심지어 성 건강을 다루는 책도 그러했다.

애들러와 프리커는 외딴 공업지대에서 가게를 개업하고 싶지 않았다. 거기에는 몇 가지 이유가 있었다. 섹스, 그리고 그 연장선상에 있는 자신의 가게가 본질적으로 상업적인 영역에서 격리된 문화 주변부로 밀려나는 것을 보고 싶지 않다는 게 한 가지 이유였다. 그건 그들이 가게를 통해 고객과 주고받고자 했던 소통과 완전히 반대되는 것이었다. 프리커는 "여긴 당신이 와도 괜찮은 곳이에요"라는 메시지를 고객에게 전하고 싶었다고 설명했다.[42] 게다가 앨버커키에 연고가 없는 신생 업체였기에 그들에게는 용도지역 조례와 맞서 싸울 만한 재정적 자원도 없었고, 저명하거나 탄탄한 공동체와 연결되어 있지도 않았다. 셀프서브가 좋은 상권에 자리 잡기 위해서는 애들러와 프리커가 성인용품이 25퍼센트 이하로 진열된 섹스토이숍을 운영할 방법을 찾아내야 했다는 뜻이었다. 그들은 법 조항을 따르기 위해 판매 공간을 선반들까지 포함해 샅샅이 측량한 뒤 구역 규제 조항을 정확히 따를 수 있는 기준선을 그렸다.

그 작업에는 약간의 창의력과 다소 개인적인 판단이 개입되었다. 예를 들어, 그들은 BDSM 제품은 성인용 상품에 포함되지 않는다고 판단했다. 채찍이나 눈가리개는 성기를 자극하는 물품이 아니기 때문이다. 그러나 하네스는 성적 행위 도중에 사용된다는 점을 감안해 성인용품으로 분류하기로 했다. 그들은 스프레드시트를 만들어 가게가 취급하는 성인용품과 비성인용품을 선반 자리까지 자세히 기록해두었다. 다시 말해 가게에 새 성인용품, 예를 들어 최근 출시된 초대형 바이브레이터 같은 것을 진열하려면 그것의 세 배에 달하는 비성인용품을 들여오는 식으로 균형을 맞춰야 했다.

그래서 애들러와 프리커는 보디케어 섹션을 보강하고 초콜릿을 팔기 시작했다. 이는 결과적으로 괜찮은 선택이었다. 왜냐하면 "초콜릿은 섹시하고 기분을 좋게 해주잖아요"라고 프리커는 설명했다. 그러나 용도지역 조례는 확실히 사업에 문제가 되었고, 여기에는 재정적 문제도 포함되었다. 애들러는 "우리 수입의 80 퍼센트 정도가 우리 상품의 20퍼센트에서 창출되는" 상황이라고 강조했다.[43]

셀프서브가 개업한 지 11개월이 지났을 때, 시청 공무원 두 명이 가게를 방문했다. 그들은 셀프서브가 도시의 용도지역 조례를 위반하고 있다는 민원이 접수되었다고 했다. 애들러와 프리커가 가장 두려워하던 일이 현실로 닥친 것이다. 공무원들은 애들러와 프리커가 막 개업한 사업장을 폐쇄해버릴 수 있는 권력을 가졌다. "진짜 두려웠어요. 겁에 질렸죠." 프리커가 회상했다. "아주 친절하게 설명했어요. 그렇게 (셀프서브가 조례를 위반했다고) 생각하실지 몰라도, 우린 용도지역 조례를 준수해서 가게를 열었고, 정말로 지역의 좋은 이웃이 되고 싶다고요. 우린 이런 제한이 있는 걸 잘 알고 있고 그걸 존중하고 있다고 말이에요."[44]

프리커는 공무원들에게 가게를 보여주면서 선반에 무엇이 진열되어 있는지, 상품들을 왜 이런 식으로 분류했는지 설명했다. 그리고 기다렸다. 이틀 후, 그는 셀프서브가 "조례를 준수하고 있음"을 알려주는 전화를 받았다. 몇 년 후 다른 공무원들이 가게를 방문했을 때, 프리커는 어떻게 대처해야 하는지 이미 잘 알고 있었고 이전과 같이 가게에 문제가 없다는 결론이 났다.

용도지역 조례는 페미니스트 섹스토이숍의 또 다른 전쟁터였다. 페미니스트 섹스토이숍이라 한들 성인용 사업에 문화적 가치가 없다는 인식에 면역을 보유한 건 전혀 아니었다. 원치 않는

뉴멕시코 앨버커키의 셀프서브
섹슈얼리티 자료센터(2007).
사진 촬영 티나 라킨Tina Larkin.

부수적 효과(범죄 그리고 "우비를 입은 소름끼치는 남자들")를 퍼뜨리는 오염원이라는, 그러니 일반인이나 다른 비성인사업체와 격리해야 한다는 성인사업체에 대한 고정관념은 굿바이브레이션스나 셀프서브 같은 업체들이 임차하고자 하는 건물의 소유주, 지역 단체, 그리고 지역구획설정위원회와 대화할 때마다 맞서 싸워야 하는 것이 현실이다. 이런 관념 때문에 지나치게 위험한 사업으로 간주되어 보험에 들지 못하는 경우도 있었다.

굿바이브레이션스와 그곳의 발자취를 좇았던 회사들에게 부정적인 고정관념에 도전한다는 건 다양한 종류의 구분을 만들어 내는 일 역시 수행한다는 것을 뜻했다. 그들은 고정관념 속 추잡한 성인용품점으로부터 자신의 건전하고, 교육에 초점을 맞추며, 여성친화적인 사업을 차별화하려고 애썼다. 여성친화적 섹스토이숍은 이런 노력을 통해 전통적인 섹스토이숍에서 늘상 환영받는다고 느끼지는 못했던 일부 여성 고객들에게 인기를 얻을 수 있었다. 또한 시장에서 더 저속한 동종업계라고 여겨지는 반대항에 속하는 이들에게는 허락되지 않았던, 일정 수준의 합법성과 도덕적 권위 또한 획득할 수 있었다. 그렇지만 부끄럽지 않은 소매업자라는 지위를 확보하기 위해서는 상징적·이데올로기적 작업을 지속적으로 시행해야 했다. 그런 작업은 그들이 젠더와 섹슈얼리티에 관해 무엇을 말하는지뿐 아니라, 인종과 계급에 관해 무엇을 말하지 않는지에도 의존하고 있다. 또한 소매업자들은 그 과정에서 자신도 모르는 사이에 남성과 여성의 섹슈얼리티, 좋은 소비자 욕망과 나쁜 소비자 욕망에 대한 특정한 신념을 생산하고 있었다. 그 신념은 이러한 사업체 자체를 조직하는 절대적인 원칙이었으며, 어떤 상품을 어떤 이유에서 취급할 것인지를 판단하는 데도 지대한 영향을 끼쳤다.

5

상품의 정치학

내가 입는 옷, 구입하는 가구뿐 아니라 스스로 주도하는 내 삶에서
나 자신을 위해 소유하는 물건의 질이 좋기를 원한다면,
나의 성적 쾌락을 위해 구매하는 상품 또한 그래야 하지 않을까?
  ─캔디다 로열

청바지와 티셔츠 차림의 편안한 복장을 한 타일러 메리먼^{Tyler} Merriman은 결벽적으로 느껴질 정도로 깔끔하게 정리된 시애틀의 사무실에서 자신의 책상 앞에 앉아 있었다. 짧은 갈색 머리에 두꺼운 안경을 쓴, 20대 중반의 보이시한 백인 레즈비언 여성인 그는 시애틀의 어떤 힙한 장소에 데려다 놓아도 제집인 양 어울릴 사람처럼 보였다. 메리먼의 책상 옆에 놓인 선반에는 섹스토이 제조사인 독 존슨과 캘 익조틱스^{Cal Exotics}의 코팅 종이 카탈로그가 잔뜩 쌓여 있었다. 사무실 바닥에는 색색의 바이브레이터, 버트플러그, 애널비즈*가 상자에 담긴 채 평가를 기다리는 중이었다. 메리먼은 이런 것들을 매주 받는다고 했다.

베이브랜드 제품 구매 담당자인 메리먼은 가게 선반에 어떤

---

*   구슬이 여러 개 연결된 모양을 한 항문 삽입용 섹스토이.

상품을 진열할지 결정한다. 진지한 자세로 업무에 임하는 그는 여러 요인을 고려한다. 물건이 회사의 섹스 포지티브 철학을 얼마나 잘 반영하고 있는지, 그 물건이 베이브랜드 고객들의 인기를 끌어 수익을 창출할 것인지를 판단하는 것이다. 섬세하게 균형을 잡으려면 상품 선택에 얽혀 있는 섹슈얼리티 정치학에 정통해야 한다.

어떤 물건을 매입할지 말지를 결정하는 일은 많은 경우 꽤 간단하다. "우린 페니스를 넣는 여성 성기나 입 모양의 자위컵은 취급하지 않아요. 그건 우리의 사훈과 맞지 않으니까요." 춥고 비가 내리던 2002년 초, 사무실에서 만난 메리먼이 내게 그렇게 설명했다. "우리는 안티포르노그래피 페미니스트는 아니지만, 일부 섹스토이 혹은 그런 섹스토이가 만들어지는 방식이 여성에게 부정적인 메시지를 표현한다고 믿어요."[1]

내가 만난 거의 모든 페미니스트 소매업자, 구매 담당자 그리고 마케터는 섹스토이가 섹스 및 젠더와 관련된 일련의 강력한 사상을 전달한다고 말했다. 메리먼은 상품의 문지기였다. 그리고 나는 그가 선반에 쌓인 여성 청결용 물티슈를 가리켰을 때 그의 역할이 무엇인지 깨달았다. "이런 걸 무수히 많은 다른 섹스토이숍에서 팔고 있을걸요. 하지만 우리는 팔지 않아요." 그는 그 이유를 이렇게 설명했다. "이건 여성의 성기, 그러니까 보지에서 바닐라 향이 나게 하려는 제품이죠. 그렇지만 [실제로] 여성의 성기에서는 바닐라 향이 나지 않아요. 이것 또한 자신의 냄새와 관련된 여성의 성적 불안을 이용하는 겁니다. 여성들이 자기 성기에서 원래나는 냄새를 바꿔야 한다는 압박을 더 받을 필요가 전혀 없다고 생각해요. 난 그런 일에 동참하지 않을 거고, 베이브랜드 또한 그

라스베이거스에 위치한
라이온스 덴Lion's Den에 진열된
남성용 자위 도구(2016).
사진 촬영 저자.

런 일에 동참하고 싶어 하지 않을 겁니다."[2]

베이브랜드를 비롯해 다른 페미니스트 섹스토이숍을 위해 제품을 리뷰하고, 시험하고, 검수하는 일은 내구성·기능·안전성을 평가하는 것만으로 끝나지 않는다. 그것은 제품이 회사의 핵심 가치를 반영하고 있음을 확실히 하는 일이기도 하다. 그러므로 어떤 제품을 매입할지 선별하는 작업은 실용적일 뿐 아니라 정치적인 결정이기도 하다. "베이브랜드에서 구매 담당자로 일하려는 사람이라면 우리에게 어떤 물건이 맞고, 맞지 않는지 이해해야 해요." 공동창업자 레이철 베닝이 강조했다.[3]

자신이 판매하는 제품을 주의 깊게 선별하는 것은 그들이 전통적인 성인용품점과 자신을 구분 짓는 또 다른 방법이기도 했다. 그러나 섹스토이 산업은 보통 오래 쓸 수 있고, 디자인이 좋으며 미적으로도 훌륭한 제품을 만드는 것으로 정평이 난 분야는 아니다(적어도 최근까지는 그랬다). 대량 생산된 싸구려 제품 중에는 페미니스트 섹스토이숍들이 간직한 사명과 상반되는 젠더와 섹슈얼리티 관념을 퍼뜨리는 물건도 많다. 그런 물건의 바다에서 어떤 점주의 말마따나 "숨겨진 보석"을 찾아내는 것은 고될 수 있다.

시카고의 얼리투베드 창업자인 시어라 데이색은 이런 사정을 속속들이 알고 있다. 데이색은 한 섹스토이 제조 대기업에서 생산하는 제품을 더 이상 판매하지 않기로 결정했다. 그 회사가 성차별적이고, 인종차별적이며 트랜스혐오적인 표현을 광고와 포장에 반복해서 사용했기 때문이다. "그 회사는 역겨운 곳이었어요." 데이색의 말이다. "트랜스젠더를 지지하는 페미니스트로서 내 돈을 그 회사에 주기 싫었죠." 데이색은 또 다른 회사의 사람용 개목걸이를 판매 중단하기도 했다. 그 회사의 목걸이는 데이색이 사랑하고 지지하던, 규모가 더 작은 제조사의 디자인을 표절한 것처럼 보였기 때문이다. 루드 래빗 Rude Rabbit이라는 페니스용 진동고리를 추가 매입하지 않기로 한 일도 있었다. 고리에 달린 토끼가 분노한 것처럼 보였고, 진동할 때면 토끼 눈에 빨갛게 불이 들어오는 모습이 "특히 악마적으로" 보였기 때문이었다. "나는 화난 것처럼 보이는 섹스토이를 팔고 싶지 않아요. 우리는 섹스를 재미있고 행복한 것으로 만들고 싶거든요. 성나고 험상궂은 게 아니고요."[4]

데이색과 다른 섹스 포지티브 소매업자들에게 그들이 판매하는 제품은 자신들의 페미니스트적 가치와 섹스 포지티브 원칙의 물리적 현현이다. 소매업자가 보기에 어떤 물건 또는 그 물건을 만드는 회사가 그러한 가치와 원칙을 반영하지 않는다면, 그 물건은 그의 가게 진열대에 놓일 수 없을 것이다. 그렇지만 그런 결정을 내리려면 이윤을 미련 없이 포기해야 했다. 만일 페미니스트 소매업자들이 사람들이 고민하는 성생활 문제를 단번에 해소해준다거나 고객의 성적 불안을 이용하는 방식으로 영업을 했다면 발생했을 이윤 말이다. 데이색은 섹스토이 산업에서 돈을 벌고 싶으면 주로 마취 크림, 미백 크림, 그리고 "가짜 여성 성기" 같은 것을 팔아야 한다고 설명했다. 모두 데이색이 자신의 가게에서 팔고 싶지 않은 물품들이다. "나는 우리 성교육 강사들이 왜 혀 모양 바이브레이터가 효과도 없을뿐더러 문제가 있는지, 왜 항문 마취 윤활제가 몸에 나쁜지, 왜 [질에 사용하는] '타이트닝 크림'이 세상에서 제일 반페미니스트적인 발명품인지 사람들한테 알려줄 의

무가 있다고 봐요." 데이색의 설명이다.[5]

섹스토이 소매업자가 나름의 기준을 갖는 것은 빠르게 부자가 되는 데는 도움이 되지 않는다. 어쩌면 돈 버는 데 전혀 도움이 되지 않는다고 데이색은 인정했다. "내가 포퍼popper(성 기능을 향상시킬 목적으로 사용되는 오락성 약물)*랑 남성기 확장 펌프를 팔았더라면 캐딜락을 끌고 다녔을 거예요."[6]

포르노그래피(전통적인 성인용품점과 오랫동안 연관되어온 물품)를 팔 것인지 말 것인지에 관한 논의에 참여하는 것부터 인체에 안전한 소재로 제작된 상품을 매입하며 직원 대우가 좋고 임금을 공정하게 지불하는 영세 제조업체의 제품을 사들이는 것까지, 페미니스트 섹스토이 소매업자들은 무엇을 판매하고 어떤 회사와 거래할 것인가의 문제에 수많은 기준을 도입했다. 결정의 내용은 회사마다 달랐으나, 페미니스트 소매업자들은 어떤 물건을 자신의 진열대에 올릴 것이며 이 상품이 섹스와 젠더에 관해, 또한 더 중요하게는 그들의 사업에 관해 어떤 메시지를 전하는지 평가하고 논쟁하는 데 엄청난 시간과 에너지, 그리고 신경을 쏟았다.

---

*   주로 아질산알킬·아질산염 또는 그와 유사한 성분으로 이루어진 흡입약을 일컫는다. 흡입 시 짧은 도취감과 함께 일시적인 혈류 증가와 근육 이완 등의 효과가 있다. 과거에는 심장병 약으로 사용되었으나 발진, 실신, 면역 체계 이상, 시력 손상 등의 부작용이 발견되어 현대에는 거의 처방하지 않는다. 금지 향정신성 약물 규정 여부는 국가마다 차이가 있다. 미국에서는 인체 사용이 금지되어 있으나, 방향제나 탈취제 등의 명목으로 판매하는 것은 허가하고 있다.

얼리투베드 창업자 시어라 데이색.
사진 제공 시어라 데이색.

사명을 띤 포르노

    1977년에 굿바이브레이션스를 창업할 당시, 블랭크는 어떤 물건을 취급하고 어떤 물건을 피할 것인지 매우 확고한 의견을 가지고 있었다. 블랭크는 여성친화적 섹스토이숍이라면 전통적인 남성 중심적 섹스토이숍에 흔히 있는 물건과 다른 제품 목록을 확보해야 한다고 여겼다. 블랭크는 란제리를 팔지 않았을 뿐 아니라, "멍청하고 신기한 물건"과 페니스 모양의 젤리, 끈 달린 비누 등과 같은 익살스러운 선물도 들여 놓지 않았다(그는 내게 "끈 달린 비누가 누군가의 성생활을 개선시켜준 일은 전혀 없었을 거예요."라고 말했다).[7] 그리고 그는 개업 후 몇 년 동안 딜도는 저렴한 제품 몇 가지만 취급하면서 잘 보이지 않는 곳에 두었다. 가게에 들어와 딜도를 보여달라고 하는 "소름끼치는 남자들"을 상대하기 싫어서였다.

    굿바이브레이션스에서 일했던 앤 세먼스는 블랭크가 이런 선택을 하게 된 요인에 대해 다음과 같은 가설을 제시했다.

블랭크의 초기 (제품) 선정은 정말이지 여성들에게 자신의 몸과 클리토리스를 알게 해주는 데 주된 동기가 있었다는 게 내 가설이에요. 그러니 여성들을 열광하게 만드는 건 바이브레이터여야 했던 거죠. 내 생각에 딜도는 전통적인 혹은 전형적인 남성용 가게와 주로 관계가 있거나, 아니면 어떤 성인용품점에서든 아주 쉽게 찾을 수 있는 (물건이었다는) 거예요. 그리고 그런 물건들은 블랭크의 주요 관심사가 아니었기 때문에 딜도뿐 아니라 나중에는 비슷한 방식으로 (포르노) 비디오도 그런 범주에서 밀려난 거라고 생각해요. 그리고 진짜로 고객들이 와서 "왜 비디오는 안 팔아요?" "왜 딜도가 이것밖에 없어요?"라고 묻는 경우가 있었어요. 그러면 그 당시 일하던 사람들은 "어, 나중에 들어올 수도 있어요"라고 대답할 수밖에 없었죠.[8]

시간이 흐르고 블랭크가 직원들을 더 고용하면서 굿바이브레이션스의 상품 범위는 점차 확장되기 시작했다. 예를 들어 수지 브라이트, 캐시 윙크스, 앤 세먼스 같은 직원들은 굿바이브레이션스가 블랭크가 개인적으로 편하게 여기던 제품만 파는 단계를 넘어서야 한다고 주장했다. 그들은 실리콘 딜도, 본디지 플레이용 장비*, 안전한 섹스**를 위한 물건을 팔자고 블랭크를 설득했다. 블랭크는 안전한 섹스에 관한 문화적 담론이 섹스 네거티비티를 강화한다고 여겼기에 관련 물품을 취급하지 않았던 것이다. 또 직원들은 굿바이브레이션스에 페니스용 링이나 플레시 라이트^Flesh Light 같은 남성 자위용 도구를 포함해 페니스가 있는 사람들을 위한 토이를 더해야 한다고 주장했다. 굿바이브레이션스 직원들 사이에는 만일 가게가 진정으로 어떤 젠더나 성적 지향을 갖고 있는지와 상관없이 모든 사람이 다양한 제품을 살 수 있는 안전한 공간을 확보하고자 한다면, 그런 주장을 실행하고 그에 맞춰 상품

---

* 상대의 동의하에 몸을 구속하기 위한 끈이나 수갑, 재갈 등을 말한다.
** '안전한 섹스'란 성매개 감염병에 감염될 위험을 줄이는 방식으로 행하는 성교를 뜻한다. 감염 위험을 줄이기 위해 접촉 부위를 청결하게 하고 상처가 나지 않도록 손톱 등을 정리하는 것, 콘돔·핑거돔·덴탈댐^dental dam 등의 라텍스 보호막을 사용하는 행위 등도 안전한 섹스를 위한 실천에 해당한다.

굿바이브레이션스의 쇼윈도 전시대(2016).
사진 촬영 저자.

종류를 늘려야 한다고 여기는 정서가 흘렀다.

1980년대 후반에 에로틱 비디오를 판매하기로 한 결정 또한 이와 유사한 맥락에서 내려진 것이었다. 그 일은 굿바이브레이션스의 전환점이 되었다. 굿바이브레이션스는 원래 포르노그래피를 취급하지 않았다. 블랭크가 말 그대로 안티포르노그래피 페미니스트여서가 아니고, 그가 개인적으로 포르노를 선호하지 않았기 때문이다. "그냥 그런 데 관심이 없었어요." 블랭크는 이렇게 설명했다. 그리고 그는 다른 여성들도 자신과 비슷할 거라고 생각했다. 블랭크의 생각에 포르노그래피는 섹스토이숍의 클리셰였기에 포르노그래피를 다루면 자신이 열심히 노력해서 조성한 가게의 대안적 분위기가 약화될까봐 걱정했다. 게다가 1970년대 중반은 포르노그래피를 둘러싼 페미니스트 성전쟁이 전국적으로 열기를 더해갔지만 여성을 겨냥한 포르노그래피는 아직 실제로 제작되지 않던 시절이었다. 노골적인 성적 표현이 포함된 영화를 향한 블랭크의 태도는 1980년대 초반에 브라이트를 굿바이브레이션스 판매 직원으로 고용하면서 점차 바뀌게 된다.

2장에서 언급했듯, 브라이트와 블랭크는 교육에 중점을 둔 굿바이브레이션스의 사명을 향한 열정을 품고 있다는 점에서 서로 마음이 꼭 맞았다. 그리고 1980년대 중반 무렵 브라이트는 굿바이브레이션스 매니저이자 《온 아워 백스》의 기고자 겸 편집자일 뿐 아니라 《펜트하우스 포럼penthouse Forum》*에 포르노그래피를 주제로 하는 칼럼을 정기적으로 기고하는 필진이 되었다. 그 정기 칼럼으로 브라이트는 "포르노계의 폴린 케일Pauline Kael"**이라는 별명을 얻는다. 캐럴 퀸에 따르면, 브라이트는 포르노그래피의 세계와 매우 밀접하게 연결되어("최초의 포르노 이론가 중 하나가 되었다"고 퀸은 설명했다) 곧 미국 전역의 대학에 "음란 영화 독해법"을 강의하러 다녔다.

포르노그래피와 에로영화계에 대한 브라이트의 관심과 지식은 곧 굿바이브레이션스에서 활로를 찾았다. "가정용 비디오VHS 시장이 폭발적으로 성장하고 있었어요." 브라이트의 말이다. "영

---

* 《펜트하우스》와 함께 프렌드 파인더 네트웍스Friend Finder Networks사에서 발행되는 잡지로 의료·건강·심리 등의 주제를 주로 다룬다.

** 폴린 케일은 미국의 여성 영화비평가로, 1960년대 후반부터 1990년대 초반까지 잡지 《더 뉴요커The New Yorker》에 칼럼을 기고해 대중적 인기를 얻었다.

화는 이야기와 같아요. 책과 마찬가지죠. 영화는 교육이자 오락이
에요. 난 굿바이브레이션스를 섹스를 둘러싼 문화적 대화와 확장
이라고 여겼어요. 그러니 굿바이브레이션스에 영화가 없는 건 마
치 밥 먹을 때 포크를 안 쓴다는 것과 마찬가지겠죠."[9]

그러나 브라이트는 먼저 블랭크를 설득해야 했다. 굿바이브
레이션스에 에로틱 비디오 컬렉션을 더하는 것이 여성 중심적이
고 교육 지향적인 사명을 저해하지 않는다고 말이다. 브라이트는
매출 증대 가능성이나 이윤 창출을 두고 블랭크와 논쟁하지 않았
다고 내게 말했다. 물론 이윤이 후일 굿바이브레이션스에서 중요
한 문제가 되긴 했지만 말이다. 대신 브라이트는 정치적인 언어
로 블랭크를 설득했다. 포르노그래피가 제공하는 환상의 세계에
접근할 기회가 굿바이브레이션스 고객들에게 귀중하다는 게 근
거였다. "전 그 환상의 세계에 매혹됐어요. 여성이 그 세계에서 배
제되는 데 신물이 났죠. 모든 사람이 내가 아는 것을 알았으면 했
어요. 그리고 난 모두가 그 세계를 엿보고 싶어 한다는 걸 알고 있
었죠."[10]

비디오 컬렉션을 시작할 때 브라이트와 블랭크 둘 다 다소간
망설였다. 그들은 가능한 한 많은 사람이 컬렉션에 접근할 수 있
게 하면서도 굿바이브레이션스의 사명을 잊지 않기 위해 의논했
다. 예를 들어 다음과 같은 것이었다. 블랭크는 '포르노그래피'라
는 용어를 혐오했는데 "그것이 짊어진 짐" 때문이었다. 그는 포르
노그래피라는 말을 거부하고 "노골적으로 섹슈얼함"이라는 카테
고리를 선호했다. 블랭크는 본인이 "야하다"고 표현한 비디오 케
이스도 싫어했다. 브라이트는 이렇게 회상한다.

(블랭크는) "내가 진짜 싫어하는 게 뭔지 알아? 그 끔찍한 비디오
케이스야." 이랬어요. 그러면 나는 "맞아. 그거 진짜 후져"라고 대
답하곤 했죠. 그런 케이스는 오해를 불러일으키고, 저급하고, 우
리 고객들이 악몽을 꾸도록 만드는 딱 그런 종류죠. 전 그런 케
이스를 진열하지 말자고 했어요. 우리가 직접 영화 설명을 쓰고
라벨이 없는 비디오테이프를 무지 케이스에 넣어두자고요. 그
러면 사람들은 우리의 설명으로 영화를 감상하게 될 테고, 비키
니 차림을 한 멍청하고 뾰루퉁해 보이는 여자가 혀를 빼물고 있
는, 영화 내용과 상관도 없는 사진은 보지 않을 테니까요. 블랭
크가 가장 걱정한 건 그 부분이었어요. 블랭크는 포르노의 내용
이 뭔지, 포르노가 어떤 건지 전혀 몰랐죠. 나도 그 부분을 걱정
했는데, 그런 케이스는 오해를 불러일으키며 수많은 여성들로
하여금 포르노에 등을 돌리게 만드는 쓰레기 같은 상품 중 하나
로 봤기 때문이죠.[11]

1989년에 굿바이브레이션스는 노골적으로 에로틱한 비디오
를 소량 취급하기 시작했다. 이 컬렉션은 굿바이브레이션스가 포
르노계의 최고 작품들을 취급할 수 있도록 브라이트가 꼼꼼히 검
수하고 고른 것이었다. 브라이트는 여성의 쾌락을 진실되게 묘사
하는 데 초점을 맞춘, 여성들이 오르가슴을 연기하는 것처럼 보
이지 않고 정말로 스스로 즐기고 있는 것처럼 보이는 영화를 찾
았다. 또한 그는 성별이나 인종에 대한 고정관념을 드러내지 않는
영화를 골랐다. 브라이트가 회사를 떠난 후 포르노를 구매하고 검
수하는 일을 맡은 직원 중 한 명이었던 로마 에스테베스는 그 시

기를 이렇게 회상했다. "처음에는 비디오 컬렉션을 두고 논쟁이 있었어요. 하지만 브라이트는 비디오를 꺼리는 고객들에게 에로틱한 영화의 이점을 천천히 설득하기 시작했죠. 브라이트는 포르노 영화가 에로틱한 소설이나 그림과 마찬가지로 도구라고 생각했어요. 섹스토이처럼 성적 경험을 향상시키는 도구 말이죠. 고객들은 곧 브라이트의 엄선된 비디오 컬렉션을 받아들였고, 컬렉션은 큰 인기를 끌었어요. 굿바이브레이션스는 굉장히 차별화된 포르노그래피 대여점이었죠. 그 도시에는 분명 다른 비디오 대여점들도 있었지만, 굿바이브레이션스처럼 매력적이고 '깨끗하고, 환한' 분위기를 주는 곳은 없었어요."[12]

브라이트의 후임자들 입장에서는 브라이트가 정한 기준에 들어맞는 비디오를 찾기가 쉽지 않았다. 예를 들어, 에스테베스는 컬렉션에 추가할 만한 영화를 1년에 50~75편 정도 찾기 위해 엄청나게 많은 영화를 보아야 한다는 것을 일을 시작하자마자 깨달았다. 그 당시 대부분의 포르노는 질이 낮았기에 그 일은, 에스테베스 자신의 표현에 따르면 "힘겨운 업무"였다. 어떤 영화에 화끈한 섹스 장면이 있을지라도 제목이 성차별적이거나 인종차별적이라면 컬렉션에 추가될 가망이 없었다. 에스테베스는 자신이 모든 사람을 만족시킬 수는 없으며, 어떤 영화를 거부하는 고객이나 동료들에게 자신의 결정을 종종 변호해야 한다는 것을 알게 됐다. 그는 굿바이브레이션스의 섹스 포지티브하고 여성친화적인 기풍에 부합하면서도 포르노 전문가나 함께 포르노를 보고 싶어 하는 평범한 기혼 이성 커플에게도 어필할 수 있는 비디오를 찾기 위해 최선을 다했다. 에스테베스에게 이는 어떤 방식으로든 "폭력을 암시하는" 모든 영화를 피한다는 뜻이기도 했는데, 그건 "그저 뒤따르는 언쟁을 감수할 만한 가치가 없기 때문"이었다.

굿바이브레이션스가 비디오 컬렉션을 시작한 지 몇 년이 지난 1992년, 회사 내부에서는 포르노그래피를 둘러싼 논쟁이 일었다. 퀸과 블랭크가 샌프란시스코에 기반을 둔 파탈 비디오와 미팅을 했다는 사실이 알려지자 폭발적인 긴장감이 맴돌았다. 파탈 비디오는 레즈비언 포르노 제작사로, '굿바이브레이션스의 여자들 Girls of GoodVibrations'이라는 제목의 영화를 만드는 데 관심이 있었다. 퀸은 스태프들에게 미팅 내용을 알려주는 메모에 이 일이 결국 파탈 비디오에게 "쪽쪽 빨아먹히고" 끝날 수 있다고 적었다. 그렇다면 다른 직원들의 생각은 어땠을까?

반대 의견이 빠르고 격렬하게 들끓었다. 한 직원은 의견서에 이렇게 적었다. "우리는 항상 '체통을 지키기' 위해 열심히 일했다. 이 일은 지금 우리가 추구하는 방향에서 급작스럽게 탈선하는 것일 수 있으며 …… 일단 나는 여기서 말하는 방식으로 '굿바이브레이션스의 여자'가 되고 싶지 않다. 우리는 고객과 직원에게 안전한 공간을 만들기 위해 힘쓴다. 이렇게 이미지를 조장하는 것은 고객과 직원 모두에게 무례한 일이며, 우리를 보호하는 '이건 사업일 뿐'이라는 명목을 산산조각 내버릴 것이다."

"정말 터무니없는 제안이다!" 다른 직원의 의견서에는 이렇게 적혀 있었다. "이건 우리의 철학과 상반된다. 나는 섹시한 점원이라는 이미지, 가게를 성행위와 섹스 판타지의 장소로 만드는 일을 조장하거나 장려하고 싶지 않고, …… 굿바이브레이션스가 영상 제작사와 협업하는 건 좋지만! (파탈 비디오와는) 됐다!"

가게에 비디오 컬렉션을 더하는 것은 그렇다 치고, 굿바이브 레이션스의 "섹시한 여자들"을 다루는 영화를 만드는 건 상당히 결이 다른 일이었다. 직원들이 굿바이브레이션스가 노골적으로 성적인 영상을 제작한다는 발상 자체에 반대한 것은 아니다. 그러나 파탈 비디오의 제안은 직원들이 몇 년간 힘써 세운 많은 경계를 지나치게 흐려놓았다. 그 경계에는 성적 제품을 사람들이 이용할 수 있게 하는 일과 다른 사람들이 자신을 성적으로 이용할 수 있게 하는 것, 그리고 사람들의 성적 판타지를 지지하는 일과 자신이 사람들의 성적 판타지가 되는 것은 서로 다르다는 생각도 포함되어 있었다. 굿바이브레이션스 직원의 일은 섹스와 관련이 있기는 했지만 성노동은 아니었다(적어도 전통적으로 성매매로 정의되는 일은 아니었던 것이다). 그러므로 섹스토이 판매장의 프로다움을 유지하는 것은 다수의 직원들에게 절대 양보할 수 없는 사안이었다. 퀸은 파탈 비디오에 직원들과 합의한 의견을 전달했다.

우리가 귀사와 나눈 대화에서 블랭크와 저는 귀사의 영상물 제작 프로젝트 제안이 굿바이브레이션스를 섹스 포지티브 공동체를 이루는 한 단체로 재미있고도 명예롭게 그리려고 하시는 것을 분명히 이해했습니다. 그럼에도 굿바이브레이션스 구성원 대부분은 회사가 포르노에 묘사되는 일에 큰 공포 또는 오롯이 부정적인 감정만을 느끼고 있는 듯합니다. 우리 구성원들은 비디오에 출연하기를 원치 않을 뿐 아니라, 우리 회사를 지금보다 더 성애화하는 영상물의 존재를 매우 꺼리고 있습니다. 이 문제를 의논하는 회의에서 한 여성 직원이 이렇게 말했습니다. "우리는 건전한 이미지를 유지하려고 매우 열심히 노력해왔어요." 전화 업무나 고객 응대 업무를 하는 모든 직원은 굿바이브레이션스(혹은 그와 유사한 곳)를 성적 판타지와 섹스 플레이 장소로 이용한 결과로 초래될, 우리 직원과 회사를 향할 억측에 염려를 표현했습니다.

이 사례에서 볼 수 있듯, 섹스 포지티비티란 결코 성적인 것은 모든 사람이 대가 없이, 언제든 어떤 방식으로든 누릴 수 있다는 주장이 아니다. 오히려 섹스 포지티비티는 페미니스트 소매업자가 자기 사업체, 직원, 그리고 고객에게 최선이라고 판단하는 결정을 내리고자 할 때 계속 협상해야 하는 성적인 신념 체계다. 여성친화적인 제품은 어떤 것인지, 안전한 공간은 어떤 모습인지를 놓고 만장일치를 이루기란 어렵다. 이는 전적으로 논의와 토론을 필요로 하며, 그리고 때로는 불화를 동반한다.

가끔 직원들이 비디오 컬렉션을 놓고 소소한 언쟁을 벌이기도 했지만, 다양한 고객이 굿바이브레이션스에서 포르노를 대여하거나 구매했다. 그리고 굿바이브레이션스는 페미니스트 포르노그래피를 포함해 다른 비디오 대여점에서 구할 수 없는 영화가 유통되는 중심지로 빠르게 변모했다. 캐시 윙크스가 《굿바이브레이션스 가이드: 성인 비디오 The Good Vibrations Guide: Adult Videos》라는 책자의 도입부에서 설명했듯, "오래지 않아 우리는 우리가 타 업체와 완전히 차별화된 서비스를 제공하고 있고, 그 감상자들이 열성적이며 우리에게 고마워하고 있다는 점을 깨닫게 되었다. 굿바이브레이션스는 적절한 시기에 주류 성인산업이 크게 간과했던 부류의 고객들의 에로틱한 취향을 대변할 수 있는 위치에 섰다. 이러한 고객에는 여성, 이성 간 커플, 그리고 레즈비언 등이 있다. 포르노를 거의 접한 적 없는 입문자든, 경험 많은 '전문가'든 고객들은 매년 쏟아지는 수천 편의 에로틱 비디오에서 알짜배기만을 골라내려는 우리의 노력에 고마워한다."[13]

퀸이 굿바이브레이션스에 입사한 1990년에만 해도 비디오 컬렉션은 비교적 새로운 코너였다. 퀸이 말하길, 그 컬렉션은 "다방면에 걸쳐 있었다". 컬렉션은 캔디다 로열과 파탈 비디오의 영화를 포함해 그 당시 나와 있던 여성이 제작한 포르노라면 거의 다 망라했다. 〈초록 문 뒤에서^{Behind the Green Door}〉나 〈미스티 베토벤의 각성^{The Opening of Misty Beethoven}〉 같은 미국 포르노 황금기의 고전과 〈스모커^{smoker}〉처럼 브라이트가 개인적으로 좋아하는 언더그라운드 포르노도 있었다. "하지만 문제는 여전히 남았어요." 퀸은 말했다. "우리가 제공할 수 있는 영화는 포르노 제작사들이 만드는 포르노로 제한되었거든요."[14]

굿바이브레이션스는 결국 포르노 제작에 출사표를 던지고 직원과 고객이 원하는 종류의 포르노를 만들기로 했다. 2001년에 굿바이브레이션스는 섹스 포지티브 프로덕션^{Sexpositive Productions}(이하 'SPP')이라는 영상 제작 자회사를 설립했다. 굿바이브레이션스에서 자체 브랜드로 포르노그래피를 제작하자는 이야기가 나온 지는 몇 년 되었지만, 본격적인 진행은 1990년대 후반 몇몇 직원들이 비디오 제작팀을 꾸리면서 시작되었다. 퀸은 이러한 노력에 힘을 보탠 사람 중 하나였다. "SPP는 우리가, 우리 회사가 문제에 대처하는 방식이었어요. 바이섹슈얼 캐릭터와 플롯을 다루거나,

빅사이즈 여성 배우가 나오거나, 다양성이 풍부하고, (교육적 목적이 분명한) 여러 종류의 …… 좋은 포르노 영화가 너무 적다는 사실이 문제였어요. 우리 고객님들은 계속 그런 영화를 찾으시는데 …… 우리는 이런 좋은 영화가 부재한다는 데 문제를 제기하고 싶었고 …… 그리고 새로운 방법을, 이런 시도가 아니면 충분히 재현되지 못하는 범주의 사람들을 더 낫게, 좀 더 존중하면서 현실적으로 재현하는 방법을 찾으려고 했죠."[15]

SPP는 백인 이성애자 남성의 시선을 해체하고, 지배적인 아름다움과 성적 매력의 개념에 도전하며, 사람들이 섹슈얼리티를 경험하는 다양한 방식을 물신화하지 않는 방법으로 묘사하려고 했다. 세라 케네디가 이끄는 SSP는 2001년부터 2003년까지 다음의 영화 다섯 편을 제작했다. 〈멈추지 말아줘: 레즈비언 주고받기 팁Please Don't Stop: Lesbian Tips for Giving and Getting It〉은 비백인 여성만 등장하는 영화다. 〈슬라이드 바이 미Slide Bi Me〉는 게이 AVN 상Gay AVN award*에 노미네이트된 바이섹슈얼 작품이다. 〈영리하게 때리기: SM을 시작하는 커플을 위한 굿바이브레이션스의 지침Whip smart: A good Vibrations Guide to Beginning SM for Couples〉도 SSP의 작품이며, 〈풍만한 여우들Voluptuous Vixens〉은 살집 있는 여성 배우들이 출연한 영화다. 그리고 〈지 마크스 더 스팟G Markes the Spot〉은 지스팟 자극과 [여성의] 사정에 대해 알려주는 교육용 비디오다.

SPP를 움직인 동기는 굿바이브레이션스의 더 큰 섹스 포지

---

* 포르노 영상 리뷰 잡지인 《어덜트 비디오 뉴스Adult Video News》에서 후원하고 주관하는 성소수자 포르노 영화상.

티브 사명을 반영하는 영화를 만드는 데만 있지 않았다. 많은 직원이 포르노가 큰 수입원이 되리라 믿었고, 그 돈으로 아웃리치 교육 프로그램이나 지역공동체 기반 프로그램처럼 회사의 핵심 가치에서 중요한 부분을 차지하지만 그다지 수익을 내지 못하는 종류의 사업을 지원할 수 있으리라 믿었다. "포르노로 자금을 지원하는 것 말이죠. 전 그 생각이 정말 마음에 들었어요. …… 세계 제패의 자연스러운 수순처럼 여겨졌죠." 에스테베스가 말했다.[16]

그러나 SPP의 역사는 짧았다. 영화들은 극찬을 받았지만, 굿바이브레이션스의 포르노 제작 진출은 유지하기엔 대가가 큰 사업임이 드러났다. 내부에서 영화 제작 사업부의 가능성을 몇 년에 걸쳐 논의한 후 SPP가 드디어 제작에 착수했을 무렵은 시장의 판도가 바뀌고 다른 회사들이 굿바이브레이션스가 오랫동안 제작하고 싶어 했던 페미니즘적이고, 퀴어하고, 대안적인 포르노를 만들기 시작한 시점이기도 했다. 그러나 퀸은 이보다 더 중요한 문제가 있었다고 설명했다. 바로 "수지가 너무 안 맞았다"는 점이었다.[17] SPP가 만드는 것과 같은 대안적인 포르노는 제작비는 많이 들면서 다른 많은 종류의 포르노그래피와 같이 광범위한 대중에게 호소하기는 어려웠다. 따라서 필요한 돈을 벌 수 있을 만큼 영화를 충분히 판매하는 일에 지속적인 어려움이 따랐다. 게다가 클릭 한 번으로 온갖 종류의 성적 취향과 특이 취향의 작품에 접근할 수 있는 인터넷 포르노그래피 시장까지 부상하면서 결국 판매 실적의 부진으로 이어졌다.

굿바이브레이션스는 SPP와 2009년에 시작한 또 다른 산하 제작사 굿릴리징Good Releasing을 통해 포르노그래피를 주도함으로써,

고객과 직원이 원하는 노골적인 성적 표현이 나오는 종류의 영화를 다른 이들이 만들어주길 기다릴 필요가 없음을 보여주었다. 굿바이브레이션스는 자신이 시장에서 발생하는 재현의 격차^{represen-}^{tational gaps}라고 여기는 것을 메우기 위해 필요한 수단과 비전을 가지고 있었다. 그 기획을 실현하면서, 굿바이브레이션스는 포르노그래피의 지위를 섹슈얼리티를 고취시키고 교육하는 새로운 도구로 바꾸어놓았다. 퀸은 이렇게 지적했다. "우리가 포르노를 오락 매체로 보고 그 가장 훌륭한 버전을 원하기 시작했더니, 일부 포르노의 수준이 점점 더 향상되었다".[18]

예술이 에로티시즘을 만날 때

헌터스 포인트^{Hunters Point}로 가려면 택시를 타고 오래 달려야 했다. 그곳은 샌프란시스코 남동부의 모래투성이 공장 지대다. 2002년 초여름이었고, 나는 레즈비언이 소유하고 운영하는 실리콘 딜도 제조회사인 빅센 크리에이션스^{Vixen Creations}로 향하는 길이었다. 그곳의 창업자이자 굿바이브레이션스의 전 직원이기도 했던 매릴린 비샤라^{Marilyn Bishara}를 인터뷰하기 위해서였다.

걸걸한 목소리와 친근한 미소의 소유자인 비샤라는 뉴욕에서는 택시 운전기사로 일했었다. 이후 1990년대 초반에 굿바이브레이션스에서 컴퓨터 프로그래머로 일하던 비샤라는 회사가 실리콘 딜도를 제때 공급받지 못하는 문제가 지속된다는 것을 알았다. 실리콘은 인체에 무해하고, 통기성이 없는 방수 재질이라 더 위생적이며, 촉감도 차갑지 않아 섹스토이에 이상적인 소재다. 실리콘은 다루기 까다로운 재료라 당시만 해도 섹스토이를 만드는 회사가 몇 없었다. 게다가 실리콘 제품은 언제나 주문이 밀려 있었기에 굿바이브레이션스의 예산을 많이 잡아먹는 제품 중 하나였다.

비샤라는 아웃도어 의류 및 장비 회사인 노스페이스^{North Face}에서 일한 적이 있어서 제조업에 관해 어느 정도 지식이 있었고, 품질이 일정한 제품을 믿을 만하게 공급해야 한다는 것도 알았다. 그는 또 굿바이브레이션스 고객이 원하는 종류의 제품(색이 화려하고 모양이 예쁜)이 무엇인지 파악했다고 자신했다. 그렇게 해서 세운 계획이 직접 회사를 차려 굿바이브레이션스가 안정적으로 재고를 확보할 수 없었던 실리콘 제품을 생산하자는 것이었다.

비샤라는 실리콘과 몰드 제작을 시험하기 시작했고, 몇 달 만에 집 부엌에서 딜도를 만들어낼 수 있었다. 영세한 1인 사업장이었다. "딜도를 만들어서 우리 집 부엌에서 세척하고, 침실에 있는 내 침대에서 그걸 포장하곤 했죠." 비샤라가 말했다. "포장지 같은데 고양이 털이 묻어 있다고 반품이 들어오기도 했어요. 가게를 따로 얻지 않았거든요. 난 '좋아, 이제 주문이 들어오니까 생산을 해야지'라고 말했죠. 물론, 제 첫 번째 고객은 굿바이브레이션스였어요."[19]

비샤라는 신용카드를 긁은 돈으로 창업 자금을 마련해 결국 샌프란시스코에 500평방피트[약 14평] 넓이의 작업실을 얻었다. 처음에는 직원 단 한 명과 몰드 제작, 실리콘 성형, 모든 제품의 포장 작업을 했다. 주문량이 늘어나자 비샤라는 직원을 더 고용했고, 결국 헌터스 포인트에 5000평방피트 넓이의 스튜디오 공간을 얻었다. 6월 어느 맑은 날에 택시가 나를 내려준, 커다란 개조된 공장 건물이 바로 그곳이다.

빅센 크리에이션스는 사업장이기도 하고, 클럽하우스이기도 하고, 예술가의 작업실이기도 했다. 선반에는 딜도와 버트플러그가 스타일과 색상별로 진열되어 있고, 그 너머에는 고무 몰드가 줄지어 놓인 길다란 나무 탁자가 있었다. 모든 딜도와 버트플러그는 손으로 원료를 붓고 몰드에서 빼내는, 시간이 많이 걸리고 노동 집약적인 방식으로 제작된다(몰드에서 딜도를 빼내는 일은 힘든 작업이다. [굳은] 실리콘에서 몰드를 벗겨낸 다음 한 손으로 그것을 잡고 다른 손으로 몰드의 윗부분이 빠질 때까지 당기고 비틀어야 한다. 종종 "뻥!" 하는 소리가 크게 난다. 그 후 포장과 배송을 하기 전에 모서리에 새어나온 실리콘 조각을 다듬는다).

"우리는 (디자인에) 기능과 스타일 그리고 일정 수준의 아름다움을 결합하려고 노력합니다." 비샤라가 말했다. "어떤 사람들은 최고를 원하죠. 사실 그런 사람이 꽤 많다고 믿어요. 그들은 튼튼한 물건을 사고 싶어 하고 섹스토이에 돈을 조금 더 쓸 수 있는 사람들이죠."[20]

비샤라 또한 내가 인터뷰했던 다른 수많은 기업가와 마찬가지로 직감에 따라 움직였다. 어떤 서비스나 제품에 대한 수요가 있고, 주류 성인산업이 그것을 공급하지 못하고 있다는 직감 말이다. 그곳의 직원이었던 윙크스는 이렇게 설명한다. "굿바이브레이션스 같은 곳에서 일하면 [그게] 그렇게 어렵지 않은 일이라는 걸 알게 돼요. 주류 문화가 제공하지 않는 걸 제공하기란 간단해요.

그리고 우리는 (굿바이브레이션스에서도) 그런 것을 관심 갖고 원하는 사람들이 있다는 걸 알죠. 그러면 자, 여기 비디오, 딜도, 섹스 책이 있어요."[21]

빅센은 후일 고급 섹스토이 시장을 형성하는 분야에 가장 먼저 뛰어든 회사 중 하나였다. 빅센은 디자인이 좋고 아름다우면서 내구성이 뛰어난 제품에 대한 수요를 창출해냈다. 빅센에 가장 먼저 입사한 초창기 직원 중 하나인 마를렌 호버Marlene Hoeber는 조소과를 졸업했으며, 예술가 콘스탄틴 브랑쿠시Constantin Brâncuși에게서 디자인 영감을 얻었다. 빅센은 형태와 기능, 색을 바꿔가며 실험했고, 베이브랜드의 클레어 캐버너에 따르면 [빅센의 제품은] 완전히 "다른 모든 제품을 박살 내버릴 정도로 뛰어났다". 빅센 이전에 실리콘 시장은 대부분 호버가 "라벤더 아이스크림 세 스쿱"이라고 표현한 제품으로 채워져 있었다. 실리콘 제품은 대개 비사실적이고 파스텔톤에 물결 모양 굴곡이 있거나, 반대로 좀 더 엉뚱하게 옥수수나 고래, 여신상 모양을 하고 있었다.[22] 혁신을 도모할 시점이 무르익은 시장이었다. 비샤라는 소매업자들에게 피드백을 요청하여 고객들이 무엇을 원하는지 들었다. 빅센은 지스팟을 자극할 수 있도록 부드러운 굴곡이 있는 실리콘 딜도, 머리가 두개 달린 딜도, 그리고 지 위즈Gee Whiz를 만들었다. 지 위즈는 히타치 매직완드의 끝에 끼워 지스팟을 자극할 수 있는 제품으로, 비샤라는 이것을 [고전적인 명품이라는 의미에서] "(바이브레이터) 부속품계의 캐딜락"이라고 불렀다.

섹스토이 디자인을 해부학이나 인체의 굴곡과 연관시킨다는 생각이 매우 뻔한 것처럼 들릴 수도 있다. 그렇지만 빅센 같은 회사가 시장에 뛰어들기 전까지 섹스토이는 대개 그런 식으로 만들어지지 않았다. 일례로 트리스탄^Tristan 버트플러그를 들 수 있다. 이 제품은 그것이 이름을 딴 성교육 강사이자 저술가인 트리스탄 타오미노^Tristan Taormino의 의견에 따라 디자인되었다. 타오미노는 1990년대 후반에 자신의 저서 《여성을 위한 궁극의 항문성교 가이드》를 홍보하며 전국 순회 강연을 다녔는데, 그러는 중에 늘씬한 눈물방울 모양에 끝이 가느다란 기존 버트플러그가 자꾸 빠진다고 불평하는 사람들을 만났다. 팬들이 준 피드백을 통해 개선된 버트플러그를 만들 수 있을까? 만일 가능하다면 그 버트플러그는 어떤 모습일까?

타오미노는 빅센을 찾아가서 협업을 통해 새롭고 개선된 버트플러그를 만들고 싶다고 말했다. 그는 샌프란시스코로 찾아가 빅센의 시설을 둘러보고, 틀에 부어 굳은 제품을 빼내는 빅센의 제조 기술로 무엇이 가능하고 불가능한지 배웠다. 타오미노는 빅센에 스케치를 보여주었다. 그 디자인에는 목이 길고, 머리가 봉긋하고, 바닥은 직사각형이며 엉덩이 사이에 꼭 들어맞는 보타이 모양의 안전장치가 있었다. 빅센은 시제품 여러 개를 생산했고, 타오미노의 도움을 받아 디자인을 변경하며 꼭 맞는 모양과 굴곡이 될 때까지 마개의 머리와 목 부분을 수정했다. 타오미노가 설명했다. "나한테 그건 (돈을 벌려고 한 일이었다기보다는) 문제를 해결해보려는 시도였어요. …… 빅센은 퀴어가 소유주인 회사잖아요. 난 그 회사와 함께 일하고 싶었고, 그곳을 지지하고 싶(었)어요."[23]

빅센 제품 중에는 경제적 관점에서 보면 유지가 불가능한 것도 있었다. 빅센은 인기 제품인 실리콘 애널비즈 생산을 중단했는데, 제작 과정이 너무나 까다롭고 값비쌌기 때문이었다. 이 제품에는 실리콘이 달라붙을 수 있는 특수한 끈이 필요했고 불규칙적으로 매듭을 지어야 했으며 구슬을 만들 몰드의 절반에는 작은 구멍을 뚫어 완벽히 열을 맞춰놓아야 했다. 구슬 하나를 만드는 데두 시간이 걸리는데, 빅센이 그 제품에 매긴 가격은 단 11달러였다. "그것 때문에 죽겠더라고요." 비샤라가 말했다. "그걸 공급하겠다고 사람들에게 약속했기 때문에 그 제품만 전담으로 만드는직원을 고용해야 했어요. 그걸 만드느라 돈을 잃고 있었죠. 악몽이었다니까요."[24]

사회적 의식이 있는 섹스토이 소매업과 제조업에서 이윤은유일한 변수가 아니었고, 어쩌면 주된 요인도 아니었다. 비샤라에게는 다른 것들이 더 중요했다. 그는 사장 역할을 좋아했고 직원을 잘 대우하는 것을 최우선으로 삼았으며, 많은 면에서 자신의 신조를 실천했다. 비샤라는 직원들에게 특별 수당과 유급 휴가를 지급했고, 매일같이 따뜻한 점심을 제공했다. 점심은 직원들에게 비용을 청구하지 않았으며 모두가 한 테이블에 둘러앉아 가족처럼 식사했다(내가 빅센을 방문한 날에는 따뜻한 복숭아 코블러*가 디저트로 나왔다). 비샤라는 수석 직원 두 명이 쓰도록 회사 자동차를구입했는데, 빅센에서 일했던 어떤 이는 그것이 "거의 영구임대자동차나 마찬가지였다"고 말했다. "직원을 잘 대우하면 좋은 제품이 나오고 행복이 넘치는 회사가 되죠. 그리고 그런 회사는 저

---

* 우유와 설탕을 넣어 반죽한 비스킷과 과일 조림을 함께 구워서 먹는 디저트.

절로 잘 돌아가게 돼요. 특히 시간이 지날수록." 비샤라가 말했다.

1990년대 초, 여성 기업가와 소비자는 성인용품계에 새로운 수요를 도입했고, 빅센은 그러한 요구에 응답한 최초의 회사 중 하나였다. 빅센은 내구성이 엉망인 싸구려 제품을 대량으로 찍어내던 오랜 업계 관행을 거슬렀다. 수지 브라이트는 1980년대에 굿바이브레이션스에서 일할 때 이런 생각을 했다고 한다. '왜 (섹스토이 제조사들은) 이런 쓰레기를 만들지? 그 사람들은 여성에겐 바이브레이터를 구매하는 것이 세탁기를 구매하는 것과 마찬가지란 걸 모르나? 잘 작동해야 하고, 사용하자마자 망가지면 안 되는 거라고. (여성들은) 이게 가전제품 같기를 바라는데.'[25]

그러나 몇십 년 동안이나 주류 섹스토이 산업은 의도된 구식화planned obsolescence**를 중심으로 돌아갔다고 섹스토이 제조사 탠터스Tantus의 창업자이자 회장인 메티스 블랙Metis Black은 말한다.

(소매업자들은) 같은 제품을 계속 매입하죠. 왜냐하면 남자가 제품을 사서 호텔 방으로 가져간 다음, 행위를 같이하는 누군가와 사용하고 끝나면 버린다는 게 판매 모델이었기 때문입니다. 그래서 제품 수명이 짧다는 건 중요하지 않았어요. 중요한 건 20달러짜리 물건이 (누군가 살 수 있도록) 지금 여기에 구비되어 있어야 한다는 거죠. 그리고 다음번에 그 남자는 똑같은 그 20달러짜리 제품을 살 겁니다. 저번에도 그 물건을 잘 썼으니까요.[26]

** 생산단계에서 상품의 사용 기한이 짧도록 기획하는 것.

여성 소비시장이 성장하고 굿바이브레이션스 같은 소매업자들이 나타나면서 상황은 달라졌다. 그런 소매업자들은 보증 연한을 도입하고 하자품을 제조사에 반환하기 시작하면서 조잡한 제품을 팔지 않을 것이라는 사실을 분명히 했다. 따라서 제조사들은 굿바이브레이션스 직원 윙크스의 말처럼 "좀 더 오래가고, 모터 성능이 더 낫고, 보기 예쁘고 포장도 매력적인 제품을 만들기 위해 꾸준히 노력해야 했다". 윙크스의 설명에 따르면 성인용품 시장은 몇십 년 동안이나 "제품에 [팝콘 제품인] 크래커 잭^{Cracker Jack}에 들어갈 장난감을 만드는 정도밖에 신경 쓰지 않았다. …… 그 회사들은 구매자가 자기가 사는 물건을 너무 수치스러워해서 토이가 작동하지 않더라도 제조사를 비난하기보다 그저 자신을 책망하고 말 거란 걸 알았기 때문"이었다.[27]

곧 제조사와 소매업체는 자신이 좀 더 세련된 고객층을 상대하고 있음을 알아차렸다. 엔조이^{NJoy} 창업자 그레그 들롱^{Greg DeLong}이 "가처분 소득이 넉넉한 잘 배운 변태들"이라고 묘사한 이 고객층은 자기 쾌락을 위해 망설임 없이 돈을 지불하는 사람들로 구성되었다. 그런 점에서 들롱과 그의 사업 파트너 크리스 클레먼트^{Chris Clement}가 날렵한 스테인리스 스틸 재질의 섹스토이를 만드는 회사 엔조이를 창업한 2005년은 시기적절한 해였다. 터프츠대학교를 졸업한 기계공학자인 들롱은 섹스토이를 사용해보고 심지어 자기 섹스토이를 직접 제작까지 하면서 대부분의 섹스토이가 "싸구려 플라스틱 허섭스레기"라는 것을 깨달았다. "제품 개발 분야에서 일하고 브랜딩에 대해 좀 알다 보니 그냥 자연스럽게 떠오르더군요. 1990년대 후반 섹스토이 산업에는 제품 개발과 브랜딩

둘 다 존재하지 않았죠."²⁸ 들롱이 보았듯 빅센, 탠터스, 펀팩토리 Fun Factory를 비롯한 여러 제조사들이 밑바탕을 마련한 시장은 당시에 품질과 디자인의 "새로운 패러다임"을 도입할 준비를 시작한 참이었다.

들롱은 직접 움직이는 소유주다. 그는 매사추세츠에 있는 본사에서 디자인, 제품 개발, 그리고 품질 관리를 감독한다(비록 상품 생산은 중국에서 이뤄지지만 말이다). 그는 칵테일 잔을 받치는 냅킨에 섹스토이 디자인을 스케치하고, 최신 공학 소프트웨어로 3D 모델을 디자인하고, 손으로 직접 제품에 광택을 낸다. 고객에게 최상의 제품을 제공하기 위해 그는 포장 상자를 손수 다시 붙이기까지 했다. 회사 창립 이래로 5년 동안 품질 문제로 반품된 제품은 딱 다섯 개밖에 없었다고 자랑스럽게 뽐낸다.

엔조이사 철학의 기반은 어떤 성적 지향을 가진 사람이든 쓸 수 있는 "옴니섹슈얼 omnisexual 제품"을 만드는 데 있다. 퓨어완드 Pure Wand는 그가 처음 디자인한 제품으로, 어떻게 보면 가장 성공한 디자인이라고 할 수 있다. 들롱은 이 제품을 고안할 때 전립선과 지스팟에 모두 닿을 수 있는 제품을 만들길 원했다. 디자인 과정은 그 자신의 말처럼 "매우 직관적"이었다. 그는 모양이 예쁘면서도 곡선이 있어서 쉽게 잡을 수 있는 물건을 만들고 싶었다. "그때 저를 보셨더라면" 하고 그가 웃었다. "종이를 제 디자인대로 오려서 그게 제가 원하는 곳에 닿을 수 있는지 보기 위해 등 뒤로 뻗어보곤 했죠."²⁹

들롱은 자신이 단순히 성인용 완구가 아닌 [일반적인] 소비자 제품을 만든다고 여긴다. 그 둘의 차이가 무엇이냐고 물었더니 그

엔조이 창업자 그레그 들롱.
사진 촬영 제프 컨실리오Jeff Consiglio.

는 이렇게 말했다. "소비자 제품은 누군가의 삶을 개선해주죠. 자랑할 수 있는 물건 말이에요." 새 자동차나 디자이너 핸드백처럼 말이다. 디자이너 핸드백은 분명 딜도와 큰 차이가 있지만, 들롱에게 그 둘은 라이프스타일 브랜딩에 강조점을 둔다는 점에서 비교 대상이 될 만했다.

럭셔리와 라이프스타일 브랜딩에 집중하는 최근 추세는 어떤 섹스토이는 이제 100달러에서 400달러 혹은 그 이상 가는 고가품이 되었음을 말해준다(이제 소매가 3000달러에 도금 바이브레이터를 판매하기도 한다). 이에 상품 가격을 염려하는 소매업자들은 주저한다. 툴셰드^{Tool Shed}의 로라 하브^{Laura Haave}는 어떤 상품이 유행한다고 해서 무조건 들여놓지 않는다.

우리 숍은 옛날식 오프라인 가게예요. 나는 완전 100퍼센트 밀워키 사람이죠. 만약 뉴욕이나 샌프란시스코에 사는 사람들이 전부 좋아하는 뭔가가 있다고 칩시다. 엿이나 먹으라지, 그 동부 인간들. 무슨 말인지 알죠? 그딴 엿은 밀워키에서 너무 비싸다 이거지. 여긴 블루칼라 마을이라고. 여긴 중서부라 이거예요. 난 아무도 안 찾을, 이상하게 생긴 200달러짜리 바이브레이터를 들여놓진 않을 거라고요. 대신 사람들이 들어와서 "이거 주세요. 이걸 사려면 다른 주로 가야 했는데, 그러느니 이 가게에서 살래요"라고 말할 만한 물건을 구하기 위해선 발품을 팔죠. 사람들이 어떤 물건을 찾는 이유는 그 물건이 가치 있다고 여기기 때문이죠. 하지만 난 다른 가게들이 모두 갖고 있다고 해서 최신 유행 상품을 들여오진 않을 거예요.[30]

럭셔리 시장이 성장하면서 조각작품처럼 보이는 예쁜 섹스토이가 여성 잡지에 등장하거나 주인의 침대 옆 협탁에 자랑스럽게 놓이는 게 쉬워진 것은 사실이다. 그러나 한편 이러한 시장의 이동은 하브처럼 보통의 고객이 감당할 만한 가격으로 질 좋은 상품을 제공하는 데 헌신하는 소매업자에게 시련을 주기도 했다. 하브에 따르면, "어떤 물건을 매입하는지가 누구를 고용하는지보다 더 사회적이고 정치적인 의제예요."[31]

무독성 섹스토이 그리고 지속 가능한 섹스

이 모든 것은 땀에 전 섹스토이를 수송하는 데서 시작했다. 2003년 8월의 습하고 후덥지근한 날, 제니퍼 프리쳇Jennifer Pritchett 과 당시 그의 사업 파트너는 미니애폴리스 최초의 섹스토이숍 스미튼키튼의 개업을 코앞에 두고 있었다. 그들은 가진 돈을 모두 쏟아부어 가게에서 팔 상품을 구매했다. 그런데 배달받은 박스를 신나게 열어젖혀 완충재가 사방으로 튀어나가자마자 프리쳇과 파트너는 무언가 잘못되었다는 것을 알아차렸다. 섹스토이들이 기름진 물질로 덮여 있었던 것이다. 제품뿐 아니라 뚜껑 달린 포장재와 스티로폼 완충제에도 기름진 물질이 묻어서 종이 택배 박스에 커다란 자국도 남아 있었다. 그들은 대체 무엇이 잘못된 건지 알고 싶었다.

그들은 토이를 헹궈내 물기를 닦아내고, 가게 한가운데 깔아둔 수건 위에 토이들을 올려놓은 후 무슨 일이 벌어지는지 지켜보기로 했다. 잠시 후 토이들은 다시 땀을 흘리기 시작했다. 그리고 가게 안의 공기가 독한 냄새로 가득 차서 프리쳇과 파트너는 두통을 느꼈다. 이 시점에서 그들은 공황 상태에 빠진다. "딜도와 바이브레이터 모두 완전히 망가진 거예요." 프리쳇이 회상했다.[32]

프리쳇은 유통업자에게 전화를 걸었고, 남성 직원은 걱정하지 말라며 그런 일은 늘 일어난다고 말했다. 아마 물건이 트럭 안에서 녹은 것 같다고 설명하며 그는 이렇게 덧붙였다. "이런 토이들이 다 그래요." 프리쳇은 물건을 반품했고 곧바로 새 물건이 배송되었다. 가게는 예정대로 개업했지만, 프리쳇은 뭔가 찜찜했다.

당시의 사업 파트너가 탠터스의 메티스 블랙에게 전화를 걸었고, 그때 파트너와 프리쳇은 처음으로 프탈레이트^phthalate([영어로는] '털레이트'로 발음된다)라는 단어를 들었다.

섹스토이 소매업자들은 몇 년이나 이 "수수께끼의 고무젤리"를 두고 농담을 해왔다. 많은 바이브레이터와 딜도가 이것으로 만들어졌는데, 우스꽝스런 냄새가 나는 경우가 많았고 자주 부서졌던 것이다. 이런 소재로 만들어진 물건은 비교적 저렴해서 잘 팔렸지만, 그것의 성분이나 위해 가능성은 그다지 알려지지 않았다.

염려가 괜한 것이 아니었음은 후일 판명된다. 2006년 덴마크 환경보호청^Danish Environmental Protection Agency이 발표한 연구보고서는 많은 이가 오래전부터 해왔던 의심을 사실로 확인시켜주었다. 시중에 유통되는 섹스토이 대부분은 중국에서 제조되었는데 거기에 유해 화학 물질이 포함되어 있다는 것이었다. 단단한 플라스틱을 유연하고 잘 휘어지게 만드는 가소제인 프탈레이트도 유해 물질 중 하나였다.[33] 프탈레이트는 어린이 장난감과 샤워 커튼에서부터 의료 장비에 이르기까지 광범위하게 사용되는 소재다. 문제는 이 물질이 시간이 흐르면서 붕괴되고 유독가스를 발생시킨다는 점이다. 그 때문에 섹스토이들은 색이 바래거나, 끈적해지거나, 맛과 냄새가 불쾌하게 변한다. 게다가 프탈레이트는 생식 기능을 저하시키고 내분비계를 교란하며 남자 영아에게 특히 치명적이라는 연구 발표가 연일 나오고 있었다. 2008년에 미 의회는 미국 전역에 어린이 완구 제품에 프탈레이트 사용을 금지하는 법안을 통과시켰다.

그러나 스미튼키튼이 막 개업한 2003년에는 성인용품 산업에서 프탈레이트의 위험성을 경고하기는커녕 그 이야기를 공개적으로 하는 사람을 찾기도 쉽지 않았다. 프리쳇에 따르면, 그때가 스미튼키튼의 사명이 변화한 시점이라고 한다. 섹스 포지티브하고 교육에 초점을 두는 여러 페미니스트 섹스토이숍 중 하나로 그치지 않고 환경정의와 개인 건강 문제에 헌신하는 회사가 되기로 한 것이다. 대학에서 여성학 및 젠더 연구를 전공한 프리쳇은 고객들에게 전화를 돌렸다. 예전에 판매했던 물건이 고객에게 유익하다고 생각했지만 이제는 그것이 유해하다고 판단하기에, 고객이 물건을 가게로 가져오면 실리콘 제품으로 교환해주겠다고 알리기 위해서였다. 프리쳇은 즉시 가게 창고를 정리해 비닐과 젤리 제품을 내다 버렸다. 대신 인체친화적인 실리콘, 세라믹, 유리와 경질 플라스틱 제품을 채워 넣었다. "그러느라 폐업할 뻔했어요." 프리쳇이 말했다. "그렇지만 우리는 사람들에게 해가 되는 산업에 종사하려고 이 가게를 연 게 아니에요."[34]

2005년에 프리쳇은 독성토이반대연합Coalition against Toxic Toys을

설립했다. 소비자를 교육하고 섹스토이 제조에 사용되는 소재에 주의를 환기하기 위한 비영리단체였다. "이런 화학물질이 어린이와 개에게 얼마나 해로운지 안다면 우리 자신 또한 그런 물질을 접하고 싶지 않을 거라는 것이 우리의 철학"이라고 프리쳇은 말한다. 1년 후 그는 섹스토이 업계에서 가장 잘 팔리는 제품 열 개를 캘리포니아 소재의 소비자 제품 시험 독립연구실에 보내 분석했다.

연구실이 발견한 것은 덴마크 환경보호청의 연구와 비슷했다. 시중에서 가장 인기 있는 섹스토이 일부에는 프탈레이트, 폴리염화비닐, 폴리스타이렌 등의 화학물질이 첨가되어 있었는데, 이런 물질은 암과 선천적 장애를 일으키고 호르몬을 교란한다고 알려져 있었다.

섹스토이에는 미국 식품의약청의 규제나 정립된 업계 기준이 없다. 이런 물건이 사람들이 실제로 사용하는 기능적인 제품이 아닌 성인용 완구나 장난식 선물로서 광고되고 팔린다는 점이 기준이 부재하는 이유 중 하나일 것이다. 하지만 스미튼키튼 같은 회사들이 교육에 쏟은 노력에 크게 힘입어 소비자는 자신이 사용하는 섹스토이의 소재에 대해 더 잘 알게 되었다. 이제 그들은 더 좋고, 건강하고, 환경친화적인 제품을 요구한다.

다른 진보적인 페미니스트 소매업자들도 스미튼키튼의 노력에 힘을 실어주었다. 앨버커키의 셀프서브는 2008년에 플라스틱 연화제에 대한 소비자의 경각심을 높이기 위해 프탈레이트 주의의 달^{Phthalate Awareness Month}을 제정했다. 셀프서브는 프탈레이트가 포함되지 않은 무독성 섹스토이만을 판매하는 회사 중 하나인데,

이런 회사가 점차 늘어나고 있다. 부가형 실리콘*, 유리, 나무, 그리고 스테인리스 스틸로 제작되어 인체 안전성이 뛰어나며 환경친화적인 섹스토이를 제공한다는 점은 셀프서브의 브랜드 정체성에서 중요한 부분을 차지한다. 이러한 노력이 대규모 제조사와 소매사에까지 널리 영향을 미치면서, 어스 에로틱스Earth Erotics처럼 "환경을 보호하자Doing It Green"는 광고 문구를 앞세우며 환경친화성을 강점으로 내세우는 새로운 회사들이 성인용품업계에 출사표를 던지고 있다.

알리야 미르자Alliyah Mirza는 어스 에로틱스의 창업자다. 그는 2006년에 해로운 섹스토이와 업계 규준 부재를 다루는 한 기사를 읽고 창업을 결심했다. "환경친화성을 필요로 하는 시장이 형성되어 있다"고 깨달았던 것이다. 어스 에로틱스는 수제 유리 딜도, 유기농 인증 윤활제, 그리고 부가형 실리콘 바이브레이터 등 폭넓은 친환경 제품을 판매하며 지구친화적 제품을 전시하는 홈 섹스토이 파티라는 콘셉트를 선보였다. 미르자는 회사가 판매하는 모든 제품을 꼼꼼히 검수할 뿐 아니라 중국에서 제조된 제품은 판매하지 않는다. "제조사에서 소재가 뭔지 모르거나 말해주지 않는 제품은 들여놓지 않을 거예요. 나는 내가 지지할 수 있는 제품만 팔거든요." 미르자의 말이다.[35]

섹스토이 사업의 친환경화는 섹스토이 제조 과정의 윤리성 및 포장재와 쓰레기 문제까지 큰 관심을 집중시켰다. 매디슨 시

---

*   액상 실리콘을 백금 촉매로 경화시킨 실리콘으로, 냄새가 거의 없고 내구성이 뛰어나며 인체에 안전하다고 알려져 있다.

소재의 우먼스터치 공동대표 엘런 버나드는 소규모 회사가 만든 제품을 찾고, 제조 공장이나 스튜디오를 직접 방문할 수 있는 제조사를 선호한다. 버나드는 기회가 될 때마다 소재 공급처를 책임 있게 밝히는 회사의 제품을 재고로 확보해두긴 하지만, 중국제 상품을 완전히 피하기는 힘들다고 인정했다. 너무나 많은 섹스토이가 중국에서 제작되기 때문이다. 버나드는 말한다. "우리는 매입 (할 제품)을 꽤 까다롭게 고르는 편이죠."[36]

제품과 제조 과정의 환경친화성 여부를 판단하는 기준은 회사마다 다르다. 탠터스의 메티스 블랙은 자신이 생각하는 지속 가능성sustainability을 이렇게 설명했다. "우리는 인간의 몸과 지구에 좋은 제품을 만드는 데 헌신합니다. 그건 제조 과정 자체도 환경친화적이어야 한다는 뜻이죠." 탠터스는 제품을 미국에서 제조하며 부가형 실리콘을 사용한다. 또 이 회사는 무독성 토이에 독성 잔여물이 남지 않도록 하기 위해 제조 기계를 청소할 때 미국 식품의약청이 승인한 미네랄 스피릿mineral spirit*만 사용한다. "우리는 할 수 있는 최대한 환경친화적이려고 해요. 제조 과정 처음부터 끝까지요." 블랙이 말했다.[37]

블랙에 따르면, 성 도구 시장은 아직도 대부분 무지한 상태다. 이에 손에 꼽을 만한 제조사, 소매사, 성교육 강사와 블로거들이 힘을 합쳐 독성 토이의 잠재적 위해성과 지속 가능한 섹스의 이점을 소비자에게 알려왔다. 사실 탠터스는 성 건강 홍보에 쏟는 헌신을 강조하며 이런 가치를 대대적으로 제품 선전에 활용한다.

---

* 석유 중 가장 가벼운 성분만 정제한 경유.

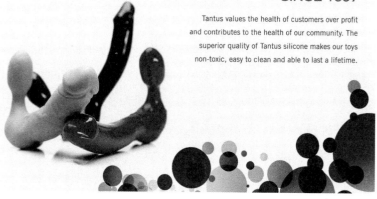

**성 건강 홍보에 헌신함을 강조하는
탠터스 광고 자료. 탠터스 제공.**

굿바이브레이션스의 캐럴 퀸에 따르면, "입에 집어넣는 것의 건
강상 함의를 세세히 검토할 생각을 전혀 하지 않는 사람들은 쾌락
과 관련된 다른 신체 부위도 자주 잊는 것 같아요. 그렇지만 우리
가 [섹스토이의 소재 안전성에] 우려를 표하자 대부분의 사람들이 제
품이 얼마나 건강에 좋은 소재로 만들어졌는지 무척 신경 쓰기 시
작했어요."[38] 지속가능한 섹스에 주의를 환기하려는 노력의 일환
으로, 굿바이브레이션스는 '에코로틱ecorotic'이라는 용어를 고안하
고 트레이드마크로 만들었다. 더 건강하고 지구를 생각하는 섹스
제품이 준비되어 있음을 알리는 것이다.

　　비록 오늘날에는 어떤 성인용품점에서든 프탈레이트 프리
phthalate-free, 라텍스 프리latex-free, 카드뮴 프리cadmium-free, 저자극성hypo-

allergenic, 그리고 "안전하고 깨끗한safe and pure"을 비롯해 다른 환경친화적eco-friendly 수식을 달고 있는 섹스토이를 찾을 수 있지만, 모든 섹스토이가 동급으로 만들어지는 것은 아니다. 그리고 섹스토이 산업은 여전히 규제와 소비자 감시 단체가 부재한 상태다. 친환경의 시류에 편승하고자 하는 제조사가 매출에 도움이 될 만하다고 생각하는 아무 말이나 포장에 써두는 것이 이론적으로 가능하다는 뜻이다. 어스 에로틱스의 미르자는 실제로 친환경적이지 않은 제품에 제조사가 그린 도장을 찍어서 파는 이런 행태를 "그린워싱greenwashing"이라고 부른다.[39] 그러니 에코-섹시eco-sexy하고 지속 가능한 섹스를 실천하고 싶은 고객은 자신이 구매하는 제품과 회사에 대해 많은 부분 스스로 공부하는 수밖에 없다. 퀸은 이런 글을 썼다. "우리는 가능한 한 질 좋고, 오래가고, 아무렇게나 수입되지 않은 제품을 구매함으로써 우리의 '섹스 발자국sexual footprint'*을 최소화할 수 있다."[40]

스미튼키튼, 셀프서브, 우먼스터치와 같은 소매사와 빅센이나 탠터스 같은 제조사는 섹스토이 산업을 바꾸는 기폭제 역할을 해왔다. 이런 회사들의 기여 덕택에 구매 경험뿐 아니라 구매하는 제품에 더 많은 기대를 거는 고객층이 만들어졌다. 프리쳇의 설명처럼, 스미튼키튼의 사훈은 "선한 회사가 좋은 회사임을 업계에 증명하기"다. 윤리적으로 기업을 경영하고 켜자마자 고장나지 않는 질 좋은 토이를 판매해도 운영이 가능하다는 것을 증명하는 일 또한 사명이다. 프리쳇은 말한다. "우리가 업계를 바꿔 모든 사

---

*   이산화탄소의 총 배출량을 뜻하는 탄소 발자국carbon footprint에서 따온 말.

람이 더 질 좋은 상품을 폭넓게 선택할 수 있다면, (고객이) 어디를
가든, 가령 화물트럭용 휴게소 옆의 포르노 판매점을 가든 질 좋
은 토이를 구할 수 있게 될 거예요."[41]

6

섹스퍼트 그리고
섹스 토크

여성이 섹스 이야기를 하면,
문화가 바뀐다.

─캐럴 퀸, 〈토이는 단지 토이가 아니다A Toy Is Not a Toy〉

셀프서브의 영업이 끝난 시간이었다. 역사적인 66번* 도로변에 위치한 이 가게에서 우리 일곱 명은 한가운데 의자를 둥글게 늘어놓고 둘러앉아 있었다. 우리는 그냥 섹스토이를 사러 온 것이 아니었다. 2008년 6월의 따스한 저녁에 우리는 스트랩온 섹스** 법을 배우러 간 것이었다.

"오늘 우리는 여기서 혁명적인 일을 하는 것입니다." 셀프서브 공동창업자 매티 프리커가 워크숍을 시작하며 한 말이다. "미국 전역을 통틀어 우리 같은 가게는 얼마 없고, 여러분이 이런 정

---

*   미국의 66번 국도US ROUTE 66를 말한다. 1920년대부터 1980년대까지 미국 동서부를 이어준 유서 깊은 고속도로로, 한때는 뉴멕시코를 관통하며 앨버커키를 지나갔다. 현재는 고속도로가 아닌 국도 일부 구간이 남아 있으며 여행이나 답사 등의 목적으로 많이 이용된다.
** 참여자의 일부 또는 전부가 하네스나 끈이 달린 딜도와 같이 몸에 착용할 수 있는 도구를 이용하는 성행위.

보를 얻을 수 있는 장소도 별로 없습니다. 다양한 사람들이 섹스할 때 장비를 이용합니다. 우리는 하는 일의 특성상 그걸 알고 있죠. 우리는 그들이 딜도와 하네스를 사러 오는 것을 보고, 늘 그 사람들의 질문에 대답해줍니다."

"오늘 특별히 듣고 싶은 주제가 있나요?" 또 다른 공동창업자 몰리 애들러가 말했다.

"테크닉이요." 한 사람이 대답했다.

"윤활제요." 다른 사람이 말했다.

"여러 경우에 맞게 사용할 수 있는 각 상품이요." 또 다른 사람이 덧붙였다.

"기념일용 딜도 같은 걸 말씀하시는 건가요?" 프리커가 미소를 띠고 말했다.

그 후 두 시간 동안 프리커와 애들러는 항문 쾌감 및 스트랩온 섹스의 해부학과 생리학을 자세히 설명했다. 그들은 흔한 오해 여러 가지를 반박했는데, 그중에는 항문 자극을 즐기는 남성은 모두 게이일 것이라는 오해도 있었다. 그들은 좋은 섹스도 다른 모든 것들과 마찬가지로 습득하는 데 시간이 필요하기에, 새로운 성적 행위나 체위를 시도할 때 처음부터 완벽함을 기대해서는 안 된다고 강조했다.

그들은 여러 하네스들의 착용감과 조절 가능 여부, 실리콘 딜도와 고무젤리 딜도의 차이점, 그리고 섹스토이를 잘 관리하고 세척하는 방법을 강의했다. 그러면서 그들은 이따금 가게 선반에 진열된 책이나 DVD를 가리켰다. 〈하이힐 신고 섹스하는 법^{How to Fuck in High Heels}〉, 〈숙이는 남자친구〉 시리즈, 〈여성을 위한 궁극의 항문성

셀프서브의 공동창업자 매티 프리커(왼쪽)와
몰리 애들러(2007년 앨버커키점).
사진 촬영 티나 라킨.

교 가이드〉 같은 것들이었다. 여러 방법으로 도구 섹스를 하는 사람들을 잘 보여주는 유용한 자료라고 했다.

위크숍을 마친 후, 동네 바에서 맥주 한 파인트를 앞에 둔 애들러와 프리커는 셀프서브에 대한 자신들의 비전을 들려주었다. 그들은 보스턴에 있는 섹스토이 소매점 그랜드 오프닝에서 일하며 만난 사이다(그랜드 오프닝은 굿바이브레이션스에서 인턴십을 했던 킴 에어스가 1993년 창업한 가게다). 어느 날 밤, 와인 한 병을 마시며 일 이야기를 하던 두 사람은 함께 섹스토이숍을 창업하는 아이디어를 떠올렸다.

프리커는 그 아이디어가 "사랑의 장소"에서 시작되었다고 말했다.

"열정의 장소죠." 애들러가 맞장구를 쳤다.

아직 보스턴에 살았을 때 그들은 여성과 기업을 위한 센터 Center for Women and Enterprise에서 하는 창업 강의를 들었다. 그 센터는 여성이 성공적으로 사업을 시작하고 키울 수 있도록 돕는 비영리단체였다. 강의 과정의 일부로 그들은 섹스토이 업계를 조사하고 비슷한 사업 모델을 운영하는 페미니스트 소매업자들에게 연락했다. 여러 사업자들 중 시카고의 얼리투베드와 미니애폴리스의 스미튼키튼만이 기꺼이 정보를 공유해주었다("그까짓 것 그냥 시작해버리세요!" 얼리투베드의 시어라 데이색이 격려와 함께 해준 말이다).

애들러와 프리커는 열심히 강의를 들었고, 과정이 종료될 때 그들의 사업계획서는 최우수상을 받았다. 이로 인해 그들은 성공적으로 실행할 수 있는 좋은 계획을 세웠다는 자신감을 가질 수 있었다. 그들은 가족과 친구들에게서 돈을 빌려 8만 6000달러의

창업 자금을 마련했고, 자신들이 구상한 퀴어친화적이고 트랜스
젠더 포용적인 섹스토이숍이 영업할 수 있고 받아들여질 수 있을
만한 장소를 찾아다녔다. 문화적 창작이 활발하고 정치적으로 진
보적인 앨버커키를 조건에 들어맞는 곳으로 낙점한 끝에 2007년
1월 셀프서브를 그곳에서 개업했다.

　　그들은 셀프서브가 사람들이 본연의 모습으로 편안해하고
자신의 욕망을 실현하는 데 필요로 하는 도구를 제공하는 곳이라
고 설명했다. 이 듀오는 경험이 많든 적든 누구나 편하게 질문하
고 정보를 얻을 수 있는, 열려 있고 환대하는 분위기를 만들기 위
해 애썼다. 애들러에 따르면, 매일 "우리는 이성애자든 돌싱이든
섹스리스 기혼자든 사람들이 편안함을 느낄 수 있도록 도왔어요.
우리는 그 사람들을 더 행복한 곳으로 데려가려 했죠."[1] 이것은 판
매 현장에서 이루어지는 일대일 상호작용과 대화를 통해 실현되
었다. 내가 참석했던, 가게 영업이 끝난 후에 진행됐던 성교육 워
크숍 같은 자리에서도, 그리고 다양한 안내서와 교육용 비디오를
판매할 때도 마찬가지였다. 다른 페미니스트 섹스토이숍과 마찬
가지로 셀프서브는 고객이 섹스를 긍정적으로 추구하도록 도울
뿐 아니라 그들이 정보를 습득하고 요령 있는 고객이 되도록 권장
했고, 사실상 그렇게 교육했다. 이렇게 성적 욕망과 소비자 욕망
이 충돌하면서, 소매업 기반 성교육이라는 새로운 섹슈얼리티 교
육이 탄생했다. 소매업 기반 성교육의 목표는 의식이 향상된 새로
운 유형의 성적 개인을 만드는 것이었다.

소매업을 기반으로 한 성교육

성교육은 미국에서 논쟁과 논의가 계속되는 분야다. 무엇을 가르칠 것인지, 특정한 지식을 어느 연령의 사람들에게 가르쳐야 하는지 모두 논란거리다. 사회심리학자 미셸 파인^{Michelle Fine}이 학교를 기반으로 한 섹슈얼리티 커리큘럼에서 "여성 욕망의 부재"를 논한 지 25년이 지났다. 파인은 그러한 부재가 어린 여성과 남성의 성적 주체성이 발달하는 데 부정적인 영향을 미친다고 주장했다.[2] 1980년대 미국의 표준 성교육 커리큘럼에서 어린 여성은 자신을 자율적이고 욕구가 있는 성적 주체로 여기도록 교육받지 않았다. 대신 그들은 자신이 질병, 임신, 그리고 소위 말하는 나쁜 소문에 성적으로 취약한 존재라고 배웠다. 정규 교육과정에 포함된 성교육의 맥락에서 욕망의 언어는, 당시 파인이 썼던 것처럼 "속삭임에 지나지 않았다".[3] 이런 침묵은 교육자와 청소년이 섹슈얼리티에 관해 솔직한 대화를 나누기 어렵게 만듦으로써 젊은이들의 성적 발달을 지연시킬 위험이 있었다. "욕망에 관한 진솔한 논의는 청소년이 경험, 필요, 그리고 한계에 기반하여 무엇이 기분 좋고 무엇이 나쁜지, 무엇이 바람직하고 바람직하지 않은지 탐구하도록 할 것이며", 따라서 그들이 동의와 강제, 쾌락과 위험의 복잡성을 고려하여 협상할 수 있는 기술을 더 잘 준비하도록 만들 것이다.[4]

이런 식의 성적 침묵과 얼버무림은 오직 금욕만을 강조하는 성교육 프로그램을 통해 강화되었고, 1980년대 초반 미국 전역의 학교와 교실에 확산되면서 의학적으로 정확한 성 지식을 몰아내고, 공포를 조성하며 정책으로 조장된 잘못된 정보를 퍼뜨리기에 이른다. 성교육 커리큘럼의 정보 부재를 폭넓게 다루는 리뷰가 《청소년 및 청소년기 학술지Journal of Youth and Adolescence》에 실렸는데, 이 논문에는 1998년부터 2009년 사이 연방 정부가 지원했던 섹슈얼리티 교육이 "거의 비효율적이고 과학적으로 부정확한 혼전 금욕 프로그램에만 집중"되었고, 그런 교육에 거의 20억 달러가 투입되었음을 시사한다.[5] 혼전 금욕 프로그램은 가르칠 수 있는 것과 없는 것을 가르는 엄격한 기준을 부여해 정보 격차를 조장했다. 이로 인해 많은 젊은층이 성적으로 거의 무지한 것이나 다름없는 상태에서 허우적대는 채로 남겨졌다. 그러나 이보다 심각한 점이 있었으니, 혼전 금욕 프로그램의 효과를 평가해본 결과, 이 프로그램이 첫 성행위를 늦추는 데 종종 실패했다는 점이 드러난 것이다.[6] 비록 최근 몇 년간 (10대의 임신율과 성행위에 실제로 영향을 미친다고 입증된) 증거에 기반한 섹슈얼리티 교육 프로그램으로 바뀌고 있기는 하나, 학자들은 임신과 질병 예방에 초점을 맞춘 교육이 여전히 젊은층의 성적 발달과 성적 건강에서 중요한 다른 측면을 무시한다고 지적한다. 빈곤과 경제적 불평등이 건강과 행복에 미치는 영향, LGBT 의제, 그리고 권력 불평등을 유지시키는 젠더 사회화의 역할과 같은 측면 말이다.[7] 무엇보다 의사와 공중보건 전문가들은 소셜미디어와 디지털미디어의 시대에 청년 및 10대에게 성적 정보가 어떻게 제시되고 있는지 다시 사유할 시기가 도래했다고 주장한다.[8] 그들은 섹슈얼리티 교육이 청년이 있는 곳으로 다가가 접촉하는 방식으로 진화해야 하며, 청년들이 스냅챗Snapchat*, 트위터, 텀블러와 페이스북 같은 소셜미디어 플랫

폼과 유튜브 같은 채널에 점점 더 많은 시간을 할애한다고 주장
한다.

많은 사람이 자신의 섹슈얼리티에 대해 거의 알지 못한 채로
성인기로 진입하는 가운데 섹스 포지티브 페미니스트 소매업자
들이 나서서 그 공백을 채워가기 시작했다. 그들은 성인들에게 정
확한 섹스 지식을 제공했을 뿐 아니라 쾌락, 욕망, 합의 그리고 주
체성에 관한 메시지를 널리 알렸다. 1970년대부터 이런 사업체들
은 절실히 필요한 성인 섹슈얼리티 교육을 위한 문화적 장소를 개
척해온 선두주자였다. 인디애나대학교 성건강증진센터^{Center for Sex-}
^{ual Health Promotion}에서 수행한 연구에 따르면, 사실 성교육과 성적 건
강 증진은 성인용품점에서 교훈을 얻을 수 있는 분야다.[9] 이 연구
보고서에 따르면, "성인용품 소매점의 소비자들은 성인 섹슈얼리
티 교육을 전파할, 독특한 기회를 제공하는 질문을 던진다".[10] 이
러한 연구는 통계와 수치를 통해 수많은 섹스 포지티브 소매업자
들이 품어온 믿음을 경험적으로 뒷받침한다. 고객과 가게 점원 간
의 상호작용이 제품 정보를 공급하는 데 그치지 않고 쾌락을 기반
에 둔 섹슈얼리티 교육의 기회를 제공한다는 믿음 말이다.

소매업을 기반으로 한 성교육은 페미니스트 소매업체의 고
객뿐 아니라 업체의 수익에도 긴요하다. 앞서 언급했던 연구에서
탠터스의 메티스 블랙은 "직원들이 고객에게 양질의 지원을 제공
하기 위해 교육받을 때 판매량이 증가한다는 점이 상식적으로도,

＊　텍스트·사진·동영상을 공유할 수 있는 미국의 모바일 메신저. 수신자가 내
용을 확인하면 일정 시간 후 메시지가 지워진다는 특징이 있다.

가게 매출을 통해서도 증명되었다"[11]고 언급한다. 다시 말해, 성교육이 매우 효과적인 영업 도구이기도 하다는 것이다. 많은 소매업자가 이 교훈을 가슴 깊이 새겼다. 실로, 페미니스트 섹스토이숍 운동이 성장하면서 소매업 기반의 '섹스퍼트 sexpert'들이 부상했다. 명확하게 정의된 용어는 아니었지만, '섹스퍼트'라는 용어는 흔히 많은 부분 독학으로 지식을 습득하고, 정식으로 인정되는 학위과정이 아니라 책과 직접 경험을 통해 자신의 (매우 다양할 수 있는) 전문성을 취득한 사람을 일컫는다. 이때 경험이란 섹스토이숍에서 판매원으로 일한 경험을 포함한다.[12]

성교육 강사이자 베이브랜드 직원이었던 자미에 왁스먼 Jamye Waxman은 이런 소매업 기반의 성인 섹슈얼리티 교육에 관심이 쏠리는 현상을 다룬 바 있다. 그가 쓴 〈새로운 성교육자들 The New Sex Educators〉이라는 글은 《AVN 이색제품 사업 AVN Novelty Business》이라는 전문 잡지의 2008년 커버스토리로 실렸는데, 여기에서 왁스먼은 섹스토이숍에서 지식을 나눌 뿐 아니라 워크숍을 개최하고, 책을 집필하며, 솔직한 성교육 영화를 제작(또는 주연으로 출연)하는 섹스퍼트들이 부상하고 있는 유행을 다뤘다. 왁스먼은 이렇게 썼다. "오늘날 교실을 떠나 기존과 다른 유형의 교육자를 찾는 학생이 늘고 있다. …… 이 성인 학습자들은 더 나은 섹스를 할 수 있는 방법을 가르쳐주는 전문가를 물색 중이다."[13]

굿바이브레이션스는 소매업 기반의 성교육을 크게 알리고 성적인 기술의 탐구를 대중화시킨 선구적인 사업체 중 하나였다. 창업자 조아니 블랭크는 창업 단계부터 굿바이브레이션스가 할 수 있는 역할의 잠재력을 깨닫고 있었다. 후일 수지 브라이트는 이 역할을 "성교육 가판대"라고 명명한다. 바이브레이터와 함께 유용한 성 지식을 얻을 수 있는 곳이라는 의미였다.[14] 성교육 강사와 상담가로 일해본 블랭크는 많은 사람이 자신의 몸이 어떻게 작동하는지 모른다는 사실을 경험으로 알고 있었다. 따라서 사람들에게 클리토리스가 어디에 있는지 가르쳐주거나 페니스가 항상 발기를 하거나 발기를 유지할 수 없다는 사실을 알리면 성에 관한 잘못된 신화를 제거하고 성적 자신감을 증진하는 데 도움이 될 것이었다.

블랭크가 정확한 계산과 의도로 성교육을 행한 건 아니었다. "알고 있었던 걸 무시할 수 없었던 것뿐이에요." 그가 내게 말했다.[15] 만일 성교육이 섹스 테라피라는 환경에서 긍정적인 효과를 냈다면 바이브레이터숍에서도 당연히 그렇지 않겠는가. 게다가 섹스토이숍에서 성교육을 하면 딱히 상담가나 건강증진센터를 찾지 않는 소비자에게도 접근할 수 있게 된다. 블랭크는 성적으로 심하게 침체된 문화 속에서 교육 중심적 섹스토이숍을 운영하는 일이 성 지식에 대한 접근성을 민주화할 수 있는 가능성을 내포하고 있다는 점을 일찍이 깨달았던 것이다.

해를 거듭하며 굿바이브레이션스가 성장해가는 동안 블랭크는 '성 전문성sexpertise'이 있거나 일을 하며 전문성을 키워온 직원들을 고용했다. 고객의 다양한 질문에 답하려면 그러한 지식이 필요했다. 브라이트는 처음으로 섹스퍼트라는 별칭을 얻은 사람 중 하나였다. 1980년대 초 브라이트가 굿바이브레이션스 판매원이 되었을 때 그를 '섹스퍼트 수지'로 부른 사람은 친구 아니면 애인 중 하나였는데, 그는 어느 쪽이었는지 기억하지 못한다. 이 별명은 기억하기 쉬운 탓에 오래지 않아 친구들 사이에 널리 퍼졌다. 1984년에 브라이트는 낸 키니^{Nan Kinney}, 데비 선달^{Debi Sundahl}, 그리고 허니 리 코트렐 등과 함께 《온 아워 백스》 잡지의 창간에 참여하고 레즈비언 섹스의 세계를 연대순으로 기록한 〈우리를 위한 토이〉이라는 칼럼을 기고한다. 그때 브라이트는 〈애비에게〉나 〈미스 매너스^{Miss Manners}〉*와 같이 월간 고정 '연애 상담' 코너에서 쓸 필명이 필요하다는 생각을 했다고 한다(그 당시 '전문가 별명'인 필명으로 기고하는 여성 잡지 상담 코너가 유행했잖아요. 나도 까불어본 거죠. 신원을 감추려는 생각은 전혀 없었어요.").¹⁶ 섹스퍼트 수지는 빠르게 유명해졌다. 더불어 성 관련 지식과 전문성이 아주 풍부하고 그것을 기꺼이 공유하는 사람을 가리키는 섹스퍼트라는 개념 또한 유행하게 된다.

굿바이브레이션스는 후일 판매 직원을 "성교육 강사^{sex educator}"라고 부르기 시작했다. 굿바이브레이션스가 교육에 중점을 두는 곳임은 이미 잘 알려져 있어 놀랄 일은 아니었다. 이런 변화는 1992년 굿바이브레이션스가 직원 소유의 협동조합이 된 직후에 나타났다. 이때부터 굿바이브레이션스는 판매 담당자들을 판매원^{sales associate}에서 성교육 강사·판매원^{sex educator/sales associate}으로, 혹은 줄여서 SESA로 명명했다. 2000년에는 베이브랜드 직원들도 '성교육 강사'로 불렸다. 베이브랜드 시애틀점 매니저를 역임한 리즈 랜달^{Lizz Randall}은 이렇게 회상했다. "'판매원'이라는 말을 쓰고

---

*   두 코너 모두 독자가 사연과 고민을 보내면 칼럼니스트가 이에 답하는 형식으로 진행되었다.

또 쓰다 보니까 말이죠. '잠깐, 우리는 판매원을 모집하는 게 아니야. 여기 사람들은 성교육을 하고 있잖아. 판매 담당자들은 모두 매일같이 성교육을 하는 거라고.' [이런 생각을 하게 됐어요]."[17] 작가 트리스탄 타오미노는 1990년대 후반에 베이브랜드 뉴욕점에서 잠시 일한 적이 있다. 그 또한 이런 관점에 동의한다. "베이브랜드에서 일하는 사람들은 단순히 딜도를 파는 점원이 아니었어요. 사실 그들은 성교육 선생님이었죠. 그건 아주 중요한 일이에요. 난 사람들과 이야기하고, 그들의 대답을 듣고, 그 사람들에게 섹스에 관해 조언을 줬죠. 그들은 집에 가서 그 조언을 실천하고요. 매일같이 말이에요."[18]

오랫동안 베이브랜드에서 일하면서 다양한 직급을 거쳤던 얼리샤 렐스는 판매 담당자의 명칭 변경을 두고 회사 내에서 오갔던 이야기를 다음과 같이 회상했다.

우리는 모두 소매 판매업 이상의 무언가를 하고 있다고 생각했어요. 전 "여기 일하는 시간 중 절반은 상담가인 것 같아"라고 했죠. 그래서 '선생'이라는 말이 딱 들어맞았고, 우리가 하는 일을 차별화하는 게 역량 강화에 도움이 된다고 느꼈어요. 우리가 하는 일을 가리키는 말이 있다는 건 힘이 됐죠. 왜냐하면 내 생각엔, 다시 말하지만 우리 중 많은 사람이 '우린 여기서 그냥 판매원이야?'라고 느끼고 있었거든요. 그렇지만 그게 아니었어요. 우린 단순히 상품 가격을 입력하는 걸 훨씬 넘어서 우리의 시간, 우리 자신, 그리고 우리 마음을 바치고 있었으니까요.[19]

많은 직원이 명칭의 변화를 반겼다. 그들 중 일부는 자신의 일에 얼마나 많은 전문 지식이 요구되는지를 고려하면 '판매원'이라는 명칭은 "어색"할뿐더러 자신들을 "과소평가"하는 것이라고 느꼈다. '성교육 강사'라는 직함은 페미니스트 섹스토이숍이 정보교류에 집중한다는 점을 판매 직원과 고객 모두에게 명백히 드러냈다. 이런 명명은 페미니스트 소매업자 및 그 직원들이 전통적인 성인용품점과 자신을 구분하는 또 다른 방법이었다. 많은 직원에게, 특히 대졸 이상의 학력을 소지한 직원들에게 판매 담당자라는 직함은 그들이 중요하게 여기는 전문가라는 지위를 부여하는 것이었다. 이것은 그들의 학력 자본과 전문적 가치를 전략적으로 인정하는 방법이자 이 일이 보통의 소매 판매업이 아니고 그들 역시 평범한 판매원만은 아님을 다른 이들에게 공표한 것이었다. 일부 직원은 이력서에 '판매원' 대신 '성교육 강사'라고 쓸 수 있다는 걸 차별화 지점으로 여겼고, 이는 상당한 상징적 무게를 가졌다. 이는 또한 직원들이 대체로 다른 소매 점원들보다 더 많은 급여를 받는다는 의미이기도 했다. 한 점주가 그 이유에 대해 다음과 같이 설명했다. "우리가 요구하는 업무는 카운터에 앉아 금전등록기를 여닫는 것보다 훨씬 어렵거든요. …… 나는 사회복지사를 고용한다고 생각하고 봉급을 정했어요."[20]

모든 직원이 성교육 강사가 되는 전환을 완전히 반긴 건 아니었다. 베이브랜드의 공동창업자 클레어 캐버너는 성교육 강사라는 이름이 그럴듯하다고 여기지만, 초창기에는 그 이름을 불편해했다는 점을 인정한다. 그 이름이 "우리가 상품을 판매한다는 사실을 완전히 부인"한다는 게 그 이유였다.[21] 굿바이브레이션스 직원이었던 저넬 데이비스Janell Davis도 같은 우려를 했다. 데이비스는 성교육 강사라는 용어를 좋아했지만, 어떤 굿바이브레이션스 직원들은 이 명칭을 이용해 그럼에도 자신의 직무가 판매라는 사실을 회피했다.

어떻게 보면 우린 여전히 많은 면에서 보통 소매업에 종사하고 있었어요. 난 마음 한구석에서 이런 생각을 하고 있었죠. '이런 이름은 우리 일이 특이한 소매업이란 사실을 미화하려는 시도에 불과해. 하지만 이 일은 여전히 판매지. 누가 날 성교육 강사·판매원이라고 부른대도 난 여전히 물건팔이인걸.' 그러니까, 어떤 면에서는 '뭐, 이름에서 얼마나 심오한 의미를 찾겠다고 그래?'라고 생각하기도 했죠. 하지만 대체로 그 이름에 감사하고 그게 유용하며 우리를 존경받게 해준다는 생각이 컸고요. 너무 그러다 보니 우리가 하는 일이 상품을 파는 것과 아무 상관이 없다고 여기기까지 했어요."[22]

한편 책임 소재 때문에 우려하는 직원들도 있었다. 소매업 기반 성교육자들은 마스터스와 존슨처럼 의사나 심리학자가 아니었고 루스 웨스트하이머 박사처럼 대중적으로 유명한 섹스 테라피스트도 아니었다. 어떤 굿바이브레이션스 직원들은 혹여 회사가 고소당할 위험은 없는지 알고 싶어 했다. 성교육 강사라고 불리는 사람, 특히 그중에서도 학위나 전문 자격증이 없는 사람이 고객에게 한 조언이 딱히 바람직하지 않거나 해로운 결과를 불러왔다는 이유로 말이다. SESA라는 명칭이 실제로 사용되기 시작할 무렵, 캐럴 퀸은 굿바이브레이션스 직원들에게 "성교육 강사"라는 용어에는 어떠한 법적 지위 또는 면허나 자격요건도 포함되어 있지 않다고 안심시키는 메모를 직원들에게 돌렸다. 실로, "우리가 스스로 성교육자라고 말하길 기피할 이유는 전혀 없다". 성교육은 "우리 직무의 아주 크고 중요한 부분"이라고 그는 강조했다.

굿바이브레이션스는 오랫동안 교육을 중점으로 두는 방향성을 유지해왔다. 그리고 1990년대 초반, 회사는 단순히 직함의 변화를 넘어서는 새로운 형태와 구조를 통해 교육 방향을 추구하기 시작한다. 퀸은 1992년 굿바이브레이션스의 초대 평생교육과장이 된다. 퀸은 1990년 처음 입사할 때부터 이미 10년 이상을 그 자신의 말처럼 "포트폴리오 없는 성교육 강사"로 일해온 경력이 있었다.[23] 당시 그는 인간 섹슈얼리티 고등연구원Institute for Advanced Study of Human Sexuality*에서 성과학 박사학위 과정을 밟고 있었고 샌프란시스코의 성지식센터에서 2년간 내부 강사로 일하기도 했다. 이러한 경력 덕분에 퀸은 굿바이브레이션스 직원들이 "가능한 한 성과 관련된 일을 잘 숙지하도록" 이끄는 분별 있는 선택을 할 수 있었다.[24] 퀸이 회사 소식지에 쓴 글처럼 말이다. "많은 사람이 성과 관련해 무언가 질문이 있을 때 우리 직원이나 온라인 판매 상담원에게 의지하는 것으로 보인다. 그리고 우리는 우리 고객들의

---

* 샌프란시스코에 위치했던 인간의 섹슈얼리티 및 성 건강과 관련한 연구에 집중하는 성인교육센터이자 연구소다. 인본주의적 성과학에 많은 영향을 끼쳤으며, 2014년까지 사설 준학위 과정으로 운영되다가 2018년에 해체되었다. 감리교 목사로서 개신교의 섹슈얼리티 이해와 LGBTQ+의 포용에 헌신했던 테드 맥실베나Ted McIlvenna가 공동설립자 및 초대 기관장, 강의 교수로서 중심 역할을 했다.

이러한 신뢰에 진중한 책임감으로 보답한다."[25]

굿바이브레이션스의 평생교육 프로그램은 판매 직원들이 고객과 가장 최신의 정보를 나눌 수 있게 하는 방법 중 하나였다. 굿바이브레이션스 직원이었던 로마 에스테베스의 표현을 빌리자면, 평생교육 프로그램을 통해 직원들은 "미국에서 뛰고 있는 섹슈얼리티의 맥박"을 제대로 짚어낼 수 있었다.[26] 굿바이브레이션스 직원들은 매달 퀸 또는 다른 초대 강사와 함께 섹슈얼리티 관련 주제 하나를 논의하는 시간을 가졌다. 주제는 섹슈얼리티와 나이듦에서 섹스와 장애까지 다양했다. 끝없이 늘어나는 굿바이브레이션스의 판매 물품 목록 중 일부를 더 자세히 공부하는 시간도 있었다. 예를 들면, 어떤 달에는 브라이트가 강사로 가서 굿바이브레이션스의 에로틱 비디오 컬렉션에 대해 강의했다. 브라이트는 강의에서 그 컬렉션을 만들 때 어떤 기준으로 영화를 골랐는지, 이런저런 이유로 컬렉션에 불평하고 불만족하는 고객들에게 어떻게 대답해야 할지 다뤘다. 굿바이브레이션스에서 파는 책을 집중적으로 다룬 달도 있었다. 이런 월례 세션에는 종종 판매 직원이 알아야 할 고객 불만에 정중하게 대처하는 방법이 포함되었다. 굿바이브레이션스에서 구매한 컨텐츠가 마음에 들지 않거나 구매한 상품이 굿바이브레이션스처럼 성적으로 진보적인 페미니스트 회사에 걸었던 기대에 들어맞지 않을 경우 고객 불만이 발생하기 마련이었다.

직원들은 대체로 이러한 교육 행사에 열정적으로 참여했지만 언제나 그랬던 것은 아니다. 회사 내부에서 오간 메시지는 일부 직원이 어떤 주제나 세션을 불편하게 여겼음을 보여준다. 그

굿바이브레이션스의 직원이자
성 연구자인 캐럴 퀸(1996).
사진 촬영 필리스 크리스토퍼Phyllis Christopher,
www.phyllischristopher.com.

과정에서 성적 개방성과 관용, 그리고 직원들이 회사와 관련 있다고 여기는 종류의 정보에 존재하던 균열과 한계가 드러났다. 사도마조히즘을 주제로 한 연속 강의 직후에 나온 메시지를 보면, 강사가 직접 시범을 보였을 때 불편을 느낀 직원들에게 퀸이 사과했음을 알 수 있다. 퀸은 그 강연자가 노예*인 공동 강연자를 데려온다는 점을 미리 알렸다고 생각했다. "그렇지만 몇 분이 깜짝 놀랐다고 하시는 걸 보니까 제가 제대로 알리지 않았더라고요. 여러분의 비판을 겸허히 수용하며, 이 일이 잘 받아들여지지 못해서 저도 아주 속상하다는 말씀을 드립니다."²⁷

월례 교육 프로그램과 함께 신입 교육에도 변화가 있었다. 원래 굿바이브레이션스는 모두 서로에게 배우고 필수 독서 목록에 있는 책을 읽도록 하는 등 간단히 구두식으로 신입 판매 직원을 훈련시켰다. 그러다 회사의 규모가 커지면서 표준화된 직원 성교육 프로그램이 꼭 필요해졌다. SESA들이 고객에게 제공하는 정보의 질과 일관성을 모두 보장해야 했기 때문이다. 회사는 이를 위해 모든 신입 SESA가 의무적으로 참석해야 하는 여러 강의를 개최했다. 굿바이브레이션스에서 근무하며 유니온대학교**에서 성인 성교육 박사학위를 취득한 찰리 글리크먼이 SESA 트레이닝의 커리큘럼을 짰다.

초기에 SESA 트레이닝은 여덟 과목으로 구성되었으며, 각 과목은 세 시간가량 진행되었다. 강의 주제는 다양했는데 여기에

---

* 여기서 노예란 BDSM의 맥락에서 주종 관계를 맺은 파트너를 뜻한다.
** 오하이오주 신시내티에 있는 UI&U Union Institute & University를 가리킨다고 추정된다.

는 성 관련 해부학, 딜도와 바이브레이터, 항문성교와 항문용 섹스토이, BDSM 제품, 윤활제, 콘돔과 안전한 섹스, 남성의 사회화, 페니스용 섹스토이 등의 논의가 포함되어 있었다. 굿바이브레이션스의 에로틱 비디오 컬렉션만 집중적으로 다루는 강의도 있었다. 글리크먼은 이 시간에 여러 영화에서 따온 짧은 클립을 모은 두 시간 분량의 영상을 상영하여 직원들이 컬렉션의 느낌을 파악하고 고객들에게 설명할 수 있도록 했다. 글리크먼은 촉각 교육도 중시했다. 그는 매장에서 판매하는 모든 콘돔을 하나씩 개봉해 직원들이 상표별로 다른 두께를 직접 느껴볼 수 있도록 했다. 성행위용 윤활제의 경우도 다르지 않았는데, 그는 연수받는 직원들에게 윤활제 한 방울을 손가락 사이에 떨어뜨려 문질러보라고 권했다. 그런 방법으로 직원들이 수용성 윤활제와 실리콘 윤활제의 질감과 점성 차이를 느껴보면 고객들에게 제품에 대해 잘 설명해줄 수 있기 때문이다.

굿바이브레이션스 직원들은 일반적으로 의사들이 받는 것보다 더 집중적인 섹슈얼리티 교육을 받았다. 그 교육의 핵심에는 섹스 포지티브의 개념이 자리하고 있었다. SESA는 섹스 포지티브하다는 것이 섹스를 열렬히 좋아하거나 섹스를 많이 하는 것과는 다른 개념임을 배웠다. 또한 그것은 단순히 퀴어나 킹키kinky*, 폴리아모러스polyamorous**로 정체화하는 것과도 달랐다. 섹스 포지티브한 사람은 인간 섹슈얼리티의 무궁무진한 다양성에 감사하고, 섹스하는 데 정해진 올바른 방법이란 없으며 정상성은 단 한 가지 방법으로 정의되지 않는다는 것을 받아들이는 사람이다. SESA는 개방적인 마음과 섣불리 옳고 그름을 판단하지 않는 자세를 배웠고, 고객과 대화할 때 자신의 경험에만 얽매이지 않도록 훈련받았다. 즉 SESA 자신이 좋아하는 섹스토이, 윤활제, 성교 체위 또는 관계 맺음의 방법이 다른 사람에게 맞지 않을 수도 있음을 익힌 것이다. SESA는 처음으로 버트플러그를 사러 온 이성애자 남성이든, 혈액 플레이에 관심이 있는 퀴어 킹크스터queer kinkster 여성이든, 섹스를 아예 하지 않겠다는 사람이든, 가게로 들어온 고객이나 인터넷이 보급되기 이전에 회사 콜센터로 전화를 걸어 왔던 모든 사람 및 그들과 나누는 모든 소통에 대해 동등하게 경청하고 공감과 존중을 표해야 한다고 배웠다.[28]

초기 커리큘럼에서는 영업 전략의 부재가 두드러진다. 글리크먼은 이에 대해 굿바이브레이션스에 필요한 고객서비스가 각 지점에 따라 큰 차이가 있었기 때문이라고 설명했다. 샌프란시스코점과 1994년에 개점한 버클리점은 서로 다른 "상업 분위기"였다. 또한 오프라인 지점과 우편 주문 판매는 많은 면에서 달랐다. 우편 판매는 대면 상호작용보다 전화를 통한 대화가 더 중요했다. 이런 이유로 글리크먼은 회사 전체에 동일하게 적용될 수 있는 통합된 고객서비스 트레이닝 프로그램을 만들기 어렵겠다고 판단했다. SESA가 인간의 섹슈얼리티 및 회사가 판매하는 물건들을

---

*   킹키 혹은 킹크kink는 주류 문화의 관점에서 볼 때 성적 정상성에 들어맞지 않는 성애적 실천을 폭넓게 지칭하는 영어권의 용어로, 그러한 실천을 수행하는 느슨한 공동체를 일컫기도 한다. BDSM, 레더, 도구를 이용한 섹스 등이 여기에 포함된다. 성적 일탈을 추구하고 실천하는 이들이 부정적 함의가 짙은 '성도착자'나 '이상성욕자' 등의 단어 대신 '킹크스터kinkster'로 자신을 지칭하는 경우도 있다.
** 일대일 연애monogamy가 아닌 다자간 연애를 추구하는 것.

2001년에 발행된 《온 아워 백스》 8~9월호에
실린 굿바이브레이션의 성교육 강조 홍보물.
굿바이브레이션스에서 성교육 강조는 판촉
전략의 역할도 겸할 때가 많았다.

최대한 잘 숙지하고, 이러한 주제로 대화할 때 해박한 지식을 갖추며 섣불리 옳고 그름을 판단하지 않는 자세를 갖출 수 있게 하는 것이 최우선 목표였다고 그는 설명했다. 글리크먼이 강조했던 것은 영업이 아니라 지식이었다.

굿바이브레이션스의 평생교육 프로그램과 뒤이어 개발된 SESA 트레이닝 커리큘럼, 그리고 독립 부서인 교육과Education Department는 회사가 오랜 시간 바쳐온 헌신을 보여준다. 고객에게 가능한 최고의, 가장 최신의 성 지식을 제공하겠다는 결심이 바로 그것이다. 이런 교육 프로그램들은 인적 자원에 시간과 재정을 투입함으로써 회사가 사명을 위해 기꺼이 돈을 지출할 의지가 있음을 보여주었다. 잘 훈련받고 지식이 풍부하며 다양한 성적 주제에 대해 편하게 이야기할 수 있는 판매 직원은 회사가 추구하는 사명의 중추일 뿐 아니라 브랜드 정체성을 양성하고 기반을 세우는 데 필수적인 부분임을 굿바이브레이션스는 일찍이 깨달았다. 이러한 생각은 점차 굿바이브레이션스의 판촉 및 홍보 자료에서 드러나게 된다.

"우린 섹스토크 장인입니다"

굿바이브레이션스가 체계적인 SESA 트레이닝 프로그램을 개발하고 있을 때, 다른 페미니스트 소매업자들은 사람들이 터놓고 섹스 이야기를 할 수 있는 기회를 만들어 교육이라는 사명에 봉사하고 있었다. 이런 대화는 대부분 섹스토이숍 판매 공간에서 약식으로 이루어졌지만, 다른 곳에 따로 자리가 마련되는 경우도 있었다. 섹스토이숍에서 주최하는 워크숍, 대학 강의실, 지역 회관, 심지어는 잡지 코너에서도 대화가 진행되었다.

2001년에 열린 '섹스토이 101 워크숍^{Sex Toys 101 workshop}'은 베이브랜드 로어이스트사이드점에서 몇 블록 떨어지지 않은 서점과 지역 회관에서 개최되었다. 공동창업자 클레어 캐버너가 자신의 관점에서 본 섹스토이 판매와 섹스 이야기의 근본적인 연관성에 대해 설명했다. 캐버너는 워크숍 참석자인 젊은 여성들에게 이렇게 말했다. "우리 베이브랜드는 100퍼센트 여성 소유입니다. 그리고 거의 100퍼센트 가깝게 여성의 힘으로 운영되고 있어요. 우리의 주 업무는 사람들이 정확한 성 지식을 얻을 수 있도록 하는 거예요. 그 목표는 섹스토이를 판매하면서 성취되죠. 우리는 섹스토이를 팔아서 가게를 열어요. 그러나 섹스토이는 섹스에 관한 대화를 시작하게 해주기도 합니다. 우리는 섹스 이야기를 나누는 게 섹슈얼리티의 지평을 넓히는 데 가장 중요한 일이라고 믿어요. ······ 저는 여성에게 섹스와 바이브레이터 이야기를 하는 것이 페미니즘 실천이라고 생각합니다. 우리는 여성의 성적 역량을 강화하려고 노력하는 거니까요."²⁹

나는 캐버너와 베이브랜드 지점 매니저 데이나 클라크가 이끄는 다른 워크숍에도 참가했다. 우리는 성 해부학, 섹스토이, 그리고 젠더 사회화에 대해 이야기를 나누었다. 그들은 장난기 어린 농담을 주고받고, 질문에 대답하고, 참석한 젊은 여성들에게 그들이 섹스와 자위에 관해 어떤 메시지를 받았는지 이야기하도록 했다. 한 여성 참석자가 자신은 이런 워크숍이 열리는 시대에 자랄 수 있어서 행운이라고 말했다. "여자애들이 섹스 이야기는 많이 하는데." 그가 말했다. "자위 이야기는 안 해요. 그래서 나는 섹스 이야기를 할 때 자위 이야기도 같이 하려고 해요. 그러면 효과가 있어요. 사람들이 자위 이야기를 꺼내기 시작하거든요."

이것이 바로 굿바이브레이션스 창업자 블랭크가 사업을 시작할 때 바란 것이다. 블랭크는 날씨 이야기를 하듯 부담 없이 섹스 이야기를 할 수 있어야 한다고 생각했다. 또 블랭크는 우리 문화의 가장 큰 "성기능 장애"는 성행위의 "핵심적인 세부 사항"을 말할 수 없는 것이라고 생각했다. 사람들은 친구와 하룻밤 불장난 이야기를 나누거나 파트너의 성적 기량이 뛰어나다며 자랑할지는 몰라도 자위를 어떤 식으로 하는지, 어떤 성교 체위를 좋아하는지, 섹스가 실제로 어떤 느낌이었는지에 대해서는 좀처럼 말하지 않는다. 그는 내게 이렇게 말한 적이 있다. 사람을 굿바이브레이션스 같은 환경에 처하게 하면, 그러니까 "섹스 이야기에 대해 '오, 우리가 여기서 하는 업무가 그거야. 우리는 섹스 이야기를 하지. 중요한 일이지' 이런 태도를 갖는 곳에 있게 하면 치료 효과가 있"다. 블랭크는 이렇게 설명했다. "우리에겐 최악의 성 문제가 있어요. 개인이 얼마나 훌륭한 성생활을 즐기고 있는지와 상관없이 이 나라에서는, 아니 어쩌면 다른 문화에서도 마찬가지일지 모르겠는데요. 우리의 최악의 성 문제는(난 이걸 가장 심각한 성기능 장애라고 부르곤 했죠) 섹스 이야기를 할 수가 없다는 거예요. 그러니까 내가 판 건 그거예요. 사람들이 섹스 이야기를 하도록 해주는 격려와 지지를 판 거죠. 그건 그들이 꼭 상품을 살 때만 팔 수 있는 것도 아니었어요."[30]

굿바이브레이션스와 베이브랜드 같은 가게들이 아무렇게나 하는 모든 섹스 이야기를 권장한 것은 아니었다. 그들이 장려한 것은 특정한 한 장르의 성적 말하기$^{sexual speech}$라고 보아야 하며, 그 말하기는 자극하고 유혹하는 것이 아니라 정보를 공유하는 것이 목적이었다. 이런 가게에서 섹스 이야기는 의도된 사무적 어조로 이루어졌다. 그러니까 누가 지스팟이나 전립선 자극에 대해 궁금해져서 가게를 찾아갔을 때, 정보를 달라는 요청이 성적으로 부적절한 이야기라거나 상대를 유혹하려고 하는 이야기라고 오해받을까봐 걱정할 필요가 없었다. 베이브랜드 공동창업자 베닝은 이런 장르의 말하기를 "성교육 대화"라고 불렀다.

> 우리[베이브랜드]가 아주 특별한 이유는 섹스토이를 팔기 때문만이 아니라, 우리가 섹스에 대해 말하는 방식 때문이기도 해요. 우리가 보통 성인용품점은 실어주지 않는 잡지 같은 데 소개되는 것도 그 때문이죠. 말하기는 다른 성인용품과 우리를 구별하는 핵심이고 …… 그건 성교육 대화라고 생각합니다. 정확한 정보를 많이 전하면서도 지나치게 딱딱하지는 않은 방식으로 사람들과 이야기를 나누고, 또 그들의 성생활과 관련된 대화를 편히 나눌 수 있는 성교육 강사, 성판매자, 그리고 섹스토이 판매자는 소수예요. …… 난 우리가 사람들이 섹스를 이야기하고 생각할 때 필요한 허락을 정말 많이 제공하고 있다고 봅니다.[31]

이런 생각은 베이브랜드의 상업 정체성에 매우 핵심적이어서, 베닝은 언젠가 "우리는 섹스토크 장인"이라고 말하기도 했다.

베닝은 미시간 여성 음악 축제에 참석했던 어느 해 여름에 이 이론을 만들어냈다. 그 축제에서 어떤 사람이 베닝에게 문제를 제기하는 발언을 했던 것이다. 그는 베이브랜드가 왜 여성 수공예 장인들을 위해 조성된 영역에서 대량 제조품을 파는 거냐고 물었다. 베닝은 잠시 침묵하다가 이렇게 대답했다. "우리는 섹스 이야기의 장인들입니다. 그리고 우린 사람들이 섹스 이야기를 하도록 만들죠."

"정말 똑똑한 대답이라고 생각했어요." 캐버너가 후일 그 이야기를 회상하며 한 말이다. "우리가 하는 일이 정말 그거거든요. 그리고 섹스토크를 하는 건 영업 때문이 아니에요. 그렇지만 어쨌든 사람들은 여전히 물건을 사고 싶어 해요. 그렇기에 우리가 그런 방식으로 성을 이야기하고, 사람들이 서로 대화할 수 있는 환경을 만들려고 하는 거라고 생각해요."[32]

베이브랜드 또는 유사한 섹스토이숍 직원들에게 그곳에 취업하고 싶었던 이유를 물었을 때 가장 많이 들었던 답이 섹스 이야기를 할 기회와 포지티브 섹슈얼리티를 지지하는 환경에서 느끼는 기쁨이었다. 직원 중에는 이전에 상담가였거나 플랜드 패런트후드, HIV/AIDS 교육 프로그램, 강간위기센터, 임신중절 클리닉, 성 지식 긴급전화, 그리고 지역 기반 건강 프로그램 등에서 일했던 이가 많았다. 그리고 실상 그들은 섹슈얼리티와 관련된 위기를 겪는 사람들과 대화하면서 번아웃 상태였던 경우가 많았다. 베이브랜드의 랜달은 자신이 "성을 축복으로 여기고, 방문을 강요받지 않은 사람들이 꼭 돈이 없더라도 방문할 수 있는" 그런 곳에서 일하길 정말로 원했다고 설명했다. 쾌락에 기반을 둔 성교육을

바이브레이터의 나라

하면서 돈을 벌 수 있는 곳이 얼마 없다는 걸 깨달았던 것이다.[33]

베이브랜드를 비롯해 다른 페미니스트 섹스토이숍의 직원 성교육자들은 자신의 솔직하고 접근이 쉬운 방식의 섹스토크가 가치 있으며, 그것이 고객을 가게로 부르고 재방문하도록 한다는 가정하에 일했다. "사람들은 베이브랜드에서 쇼핑하는 걸 좋아하죠." 펠리스 셰이스Felice Shays가 말했다. "우리는 사람들이 어떤 질문을 하든 …… 환영하고, 영리한 대답을 해주며, 답을 모르더라도 헛소리를 늘어놓지 않기 때문이에요." 셰이스를 비롯한 직원들은 베이브랜드가 장려하는 성교육 대화를 고유한 가치를 지닌 상품으로 여긴다. 그 상품의 가치는 상당 부분 긍정적이고, 함부로 판단하지 않으며, 교육 지향적인 섹스토크에서 나온다. 특히 여성의 쾌락과 LGBT 정체성과 관련된 섹스토크는 우리 문화에서 매우 드문 상품이다. 사실 사람들이 섹스에 관해 진솔한 대화를 할 수 있고 그래도 된다고 안심하는 장소를 찾기란 쉽지 않다. 질문하거나 자신의 섹슈얼리티에 대해 더 알아보는 데 관심을 갖는다는 이유로 수치감을 주지 않는 그런 장소 말이다. 베이브랜드의 베닝은 이렇게 말한다. "우린 가게에서 일하는 성교육자들이 (성에 대해) 제대로 알도록 힘써요. 사람들이 우리한테 질문하는 이유는, 우리가 실제로 지식에 기반한 조언을 제공할 수 있기 때문입니다."[34]

굿바이브레이션스의 퀸은 여성들이 가게에 와서 "가게 분위기가 아주 직설적이라는 것을 알고 넋이 나간" 장면들을 기억한다. 특히 개업 초기에 그런 일이 많았다. 여성들은 대부분 성에 관해 터놓고 솔직하게 대화하는 것, 그러면서도 자신의 말을 듣는 사람이 오해할까봐 걱정하지 않는 경험을 낯설어했다. "섹스에는 여러 측면이 있겠지만, 대체로 직설적으로 다뤄지지 못했다. 섹스를 직설적으로 다루는 일이 운동^{activism}의 한 형태라는 것을, 우리(굿바이브레이션스)는 일을 하면서 비로소 이해하게 되었지만, 블랭크는 아마 처음부터 알고 있었던 것 같다."[35]

그러나 그 일은 단순히 사회운동만은 아니었다. 직설적인 섹스 이야기는 굿바이브레이션스의 상업적 호소력을 섹스토이 너머까지 확장시켜주는 판매 전략이기도 했다. "우리는 섹스 이야기가 문화적으로 편안하게 받아들여질수록 우리 자신에게, 또 유사한 사업체들에게 장차 더 많은 경제적 공간이 허용되리라고 생각해요." 퀸의 말이다. "그리고, 그게 좋은 일이라고 생각해요."[36]

성에 관한 개방적이고 정직한 대화를 촉발함으로써 페미니스트 섹스토이숍이 매우 드문, 그러므로 귀중한 동력을 생산하고 있다는 생각은 일부 직원들이 가끔 상품 가격을 급격히 인상할 때 드는 근거 중 하나이기도 했다. 베이브랜드의 성교육 직원인 크리스틴 링키^{Christine Rinki}에 따르면, "가격 책정을 의논할 때, 난 이렇게 생각했어요. '이봐, 가격을 더 올려도 돼.' 전 가격 인상에 정말 거부감이 있었지만, (내 생각에) 가격을 올려도 되는 이유는 사람들이 물건과 방대한 지식, 그리고 이 모든 과정을 함께 얻어간다고 여겼기 때문이에요. 다른 가게에서 12달러만 내고 이 바이브레이터를 사거나, 아니면 우리한테 와서 이 모든 걸, 이 물건을 둘러싼 전반적인 상호 교류를 전부 얻어가거나 …… 그리고 그 모든 비용을 합친 금액이 20달러라면 그것도 괜찮다는 거죠."[37]

그러나 모든 쇼핑객이 딜도를 살 때 총체적 경험을 기대하는 건 아니다. 수많은 베이브랜드 고객이 정보를 얻을 곳이 있음에 감사를 표했지만("이런 걸 물어볼 수 있는 곳은 여기밖에 없어요."), 단지 상품을 구매하고 나가기를 원하며 대화는 구매에 필요한 최소한에, 자신의 성생활을 이야기해야 할 의무도 없는 상황을 선호하는 경우도 있었다. 베이브랜드의 아이제이아 벤저민은 자신의 지인인 트랜스젠더들은 뉴욕시 웨스트빌리지의 웨스트포스 가에서 섹스토이를 구입하는 것을 더 편하게 느끼는 경우가 많다고 말한다. 그곳은 핑크푸시캣Pink Pussycat처럼 전통적인 성인용품점들이 모여 있는 장소다. 구식 성인용품점 직원들이 고객과 대화하지 않는다는 바로 그 점이 트랜스젠더들에게는 매력이었던 것이다. "그 사람들은 고객을 도우려고 하지 않아요. 고객에게 뭘 물어보지도 않죠." 벤저민이 설명했다. "그들은 정보를 주지 않고 그저 무엇이든 누구에게나 팔 겁니다."[38] 이런 시나리오에서는 고객이 자신의 성 정체성, 성적 역사 또는 욕망을 드러내리라는 기대가 없고 따라서 [그렇게 해야 한다는] 압박도 없다. 고객은 가게에 들어가 원하는 것을 구매하고, 소통을 배제하거나 최소한의 소통만 한 채 가게를 나설 수 있다. 관계의 부재는 안전성과 익명성이라는 완충지대를 제공한다. 그것은 많은 경우 자신의 성적 지향이나 젠더 정체성으로 인해 이미 문화적으로 주변화되었거나 심판의 대상이 된 사람들에게 중요한 부분이다. 어떤 고객들에게는 성에 관해 대화하지 않고도 자신이 원하는 물건을 손에 넣을 수 있는 기회가 곧 성적 자유와 자율성의 행사일 수 있다.

내밀한 성생활을 공유하고 싶어 하지 않는 고객들도 있다는 점은 점주와 직원들도 이미 이해하는 바였다. 그러나 일련의 기준과 규범이 생기면서 페미니스트 섹스토이숍은 고객이 그들의 섹슈얼리티와 성생활을, 어떤 직원의 말처럼 "다양한 방식으로 고해"하리라는 기대가 존재하는 장소가 되었다. 실로 성교육 직원들은 그런 고해를 간청하고 권장하라고 교육받았다. 그로 인해 프랑스 철학자 미셸 푸코가 "(성에 대해) 말하고 좀 더, 좀 더 그렇게 하라는 선동"이라고 묘사한 일이 일어났다.[39] 푸코 이후의 학자들은 "성을 말하기"가 위반적인 축하연이기라기보다는 더 많은 규율을 간청하는 행위라고 주장한 바 있다. 그러나 내가 수행한 연구는 성 이야기를 터놓고 하는 것이 많은 사람에게 진정한 성적 역량 강화로 가는 길이었음을 보여준다.

페미니스트 소매업자들은 성 이야기를 편하게 할 수 있는 기회를 만들기 위해 헌신한다. 그렇게 하면 모든 사람의 삶의 질이 높아진다는 생각을 믿기 때문이다. 시카고 얼리투베드의 시어라 데이색은 이러한 점을 강조했다. "우리의 존재 이유 중 하나는 교육과 정상화normalization입니다. 사람들은 가게에 와서 '이런 질문을 해도 되는지 모르겠다'거나 '이건 정말 이상한 질문인데요'라고 말하죠." 무슨 질문을 하든 다 이전에 들어본 질문이니 걱정 말라고 고객을 안심시키는 것이 데이색이 늘 하는 일의 중요한 부분이다. 이 말은 고객에게 항상 신기하게 들리는데, 데이색에 따르면 그건 "고객들이 하는 질문이 대체로 누구에게도 털어놓은 적 없는 것이기 때문"이다.[40]

페미니스트 섹스토이숍 직원들은 사실만 말하는 건조한 방식의 성 이야기를 적극적으로 고객에게 시연했다. "'직원에게 무엇이든 물어보세요'라고 쓰여진 안내판 같은 건 없어요." 블랭크가 내게 말했다. "우리는 (고객에게) 그걸 시연합니다."[41] 글리크먼도 같은 말을 했다.

우리는 거의 모든 사람들이 섹스를 섹슈얼하지 않은 방식으로 말하는 방법을 모르는 세상에 살고 있어요. 연인이 아닌 사람에게 자기 성생활의 핵심적인 세부 사항을 말하는 사람이 얼마나 있나요? 연인에게 말하는 사람은 또 얼마나 있겠어요? 성에 관해 대화하는 방법은 굿바이브레이션스가 모범을 보이는 것 중 하나예요. 전에 남성 고객 한 분이 왔었는데, 자기 손가락에 끼워 여자친구의 질에 넣으면서 동시에 클리토리스를 자극할 수 있는 바이브레이터를 찾고 있는 게 분명해 보였죠. 하지만 그걸 어떻게 표현해야 하는지 몰랐어요. 그 고객은 자기 손으로 지스팟을 자극하는 듯한 동작을 했어요. 그러면서 그 고객이 할 수 있는 말이라곤 "이거 이렇게 하는 거, 아시죠?"뿐이었습니다. 그는 그걸 설명할 언어를 갖고 있지 못했던 거예요. 우리는 (고객들에게) 그런 것을 표현할 수 있는 언어를 시연하려고 열심히 노력합니다.[42]

페미니스트 섹스토이숍들이 성에 대해 터놓고 말하라고 적극 권장하긴 했으나, 어떤 이야기든 전부 다 괜찮은 건 아니었다. 직원들은 자신이 적절하다고 여기는 성적 대화와 부적절하다고 여기는 대화 사이의 경계를 설정했다. 그것은 가게가 편안한 장소로 남도록 하기 위함이었다. 이때 편안함이란 직원들이 상상할 때 성을 극도로 거리끼고 부끄러워하는 사람에게도 느껴지는 편안함이며, 그 연장선상에서 그곳에서 일하는 직원도 편안하게 느끼는 것을 뜻했다.

직원들은 일반적으로 고객이 섹스토이나 인간의 섹슈얼리티에 관해서라면 무엇이든 물어도 괜찮다는 인식을 공유하고 있었다. 단, 고객이 직원을 존중하며 적절한 경계가 무엇인지 안다는 조건하에서다. 베이브랜드에서 일하면서 [직원과의] 성관계를 원하거나 "흥분을 해결해달라"는 식의 고객을 만나는 건, 적어도 내가 일하던 동안에는 정말 드문 일이었다. 종종 장난전화가 오기도 했고, 고객이 판매 직원에게 접근하는 일도 있었다. 그러나 전반적으로 직원들이 흔히 "왕재수"로 불리는 고객을 만나는 일은 많지 않았다. 한 여성 동료에게 그 이유가 무엇이라고 생각하는지 물어본 적이 있다. 그는 다른 환경과 달리 베이브랜드에 성적 괴롭힘을 조장하고 발생시키는 성적 금기가 존재하지 않기 때문일 것이라고 추측했다. 그러한 금기가 없기에 베이브랜드에서는, 그의 표현을 빌리자면 "게임을 하기" 힘들다는 것이다. 다시 말해, 베이브랜드의 성적 개방성은 성이 야기하는 충격을 사람들이 부당하게 이용할 가능성을 해제하고 중화시킬 수 있다.

그렇다고 고객들이 [직원에게] 충격을 주려거나 격분하게 하려고 시도한 일이 전혀 없었다는 뜻은 아니다. 단지 그런 사람들이 원하는 반응이 돌아오지 않았기 때문에 그 시도가 실패했을 뿐이다. 베이브랜드의 댄 아시니오스Dan Athineos는 한 이성 간 커플이 지배-복종 신scene[BDSM 플레이]을 연출하기 위해 매장에 찾아온 이야기를 들려주었다. 아시니오스는 처음에는 이 커플이 무엇을 하려는 것인지 잘 몰랐다. 여성 고객은 남성을 하네스 쪽으로 이끌어 착용해보도록 했다. 아시니오스는 남성 고객에게 그 하네스 제품은 옷 아래에 착용하는 거라고 일러준 뒤 화장실 위치를 가르쳐주었다. 몇 분 후, 여성 고객이 아시니오스를 화장실로 불렀다. 가 보니 그 남성 고객이 화장실 문 앞에 서 있었다. 그는 하네스와 하이힐 외에는 아무것도 걸치지 않고 도발적으로 유두를 만지작거리고 있었다. "괜찮아 보여요?" 남자가 어린아이 같은 목소리로 여자에게 말했다. "이런 짓은 전용 클럽에서 하도록." 여성 고객은 그렇게 대답하고 다른 곳으로 발길을 돌렸다. 이 커플이 이런 식의 플레이를 연출하기로 선택한 이상 장면 자체는 문제가 없지만, 그들은 매장을 무대로 사용하면서 고객(그리고 직원)이 지키도록 요구되는 불문의 행동규약을 위반했다. 그 규약이란 점주가 원하는 대로 매장이 편안하면서도 고객이 환대받을 수 있는 그런 공간으로 남을 수 있도록 보장하는 것이다. 만일 고객이 베이브랜드 직원들이 불편해할 만한 행동을 하면, 그러니까 어쨌든 표면적으로 매우 섹스 포지티브한 직원들까지 불편하게 만든다면 그것은 대개의 고객들도 불편해할 행동이라는 것이 대강의 일반적인 규칙이었다. 적어도 내가 관찰한 바로는 말이다.

성교육 직원들은 성에 관한 대화를 이끌어내고 정상화하도록 훈련된 사람들이다. 가게에서 취급하는 제품들 자체도 섹스 이야기하기라는 사명을 실천할 수 있게 해주었다. 바이브레이터와 버트플러그는 가게의 주요 상품이면서, 고객들이 자신의 몸과 여러 주제에 대해 질문하게 하는 대화의 시작 역할로도 기능했다. 전립선 자극, 스트랩온 섹스, BDSM과 같은 주제들은 다른 맥락에서라면 부적절하게 여겨지거나 금기시되었을 테다. 베이브랜드의 랜달은 이에 대해 다음과 같이 설명했다.

물건을 팔 필요가 없고, 그냥 충고를 해주기만 해도 괜찮다고 나는 거의 그렇게 느꼈어요. 섹스토이가 우리를 사명으로 이끌어주는 것 같았죠. 우리는 정말 정보를 나눠주고 싶었고, 처음에는 여성이, 그리고 지금은 모든 사람이 (섹슈얼리티를) 탐험하도록 돕고 싶었으니까요. 우리는 활력을 권장합니다. 왜 그렇게 하냐고요? 우리는 활력이 중요하다고 생각하고, 그게 기본적으로 세계에 직접적인 영향을 미친다고 보니까요. 우리가 섹스토이나 다른 어떤 제품들을 팔지 않는다면 우리의 어젠다와 게릴라 전술 외에는 사명을 이룰 방법이 없잖아요? 소매점을 운영한다는 것은 여러 가지 면에서 우리가 (섹스에 대해 이야기하도록) 허락받았다는 뜻입니다. 우리가 물건을 판다는 사실이 어쩐지 우리를 적법하게 만들어준 거죠.[43]

섹스토이 판매가 거래라는 형태 및 기능을 부여함으로써 섹스에 관한 대화를 적법하게 만들어준다는 논리는 흥미롭다. 이런 논리는 상업적 거래의 핵심이 무엇인지 명확히 파악할 수 없게 만든다. 핵심은 섹스토이인가, 아니면 섹스토크인가? 그러나 더 주목할 만한 점은, 이 이론이 그들로 하여금 사명을 추구할 수 있도록 하는 것은 곧 소비자본주의라고 주장하게 만든다는 것이다. 어떤 사람의 설명처럼, "이걸 사려고 할 때, 그 행위(거래)에서 돈을 낸 사람은 질문할 자격을 갖게 된다". 굿바이브레이션에서 일했던 저넬 데이비스는 이렇게 설명한다.

가게에서 오렌지를 판다고 해도 상관없을 것 같아요. 사람들이 자신의 섹슈얼리티에 대해 이야기한다면 오렌지는 어쩌면 상관없어지는 거죠. 어떤 때는 우리가 무엇을 파는지가 사람들이 우리를 찾아오는 이유와 전혀 상관없는 것 같아요. 그들은 그저 "전 한 번도 오르가슴을 느껴본 적이 없어요. 정말 걱정돼요"라고 말할 수 있기를 바라는 거죠. 다른 누군가가 "오, 좋아요. 제가 어떻게 도와드릴까요?"라고 말하는 걸 듣고 싶어 하고요. 어떤 때는 상품은 거의 관계가 없는 것 같아요.[44]

섹스에 관한 대화는 기업의 교육적 사명을 추진하는 연료가 되며, 그들의 상업적 정체성을 매우 촘촘하게 규정한다. 어떤 직원들에게 상품은 배경으로 밀려나, 몇몇 경우에는 나중에야 생각날 뿐이었다. "어떤 때는 섹스토이는 거의 잊어버려요. 그러면 안 될 것 같지만요." 한 베이브랜드 직원이 인정했다. "난 사람들에게 토이가 어떤 기능을 하는지 말하면서 해부학, 편안함, 파트너, 그런 모든 걸 가지고 대화하는 데 더 집중하는 것 같아요. '이 제품은 이런 점이 매우 큰 장점이죠' 그런 것보다요. 고객과의 소통은 그들이 뭘 원하고 필요로 하는지에 더 집중되죠. 그런 대화는, 제 생각에 일반적인 성 지식(을 제공하는 것)과 연결되어 있어요."

굿바이브레이션스의 에이미 안드레는 이것을 문제 삼았다. 안드레는 글리크먼이 개발했던 SESA 트레이닝 코스를 맡았다. 코스의 규모를 키우고 더 표준화하는 것이 안드레의 업무였다. 그의 우선순위는 판매 기술을 코스에 통합시키는 것이었다. 왜냐하면 그의 말에 따르면, 그때까지 "판촉 방법에 대한 회사 차원의 논의가 없었기 때문이다."[45]

안드레가 SESA 트레이닝 코디네이터가 될 당시, 그는 굿바이브레이션스의 사내이사이기도 했다. 그래서 그는 회사의 예산과 재정적 필요성을 잘 이해하고 있었다. 판촉에 집중하자는 결정은 "생각할 필요도 없는" 일이었다고 그는 말했다. "이런 시도가 전에 없었다는 것도 일종의 충격이었어요. 나에게 돌아온 반응 또한 충격적이고 우려스러웠죠." 안드레가 직원에게 판매 기술을 교육해야 한다고 한 이유는 단순했다. 성교육은 SESA의 임무가 맞다. 그러나 당신들은 물건을 파는 사람이기도 하고, 그러니 판매를 어떻게 하는지 알아야 한다. "그게 우리가 하는 일의 핵심입니다. 물건 팔기요." 그가 내게 설명했다. "그리고 우리가 물건을 팔지 않는다면 사람들을 교육할 수 없습니다. 사람들이 지식을 얻으려고 찾아올 회사 자체가 없을 테니까요."⁴⁶

안드레는 그 자신이 표현한 것처럼 "거센 저항"에 맞닥뜨렸다. 주로 SESA들이 새 트레이닝 코스의 방향에 저항했다. 이 저항은 두 가지 형태로 나타났다. 먼저 '우리를 내버려둬. 우린 이미 우리 일을 잘 알고 있다고' 같은 식의 태도가 있었다. 반발의 또 다른 형태는 '나는 여기 성교육 강사로 취직했다. 나는 판촉 일을 하고 싶지 않다'는 입장이었다. 회사 직원들은 이미 훌륭한 성교육 강사가 되는 일에 지속적인 노력이 필요하다는 것을 알고 있었고, 심지어 열정적으로 그 일에 임하고 있었다. 그런데 바로 그 사람들이, 소매업에 대한 기본 지식 비슷한 것도 없으면서 상품 판매에 필요한 지식을 전부 가지고 있다고 착각했던 것이다. 이 사실은 안드레에게 충격을 주었다. 안드레가 마주한 반발은 단호하고도 좌절스러운 것이었다.

사람들은 영업 기술이나 판촉 전략을 고객을 조종하는 방법이라고 여긴 것 같습니다. 그리고 교육을 많이 제공하는 것이 이상적이라는 생각도 있었고 …… 고객이 한 질문에 직접적으로 답변하는 것을 넘어 판촉하는 행위는 자본주의적이고 굿바이브레이션스의 사명을 타락시키는 비윤리적인 짓이라는 생각도 있었죠. [그렇지만] 나는 이런 생각에 강력히 반대합니다. 판촉은 자본주의적이죠. 그러나 자본주의적인 것이 반드시 나쁘다고 보지는 않아요. 우리는 가게를 운영하고 있습니다. 사업이에요. 이건 자본주의 구조 안에 장착된 거라고요. 전 사업에 관련되고 싶지 않은 사람이라면 수백만 달러 가치의 기업을 소유하면 안 된다고 생각했어요.[47]

안드레는 성교육이 판매와 분리된 무엇이 아니라, 그 자체로 하나의 영업 기술이라고 주장했다. 그것은 섹스토이를 가지고 대화하고 그것을 팔기 위한 플랫폼이며, 고객과 회사의 기조 양측 모두에 이득을 가져다주는 방향으로 발전할 가능성을 품고 있었다. 여러 페미니스트 섹스토이 기업의 판매 직원들은 성교육이 판매와 구분되는 것이고 그 둘은 연관이 없다고 생각하는 경향이 있었다. 이러한 관점은 널리 확산되고 견고히 확립되어, 결국 재정적 재앙으로 이어지게 된다. 그러한 위기는 수익성과 사회 변화에 대한 많은 점주와 직원의 사고방식을 바꿔놓는다(이에 관해서는 8장을 보라).

섹스 포지티브 생태계

교육용 섹스 비디오 〈여성을 위한 궁극의 항문성교 가이드〉
의 시작 장면에서, 비디오와 같은 제목을 가진 베스트셀러 저자
트리스탄 타오미노는 거대 포르노 회사 이블앤절의 사장 존 스태
글리아노John Stagliano에게 자신의 교육 비디오를 건넨다. 스태글리
아노의 어수선한 책상 모서리에 도발적으로 앉은 타오미노는 열
정적으로 자신의 비전을 제안한다. "흔히 파는 지루한 교육용 섹
스 비디오와는 전혀 다를 거예요." 타오미노가 말한다. "핫하게 만
들고 싶어요. 정말로 핫하게요. 여자들이 참을 수 없이 항문성교
를 하고 싶을 정도로요."[48]

다음 신에서 타오미노는 커다란 해부학 도면을 옆에 두고 서
있다. 타오미노는 성교육 강사이자 전문가이고, 해당 장면에서 그
의 학생은 숙련된 최고의 애널 스타들, 그러니까 항문성교 연기로
유명한 포르노 배우들이다. 타오미노는 이 학생들에게 항문성교
를 향한 부정적인 태도, 다양한 금기와 미신을 말해보자고 요청하
며 강의를 시작한다. 그리고 그는 돌아오는 학생들의 대답을 이용
하여 호기심은 있지만 경험이 없을지도 모르는 시청자들의 편견
을 제거한다. 타오미노는 유용한 정보를 제공하지만 지나치게 전
문적인 태도를 내세우지 않는다. "두덩꼬리근pubococcygeus muscle" 같
은 의학 용어를 사용하면서도 편안한 태도로 농담을 주고받기도
하는 것이다.

타오미노의 비디오는 판매 현장에서 이루어지는 직설적이
고 격식 없는 스타일의 섹스 이야기가 이제까지와는 다른 형태의

성교육으로 유도되고 강화되는 방식을 보여준다. 굿바이브레이션스와 베이브랜드는 몇 년간 섹스 포지티브 부문에서 많은 것을 양성해왔다. 그들은 섹스 포지티브 성교육자, 아이디어, 그리고 가게를 찾는 사람뿐 아니라 더 폭넓은 수용자에게 접근할 수 있는 프로젝트들을 길어냈다. 타오미노에게 1990년에 베이브랜드의 판매 직원으로 일한다는 것은 평균적인 미국 성산업 소비자의 성적 영혼^{sexual psyche}에 접촉할 수 있는 기회를 의미했다. 자신의 책 《섹스에 관한 저속하고 더러운 비밀들^{Down and Dirty Sex Secrets}》의 서문에서 타오미노는 이렇게 밝힌다. "내가 (베이브랜드에서) 일하는 동안 매일같이 평범한 사람 수십 명이 가게로 와서 우리가 파는 것을 얻고자 했다. 그들 대부분이 완전히 초면이었지만, 그 사람들은 나에게 극도로 사적이고 매우 친밀한 이야기를 털어놓았다. 그들의 고백은 감동적일 때도 있고 놀라울 때도 있었는데, 항상 흥미진진했다."[49]

타오미노에게 고객과 직접 접촉할 수 있다는 점은 베이브랜드 같은 곳에서 일하면서 얻는 혜택이었다. 그는 인간 섹슈얼리티의 어떤 부분에 호기심을 느꼈는지를 고객에게 직접, 정제되지 않은 형태로 들을 수 있었다. 타오미노가 베이브랜드에서 일하기 시작했을 무렵 그는 이미 《여성을 위한 궁극의 항문성교 가이드》 저자였으며 책 홍보를 위해 전미 투어도 했었다. "나는 이런 책을 써야 한다는 걸, 그리고 여성과 남성 모두 이 책에 흥미를 가질 거라는 걸 이미 알았어요. 좋은 항문성교 정보를 필사적으로 찾는 게 나쁜만은 아니라는 걸 알고 있었죠." 그는 인터뷰에서 이렇게 말했다. 그는 또 책의 주제(항문성교)가 반스앤드노블^{Barnes and Noble}*

같은 곳에 있을 만한 "전통적인 책 주제로 그다지 적합하진 않다"
는 것도 인지하고 있었다. "서점들이 책 표지를 활용해 커다란 포
스터를 만들어 창문에 걸고 저자 사인본을 요란하게 광고하는 유
의 책은 아니었죠. '영혼을 위한 무슨 무슨 수프' 같은 책[베스트셀
러가 될 만한 책]도 아니고요. 나는 그런 책이라고 생각했지만 말예
요."[50] 대신 타오미노는 다른 홍보 방법을 찾았다. 그리고 페미니
스트 섹스토이숍은 대상 독자를 찾을 수 있을 만한 타당한 장소로
보였다.

　그래서 타오미노는 전국의 섹스토이숍을 순회하며 워크숍을
열기 시작했다. 북투어가 진행되는 동안 사람들이 《여성을 위한
궁극의 항문성교 가이드》를 언제 교육용 섹스 비디오로 만들 것
인지 묻기 시작했다. 다음 해인 1999년 타오미노는 처음으로 성
인 영화를 제작하기 위해 이블앤절 그리고 창업자 스태글리아노
와 협력 관계를 맺는다.

　포르노그래피를 성교육 도구로 이용한다는 것은 새로운 아
이디어는 전혀 아니었다. 로버트 에버윈Robert Eberwein은 영화와 비디
오를 통한 성교육의 역사를 폭넓게 연구했다. 그의 연구는 20세
기 초반부터 동영상 기술이 성 지식을 배포하는 도구로 사용되었
음을 보여준다. 성병을 다룬 20세기 초 영화부터 안전한 섹스를
다루는 1980년대의 교육용 영화, 그리고 여성의 자위와 성적 쾌
락을 다룬 베티 도슨의 1990년대 영상까지 말이다.[51]

　팬들의 격려가 없었더라도 타오미노는 《여성을 위한 궁극의

＊　　미국의 대형 서점 프랜차이즈.

항문성교 가이드》를 성적으로 노골적인 교육 영상으로 만들었을 것이다. 그러나 그의 워크숍에 참석한 사람들(사실상 그의 잠재적 시청자들)의 긍정적인 피드백은 이 영화가 제작되기도 전부터 영화를 향한 흥미도를 측정할 수 있는 지표가 되었다. "사람들이 영상물이 있냐고 묻더라고요. 그리고 나는 항상 포르노를 강력하게 지지해왔죠. 굉장히 다양한 섹스 워크숍을 열고 또 베이브랜드에서 일하면서 그런 영상을 만들고 싶다고 생각하게 됐어요. 영상에서도 말했지만, 내 목적은 안전하고 즐거운 항문성교를 하는 방법을 가르치는 것뿐 아니라 시청자들이 당장 항문성교를 해보고 싶다는 마음이 들도록 하는 거였어요."[52]

책을 홍보하고 첫 영화를 만든 타오미노의 경험은 섹스 포지티브 페미니즘의 문화적 생산물이라는 더 큰 맥락뿐 아니라 고객 피드백의 중요성을 짚어준다는 점에서도 유용한 교훈을 전한다. 베이브랜드에서 일하고 전국에서 워크숍을 개최한 경험 덕분에 그는 특정 고객 집단의 성적 성향을 짚어낼 수 있었다. 그는 자신이 배운 것을 그 이후에 창작한 책과 영화에 영감으로 활용했다. 그 작품들은 어느 정도는 타오미노의 관객들이 성산업의 공백이라고 표현한 부분에 맞춰 제작되었다.

샤 레드나워와 재키 스트래노도 비슷한 경험을 했다. 〈숙이는 남자친구〉는 파탈 비디오와 공동제작한 그들의 첫 영화다.[53] 레드나워는 《온 아워 백스》 편집장이었으며 파탈 비디오의 다른 영화들에도 참여한 바 있었다. 스트래노는 굿바이브레이션스 판매 직원이었다. 1990년대 후반에 그 두 사람은 항문성교를 향한 관심이 늘어난다는 것을 알아차렸는데, 특히 남성 파트너의 항문에 삽입하고 싶어 하는 여성들이 많았다. "전부 그랬어요. 내가 아는 이성애자와 바이섹슈얼 여성 모두요. 그래서 모두 가게로 와서 부착형 딜도를 사서는 자기의 남자 애인이나 남편에게 어떻게 사용해야 하는지 방법을 알고 싶어 했죠. 갑자기 사람들이 그 이야기를 하기 시작한 거예요." 스트래노의 회상이다.[54] 레드나워와 스트래노 커플은 오랫동안 레즈비언을 위한 포르노그래피를 만들고 싶어 했는데, 이런 종류의 영화야말로 그들이 만들어야 하는 작품임을 알아차렸다. 레드나워는 회상하듯 말했다. "이 주제를 다룬 교육용 영화가 없었어요. 게다가 우리는 레즈비언들이 나서서 이성애자 남성들에게 삽입을 받는 방법을 가르쳐준다는 아이디어가 정말 마음에 들었어요. 우린 만일 이 영화를 먼저 제작하면 돈이 벌릴 거라는 것도 알았어요. 이성 간 섹스를 퀴어링^{queering}하면서 번 돈으로 우리 레즈 포르노 제국을 지원하는 거죠."[55]

레드나워와 스트래노는 샌프란시스코 여성들이 "페깅^{pegging}"*에 관심이 있어서 굿바이브레이션스에 온다면(편향된 준거집단이라는 점은 그들도 인정했다) 전국의 여성들이 자신도 기어를 쥐고 싶어 하는 건 시간 문제일 뿐이라고 자신했다. 레드나워의 설명처럼, "우리는 알고 있었죠. 우리가 (굿바이브레이션스에서) 기다리던 사람들이 스무 명 정도만 있으면, 그들이 바로 다가올 파도의 물마루여서 약간만 힘써서 띄워도 대성공 가도를 달릴 수 있다는 걸요."[56]

두 사람은 포르노에는 성적 지향과 젠더 정체성에 관계없이

---

*   여기서는 항문성교를 뜻한다.

모든 사람들이 더 좋고, 더 핫하고, 더 친밀하며 더 만족스러운 성생활을 누릴 수 있게 하는 잠재력이 있다고 믿었다. 그들이 세운 제작사인 SIR 비디오(섹스sex, 탐닉indulgence, 그리고 로큰롤rock-n-Roll의 머릿글자를 딴 명칭)는 "사람들이 섹스하는 방식을 바꾼다"는 사명을 내걸었다. 그 사명에는 재미있고, 특히 여성이 즐길 수 있는 포르노그래피를 제작하는 일도 포함되었다. 그들은 또한 《온 아워 백스》나 굿바이브레이션스처럼 여성 중심적이고 여성이 섹슈얼리티를 즐길 수 있도록 하는 회사에서 일하면 고객에게 교육을 제공해야 하는 일이 잦다는 것도 알고 있었다. 에로틱한 글이든, 바이브레이터든, 포르노그래피든 어떤 형태로든 섹스를 즐길 기본 권리가 있다는 것을 그들에게 알려주어야 하는 것이다. 그들은 영화를 제작할 때 그러한 교훈을 마음 깊이 새겼다.

레드나워와 스트래노는 〈숙이는 남자친구〉를 기꺼이 지원해줄 투자자를 찾아다녔으나, 가는 곳에서마다 "거절당하고 비웃음을 받았"다. 그 누구도 이성애자 남성이 "뒤로 느끼는" 교육용 영화가 팔릴 거라고 생각하지 않았기 때문이다.[57] 결국 그들은 파탈 비디오와 협력하게 되었는데, 이때 굿바이브레이션스 창업자 블랭크가 보증을 섰다. 블랭크는 언제나 다음번에 어디서 대박이 터질지 알아내는 재주가 있었다. 레드나워가 생생하게 기억하듯이, 〈숙이는 남자친구〉는 "8월에 음료수 팔리듯, 야구장에서 핫도그 팔리듯, 베티 도슨의 컨벤션에서 매직완드가 팔리듯 [불티나게] 팔렸다."[58] 영화가 어찌나 인기를 끌었던지 카피를 찍어내는 속도가 수요를 따라잡지 못할 정도였다.

캐럴 퀸과 로버트 모건Robert Morgan은 〈숙이는 남자친구〉에서

〈숙이는 남자친구〉의 감독 샤 레드나워와
재키 스트래노를 표지 모델로 한 《온 아워 백스》
2000년 6~7월호.

강사로 등장한다. "우리는 제대로 하는 방법을 알려드리기 위해 나왔습니다. 그리고 당신이 이런 종류의 친밀한 플레이에 관해 품고 있는 모든 환상이 안전하고 재미있는 방법으로 현실화될 수 있다는 것도 알려드릴 거예요." [영상 속] 퀸의 말이다. 그는 카메라를 정면으로 바라보고 있다. 지시와 정보 전달을 위해 의도된 솔직하고, 쉽고, 사실에 집중하는 언어가 사용된다. 퀸과 모건은 항문성교를 향한 수많은 흔한 낭설과 오해를 깨부수고, 애널 플레이로 성적 레퍼토리를 확장하는 데 관심이 있는 시청자에게 격려와 실용적 조언을 제공한다.

〈숙이는 남자친구〉는 여러 층위에서 교육적 요소가 작동하는 영화다. 영화는 집에 있는 시청자들에게 안전하고 즐겁게 항문성교를 하는 법(퀸과 모건은 윤활유가 필수라고 강조한다)을 알려준다. 그러나 이 영화는 거기서 그치지 않고, 교육용 섹스 영상을 시청하고 거기에서 얻은 팁과 조언을 실제로 적용하는 방법을 시범보이기도 하다. 이 부분은 커플 두 쌍이 각자 팝콘과 리모컨을 들고 텔레비전 앞에 앉아 있는 장면으로 전달되는데, 그들은 결국 본 게임에 들어가게 된다.

〈숙이는 남자친구〉와 〈여성을 위한 궁극의 항문성교 가이드〉는 더 큰 섹스 포지티브 생태계의 일부다. 그 생태계에는 성교육 책, 영상, 그리고 섹스토이숍에서의 대화 등 다양한 부분이 포함되며, 서로가 서로를 보강하고 지탱한다. 제작자들이 페미니스트 섹스토이숍에서 일한 경험을 토대로 영화를 만들었듯, 이 영화들 역시 시청자가 그 가게로 향하도록, 그곳에서 파는 다양한 제품을 구입하도록 이끈다.

〈숙이는 남자친구〉에서 가장 흥미로운 점 중 하나는 영화가 시청자들이 지식이 풍부하고 요령이 좋은 성적 소비자가 되도록 지도한다는 것이다. 영화는 소비의 메시지를 숨기지 않고 노골적으로 드러낸다. 예를 들어, 어떤 장면에서 퀸은 항문성교에 사용할 수 있을 만한 여러 다른 섹스토이를 실리콘 버트플러그부터 가죽 하네스까지 자세히 논한다. 그리고 그는 집에서 영화를 보는 시청자에게 "신용카드를 들고 쇼핑하러 가면 저를 다시 만나실 수 있어요"라고 말한다. 그 순간 성교육과 성적 소비, 섹스 포지티브 생태계 사이에 매우 분명한 관계가 확립되고, 〈숙이는 남자친구〉 역시 그 관계에 속하게 된다.

〈숙이는 남자친구〉의 내러티브 체계 안에 통합된 소비의 메시지는 우연히 기입된 것이 아니다. 그 메시지는 창작자들이 해당 영화가 더 광범위한 섹스 포지티브 문화 생산자들의 일부이자, 그들에게 빚지고 있음을 전략적으로 시인한 것이다. 그 생태계에는 영화에 제품으로 등장한 빅센 크리에이션스 같은 딜도 제작사부터 굿바이브레이션스 같은 소매업체까지 포함된다. 여기서 페미니스트 문화 생산과 정보 공급의 회로는 완벽한 원을 그린다. 소비자는 자신이 쉽게 손에 넣을 수 없는 성적 주제에 관한 정보를 원한다. SIR 비디오는 섹스 정보를 오락적인 방식으로 제공할 수 있는 영화를 제작하고자 한다. 그리고 굿바이브레이션스 같은 가게들은 레드나워와 스트래노가 만들던 바로 그런 종류의 페미니즘적이고 퀴어 지향적인 포르노그래피를 찾고 있었는데, 그 큰 이유 중 하나는 고객들이 그런 영화를 원하기 때문이었다. 결과적으로 섹스 포지티브 생태계는 [성교육] 안내서, 포르노그래피, 섹스토이, 그리고 섹스토이숍이라는 서로 다른 페미니스트 사업들을 연결한다. 섹스에 대해 생각하고 말하는 문화적 방식을 바꾼다는 공동의 비전이 이들을 연결하는 것이다. 상호 연결되어 있으며 서로가 서로를 강화하는 이런 시스템은 내가 6장의 도입부에 묘사한 셀프서비스의 도구를 이용한 섹스 워크숍에서, 그러니까 가게 주인인 매티 프리커와 몰리 애들러가 선반에 진열된 〈여성을 위한 궁극의 항문성교 가이드〉와 〈숙이는 남자친구〉를 가리키며, 그 작품들을 값진 섹슈얼리티 자원으로 언급했을 때 그 형태를 완전히 드러냈다. 실로 이 생태계가 섹스토이와 포르노그래피의 여성 소비시장에 기여한 역할은 상당하다. 이 생태계는 쾌락, 욕망, 그리고 동의에 대한 솔직한 소통이 끊임없이 침묵당하는 문화에서 여러모로 섹스 포지티브 페미니스트 소매업을 지원하는 토대로서, 광범위한 교육적 맥락을 형성했다. 즉 섹스 포지티브 페미니스트 소매업은 그 생태계 안에서 상업적 기업으로, 정치적 개입으로, 그리고 정확한 정보와 사실에 기반해 섹스에 대해 이야기할 수 있는 긴요한 플랫폼으로 자리 잡을 수 있게 된다.

7

정체성을 팝니다

나에게 페미니즘은 다른 정치적 현실을 보도록 열어준 첫 번째 정치적 정체성이었다. 나는 개인적인 것이 정치적인 것이라는 생각을 진심으로 지지했으며 지금도 믿는다. 섹스를 어떻게 하는지부터 누구와 하는지, 섹스토이를 어떻게 파는지까지, 내가 하는 모든 언행에 (그 신념의 영향이) 자리한다. 내가 하는 모든 행동은 나 자신을 거대한 정치학과 정체성의 직물 중 일부분으로 이해한다는 전제하에 이루어진다.

—펠리스 셰이스(베이브랜드 [직원])

그 메일은 베이브랜드가 자주 받던 칭찬 일색의 여느 팬레터와 달랐다. 이 편지를 반복해서 보내는 사람은 한 단골 여성 고객이었다. 그는 베이브랜드가 "여성[womyn] 중심적이고, 레즈비언이 소유하고 운영하는 기업"임에 항상 감사한 마음을 가지고 있었다고 했다. 그러나 그는 자신이 마지막으로 베이브랜드를 방문했을 때, 어떤 젊은 남성이 자신에게 접근해서 도움이 필요한지 물어왔다고 설명했다. "충격받았습니다. 지금도 충격이고요. 남자가 베이브랜드에서 일한다는 사실이요"라고 그 고객은 썼다. "그 남자는 게이로 보이긴 했지만, 절대 내가, 즉 레즈비언으로 정체화한 여성이 베이브랜드와 같은 가게에서 어떤 도움을 원하는지 알 수 없었을 거라고 봅니다. 그 남자가 여자로 산다는 게 어떤 건지, 레즈비언으로 산다는 것이 무엇인지 전혀 모른다는 건 말할 필요도 없겠죠. 성적으로 활동적인 레즈비언 여성이 어떤 존재인지 절대 모를 거란 점은 차치하고라도요. 간단히 말해, 그 남자는 제가 필요로 하는 도움을 절대로 제공할 수 없는 존재라는 거예요."[1]

1999년의 일이었다. 해당 고객이 이 편지에서 문제 삼는 남성은 사실 보이시하게 보이는 20대 레즈비언 여성이었다. 그 고객은 해당 직원의 젠더 정체성과 성적 지향을 오해했을 뿐 아니라, 그 오해 때문에 그 직원이 필수적인 자격을 결여하고 있다고 결론 내렸다. 그 직원에게 자신이 필요로 하는 종류의 서비스를 제공할 수 있는 자격과 경험적 지식이 없다고 판단한 것이다.

이 고객의 편지에서 흥미로운 지점은 젠더에 관한 오해와 그 결과가 낳은 효과뿐만이 아니었다. 공유된 정체화와 경험이 이 여성에게 미치는 분명한 영향력의 강도 또한 흥미로웠다. 이 고객에게는 정체성과 경험이 너무나 중요한 나머지 시간을 들여서 회사에 자신의 불쾌감을 표현하는 편지를 쓸 정도였던 것이다. 그에게 베이브랜드라는 판매 공간에서 남성으로 보이는 사람을 만난 일은 "여성 중심적이고, 레즈비언이 소유하고 운영하는" 가게라는 베이브랜드에 대한 자신의 이해를 뒤엎는 사건으로, 그로 인해 그러한 기표의 연쇄가 나타내는 모든 것이 뒤흔들렸다.

정체성은 우리의 정치적 언어에서 흔히 쓰이는 시금석이다. 페미니스트 이론가 히마니 배너지Himani Bannergi의 표현처럼, 정체성은 "'존재being' 또는 주체성subjectivity, 그리고 경험이라는 관념을 정치라는 무대 중앙에 올리는" 단어다.[2] 정체성과 소속의 문제는 페미니스트 섹스토이숍에서 매우 뚜렷하게 드러난다. 따라서 이런 사업체들은 배너지가 "정체성 프로젝트"라고 일컫는 것의 흥미로운 사례가 된다.

정체성 정치학의 진흙탕 늪을 힘겹게 헤쳐나가지 않으면, 페미니스트 섹스토이숍들의 역사를 이해하기란 어렵거나 불가능하다. 그러나 정체성의 언어는, 특히 페미니즘과 퀴어정치의 용어는 시간이 흐르며 변할 수 있는, 그리고 실로 자주 변하는 불안정한 범주들로 만연하다. 페미니스트 섹스토이숍을 가리키는 단일하거나 고정된 정의는 없다. 그보다 각 업체의 소유주와 직원들이 특정 회사에서 통용되는 페미니즘과 퀴어함queerness의 의미를 결정하는 것이 일반적이다. 이런 회사들이 정체성의 친숙한 표식에 의지하는 동시에 젠더와 섹슈얼리티에 대한 이분법적 사고방식을 해체하려고 할 때, 이 모든 과정은 특히 더욱 까다로워진다. 즉 시장의 논리는 회사의 정치적 이상 및 상업적 명령과 긴장 관계를 형성할 수 있다. 이는 무엇을 의미하는가? 예를 들어, 평균적인 고객들이 페미니즘을 반섹스주의 혹은 반남성주의로 이해하는 사회에서 명백히 페미니즘적인 섹스토이숍을 운영한다는 것은 어떤 의미인가? "여성이 운영하는" 가게가 때로 "여성 전용" 가게로 해석될 때, 남성 고객들에게는 어떻게 어필할 것인가? 한마디로, 상업화된 버전의 정체성 정치학은 페미니스트 섹스토이숍에서 어떤 모습으로 나타나며, 그것이 교육 중심적인 사명을 추구할 때 얼마나 효과를 발휘할 수 있는가?

페미니즘: 그 가능성과 불만

당신이 1970년대 중반 이브스가든의 쇼룸을 방문했다면, 섹스토이를 구경하며 서성거리는 고객들 중에서 남성은 전혀 찾지 못했을 것이다. 델 윌리엄스는 그 시절 많은 페미니스트와 마찬가지로 여성에게는 자기들만의 공간과 단체가 있어야 한다고 믿었다. 이브스가든을 설립했을 때 그는 여성 전용 정책을 확립했다. 윌리엄스가 자서전에서 밝혔듯, "[남성에 대한] 입장 제한은 여성이 자신의 섹슈얼리티를 탐구할 수 있는 편안한 공간을 만들기 위함이었다. 1974년에는 이런 목표가 젠더 프라이버시를 뜻할 수밖에 없었다".[3] 윌리엄스는 차후에 이 정책을 완화하고 남성 고객을 환영하기 시작했으나, 남성 고객은 제한된 시간에, 여성과 함께해야만 입장이 가능했다.

이브스가든은 초기부터 여성을 환대하는 장소라는 생각을 주된 운영 원리로 삼았다. 수년 동안 이브스가든은 창업 당시의 모토를 유지했다. "우리는 여성에게 쾌락을 주는 물건을 만든다." 여러 친구와 동료들은 몇 년에 걸쳐 이 슬로건을 좀 더 젠더중립적인 방향으로 바꾸면 어떻겠냐고 제안했다. "사람들에게 즐거움을 주는 것을 만든다"와 같은 식으로 말이다. 그러나 윌리엄스는 그들의 제안을 거절했다. "여성은 자신을 성적 존재로 정의하려 할 때 여전히 남성보다 훨씬 어려움을 많이 겪으니까요." 2001년에 그가 내게 해준 설명이다. "나는 여전히 어떤 여성들은 (가게가) 여성을 위해 기획되었다는 사실에 더욱 편안함을 느낄 거라고 생각해요."[4]

이브스가든은 1970년대 문화 페미니즘cultural feminism의 정치 사상에 딱 들어맞는다고 볼 수 있는 가게다. 역사학자 앨리스 에콜스Alice Echols에 따르면, 문화 페미니즘은 "여성이 가부장제에 오염되지 않은 문화와 공간을 건설할 수 있다는 가능성을 드러냈다".[5] 문화 페미니즘의 핵심은 남성과 다른 여성의 생물학적 특성을 안정화하고 보편적 자매애universal sisterhood, 그리고 (주로) 분리주의separatism*를 특징으로 하는 여성 중심적 사회를 창조하는 데 있다.

공유된 자매애shared sisterhood 개념은 페미니즘의 강력한 강령이었다. 그러나 문화 페미니즘은 여성이 남성과 육체적·경제적·감정적·문화적으로 다른 점을 강조했다. 이런 경향은 인종, 민족, 사회적 계급, 그리고 성적 지향과 같은 여성들 사이의 중요한 차이를 빈번히 무시하는 부작용을 초래했다. "여성용"이라는 묘사는 종종 '백인이고 중산층인 여성을 위한 것'이라는 말의 약자로 쓰였다. 여성운동의 초창기에 리더였고 지금도 영향력의 중심에 위치한 페미니스트들과 페미니즘 잡지 편집자, 공인, 그리고 사업가들이 바로 그 백인 중산층 여성이었다. 유색인 페미니스트**와 그 지지자들은 주류 여성운동의 인종차별에 적극적으로 대응했다. 그들은 치카나Chicana 페미니스트***인 노르마 알라르콘Norma

---

* 일부 문화 페미니스트 및 정치적 레즈비언 커뮤니티에서 추구한 엄격한 성별 분리주의를 가리킨다. 분리주의자들은 페미니즘적 실천이란 곧 남성을 완전히 배제한 여성만의 상징적·실재적 공간을 구축하는 것이라고 주장했다. 이러한 주장은 그 실천적 어려움뿐 아니라 여성의 범주와 정의, 젠더 비순응자의 문제, 여성 커뮤니티 내부에서 일어나는 또 다른 배제, 사회적 소통과 변혁의 문제 등 여러 측면에서 이론적 논의와 논쟁의 대상이 되었다.
** 백인 이외의 인종을 모두 일컫는 유색인이라는 범주 자체가 차별적이라는 지적에 따라 비백인nonwhite이라는 말을 대신 사용하기도 하나, 최근에는 당사자들이 유색인people/person of colour, poc이라는 말을 긍정적인 의미로 전유하여 사용하기도 한다.
*** 멕시코계 여성 페미니스트라는 뜻이다.

Alarcón이 쓴 표현처럼 한 사람이 "여성이 된다는 것"은 "단순히 남성의 반대항이라는 것보다 훨씬 복잡한 의미임"을 깨닫지 못하는 버전의 페미니즘을 거부했다.[6] 1980년대 초반 즈음에는 페미니즘 이론과 정치학 분야 모두에서 여성 경험의 복잡성과 교차성intersectionality의 중요성을 강조하는 획기적인 명저 및 선집들이 다수 출판되었다. 바버라 스미스Barbara Smith의《홈 걸스: 흑인 페미니스트 선집Home Girls: A Black Feminist Anthology》, 앤절라 데이비스Angela Davis의《여성, 인종, 그리고 계급Women, Race and Class》, 셰리 모라가Cherríe Moraga와 글로리아 안잘두아Gloria Anzaldúa의《내 등이라 불린 이 다리This Bridge Called My Back》와 같은 책들이 바로 그것이다. 그러나 여전히 페미니즘은 백인 여성의 운동이며 페미니스트 섹스토이숍은 백인과 중산층 여성 고객을 우선시하는 곳이라고 여기는 여성들(과 남성들)도 있었다.

백인인 페미니스트 섹스토이숍 점주와 직원들이 포용성과 다양성을 고민하지 않았다는 뜻이 아니다. 그들은 분명히 그런 요소에 주의를 기울였다. 그러나 1980년대 굿바이브이션스의 오래된 직원 사진을 들여다보면 모든 사람이 백인 여성임을 알 수 있다. 그러므로 굿바이브레이션스가 백인 여성용 가게라는 인상을 받은 고객이 있다 해도 사실상 놀랄 일은 아닐지도 모른다. 이런 인상을 바꾸기 위해서는 굿바이브레이션스 직원들의 의식적인 노력이 필요했다. 2005년 굿바이브레이션스에 입사한 앤디 듀란Andy Duran은 퀴어이고, 비백인이며 트랜스남성이다. 그는 입사 당시 "다양성이 아주 풍부하게" 구성된 직원 집단에 합류하게 되어 "기쁘고 안심되었다"고 한다. 그러나 이런 변화는 하루아침에 이루

1989년경의 굿바이브레이션스 직원들.
맨 윗줄 오른쪽에서 세 번째 앤 세먼스,
가운데 조아니 블랭크, 맨 아랫줄 오른쪽
캐시 윙크스. 사진 제공 조아니 블랭크.

어진 것이 아니다. 1990년대를 지나면서 굿바이브레이션스는 더 많은 직원을 고용한다. 1990년에는 열 명이었던 직원이 1990년대 말에는 100명을 넘어선 것이다. 그 과정에서 회사는 다문화 위원회를 설치하고 홍보 수단을 다양화하며, 아웃리치 활동과 다양한 상품 선정에 힘을 쏟기 위한 단계를 차근차근 밟아나갔다. 중요한 점은, 그러면서 직원과 고객의 성별, 인종, 그리고 민족 또한 한층 더 다양해졌다는 것이다. 굿바이브레이션스에서 일했던 어떤 이는 이렇게 회상했다. "가게가 여성 전용인지, 여성 전용으로 남아야 하는지, 그리고 '여성 전용'의 의미는 무엇인지에 대해 힘든 논의를 많이, 정말 많이 했다. 내가 일했던 때에는 그런 논의들이 하나같이 정말로 다 너무나 심각하고 고통스러웠다."[7]

　다수의 직원들은 특히 인종 문제와 관련해 논의가 어려웠다고 기억한다. 1990년대 후반부터 2000년대 초반까지 6년간 굿바이브레이션스의 교육 부서에서 일했던 에이미 안드레는 이렇게 말했다. "제대로 논의되지 않는 인종차별이 많았어요. 그리고 문제적이거나 아무 도움이 안 되는 방식으로 다뤄지기도 했죠. 나 역시 그런 환경에서 일하는 아프리카계 미국인 여성으로서 일상적으로 인종차별로 인한 어려움을 겪었어요. 그건 굉장히 좌절스러운 상황이었죠."[8]

　안드레는 직원 대부분이 젊은 백인에 퀴어 여성이며, 고객은 대체로 젊은 백인 이성애자 여성이라는 사실에 대한 논의가 부재한다고 느꼈다.

　나이 든 아프리카계 여성이 굿바이브레이션스 대신 다른 곳을, 심지어 굿바이브레이션스가 대항하고자 했던 그런 종류의 섹

BEHIND THE VIBES
MANY FACES, ONE MISSION

As worker-owners of Good Vibrations cooperative, we delight in our mission to make your life more pleasurable through providing accurate sex information and fun, high-quality products. Enjoy your visit and experience the friendly and respectful service our customers have trusted for over 27 years.

GOOD VIBRATIONS
www.goodvibes.com

603 Valencia St, SF 415.522.5460
1620 Polk St, SF 415.345.0400
2504 San Pablo, Berkeley 510.841.8987
Mail Order: 1.800.BUY.VIBE

점점 다양해져가는 직원 구성을 강조하는
2004년 굿바이브레이션스의 광고.

스토이숍을 쇼핑 장소로 선택한 이유는 무엇일까? 어떤 이유로든 가게에 오지 않는 고객에게 접근하려면 광고 기법과 아웃리치 활동을 어떻게 바꾸어야 할까?

이것이 바로 네나 조이너^{Nenna Joiner}가 하던 종류의 고민이다. 조이너는 2011년 오클랜드에서 도시 최초로 여성이 운영하는 섹스토이숍인 필모어를 개업하면서 이런 질문을 던졌다.

라스베이거스가 고향인 조이너는 20대 초반이었던 1990년 대에 베이 에어리어 쪽으로 이주했다. 샌프란시스코 에이즈 프로젝트^{AIDS Project}에서 일했던 그의 이모는 조이너에게 《굿바이브레이션스의 섹스 가이드》 한 권을 건네며 굿바이브레이션스 버클리점에 한번 가보라고 권했다. "거기에 가봤는데 정말 좋았어요." 조이너가 내게 말했다. "그런데, …… 거기 갈 때마다 내가 반영된 건 한 번도 못 봤어요. [홍보] 이미지에 자신감 있는 모습으로 등장하는 건 전부 백인 여자들이더군요. 나는 흑인 여자니까, '우리는 어디 있는 거야?' 하고 궁금해했죠."[9]

조이너는 아프리카계 미국인 커뮤니티에 더 다양한 성적 이미지와 자원을 찾는 수요가 있다는 것을 깨달았다. 그래서 그는 사업을 시작하기로 했다. 조이너가 보기에 그것은 여성 소유의 섹스토이숍 및 성인산업계 전반에 결여된 것을 채울 수 있는 사업이었다. "사람들은 항상 '왜 하필 섹스토이숍을 운영하는 거죠?'라고 물어요." 조이너는 말한다. "그냥 오클랜드에 부족한 것이 있다고 생각했어요. 내가 가진 돈으로 다른 일을 할 수도 있었겠지만, 나는 수요를 찾아냈던 거죠. 난 지역사회를 잘 살펴보고 진정한 수요가 무엇인지 읽어야 한다는 생각이 들 때가 있어요."[10]

바이브레이터의 나라

캘리포니아 오클랜드에 위치한 필모어
매장 앞에 있는 창업자 네나 조이너의 모습.
사진 제공 네나 조이너.

조이너는 사업 계획을 세웠다. 오클랜드의 용도지역 조례를
꼼꼼히 조사한 후 가게를 찾았는데, 그 과정만 5년이 걸렸다. 그
는 은행들이 성인산업은 지나치게 리스크가 크다고 판단해 융자
를 꺼린다는 사실을 알게 되었다. 게다가 많은 건물주가 성인용품
점에 따라붙는 낙인과 연관되길 주저하며 그에게 임대해주기를
싫어했다. 그러나 조이너는 포기하지 않았다. 자신이 구상한 사업
의 여러 요소들이 맞아떨어질 날을 기다리며 샌프란시스코 성지
식센터에서 60시간짜리 섹슈얼리티 교육 강사 집중 코스도 들었
고, 유색인 퀴어 여성을 타깃으로 하는 포르노그래피를 제작하기
시작했다. 조이너는 블랭크를 만나기도 했다. 블랭크는 조이너의

친구이자 멘토가 되었고, 가게를 열 때 마지막으로 조금 부족했던 돈까지 빌려주었다.

필모어는 오클랜드의 역사적인 폭스 극장Fox Theater에서 한 블럭 떨어진 가발 가게가 있던 자리에 개업했다. 그곳은 아트갤러리이기도 하고, 성인용품점이기도 하며, 지역사회의 정보자원센터이기도 했다. 조이너는 인테리어 디자이너에게 재즈 라운지 같은 느낌이 나는 가게를 원한다고 말했다. 쿨하고, 편안하면서도 격조 있는 분위기 말이다.[11] 벽에는 에로틱한 예술작품들이 걸리고, 선반에는 형형색색의 딜도와 구하기 힘든 골동품·수집품들을 진열했다. 오래된 《플레이보이》와 액자에 넣은 빈티지 콘돔 자판기 광고물부터 희귀 서적과 LP 레코드판에 이르기까지, 오클랜드의 인종적·민족적 다양성을 반영하는 여러 물건들이 자리했다.

조이너에게 '포용성'이란 그저 하나의 유행어가 아니라 회사를 구성하는 기본 원칙이었다. 그럼에도 이것 아니면 저것이라는 이분법적 범주를 넘어서는 브랜드를 건설하기란 쉽지 않았다. 성인산업계는 온통 남성 아니면 여성, 흑인 아니면 백인, 동성애자 아니면 이성애자 따위의 이분법적 범주로 가득 차 있었고, 이를 넘어서려면 극도로 세심한 맞춤형 접근법이 필요했다. "그냥 딜도와 윤활제를 던져놓는 걸로는 안 돼요. 특히 그런 걸 한 번도 본 적이 없는 공동체에는요." 조이너가 내게 해준 말이다. "(필모어의) 목표는 외모나 정체성과 관계없이 모든 사람이 편안함을 느낄 수 있도록 하는 것입니다."[12]

조이너는 누구에게나 접근하려 했지만, 그때마다 항상 성을 앞세우지는 않았다. 이를테면 가게의 빈티지한 면모라든지 재즈 가수 세라 본^{Sarah Vaughan}*의 노래를 틀어 향수를 자극하는 것도 그러한 노력 중 하나였다. 조이너는 필모어에서 코미디의 밤을 주최하기도 했고, 심리학자와 재무설계사를 불러 워크숍을 열기도 했다. "실직한 지 얼마 되지 않은 상태고 재정적으로 스트레스를 받고 있는데 어떻게 섹스를 생각할 여유가 있을까요?" 조이너의 말이다.

조이너는 정보가 가장 간절히 필요한 사람들에게 어떻게 접근할 수 있을지 언제나 고민했다. 필모어에 콘돔을 사러 오는 보통의 남성 고객은 콘돔 사용법을 이미 안다. 하지만 그렇지 못한 사람은 어떨까? 정보가 가장 빈곤한 사람들에게 접근한다는 것은 그들이 속한 공동체로 들어가 직접 과소대표된 집단과 이야기하는 일을 뜻한다. 예컨대 [마약성 진통제인] 메타돈^{Methadone} 중독 클리닉이나 에이즈 단체 등에 가서 사랑과 상호의존부터 합의된 신체접촉까지 모든 것을 이야기하는 것이다. 이런 타입의 아웃리치 운동은 곧바로 판매 실적으로 전환되지는 않을 수도 있으나, 조이너에게 중요한 것은 흑인 기업가의 대표 주자가 되는 것이었다. 그래서 그는 초청받은 곳이면 어디든, 언제든 가려고 했다. 조이너는 물건 하나로 다양성을 대표하거나 대신하려고 하지 않았다. 그는 고객들이 다른 섹스토이숍에서 쉽게 찾을 수 없는 물건들의 재고를 확보하기 위해 혼신의 힘을 다했다. 그중에는 초콜릿색과 캐러멜색의 딜도 및 패커^{packer}(가랑이 사이에 차서 페니스처럼 보이게 하는 데 쓰는 물건)도 있었다.[13]

---

*   1924~1990, 전설적인 아프리카계 미국인 여성 재즈 가수.

조이너는 필모어가 명확한 페미니스트 섹스토이숍라고는 생각하지 않았다. 페미니즘은 자신이 성장한 고향이 아니었다고 그는 말했다. "포르노를 찍기 시작할 무렵까지 난 페미니즘이 뭔지도 몰랐어요."[14] 그럼에도 사람들이 더 느끼고, 더 사랑하고, 더 활기차게 살아가기를 권장한다는 그가 필모어에 부여한 비전은 굿바이브레이션스와 베이브랜드 같은 페미니스트 소매업체들의 사명과 닮아 있었다. 동시에 조이너는 자신이 표현한 것처럼 "다른 곳을 지향하는" 노력을 매우 의식적으로 행했다. [다른 가게와] 차별화되는 소매업을 비전으로 추구하고 수요가 제대로 충족되지 못한 시장에 접근하기 위함이었다. 그는 이런 과정을 "유기적인" 것이라고 표현하면서, 페미니즘이라기보다는 "옳은 일을 하는 것에 더 가깝다"고 말했다.

조이너는 세계를 아프리카계 미국인인 레즈비언 사업가의 입장에서 바라봄으로써 백인 헤게모니의 외부에 위치시켰다. 백인 헤게모니는 페미니스트 섹스토이숍들이 내부적으로 인종과 포용성을 논하는 방법을 규정하고, 많은 경우 제한한다. 조이너에게 인종, 민족, 그리고 사회적 계급은 뒤늦게 떠오른 생각이 아니라, 그 자체로 사업 모델을 정의하는 요소였다. "내가 속한 공동체뿐 아니라 오클랜드 전체에 아주 중요해요. 우리를 긍정적인 방식으로 재현하는 곳(섹스토이숍)이 있다는 사실이요. 흑인이자 피부색이 어두운 사람이라는 것, 그게 나를 이루는 가장 중요한 요소예요."[15] 그럼에도 재정적으로 곤경을 겪지 않으려면 아프리카계 미국인 공동체뿐 아니라 더 넓은 고객층에 접근해야 한다는 것을 조이너는 잘 알고 있었다. "내 상품을 사는 사람들이 꼭 나처럼 생겨야 할 필요는 없어요." 그가 덧붙였다.

베이브랜드의 캐버너와 베닝은 문화 페미니즘의 한계를 깨달았으나, "여성의 경험"이라는 구호 아래 단합하는 것이 사업을 구축하는 데 유용하다는 점도 알고 있었다. 그들은 남성 특권과 성차별주의가 지배하는 세상에서 '여성'이 여전히 의미 있는 정체성 범주로 기능한다고 여긴다. 그것이 오늘날 젠더 정치의 복잡성을 완전히 반영하지 못한다 해도 말이다.

2002년에 나는 캐버너 및 베이브랜드 뉴욕점 성교육 강사 네 명과 라운드테이블을 진행했다. 구성원은 주로 20대 초반에서 40대 초반의 백인 퀴어였다. 캐버너는 베이브랜드의 핵심 정체성을 이루는 버전의 페미니즘에 "문화 페미니즘의 잔재"가 내포되어 있음을 인정했다. "나는 이 점이 부끄럽지 않아요." 그는 이렇게 말하며 덧붙였다. "우리는 우리가 원하는 세상이 오도록 노력할 수 있으며, 자기 자신을 정의할 수 있고, 그렇게 해야 하며, 자신의 정의를 바꾸고, 새로운 정의에 동의할 수도 있으며 유토피아를 지향할 수도 있습니다. 그러나 우리가 지금과 같은 세상에 살고 있는 이상, 남자는 이렇고 여자는 저렇다는 식으로 말하는 건 일종의 [전략상의] 지름길이라고 생각해요."[16]

"젠더 유동성gender fluidity은 거기에 어떻게 들어맞나요?" 한 성교육 강사가 물었다.

"양쪽 면에서 전부요." 캐버너가 대답했다. "우리는 매우 페미니즘적인 세상을 만들어냈어요. 베이브랜드라고 하는 세상이요. 이건 명백히 환상인데, 여기에 본디지 숲bondage forest과 항문성교 섬anal island이 있기 때문이죠. 하지만 나는 원하면 누구든 그런 용어들을 차지할 수 있는 세상이 곧 베이브랜드라고 생각합니다. 어떤 직원이 하루는 여자로 일하러 오고 다음 날은 남자로 일하러 오고 그다음 날은 또 바뀔 수 있는 거죠. 전 그런 일이 말 그대로 여성이라는 범주를 전제 삼아 일어난다는 사실이 매우 중요하다고 생각하고, 그런 종류의 자유를 추구할 자리를 마련하는 것이 아주 중요하다고 봐요."

"와아! '말 그대로 여성'이라는 건 아주 복잡한 개념이네요." 다른 성교육 강사가 끼어들었다.

"알아요. 나도 알고 있어요. 그렇지만 나는 수치스럽다고 여길 생각이 없어요." 캐버너가 되풀이해서 말했다. "베이브랜드에서 여성Women[이라는 개념]은 말입니다. 그 말은 뜻 그대로예요. 정말이지 이런 용어는 미끄러지기 쉽고 언어는 그렇게 정확하지 못하죠." 캐버너가 계속했다. "여성이 실용적인 제스처라는 걸 고려한다면 말이에요. 지금 우리가 사는 세상에는 여성들이 있고, 내가 이해하기로 여성들이 공통으로 처해 있는 상황이 있습니다. 이런 말을 했다가는 사람들이 날 죽이려 들겠지만요. 그리고 우린 그런 세상에 대한 일종의 교정 장치로서 베이브랜드를 만든 거예요. 나는 사람들이 하나의 말을 채택했으면 좋겠어요. 그 말은 페미니즘입니다. 그리고 그들이 나의 페미니스트 세상으로 오길 바라요."[17]

자신과 베닝이 건설한 페미니즘 세상을 설명하면서 캐버너는 일종의 전략적 본질주의strategic essentialism를 표현했다. 그 전략적 본질주의 안에서 여성[이라는 범주]을 공통분모로 삼는 것은 정치적으로 필수적인 일이다. 한편 캐버너는 젠더가 유동적임을 이해

바이브레이터의 나라

한다. 어떤 직원은 하루는 여자로, 다른 날은 남자로, 그다음 날은 또다시 바뀐 성별로 출근할 수 있다. 그리고 실제로 베이브랜드에는 그런 직원이 있었다. 그럼에도 캐버너는 만연한 성차별의 결과로 여성이 공통적으로 처한 상황을 중시하는 젠더 이해와 페미니즘을 포기하지 않으려 한다. 그는 그로 인해 발생하는 긴장을 잘 이해하고 있다.

그건 어쩔 수 없는 모순이죠. 지금 내가 계속 설명하려고 애쓰는 건, 여성이 처한 상황이 하나의 실재^{real}라는 점에 대해서입니다. 그것이 문화적으로 발생한 것이라는 건 우리도 알죠. '여성'이라는 말은 역사적으로, 문화에 따라 각기 다른 방식으로 이해되어 왔으니까요. 그리고 지금은 그 단어의 의미를 누구나 차지할 수 있게 되었고 나는 그게 우리의 자산이라고 생각해요. 여성이 더 약한 존재로 지목받지 않는 그날 …… 현재는 온갖 것들이 여성 적이라고 여겨지는데, 우리는 베이브랜드에서 그런 것을 교정하려고 해왔어요. 언젠가 그런 것[여성과 여성성에 따라붙는 편견들]이 사실이 아님이 명확해지는 날이 온다면, 좋아요. 그때 우린 여성이라는 이름 아래 모이지 않을 겁니다. 하지만 그때가 오기 전까지 우리는 여성이라는 이름 아래 조직될 것이고, 아마 내 평생 그렇겠죠[여성이라는 범주가 사라지지 않겠죠].[18]

페미니즘과 정체성의 언어가 끊임없이 소환되고 협상되는 방식은 중요하다. 바로 그 방식이 페미니스트 섹스토이숍들이 기업으로서, 그리고 정치적 프로젝트로서 작동하는 기반을 형성하기 때문이다. 인터뷰이 다수가 페미니즘이 이러한 기업들의 근간을 이루며 숨 쉬는 공기와 다름없이 존재한다는 것을 알고 있다. 베이브랜드 직원인 폴라 길로비치Paula Gilovich를 예로 들면, 그는 이렇게 말한다. "(베이브랜드가) 존재하는 것만으로도 세상을 바꾸기 위한 페미니즘의 몫을 하는 거예요."[19] 굿바이브레이션스 직원 로마 에스테베스는 자신의 회사를 "행동하는 페미니즘"의 사례로 설명했다. 굿바이브레이션스 전 직원 저넬 데이비스는 베이브랜드에서 페미니즘에 둘러싸여 있는 것이 마치 "물 만난 물고기" 같았다고 주장했다. "정말이지 언제나 그런 대화를 하고 있어서, 사람들이 페미니즘을 아주 중요하게 여겼다는 것 외에는, 페미니즘에 관해 나눴던 많은 대화는 잘 기억이 안 난답니다.[20] 데이비스가 회상했다.

리즈 랜달에게 그의 직장인 베이브랜드는 페미니즘이 여성의 성적 주체성, 자율성, 그리고 특히 욕망에 관해 필요한 이야기를 하는 곳이었다. "우리는 일종의 페미니즘 섹슈얼리티 운동을 하고 있다고 봐요. 여자들이 '나 섹스하고 싶어'라고 말할 수 있도록 돕는다고 할 수도 있겠네요. 여자들이 자신의 욕망을 사용하고 나에게 욕망을 말하는 게, 나는 페미니즘과 관련되어 있다고 생각해요. …… (채용) 면접에서 페미니스트냐고 물으면 그들은 여전히 '제가 이런저런 걸 다 읽어보지 못해서, 그렇지 않아요'라고 대답하죠. 내가 자기들을 시험한다고 생각하는 거예요. 페미니즘은 사람들에게 여전히 학문으로 여겨지는 거예요." [21]

적어도 랜달에게 있어 페미니즘은 연구 활동이 아니다. 랜달에게 페미니즘은 여성이 당당하게 자신의 성적 욕망을 명명하고,

추구할 수 있는 능력을 통해 행사하며 그 능력에 체화되어 있는 정치적 신념 체계. 그러나 랜달은 자기 자신뿐 아니라 자신이 추구하는 정치를 스스로 항상 '페미니스트'라는 용어로 기꺼이 표현하지는 않았음을 이미 인정했다. 우리의 인터뷰 도중 그는 대학에서 처음 페미니즘을 배웠을 때 페미니즘으로부터 소외당하는 것 같았다고 선뜻 인정했다. "그런 종류의 진화를 거친 사람들이 많잖아요. 나도 그중 하나예요. 대학에서 페미니즘을 배웠을 때 난 '이건 나하고 안 맞네' 이랬거든요." 그는 계속해서 다음과 같이 말했다.

> (페미니즘은) 중산계급 또는 상류계급 이상의 백인 여성들이 굉장히 학술적인 용어를 써서 하는 말로 보였어요. 난 '이런 젠장. 이해를 못하겠어, 이건 내가 아닌 것 같아'라고 생각했죠. (그 당시에) 퀴어는 여전히 소외되어 있었고 섹스 포지티브하지 않은 페미니즘이었어요. 그래서 난 "난 페미니스트가 아니야. 페미니스트의 뜻이 이런 거, 이런 거, 저런 거라면 말이지"라고 말하는 많은 사람 중 하나였죠. 지난 몇 년간 나는 일종의 전환점 같은 걸 맞았어요. 그래서 내가 했던 말을 취소하고, 페미니즘은 그렇게 학문적인 글을 쓰는 작가들(만)을 의미하는 게 아니라는 걸 깨달았죠. 나에게는 페미니즘에서 앰버 홀리보^{Amber Hollibaugh}(노동계급 출신의 레즈비언 페미니스트 활동가 겸 작가로, 섹스 포지티브한 관점을 가지고 있다)가 다른 모든 이름들보다 중요해요.[22]

페미니즘에 모순된 감정들을 동시에 품는 섹스토이숍 직원은 랜달 외에도 많다. 내가 만난 많은 이들이 자신과 페미니즘의 관계를 말하며 "이상하다"거나 "의심스럽다"는 식의 단어를 썼다. 베이브랜드의 펠리스 셰이스는 자신이 페미니스트라고 공언하지만, 어떤 사람들에게는 "페미니스트"라는 말이 "공산주의자라는 말만큼이나 끔찍한 소리"로 여겨지는 것 같다고 말했다.[23] 페미니즘이 정확히 무엇을 의미하는지 더 이상 모르겠다고 말하는 이들도 있다. 베이브랜드에서 일하는 트랜스젠더 직원 아처 팔Archer Parr의 경우가 그렇다.

나는 20대 때부터 페미니즘을 공부해왔어요. 그리고 페미니즘에 대해 알면 알수록 그것을 정의하거나, 무엇이 페미니즘이고 무엇이 아닌지 경계를 나누는 게 어렵다고 느껴요. 나에게 포스트구조주의post-structuralism와 페미니즘은 …… 더 이상 그 둘을 분리할 수 없어요. 서로 너무 많이 중첩되어서 나는 이제 페미니즘에는 '반드시 이런 정의들이 포함된다' 같은 것도 확신하지 못하겠어요. 페미니즘의 취지는 여성의 삶(여성을 어떻게 정의하든)을 중심에 두는 것이라고 생각해요. 베이브랜드는 그 점을 충족하고, 그 기준에서 보면 페미니즘적이죠. 베이브랜드가 한 발은 과거에, 다른 한 발은 미래에 걸치고 있다고 생각해요. "그래, 우리는 여성이 소유하고 운영하는 섹스토이숍이야. 그런데, 그게 뭐가 그렇게 중요한지 우린 잘 모르겠어." 이런 정서에 동의하는 사람들이 있거든요. 최근까지 통용되던, 주체의 위치를 중시하는 과거의 페미니즘에 고개를 끄덕이는 사람들도 있죠. 하지만 다른 종류의 페미니즘에 동의하는 사람도 있어요. (베이브랜드에는) 트랜스젠더 직원이 꽤 있거든요. 그런 걸 보면, 만일 성별이 정말로 유동적이라면 여성 소유 섹스토이숍이라는 것의 진짜 의미가 뭘까 싶죠.[24]

베이브랜드가 "한 발은 과거에, 다른 한 발은 미래에 걸치고 있다"는 말은 과거 십수 년간 페미니즘의 이론적·정치적 지형에 발생한 변화를 잘 잡아낸다. 이 변화는 몇몇 인터뷰이가 여성 혹은 남성과 같은 친숙한 정체성 범주가 불안정해지고 다시금 설정되는 시대에 무엇이 페미니즘이냐는 질문을 두고 일어나는 세대적 분열이라고 설명한 바 있는 현상에 기인한다. 퀴어로 정체화했으며, 최근 오벌린대학교를 졸업한 굿바이브레이션스의 어떤 여성 직원은 나에게 이런 말을 했다. 자신에게는 페미니즘이 "젠더 이분법gender binarism의 문제"를 동반한다는 것이다. 그 문제는 정체성 정치에 대한 옛 세대의 관념에 뿌리 내리고 있다. 이 여성이 페미니즘을 추구하는 데 망설이는 이유는 그가 "분리주의"적이라고 부르는 경향 때문이다. 그는 분리주의가 더 포용적이고 젠더를 향한 "퀴어"한 이해와 대척점에 서 있다고 보았다.

그가 말했다. "우리 세대의 입장에서 그런 (종류의 페미니즘)은 굉장히 박탈감을 안겨줍니다. 젠더gender는 여성-남성[이라는 이분법]이 아니에요. 섹스sex도 역시 여성-남성[이라는 이분법]이 아니죠. 섹스는 퀴어할 수 있고 그런 퀴어함이 제2물결 페미니즘보다 훨씬 더 우리의 역량을 강화해주죠." 그는 페미니즘의 몰락은 "도전을 받아들이지 못하는 데" 그 요인이 있다고 계속 말했다. 그에게 제2물결 페미니즘은 현대의 젠더 및 섹슈얼리티 정치에 보조를 맞추지 못하는 정치적 유물이었다.

내가 인터뷰했던 이들 중 몇 명은 페미니즘의 한계(어쩌면 정체성 정치학 전반의 한계)의 원인을 지적했다. 그들이 보기에 그 한계는 일련의 차이를 인식하고 그것을 사회변혁의 청사진에 통합시키지 못한 결과다. "나는 내가 페미니스트라고 말하지 않아요." 트랜스젠더인 솔 실바Saul Silva가 베이브랜드 라운드테이블에서 한 말이다. "왜냐하면, 그 말이 다른 사람들에게 어떤 의미일지 모르거든요." 실바 같은 청년세대가 보기에 퀴어 이론과 교차성은 페미니즘 논의에서 용어를 변화시켰고, 그런 변화는 페미니즘이라는 정치적 우산에 누가 포함되고 또 소외되는지 명확히 판별하기 어렵게 만들었다.[25]

그러나 어떤 창업자들은 포용성을 중시하는 유의 소매 페미니즘retail feminism을 홍보하는 데 있어서, 얼리투베드의 소유주 시어라 데이색의 표현처럼 "(시대를) 앞서 가려고" 열심히 노력했다. 데이색은 2001년 시카고에서 얼리투베드를 개업했는데, 그때 여성을 위한 섹스토이숍 창업은 매우 "시기 적절했다". 그러나 시간이 지나며 그의 회사는 여성을 위한 섹스토이숍에서 모두를 위한 섹스토이숍으로 변해갔고, 그 변화는 무척 빠르게 진행되었다. 그 첫 단계는 시스젠더(비트랜스) 남성들도 얼리투베드 같은 곳에서 쇼핑하고 싶어 하는 현상으로 나타났다. 그래서 데이색은 페니스가 있는 사람들이 쓰는 섹스토이를 더 많이 들여놓았다. 2000년대 중반이 되자, 그는 자신이 "트랜스 붐trans-boom"이라고 명명한 현상이 문화 전반에서 일어나고 있음을 알아차렸다. 그리고 데이색은 여성 섹스토이숍을 운영한다고 말하는 것이 자신에게 무슨 의미인지 진지하게 성찰하기 시작했다. 그는 자신이 사용하던 언어를 모든 성별을 포함하는 방향으로 변경했다. "남성용 토이" 섹션이었던 곳은 "페니스용 토이" 섹션으로 바꿨다. 또한 데이색은 트랜스젠더 고객의 요구에 부응하기 위해 값비싼 젠더 표현 도구를 취급하기 시작했다. 가슴 압박 붕대*, 패킹 속옷**, 질^{vagina}이 있는 사람이 서서 소변을 보도록 돕는 기구 등이었다. 동시에 데이색은 여전히 "우리 문화에서 소녀로, 여성으로 길러진 사람은 남성과는 다른 방식으로 자기 자신의 몸, 그리고 성^{sex}과 관계 맺는다"는 것을 인식할 필요가 있다고 여겼다.[26]

앨버커키의 셀프서브 공동창업자이자 자신을 퀴어로 정체화한 매티 프리커와 몰리 애들러 또한 포용성을 페미니즘의 근본 원칙으로 보았다. 그들은 그 원칙을 사업 운영에 통합하기 위해 많은 노력을 기울였다. 애들러는 이렇게 설명했다. "내 배우자가 트랜스젠더예요. 우리는 트랜스젠더의 포용성 여부를 항상 비판적으로 점검하고 어느 정도는 젠더[의 구분]를 무너뜨리려고 했어요. 그래서 셀프서브가 페미니스트 사업이라는 건 분명히 하면서도, 내가 생각하는 페미니즘의 정의 혹은 언어를 개업 이후 (시간이 지나면서) 바꾸어왔죠. 우린 남성, 트랜스젠더, 모든 연령대, 싱글, 이혼한 사람, 배우자를 잃은 사람들을 전부 다 포용하고 싶었어요."[27]

프리커와 애들러는 판매하는 물건과 섹스 및 젠더와 관련된

---

* ftm 트랜스젠더들이 가슴의 굴곡을 감추기 위해 사용하는 것이다.
** ftm 트랜스젠더들이 페니스가 있는 것처럼 보이도록 하기 위해 착용하는 속옷이다.

이야기를 할 때 사용하는 언어로 급진적인 페미니즘적 포용성을 드러냈다. "우리는 누군가를 대충 분류하거나 그 사람이 어떤 제품을 써야 하는지 임의로 정하지 않는, 윤리적이고 포용적인 언어를 사용해야 합니다." 애들러의 설명이다.[28] 예를 들어, 누군가 셀프서브에 간다면 그는 레즈비언용 섹스토이라는 품목은 찾지 못할 것이다. 대신 그곳에는 성적 지향, 젠더 정체성, 연애 유무에 관계없이 누구든 사용할 수 있는 물건들이 있다. 프리커와 애들러는 워크숍에서 강의할 때 여성과 남성이라는 범주 대신 "여성 성기가 있는$^{lady\ parts}$" 사람과 "남성 성기가 있는$^{male\ parts}$" 사람이라는 말을 사용했다. 신체, 정체성, 그리고 성적 실천이 반드시 [사회적 통념과 일치하는 방향으로] 상응한다는 관념에 도전하려는 노력이었다.

애들러는 말했다. "우리는 레즈비언, 페미니스트, 제2물결 페미니스트 모두가 행복하고 안전한 공간을 만들고 싶었습니다. 그러나 동시에 우리는 트랜스젠더나 젠더퀴어 혹은 다른 세대(를 대변하는 사람들)를 배제하지 않으려고 했어요."[29]

많은 섹스토이 소매업체가 페미니즘 성향을 드러내면 광고와 홍보에 어려움을 겪을 수 있다는 점을 인지하고 있었다. 업체가 홍보하는 버전의 페미니즘이 모든 사람에게 이해받거나 매력적으로 다가갈 것이라는 보장이 없다는 이유 때문이다. 베이브랜드의 공동창업자 베닝은 이 문제를 다음과 같이 설명했다. "페미니즘의 문제는 우리 문화의 반페미니즘적 요소가, 아주 많은 사람이 페미니즘을 매우 의심스럽게 여기도록 만드는 데 성공했다는 점입니다. 그래서 '페미니즘'이라고 말하는 것이 일종의 [소통] 차단 버튼이 될 수 있지요. (베이브랜드가) 사훈에 '페미니즘'이라는 말을 넣지 않는 건 그래서일 거라고 생각해요. 그 말은 방아쇠니까요." 베닝은 계속 말했다. "나는 페미니스트고, 베이브랜드가 페미니스트 사업이라고 생각하지만, 많은 사람이 정작 자신은 '페미니즘'이라는 말에 속해 있지 않다고 생각한다는 걸 깨달았어요."³⁰

다수의 섹스토이 소매업자들이 페미니즘에 대한 베닝의 이러한 평가에 동의했다. 그들은 자기 자신, 그리고 그 연장선상에서 자신이 소유한 회사와 페미니즘 사이에 조심스럽게 거리를 유지했다. 그들이 페미니즘이라는 용어를 완전히 거부할 이유는 페미니스트에 대한 고정관념, 그러니까 분노해 있고, 유머감각이라고는 없으며, 정치적으로 시대에 뒤떨어지고, 섹스에 반대한다는 이미지만으로도 충분했다. 일례로 내가 킴 에어스에게 그가 1993년에 창업한 보스턴의 그랜드 오프닝이 페미니즘적인 회사냐고 물었더니, 그는 고개를 가로저으며 "아니"라고 말했다.

나는 그렇게 생각하지 않는데, 다른 사람들은 모두 그렇게 생각하네요. 나는 우리 회사가 페미니스트 사업이라고 생각하지 않습니다. 섹스토이 제품들을 내가 원하는 방식으로 팔고 있고, 우연히 내가 여자였을 뿐이에요. 그러니까 이런 부분이 페미니즘적이라면 뭐, 그러라고 하겠지만요. 만일 내가 남자였더라도, 괜찮은 섹스토이숍이 없다는 걸 깨달았다면 섹스토이숍을 열었을 거예요. 어쩌다 보니 내가 여자였을 뿐입니다. 그건 무작위로 나온 결과죠. 그래서 난 그게 뭐 대단한 페미니스트 선언이라고 여기지 않아요. 그냥 편안한 환경에서 제품을 살펴볼 수 있게 만든

거라고 생각해요. 예전에는 그런 식으로 진열되지 않았던 제품을요.[31]

내가 인터뷰한 이들 대부분은 페미니즘을 추구했지만(그들이 생각하는 페미니즘의 정의는 각자 달랐지만) 페미니즘이라는 용어에 양가감정을 드러내는 이들도 있었다. 그 용어가 잠재적으로 누군가를 배제할 위험이 있다거나 시대에 뒤떨어졌다는 이유도 있었고, 단순히 페미니즘으로 성공적인 광고를 하기 너무 힘들다는 이유도 있었다. 게다가 젠더, 인종, 성적 지향과 계급의 차이를 급진적으로 포용하려는 욕구가 있었음에도 많은 페미니스트 소매업자들에게 최우선의 조직 원리는 여전히 젠더였다. 그들이 자신의 사업을 설명할 때 가장 편하게 활용하는 언어 역시 젠더였다.

여성용 빅펜*부터 (10대·아시아인·레즈비언 등과 같은 키워드의) 포르노그래피 틈새시장 광고에 이르기까지, 섹스토이를 넘어 소매업계 시장 전체는 제품을 섬세하고 정돈된 박스에 나눠 담는 것을 좋아한다. 이러한 경향은 이분법적 젠더 분할과 경직된 정체성 범주들의 한계를 넘어서려는 섹스 포지티브 소매업자들의 노력에 반하는 것일 수 있다. 성공적인 홍보는 상품 분류에 일반적으로 받아들여지는 용어를 이미 자리 잡은 판매 채널과 소비자가 쉽게 이해할 수 있는 방식으로 사용하고, 구글에서 쉽게 검색되도록 만드는 데 달려 있다. 따라서 페미니스트 소매업체와 직원들은 자

---

* 펜 제조회사로 유명한 빅펜BIC Pen이 여성의 핸드그립에 맞춰 출시했다고 광고한 펜 제품.

신의 진보적인 이상이나 좀 더 포용적인 페미니즘 및 퀴어 정치학에 항상 합치되지 않는 상업적 정언명령들을 헤쳐나가야 했다.

남자라는 문제

캐럴 퀸의 오랜 파트너인 로버트 로런스[Robert Lawrence]가 굿바이브레이션스를 방문했다. 블랭크가 출근하지 않는 날이었고, 로런스는 조금 머뭇거리고 있었다. 1980년대였고, 굿바이브레이션스는 이브스가든과 마찬가지로 여성용 가게로 명성을 쌓아올린 곳이었다. 그러나 로런스의 방문에는 목적이 있었다. 굿바이브레이션스는 스토미 레더 창업자인 캐시 앤드루스[Kathy Andrews]가 만든 주문제작 싱글 스트랩 하네스를 팔고 있었는데, 그 하네스를 꼭 갖고 싶었던 것이다.

"블랭크가 오늘 여기 와도 된다고 했어요." 그는 카운터를 지키는 젊은 여자 점원에게 말했다. 그는 벽에 걸린 하네스를 가리키며 그것을 달라고 말했다.

"우리 가게는 남성분께는 판매하지 않습니다." 점원이 대답했다.

"음, 블랭크에게 듣기로는 저걸 살 수 있다던데요. 한번 착용해봐도 될까요?"

"남성분은 시착 공간을 이용하실 수 없어요."

로런스는 그 하네스 제품을 너무나 간절히 원했고(찾기 힘든 스타일인 데다 영구 보증을 보장하는 제품이었다) 그것을 구하기 위해 어떤 난관이든 기꺼이 돌파할 준비가 되어 있었다. 그러나 이것은 쏩쓸한 경험이었다. 그는 굿바이브레이션스가 여성에게 안전한 공간을 확보하려고 하는 이유를 이해했다. 그러나 그 자신의 표현 대로 그가 "남성성^{maleness}으로 그 공간을 침범하는" 사람으로 인식 되었다는 사실에 로런스는 의문을 품었다. 이 회사는 대체 어떻게 살아남겠다는 거지?[32]

1990년대 초반 즈음에는 굿바이브레이션스가 남성을 대상으로 홍보해야 하는가라는 사안에 대해 직원들이 터놓고 의논하고 토론할 수 있게 되었다. 이 시점에 굿바이브레이션스는 여성용 가게뿐 아니라 레즈비언 섹스토이숍으로도 이름이 나 있었다. 굿바이브레이션스에서 오래 일했고 성 연구원으로도 활동했던 퀸은 이렇게 분위기가 변한 이유로 여러 가지가 짐작된다고 했다. 먼저 "여성 소유 기업"이라는 라벨링이 "여성 전용"으로 해석되는 경우가 잦았고, 이 때문에 어떤 사람들은 이 말을 "레즈비언"을 가리키는 것으로 받아들였다.[33] 게다가 굿바이브레이션스는 샌프란시스코의 레즈비언 초밀집 거주 지역인 미션 디스트릭트의 중심부에 위치하고 있었다. 마지막으로, 굿바이브레이션스에서 물건을 구매하는 고객과 일하는 직원 중 많은 여성이 자신을 레즈비언으로 정체화했다. 1980년대에 레즈비언 저술가이자 섹스 전문가로 전국적 명성을 얻은 수지 브라이트 또한 그런 이들 중 하나다. 많은 직원이 굿바이브레이션스가 레즈비언 가게로 명성이 자자하다는 사실에 자부심을 가졌지만, 그 때문에 광고와 기업 인식에 문제가 생길 때도 있었다.

굿바이브레이션스가 적극적으로 남성 고객을 유치해야 하

는지뿐만 아니라, 남성을 고용해야 하는지도 문제가 되었다. 퀸은 1990년대 초반, 남성이 처음으로 굿바이브레이션스에 입사 지원했을 때 고용위원회에 있었다. "**정말** 큰 한걸음이었죠." 퀸의 설명이다. "당시 회사에는 아직 그걸 받아들일 준비가 안 된 사람이 많았습니다."

당시 사람들은 우리 회사 고객들 중에는 자신을 여성으로 정체화하는 사람이 정말 많으니 남자(직원)를 보면 기겁할 거라고 생각했던 것 같아요. 그런데 이 사람[첫 남성 지원자]은 게이였거든요. 굿바이브레이션스에 처음으로 고용된 남성 직원이 게이였다는 것, 처음으로 입사 지원을 한 남성도 게이였다는 것이 전혀 놀랄 일은 아니라고 봅니다. 이 사람은 여성의 성적 공간을 헤집고 다니면서 기회를 노리는 남자로 보이지 않을 테니까요. 그런 느낌은 전혀 들지 않겠지만, 대다수의 단골 고객이 남성 직원이 고용된 것을 우려스럽게 여길 거라는 인식(아마 어느 정도는 맞다고 할 수 있는 인식)이 있었죠. 그 때문에 이 남성분의 지원서는 통과되지 못했습니다. 그분이 그런 직무를 할 수 없다는 생각 때문은 아니었다고 봅니다. 그 지원자는 섹슈얼리티 교육을 잘 받은 남성이었지만, 아직 때가 무르익지 않았던 거죠."[34]

2000년대 초반, 베이브랜드에서도 비슷한 논의가 있었다. 10년이 지나 다른 회사에서 진행된 논의인데도, 많은 사람이 이 주제에 매우 격앙된 감정을 품었다. "총 맞은 느낌이었어요." 어떤 판매 직원이 베이브랜드가 남성을 판매직에 고용하는 것을 고려한다는 소식을 들었을 때의 감정을 회상했다. 직원들은 남성, 그러니까 더 많은 사회적 특권과 힘을 누리는 존재가 판매직이나 관리직으로 일하기 시작하면 무엇이 바뀔지 의심했다. 누구의 목소리가 더 잘 들리고, 누구의 의견이 타당성을 인정받게 될까? "(남성은) 여성들과 관계 맺는 자신만의 방식이 있고 자기가 옳다고 생각합니다. 그건 [권력과 소통의] 역학을 바꾸죠. 그냥 다른 겁니다." 한 성교육 강사가 말했다. "그건 기울어진 운동장이에요 정말로." 다른 직원의 주장이었다.[35]

여성 소유 기업이며, 그 당시에는 거의 여성만 운영을 맡은 기업이었던 덕분에 베이브랜드는 많은 여성 노동자가 일상적으로 겪는 성차별과 성별 멸시로부터 해방될 수 있는 직장 문화를 형성했다. 그 결과, 직원들은 베이브랜드가 자신에게 제공하는 안전한 공간에 심히 방어적인 자세를 취했다. 그 공간은 여성으로서, 퀴어로서, 그리고 성 전문가로서 성에 관해 터놓고 말할 수 있는 권위를 주는 곳이었고, 특히 마지막 요소는 성에 관해 공개적으로 말하는 여성을 처벌하는 문화에서 중요했다. 베이브랜드의 크리스틴 링키의 말처럼, "섹슈얼리티는 내가 겪은 경험으로 정의되지 않아요. 섹슈얼리티를 정의하려면 특별한 관심을 기울여야 하고, 내가 안전하고 집처럼 편하며 내가 속한 공동체와 함께 있다고 느낄 수 있는 특별한 공간이 필요합니다. 퀴어 여성으로서, …… 그리고 여성으로서, 우리가 전문가라는 사실이 매우 중요하다고 생각합니다."[36]

굿바이브레이션스 내부에서 남성 직원을 고용할 것인가 혹은 남성 고객에게 광고할 것인가의 문제는 누가 굿바이브레이션스의 고객인지를 면밀히 살피는 작업을 통해 적어도 어느 정도는 해결되었다. 굿바이브레이션스는 1990년대에 마케팅 설문조사를 수행했다. 그 결과 이성애자·백인·중산층이 고객의 주류를 이루고 있음이 알려졌다. 굿바이브레이션스 직원이었던 테리 헤이그는 이렇게 설명한다.

[고객 설문조사 결과, 고객 구성이] 직원 구성을 그대로 닮아 있고, 남성이 조금 더 많을 뿐이라는 걸 알게 됐어요. 남성과 여성의 비율이 50 대 50에 가까웠죠. 흥미롭게도 그 사실이 논쟁의 결론을 내는 데 도움이 됐습니다. 그러니까, 물건을 사는 사람들이 있는데 남성에게 물건을 그만 팔자? 남성이 고객의 절반이라서? 이성애자 고객이 75퍼센트니까 이성애자에게 물건을 그만 팔자? **당신**이 원하는 고객으로만 고객 구성을 좁힌다면 우리 고객의 10퍼센트 정도만 해당될 텐데 그건 현실적이지 못하다는 거죠. 그러니 그 설문 결과가 큰 도움이 되었다고 생각해요. 그러나 여전히 엄청난 논란이 있었어요.[37]

처음으로 굿바이브레이션스 판매 직원이 된 남성은 버클리점에서 1996년부터 일하기 시작한 찰리 글리크먼이다. 그는 퀴어이고 알라메다 카운티의 강간위기센터에서 '성폭력을 극복하는 남성들Men Overcoming Sexual Assault'이라는 프로젝트의 기획자로 자원봉사한 경험을 비롯해 관련 활동 경력을 여럿 보유하고 있었다. 그는 왜소한 편이고 손이 작으며 알토톤의 목소리를 가졌다는 이유로 자주 트랜스남성으로 오해받는다. 하지만 동시에 그는 자신이

"게이 베프"처럼 행동할 줄 안다고 말한다. "알죠. 〈윌과 그레이스 Will & Grace〉*처럼요. 그는 절대 고객에게 작업을 걸지 않고, 위협적이지 않은 분위기를 풍긴다. 글리크먼은 많은 여성 고객이 그가 쇼핑을 도울 때 편안하다고 느낀 이유가 거기에 있다고 생각한다. 그럼에도 모든 굿바이브레이션스 고객이 판매 공간에서 남성을 보고 만족한 건 아니었다. 적어도 한 명의 여성이 회사로 메일을 보냈다. "메일링 리스트에서 저를 빼주세요. 거긴 남자가 일하는 곳이잖아요." 하지만 글리크먼은 이 반응이 예외적일 뿐, 주된 반응은 아님을 알게 된다.[38]

시간이 지나면서 굿바이브레이션스 직원들은 많은 남성이 회사의 따뜻하고, 환영하며, 섹스 포지티브한 소매업 모델에 호감을 갖는다는 점을 발견하고 그에 따라 운영 방법을 조정했다. "남성들은 [여성보다 섹스토이를 구하기 쉬웠지만] 정말 싸구려에, 형편없고, 해롭고, 질 나쁜 제품들을 살 수 있었을 뿐이죠." 굿바이브레이션스에서 광고 책임자로 일했던 토머스 로셰Thomas Roche의 말이다. "그래서 품질 좋은 제품을 원하며 우리 가게에 오고 싶어 하는 남성들이 많았어요. 그 결과 우리는 남성 고객이 많이 온다는 걸 알게 되었죠. …… 《맥심Maxim》에서 우리 가게 소개글을 읽고 웹사이트에 들어가서 여자친구와 함께 쓸 물건을 주문하는 남자가 있을 법하다는 거죠. 드문 일이 아니에요.[39] 저넬 데이비스는 많은 남성이 자신에게 "남성용 가게보다 여기 오는 게 좋아요. (남성용

＊ 1990년대 말 미국에서 방영되어 2000년대까지 인기를 끈 시트콤으로, 친한 친구 사이인 게이 남성과 이성애자 여성이 주인공으로 등장한다.

가게는) 뭐든지 거대하고 내가 그걸 어떻게 쓰는지 전부 알 거라고 여기고, 내가 거기서 제일 커다란 물건을 살 거라고 생각한다니까요. 아닐 수도 있는데 말이죠"라고 말했다고 한다.[40] 다른 진보적인 섹스토이숍 주인들도 남성 고객 또한 전형적인 포르노숍이 아닌 대안적인 성인용품점을 원한다는 것을 깨닫기 시작했다. "남성들 중에도 성적 지향과 관계없이, 사실 구식 포르노숍에서 썩 편안함을 느끼지 못하는 고객이 많은 것 같아요." 밀워키에 있는 툴셰드 창업자 로라 하브는 이렇게 지적한다.[41] 위스콘신주 매디슨에 있는 우먼스터치에서 일하는 엘런 버나드도 이 견해에 동의한다. 버나드는 가게를 열었을 때 많은 남성이 찾아와서 "고마워요. 정말 고마워요. 내 아내와 성관계를 즐겨도 괜찮다는 그런 느낌이 들게 하는 가게를 열어줘서 진짜 고마워요"라는 말을 전하는 것이 놀라웠다고 회상한다.[42] 남성들 또한 자신의 욕망을 인정해주고 성적인 존재라는 것이 죄책감이 들거나, 더럽다거나, 부끄럽다고 느끼지 않게 해주는 곳을 찾고 있었다는 사실을 깨달은 버나드는 가게의 취급 품목을 남성의 수요 또한 만족시킬 수 있도록 확장했다. "남성도 여성만큼이나 이런 장소를 원한다는 걸 우린 몰랐어요." 버나드가 내게 말했다.[43]

남성을 대상으로 한 마케팅은 이미 존재하는 수요를 충족시키는 일 그 이상이었다. 그것은 많은 남성이 돈을 가지고 있고 또 많은 경우 그들에게 여성 배우자가 있다는, 그러니까 굿바이브레이션스나 베이브랜드, 그리고 우먼스터치와 같은 섹스 포지티브한 가게에서 쇼핑할 때 이득을 볼 여성 파트너가 있다는 것을 인지한 실용적인 제스처였다. 퀸은 이렇게 말한다.

(굿바이브레이션스가) 이제 좀 더 팬섹슈얼리티^{pansexuality}*를 지향하는 사업체가 된 이유 중 하나가 그거라고 생각해요(많은 이유 중 하나일 뿐, 유일한 이유라는 건 아니지만). 남성의 돈은 돈이 아니라고 할 사람이 누가 있겠어요? 하지만 다른 이유도 있었어요. 우리에겐 최대한 많은 남성이 우리가 섹슈얼리티를 사고하는 방식을 접할 수 있도록 하는 게 아주 중요한 일이었어요. 그 사고방식은 여성을 위한 맥락에서 인정받고 발전된 것이죠. 여성과 성관계를 전혀 해보지 않은 남성 또한 그것을 중요하게 여길 거라고 생각합니다만, 여성과 성관계를 하는 남성이라면 그것을 중요하게 여기거나, 그래야만 한다고 확신합니다. 그리고 우리가 남성에게 성과 여성의 섹슈얼리티를(나아가 모든 이의 섹슈얼리티를) 바라보는 좋은 관점을 제공할 수 있다면 남성과 성관계하는 여성들이 기뻐하겠죠. 그건 좀 더 페미니즘적이고, 여성지향적이며, 여성의 쾌락을 추구하는 방식이라고 할 수 있습니다. 좀 더 총체적이라고 할까요. 그러니 남성들의 동의를 얻는 것도 프로젝트의 일부인 것입니다.[44]

굿바이브레이션스의 에스테베스도 이에 동의하며, 배타성은 회사의 사명에 득이 될 게 없다고 주장했다. "남성, 즉 여성보다 돈이 많은 이들이 우리 가게에서 쇼핑한다면 사업을 더 확장시킬 수 있어요. 남성에게 물건을 팔고 그들의 돈을 벌어오면, 그 돈

---

* 성적인 관계를 맺을 때 상대의 성별을 고려하지 않는 성적 지향을 일컫는다. 여기에서는 굿바이브레이션스가 젠더와 성적 지향에 상관없이 모든 고객을 환영하는 판매 방침으로 전환했음을 뜻하는 용어로 쓰이고 있다.

으로 킹키하고 래디컬한 성교육을 할 수 있죠. 우린 대형 세단과 레저용 차량을 동원해 전미 투어를 하는 꿈에 부풀어 있답니다.[45] 굿바이브레이션스가 이런 결론에 도달하기까지는 시간이 좀 걸렸으나, 다른 회사의 경우 [남성을 대상으로 한 판매와 홍보에] 아무런 장벽을 갖지 않았다. 남성을 고객으로 환영하면 모두에게 이득이다. 회사에도, 문화에도, 그리고 남성과 관계를 갖는 여성에게도. 에스테베스는 이렇게 말한다. "제 바람은 이 남자들이 가게를 나선 뒤 자신의 경험을 통해 변화한 후 집에 가서 배우자에게 더 좋은 남자가 되는 겁니다."[46]

이성애를 퀴어화하기

셰이스는 커밍아웃한 다이크다. 그는 뉴요커, 유대인, 레더 커뮤니티에 참여하는 여성 페미니스트이며 빨간 립스틱과 하이힐을 사랑한다. 자신감이 넘치고 자기주장이 강한 그는 2000년대 초반, 베이브랜드 뉴욕 로어이스트사이드점에서 일하는 이들 중 그 누구보다도 실용적이고 경험으로 검증된 BDSM 물품 관련 지식을 많이 알고 있었다. 그는 바이브레이터와 버트플러그에 관한 이야기를 섹스토이숍에서 공연되는 퍼포먼스 예술작품으로 탈바꿈시킬 수 있을 정도로 숙련된 성교육 강사였다.

때로 셰이스는 자신이 애정을 담아 '딜도랜드'라고 부르는 곳을 고객들에게 구경시켜주었다. 그럴 때면 그는 의도적으로 자신의 퀴어-페미니스트 섹슈얼리티를 과시하곤 했다. 이 딜도, 저 딜도를 꺼내 보여주면서, 그는 자신이 미니스커트 안에 소프트팩 딜도를 착용할 때가 있다고 아무렇지 않게 말하기도 했다. 그는 자신이 섹스, 젠더, 그리고 몸에 관해 누군가의 뿌리 깊은 가정들에 도전하고 있으리라는 점을 잘 알았다. 이렇게, 또는 다른 일을 할 때도 셰이스는 자신이 베이브랜드의 "퀴어 어젠다"를 증진시키고 있다고 여겼다. "나와 대화하는 사람이 내 행동의 이유를 이해하거나, 그게 섹시하다고 생각하거나, 나를 따라 스커트 아래 딜도를 착용하고 싶어 해야 한다는 게 아니에요. 그렇지만 내가 그걸 내 안내 투어의 일부로 전시하는 것은 변태이자 섹스 포지티브주의자로서 내가 누구인지를 정의하는 일인 거죠."[47]

베이브랜드에서 일하는 직원 중에는 회사가 퀴어를 지향한다는 점을 자랑스러워하는 이들이 많았다. "나는 페미니즘에 친숙합니다." 베이브랜드의 공동창업자 캐버너가 말했다. "그렇지만 나는 퀴어들이 이성애자들에게 섹스 이야기를 하는 게, …… 여러 면에서 이성 간 섹스를 퀴어화하고 있는 거라고 생각해요. 우리는 그들[이성애자들, 퀴어가 아닌 이들]이 성에 관해 당연하게 여기는 것을 흔들어놓고 온갖 다른 정보와 가능성을 가져다주는데요. 그게 이성애를 퀴어화하는 거죠. 우리가 그들을 퀴어화한다고 생각해요."[48]

누군가 혹은 무언가를 퀴어화한다는 것은 무슨 뜻인가? 그리고 섹스토이숍이라는 맥락에서 이 과정은 어떻게 보일까? 성교육자, 저술가, 그리고 굿바이브레이션스 교육 책임자였던 찰리 글리크먼은 굿바이브레이션스와 그 자매 회사들이 섹슈얼리티를 퀴어화하는 방법 중 하나로 "쓸모없는 과거의 한계점을 압박하는 것"을 꼽는다.[49] 이런 의미에서 퀴어화하는 행동은 젠더, 섹슈얼리티, 그리고 몸 사이의 관계를 다시 배치하고, 대안적인 배열과 가능성을 창조해내는 행위다. 이를 퀴어적 재접합^{queer rearticulation}이라고도 할 수 있을 것이다. 굿바이브레이션스와 베이브랜드 같은 회사에서 이러한 퀴어적 재접합에는 여러 실천들이 포함될 수 있다. 그것은 이를테면 레즈비언 직원이 구강성교 워크숍에서 실리콘 딜도로 시범을 보이는 것, 이성애자 여성 고객이 남성 동성애자용 포르노그래피에 선호를 표현하는 것, 트랜스남성이 지스팟 사정 워크숍 강사로 나서는 것 등이 해당한다.

굿바이브레이션스 구매 담당자인 코요테 데이스^{Coyote Days}는 퀴어화를 "열린 상자를 부수는" 과정이라고 표현한다. 2003년 그가 처음으로 굿바이브레이션스에서 일하기 시작했을 때 가게 매니저 한 명이 이런 말을 해주었다. "토이들이 제작될 때 의도된 원래의 용법에 얽매이지 말고 그걸 어떻게 사용할 수 있는지 온갖 방법을 생각해봐요." 데이스는 특정한 성적 실천이나 성별에 국한시키지 않는 방식으로 섹스토이 제품들을 퀴어화하기 시작했다. 예를 들어, 진동 귀두용 고리를 남녀 커플이 삽입성교 중 사용할 수도 있지만, 같은 제품을 딜도나 손가락에 끼우고 손으로 자극을 줄 수도 있다. 젠더와 관계없이 어떤 신체 부위에나 사용할 수 있는 제품인 것이다. 제조자가 제품을 특정 방식으로 사용하라고 홍보한다고 해서 굿바이브레이션스 직원이 고객에게 그 제품을 반드시 그 방식으로만 사용하라고 말해야 한다는 의미는 아니다. 데이스가 설명했다. "나 자신을 제한하면, 그만큼 내가 하는 판매와 내 영역이 제한되고 우리 가게에서 편안함을 느끼는 사람도 제한되는 거예요."[50]

데이스나 다른 직원들에게 퀴어는 그저 성적 지향이 아니었다. 그것은 일종의 입장으로, 성적 도구, 정보, 그리고 정체성을 어떻게 사유하고 이야기할지 알려주는 하나의 관점이었다. "(굿바이브레이션스는) 젊은 퀴어들을 많이 고용하는데, 제 생각엔 이성애자 직원들도 좀 퀴어한 것 같아요." 데이스의 말이다. 그 결과 굿바이브레이션스 직원들은 "관계와 젠더를 보는 관점이 통상의 그것과 다르다"고 덧붙인다. 이 관점은 그들이 판매 현장에서 섹스와 젠더를 이야기할 때 항상 영향을 준다. 베이브랜드의 디나 핸킨스Dena Hankins도 여기에 동의한다. "(베이브랜드의) 매장이나 웹사이트를 방문한다면, 그 사람은 비퀴어의 입장보다 더 변화에 열려 있고 포용적이며 신나는 관점에서 세계의 성적 측면을 보는 거예요." 핸킨스에 따르면 베이브랜드는 "조금 다른 곳에서 세상을 본다".[51]

일부 저자와 성교육 강사들은 이성애자가 퀴어에게서 성을 배우고 있음을 역설하며 LGBT운동이 퀴어의 섹슈얼리티에만 영향을 미치는 것이 아니라, 모두의 성적 삶에 영향을 주었다고 주장하기에 이른다. 사실상 일부 문화비평가들은 새로운 성 정체성, 바로 헤테로섹슈얼 퀴어queer heterosexual가 등장했다고 주장했다. 이성애자와 퀴어 사이의 섹슈얼리티 지식과 사상의 교류가 가장 활발하게 일어나는 장소가 섹스토이숍의 판매 현장이라는 점은 그다지 놀랍지 않다. 성교육자이자 작가인 트리스탄 타오미노는 이렇게 썼다. "다이크가 '삽입성교 도중 제 아내의 클리토리스를 자극하기 가장 좋은 제품이 뭔가요?'라고 묻는 남편을 상담할 때, 이 여성은 그 남성에게 경험에서 나온 조언을 건네고 있는 것이다.

레즈비언의 섹스 팁이 이성애자 남성에게 전파되고, 경계선이 흐려지기 시작한다."[52]

이런 종류의 경계 흐리기는 전국의 페미니스트 및 퀴어 소유의 섹스토이숍에서 일상적으로 발생한다. 그런 회사의 직원들은 많은 경우 이성애자의 세계에 퀴어 담론과 비규범적 섹슈얼리티의 가능성을 전파하는 퀴어 대사 역할도 겸했다. 베이브랜드에서 일하다 이제는 발티모어 소재의 슈거 점주가 된 여성 사장 자크 존스는 전통적인 정체성 범주의 '용해melting'와 판매 현장에서 발생하는 그 사례를 설명해주었다. 존스는 어떤 여성 고객이 가게를 찾아 이런 말을 한 적이 있다고 했다. "이 가게가 있어서 **너무** 기쁘네요. 제가 최근에 어떤 남자를 만났는데 그는 정말 멋지고 우리는 진짜 엄청 잘 지내거든요. 그리고 우리는 둘 다 성적 욕구가 있는 사람들인데, 있죠, 그 남자가 게이거든요. 그러니까 우리는 어떻게 하면 이 관계가 그 사람에게 [성적으로] 만족스러울지 알아내야 해요."[53]

존스는 사람들의 속옷 아래 어떤 종류의 생식기가 있을지, 누구와 어떤 섹스를 할지 넘겨짚지 않는 법을 배웠다. 또 그는 남자와 여자로 이루어진 한 쌍이 반드시 이성애자일 거라고 짐작하지 않았는데, 실제로 아닐 수도 있기 때문이었다. "이성애자 여성과 데이트하는 게이 남성을 뭐라고 하나요? 이성애자? 그럴 수도 있지만, 아닐 수도 있죠." 그가 주장했다. "아니면, 성별이 여성인 제 친구 이야긴데요. 그 애는 바이섹슈얼이고 그 애의 애인은 남자예요. 그 남자 애인은 엄청나게 여성스럽고, 항상 크로스드레싱을 하죠. 그 친구는 (나에게) 이렇게 말해요. '하이힐에 망사 스타킹을 신고 원피스를 입은 남자와 길을 걷는 나를 보면, 내가 퀴어가 아니라고 말할 순 없을걸.'"[54]

레즈비언을 비롯한 퀴어 여성들은 섹스토이숍 점주로, 작가로, 성교육 강사로, 그리고 포르노그래피 제작자로서 이성애를 퀴어화하는 최전선에 있었다. 베이브랜드의 로라 와이드는 "여성을 성적으로 만족시키는 방법이라면, 레즈비언보다 잘 알 사람이 누가 있겠어요? 스스로 쾌락을 찾는 방법을 이야기하는 여성 소유의 섹스토이숍을 소유하는 건 그렇다 치고, 만일 여성에게 쾌락을 주고 싶고 정보를 공유하려고 한다면 다이크들에게는 충분한 통찰이 있고 그들은 그걸 제공할 겁니다."[55]

페깅, 즉 여성이 남성 파트너의 항문에 삽입하는 행위보다 이성애 섹스를 더 퀴어화하는 레즈비언의 경향을 뚜렷하게 드러내는 사례는 없을 것이다. 2001년 《온 아워 백스》에 실린 인터뷰에서 〈숙이는 남자친구〉의 제작자 재키 스트래노와 샤 레드나워는 페깅이 빠른 시간 내에 그토록 인기를 얻게 된 이유에 대해 이렇게 말한다. "제 생각엔 개방적이고, 수용적인 파트너가 된다는 것이 곧 수동성을 의미하는 게 아니라는 사실을 사람들이 이제서야 이해한 것 같네요. 많은 남성이 수동성을 안 좋은 걸로 여기잖아요." 스트래노가 말했다. "여성 또한 더 공격적으로 바뀌면서 진가를 발휘하고 있죠. 남성은 자신의 항문을 순수하고 강렬한 오르가슴적 쾌락의 기관으로 재발견했고요. 밀레니엄 시대에 열풍을 일으킬 가장 최신의 대 유행하는 섹스 방법, 그다음은 무엇일까요? 남성들이 엉덩이를 드러내놓고 거기서 권력을 느끼는 거죠."[56]

레드나워가 끼어들었다. "젊은 세대는 성 지식과 교육을 훨씬 많이 요구해요. 여성들은 막대기 끝에 꿰인 인형처럼 널브러져 있는 대신 '내 손가락을 어디 집어넣어서 무언가 해봐야지' 하며 신나 있어요."[57]

"이성애자들이 레즈비언 섹스를 하는 새로운 방법이에요." 스트래노가 덧붙였다. "남자가 오르가슴을 느끼지만 페니스가 계속 단단해져 있는 데 집중하는 것이 아니고, 사정을 하는 것도 아니에요. 여자는 긴 시간 계속 오르가슴 상태에 있는데, 이건 자기가 남자를 해주고 있기 때문이죠. 페니스 모양의 딜도를 착용하면서 자신이 강력하다고 느끼기도 하고요."[58]

스트래노에게 페깅은 이성애 섹스를 레즈비언 섹스의 한 버전이 되는 정도까지 퀴어화하는 행위다. 페깅은 성행위가 젠더 정체성에 달린 것이 아니라는 점을 확실히 보여준다. 여성이 딜도를 착용하고 운전자 입장을 느낄 수 있으며, 남성은 숙이고 삽입받으면서 삽입받는 파트너가 어떤 기분을 느끼는지 경험해볼 수 있는 것이다. 젠더, 권력, 그리고 쾌락 사이의 전통적 관계는 불안정하고, 종종 역전되며 서로 어긋난다. 바로 그 과정에서 새롭고, 실로 더욱 퀴어한 성적 가능성이 생성된다.

베이브랜드 점주와 직원들은 회사의 퀴어 정체성을 회사 사명의 중심축으로 보았다. "우리가 (다른 섹스토이숍보다) 더 퀴어하다고 생각해요. 왜냐하면 우리가 퀴어들이니까요. 달리 어떻게 표현해야 할지 모르겠는데." 캐버너가 설명했다(실제로 1990년대 후반과 2000년대에 《온 아워 백스》에 실린 전면광고는 점주들의 퀴어 정체성을 회사의 주요한 조직 원리로 강조하고 있다. 그 광고는 레즈비언으로서 "우리는 당신이 원하는 것을 원한다"고 선언한다). 베이브랜드 뉴욕점 매니저였던 데이나 클라크는 "퀴어함이 없었다면 베이브랜드의 사명은 존재하지 않았을 것"이라고 주장한다.

베이브랜드의 배후에 퀴어가 있지 않았다면 사명은 지금과 달랐을 겁니다. 내가 이런 말을 이유는 퀴어들과 함께 지내고 퀴어로 정체화한 나의 경험으로는 우리[퀴어들]가 퀴어가 아닌 이들보다 성적으로 열린 마음을 지니고 있기 때문이에요. 그건 우리가 자신이 배운 섹스와 여성성의 규범을 한쪽에 제쳐놓을 수 있도록 허락받았기 때문이죠. 그리고 우리는 자신에게 매우 편안한 규칙을 만들어냅니다. …… 전국에 있는 모든 섹스토이숍이 그럴 거라고는 생각하지 않는데요. 우리는 누구든 진정한 자신으로 있을 수 있게 이 편안함을 만들어낸 것 같아요. 어쩌면 그 기반은 우리 직원들에게 있을 겁니다. 우리는 우리 자신이에요. 진정한 자신을 드러내는 일이 퀴어한 이유는 우리가 자신의 인생에서 크게 비웃음당하고 숨기를 강요당해왔기 때문이라고 생각해요. 그래서 가게 안에서 퀴어로 존재하는 일과 그 퀴어함을 재현하는 일이 중요하고, 그것이 곧 퀴어 페미니스트들의 집단 성명이 되는 것이죠. 우리는 여기 있다. 우리도 그걸 깨닫고 있다. 그리고 우리는 그 위치에서 회사를 운영한다고 말이에요."[59]

스스로를 "규범을 한쪽으로 제쳐놓을 수 있도록" 허용하며 페미니스트 및 퀴어로 정체화한 소매업자들은 성에 관해 사유하고 말하는 방법을 알려주는 새로운 규범(이 경우 반규범counternorm을 만들어냈다고 볼 수도 있겠다)을 축조했다. 셀프서브의 애들러는 "이런 여성(창업을 한 여성)은 이미 자신을 성적 인간^{sexual people}으로 커밍아웃해야 했고 쾌락·관계·행복의 규범에 어떤 대안을 내세워야 했다"고 말한다.[60] 얼리투베드의 데이색은 퀴어 여성이 이성애자 여성보다 우위를 점하는 것 중 하나가 이것이라고 한다. "그들[퀴어 여성]에게는 성에 대해 미리 정해놓은 관념이 없거든요." 그의 설명에 따르면, 대부분의 이성애자는 성에 관해 이야기할 때 사실상 삽입성교 이야기를 한다고 한다. 퀴어 여성이 섹스 이야기를 할 때, "그 여성은 수백 가지에 대해 말하는 것일 수 있죠. …… 일부 이성애자들은 우리[퀴어]가 (섹스를) 그들보다 잘한다고 생각하는 것 같네요". 데이색은 《남성을 위한 레즈비언 섹스의 비밀 Lesbian Sex Secrets for Men》 같은 부류의 책들이 인기를 얻었다는 사실로 미루어볼 때 많은 이성애자가 그 모든 "우리[퀴어]는 아는데 (그들은) 모르는 엄청난 비밀들"[61]에 관심을 갖는다는 점을 알 수 있다고 했다.

많은 베이브랜드 직원이 퀴어에 대한 회사의 입장이 퀴어와 비퀴어 모두를 가게로 오게 하는 셀링포인트이기도 했다고 여긴다. "우리가 이성애자들을 더 편하게 해주겠다고 회사를 과격하게 바꿔버리지 않아서 다행이에요." 아이제이아 벤저민의 말이다. 그는 이렇게 덧붙였다. 그 대신, "베이브랜드는 아직 섹스 포지티브 문화에 속하지 않을 수도 있는 사람들을 이미 섹스 포지티브한 곳으로 끌어들이고 있어요. 그건 아주 다이크 포지티브하고, 아주 불경하고, 아주 섹스 포지티브한 환경이죠." 그는 다음과 같이 계속했다.

베이브랜드 공동창업자인 클레어 캐버너와
레이철 베닝의 퀴어 정체성이 회사의 초기
광고 홍보물에 강조되어 있다.

그건 우리가 앞세우는 고객서비스의 노골적인 퀴어함에서 일부분 드러난다고 생각해요. 그리고 많은 경우 이성애자들이 가게에 와서 엄청 다이크적인 이들을 성가시게 하죠. 그럼에도 우리는 사람들을 편안하게 해줄 수 있는 접근법을 갖고 있고, 사람들을 편하게 해주겠다면서 더 말끔하거나 덜 퀴어해 보이려고 하지도 않았어요. 많은 사람이 그런 걸 좋아한다는 걸 우리가 알아냈다고 생각해요. 퀴어들만 좋아하는 게 아니에요. 이성애자 남자들이 우리 가게를 방문한 게 정말 좋은 경험이었다고 이메일을 많이 보내오는데요. 난 베이브랜드의 그런 점을 아주 좋아해요."62

베이브랜드는 대외적 이미지를 경시하지도, 성적 주류에게 호소하기 위해 비퀴어처럼 보이려고 하지도 않았다. 홍보 관리자로 일했던 와이드는 이렇게 말했다. "베이브랜드에서 '우리의 정체성을 바꿔야 하는가?'는 의문 사항이 아니었어요. [베이브랜드의 대외 전략은] '이게 바로 우리 모습이다'였죠. (그래서) 그런 면을 지키면서 사람들이 우리를 더 많이 알도록 애쓰고, 우리가 여기 있고 누구나 환영한다는 것을 어떻게 알릴 것인지 생각했어요. 우리의 모습을 바꿔야 한다고 생각하기보다는요. …… 더 많은 사람이 자신이 환대받는다고 느끼게 하려면 우리 회사를 어떻게 재현해야 하는가는 (그때까지 아직) 대화해보지 못했던 것이었죠."63

베이브랜드의 모토는 [퀴어들의 슬로건으로 널리 쓰이는] "우리가 여기 있다, 우리가 퀴어다, 우리가 이 섹스토이숍의 주인이다, 익숙해지는 게 좋을걸"로 쉽게 요약할 수 있다. 그러나 벤저민과 와이드가 언급했듯 회사의 구성원 누구도 고객들이 베이브랜드의 퀴어 정체성을 익숙하게 받아들여야 한다고 여기지 않았다. 퀴어 정체성은 그보다 회사 정체성의 근간에 가까웠으며, 그 연장선상에서 상업적 홍보 수단으로 활용된 것이었다.

그러나 '페미니즘'과 마찬가지로 '퀴어'라는 용어 또한 누구나 차지할 수 있는 것이다. 예를 들어, 셰이스는 퀴어가 대체 무엇을 의미하는지조차 몰라서 골머리를 앓았다.

내 나이 탓도 있어요. 내가 커밍아웃할 땐 퀴어라는 용어 자체가 그렇게 널리 사용되지 않았거든요. 사실 퀴어[라고 자칭하는 사람들]가 존재하지도 않았고, 퀴어 이론도 거의 없었어요. 그러니까 퀴어가 딱 등장했을 때 나는 "난 레즈비언이야. 나는 페미니스트야." 이러고 있었죠. 나는 먼저 페미니스트가 됐고, 그 뒤에 레즈비언이 됐고, 또 그 뒤에 정치적으로 다이크가 되었거든. ……그러니까 퀴어가 나타났을 때 그건 레즈비어니즘을 희석하려는 시도처럼 보였죠. 그렇지만 수지 브라이트가 커밍아웃하고 자기가 가끔씩 남자하고 자는 다이크라고 했던 건 정말 좋았어요. 난 "좋아, 대단하군. 난 이해하지 못하겠어." 이렇게 말했죠. [처음에는] 그 말에 화가 났어요. 우리 부족이 또다시 약해지는 느낌이었으니까요. 다이크는 여자와 잔다는 뜻이고, 자신의 사회적·정서적·육체적·섹슈얼리티적 실재가 전부 여성과 관련되어 있다는 뜻이에요. 그래서 나는 너무 혼란스러웠죠. 그 후 아주 젊은 친구들과 만나게 됐는데, 그들은 "난 퀴어예요." 이렇게 말하더라고요. 그래서 난 "멋지네요. 그건 무슨 뜻인가요?"라고 물었죠. "음, 저 남자도 퀴어고 이 여자도 퀴어예요." 그래서 그게 무슨 뜻인데? "우리가 킹키하고 뭐든 개의치 않는다는 것이자 우리는 무엇이든 간에 우리 자신이고 그건 전적으로 괜찮다는 뜻이에요." 그건 모든 사람한테 해당되는 말이잖아요. "아, 그렇군요." 그런데 그게 아니에요. 열린 마음을 가졌다고 해서 퀴어인 건 아니니까요.[64]

자주 미끄러지는 정체성 정치의 비탈면에서 길을 찾으려 했던 셰이스의 경험담은 우리에게 유용하다. 그 경험이 사람들이 개념적 세계와 삶의 경험을 조직화할 때 정체성 범주가 수행하는 중요한 역할을 보여주기 때문이다. '레즈비언' '페미니스트' 그리고 '다이크'와 같은 용어는 무언가 매우 특정한 것을 의미하는 정치적 소속이나 공동체의 성원권에 대한 강력한 표현이라는 바로 그 이유에서 중요하다. 예를 들어, "다이크는 여자와 자는 것을 뜻한다". 반면 '퀴어'에는 구체성이 결여되어 있다. 셰이스가 섹슈얼리티 정치의 한 형태로서 퀴어함이 어떻게 작동하는가라는 질문에 답을 얻지 못한 채 더 많은 질문만 갖게 된 것도 이 때문이다.

그리고 셰이스의 반론처럼 열린 마음을 가졌다고 해서 모두 퀴어인 것은 아닐 수도 있다. 그러나 젠더나 섹슈얼리티와 관련해 당연하다고 여겨지는 가정들을 다시금 사유하고, 자신 및 타인과의 관계에 대해 다른 가능성을 상상할 때 열린 마음을 갖는 것은 중요한 첫걸음이다. 그리고 열린 마음은 일단, 누군가 굿바이브레이션스나 베이브랜드 같은 섹스토이숍을 탐험하는 동기가 되어 준다.

문학평론가이자 저술가인 새뮤얼 델러니^{Samuel Delany}는 "접촉 조우^{contact encounter}"의 사회적 중요성에 대해 쓴 바 있다. 그에 따르면 접촉은 "식료품점 계산대에서 점원이 금전등록기의 영수증 용지를 갈아 끼우는 동안 당신과 당신 뒤에 서 있는 사람 사이에서 발생하는 대화다. 그것은 바람을 쐬기 위해 의자를 꺼내 현관에 앉아 있는 이웃 여성과 주고받는 인사말이다. 그것은 바에서 옆에 앉은 사람과 나누는 논쟁이다".[65] 접촉은 서로 무관한 일과를 보내는 사람들 사이에서 발생하는 사회적 교환의 한 형태로, 때로는 언어적이고 때로는 비언어적이다. 스타벅스에서 줄 서 있을 때 만난 사람, 우리 집 문을 두드리는 택배 배달원, 베이브랜드에서 바이브레이터를 파는 점원과의 만남 등이 접촉인 것이다. 접촉 조우는 사람들이 "우연과 근접성을 통해 같은 공공장소에 함께 있게 된" 결과다.[66] 델러니에게 이 우연한 조우에서 특히 의미심장한 부분은 계급, 인종, 그리고 세대 간 경계를 넘어서는 교류가 일어날 기회를 어느 정도 만들 수 있다는 점이다. 이러한 관계는 그 본성상 찰나로 끝나버릴 수도 있고, 더 지속적인 무언가로 변화할 수도 있다.

굿바이브레이션스와 베이브랜드 같은 섹스토이숍은 이질적인 집단들이 서로 섹슈얼리티 정보를 교류할 수 있도록 촉진한다. 레즈비언과 게이, 자신을 퀴어로 정체화한 사람들과 이성애자, 트랜스젠더와 시스젠더. 이들은 다른 일이 없었다면 서로 직접 접촉할 기회가 없을지도 모른다. 사람들은 섹슈얼리티에 관한 정보를 얻기 위해 페미니즘적이고 퀴어친화적인 섹스토이숍에 의지하고, 그곳에서 달리 절대로 조우할 일이 없었을지도 모르는 사람들로부터 다른 어떤 장소에서도 찾지 못할 소비 경험을 얻는다. 베이브랜드를 사랑하는 한 남성 팬은 이 점을 잘 짚어낸다. "베이브랜드에 가면 언제나 대화하게 되는 게 재미있어요. 직원분들뿐만 아니라 다른 고객들하고도요. 옆에서 바이브레이터를 바라보고 있던 사람한테 어느새 제품 사용기를 말해주게 된다니까요." 베이브랜드와 그 외 유사한 회사들은 무엇이 페미니즘을 구성하는지, '여성이 운영하는'이라는 말이 집요하게 '여성 전용'으로 해석되는 일이 빈번한 상황에서 남성에게 어떻게 홍보할 것인지 논의하며 특정한 성적 대중을 구축하는 데 성공했다. 이 대중은 반드시 젠더, 인종, 계급, 성적 지향, 또는 나이라는 경직된 범주로 묶이지 않는, 소비 행위에 기반한 소속의 공동체다. 이는 새롭고, 어쩌면 더더욱 퀴어한 섹슈얼리티 정보와 지식의 사회적 전파 관계망이 형성되도록 한다.

8

이윤과 사회변혁

세상을 바꾸는 데는 돈이 많이 든다.

─지아디 휩테일Ziadee Whiptail(굿바이브레이션스 [직원])

베이브랜드 역사상 가장 불편하고 긴장된 회의였다. 2001년 6월, 베이브랜드의 사업 총괄 관리자 캐리 슈레이더가 직원들에게 막 손익계산서 복사본을 돌린 참이었다. 로어이스트사이드점은 적자를 내고 있었다. 그리고 슈레이더는 상품 구매 부매니저와 오래 일해온 직원인 럭키가 정리해고되었다는 폭탄선언을 했다.

나는 그날 내가 베이브랜드 사상 최악의 재정 위기 상황에서 현장연구를 시작했다는 사실을 깨달았다. 회의 하루 전날 시애틀 본사에서 뉴욕으로 날아온 슈레이더의 설명에 따르면, 뉴욕점은 개업 첫해부터(당시에는 뉴욕의 유일한 지점이었다) 적자로, 즉효성 비용 절감 조치가 시급한 상황이었다. "비용을 절감하고 흑자를 낼 수 있는 방법이 뭐가 있을까요?" 슈레이더가 질문했다.

슈레이더는 자신의 질문에 대답하기 위해 몇 가지 비용 절감 전략의 요점을 말했다. 슈레이더 자신이 포함된 회사 소유주 및 임원들의 봉급을 삭감한다는 것, 관리직 승진과 신규 채용을 중단한다는 것, 회사의 부채를 재조정할 예정이라는 것, 그리고 회사의 재정 상태가 나아질 때까지 교육 워크숍과 특별 행사를 한 달에 한 번으로 축소한다는 것이 그 내용이었다. 그러나 모두의 입이 떡 벌어진 건 럭키의 정리해고 사실이 발표된 순간이었다. 이런 해고는 회사 설립 이래 처음이었다.

직원들은 망연자실한 침묵 속에서 조용히 소식을 곱씹었다. 이 모든 변화에 맥락을 부여하려는 듯 슈레이더는 미국 전역의 소매업이 12년 만에 최저점을 기록하고 있다고 말했다. 최근 시행된 택배 주문 시스템 확대, 그리고 시애틀에서 오클랜드에 이르는 택배 주문의 물리적 거리에 새로운 판매 관리 시스템까지 더해진 결과 자금 흐름에 문제가 발생한 것이었다. 슈레이더는 가게를 닫지 않고 회사의 섹스 포지티브 페미니즘 사명을 계속 추구하는 것이 최우선이라고 설명했다.

슈레이더가 건조하게 보고했다. "현재 우리는 자본주의와 우리 사명 사이에서 벌어지는 매우 현실적인 투쟁을 목도하고 있습니다. 돈이 없으면 사명을 추구할 수 없기 때문에, 둘 사이에서 균형을 잡아야 합니다."

슈레이더는 잠시 멈췄다가 발언할 사람이 있느냐고 물었다. 내 바로 맞은편에 앉은 직원 두 명은 고개를 가로저으며 아니라고 했다. 팔짱 낀 양팔이나 꾹 다문 입, 아래를 보는 시선 같은 몸짓언어가 그들이 상심했다는 것을 보여주고 있었지만 말이다. 3주 전에 고용된 자미에 왁스먼이 처음으로 말문을 텄다. 그는 명백히 긴장이 흐르는 분위기를 풀어보려 애쓰며 해고는 어디서나 일어나는 일로 럭키의 해고를 사적인 처사로 받아들이면 안 된다고 말했다. 의견 표명이 더 직접적인 편인 펠리스 셰이스는 시선을 떨구고 고개를 저었다.

"왜 이 지경이 되기 전에 수익을 개선하지 못했어요?" 셰이스는 럭키를 그만두게 한, 자신이 보기에 심각하게 "반동적인" 결정에 화가 났고 배신감을 느꼈다고 덧붙였다. "왜 누구를 해고하기 전에 다른 해결책을 고려하지 않은 거죠?"

지점 부매니저 댄 아시니오스가 다른 견해를 냈다. 그날 아침 럭키의 소식을 들은 후부터 자신은 회사의 사명이 자신에게 무엇을 의미하는지 다시 생각해볼 수밖에 없었다고 말한 것이다. "우유부단하게 들릴 수도 있겠지만, 모두들 우리에게 사명이 어떤 의미인지 압니다. 베이브랜드에서 일하면서 내 인생이 달라졌고, 나는 정치적 이유 때문에 여기서 일하는 거예요. 하지만 그렇다고 해서 이게 결국 사업이라는 사실이 바뀌지는 않아요."

회의가 끝날 무렵, 지금까지 조용히 앉아 논의에 거의 아무 말도 보태지 않았던 공동창업자 클레어 캐버너가 내 쪽으로 몸을 돌렸다. 의기소침해 보이는 그는 이렇게 말했다. "소매업의 세계에 온 걸 환영해요."

베이브랜드의 짧았던 재정 위기는 비용 절감 조치가 단행된 후 금세 흑자로 전환되었다. 그러나 이 일은 회사의 중요한 전환점이 된다. 베이브랜드가 시애틀에서 허름한 가게로 시작한 지 거의 9년이 되어가는 시점의 일이었다. 그 시절 캐버너와 그의 사업 파트너 레이철 베닝은 오래된 시가 박스를 비워 돈통으로 쓰고 스프링 제본된 공책에 판매 장부를 기록했다. 또한 문화가 성을 사유하고 말하는 방식을 바꾼다는 회사의 더 큰 사명과 소비자본주의 사이의 불편한 관계를 비롯해 이윤과 손실, 가격을 두고 많은 논의가 오갔다. 후일 캐버너는 이렇게 설명했다. "(회사의 사명은) 전부 세상을 바꾸는 것이었으니, 이윤이라는 항목을 거기 포함시키지 않으면, 그걸 고려하지 못하게 될 수밖에 없죠."[1] 섹스토이 시장 내부에서 경쟁은 점점 더 치열해지고 있었다. 온라인 소매업이 부상한 후부터는 특히나 그러했다. 거기에 더해 회사는 계속 성장 중이었다. 회사의 사명에 이윤이, 적어도 그런 정신이라도 더해져야 하고 사업의 근본 구조에 기입되어야 했다. 적어도 경영팀이 보기에는 돈을 더 이상 사후적인 것으로 취급하거나 세상을 바꾸는 회사의 더 큰 사명에 반하는 무언가로 여겨서는 안 되었다. 이윤에 대해 터놓고 이야기하는 일이 솔직한 섹스 이야기만큼이나 중요해진 것이다.

회사가 돈과 이윤을 더 의식하게 되면서, 직원들은 매달 월별 경영 보고를 읽고 이해하도록 학습받았다. 일별·월별 판매 목표 달성도 더욱 강조되었다. 그리고 매장의 일일 업무 일지에 성교육 강사들을 겨냥하는 친절한 메모가 등장하기 시작했다. 판매 이익을 늘리기 위해 저렴한 고무 대신 단가가 높은 실리콘 제품을 더 적극적으로 권유하라고 촉구하는 내용의 메모였다. 그렇게 이윤을 더 추구하는 새로운 시대가 도래했다. 후일 캐버너는 직원들이 때로는 섹스토이를 팔고 고객에게 교육을 제공하는 것만큼이나 돈을 버는 일에 열광하게 되었다고 내게 말했다.

연구자에게는 현장연구를 수행하기에 매우 흥미로운 시기였다. 돈을 둘러싸고 발생한 논의는 이윤과 사회변혁 사이에 존재하는 이데올로기적 긴장뿐만 아니라, 다수의 직원들이 소비자본주의와 회사의 불편한 관계와 마주하며 느낀 양가감정을 드러내기도 했다. 시애틀점 성교육 강사 애니 마이컬슨^{Annie Michelson}은 나에게 "이 시기에도 베이브랜드는 여전히 사업체라기보다는 거대 사회운동 단체였다"고 말했다.[2] 마이컬슨을 비롯한 다른 많은 직원에게 돈 문제는 세상을 더 나은, 그리고 성적으로 더 열린 곳으로 만든다는 회사의 사명에 완전히 흡수된 것이었다. 베이브랜드 직원들 다수는 사실상 회사를 영업이라는 측면을 배제한 채 순전히 사회적 이타주의의 관점에서만 설명했다. 그리고 그들은 아주 많은 경우 이익 실현과 사회 변화를 서로 대립적인 경향으로 규정하고 있었다. 얼리샤 렐스에 따르면, "나는 (회사의) 관점이 돈이나 이익이 아니라 교육에 맞춰져 있을 때 들어왔어요. 그래서 우리가 하는 일은 그런 것이라고 진심으로 생각했죠. 사훈에 이익에 대해 명시하는 내용이 전혀 없었기 때문에 상업적 사명을 무시하고 오로지 교육적 사명의 관점에서만 가게를 보기 십상이었던 거예요."[3]

이런 생각을 한 직원은 렐스만이 아니다. 베이브랜드 직원 다수는 회사가 매우 현실적인 이익 실현 문제를 안고서 자본주의 기업으로 존재하기를 포기해버렸다고 보았다(일례로, 뉴욕점에는 한때 개점 중에는 직원이 가게에서 돈을 빌려가도 괜찮던 시기가 있었다. 점심값이든 다른 일에 쓸 돈이든 차용증을 남기고 돈을 꺼내갔던 것이다. 이 관행은 회사 회계사가 다른 곳에서는 이런 짓을 도둑질이라고 부른다면서 "절대 용납할 수 없다"고 알리는 쪽지를 직원들에게 보낸 후에야 사라졌다).

섹스 포지티브 사회변혁이라는 회사의 근본적 사명을 오염시킬 위험이 있는 요소로 여겨진 것은 성이 아닌 돈이었다. 그리고 나는 사회 변화를 향한 헌신과 수익을 남기는 기업이 되는 일 사이에서 어떻게 균형을 잡을 것인지 알아내려 애쓰는 곳이 베이브랜드만은 아님을 결국 깨달았다.

'돈'이라는 골칫거리

이브스가든의 창업자 델 윌리엄스는 자신에게 사업가의 소질이 없음을 알고 있었다. 사업은 그가 딱히 이야기하고 싶어 하지 않는 주제였다. 그 대신 윌리엄스는 내게 여성해방을 향한 자신의 열정, 이브스가든 창업기, 그리고 여러 해 동안 수많은 고객에게 받은 감사 편지에 대해 이야기해주고 싶어 했다. 우리는 미드타운 맨해튼에 위치한 윌리엄스의 이브스가든 사무실에 앉아 있었다. 베티 도슨이 그린 1973년 여성 섹슈얼리티 컨퍼런스 나우 NOW의 포스터가 윌리엄스 뒤편 벽에 걸려 있었다. 그의 책상에는 여러 서류와 스크랩된 신문기사가 흩어져 있었다. 윌리엄스는 나를 위해 서류 캐비닛에서 옛날 기사와 우편 주문 카탈로그를 꺼내두었다. 그는 이따금 나에게 읽어보라며 무언가를 건네주었다. 이브스가든 사훈 초안, 《성 연구 학술지Journal of Sex Reasearch》에 윌리엄스가 기고한 글, 그가 오랫동안 모아온 유명한 책 등이었다. 내가 앉아서 그것들을 읽는 동안 윌리엄스는 나에게 더 보여줄 것이 없는지 서류를 뒤적거렸다.

이 인터뷰를 했던 2001년은 윌리엄스가 79세가 된 해였다. 그는 바싹 여위었고, 건강이 별로 좋지 못한 여성이었다. 하지만 여성운동에 참여했던 일과 여성의 오르가슴이 지닌 에너지에 대한 자신의 신념을 설명할 때면 눈이 반짝거렸다. 이것은 그의 필생의 사업이었고 그는 그 일들이 기록되길 바랐다. 이브스가든의 재정적 상환 능력을 유지하기 위해 몇 년이나 분투했던 일에 대해서는 그다지 열심히 말하고 싶어 하지 않았다.

"내가 사업해온 전부를 이야기할 필요가 있을지 모르겠네요." 한번은 윌리엄스가 이렇게 말했다. 그는 이브스가든이 도산하지 않도록 하기 위해 기울였던 자신의 노력을 지나치게 많이 드러내는 건 아닌지 고민하는 듯했다.

"괜찮으시다면, 전 듣고 싶어요."

"난 사업 분야에선 썩 잘하지 못한 것 같아요." 그가 인정했다. "항상 돈 문제가 있었고 인건비를 맞추기 힘들었죠. 다른 사업 파트너와 손을 잡든지 재정 문제를 처리해줄 사람이 있었어야 했어요. 경제적인 게 항상 문제였거든요."[4]

이브스가든은 창업 단계부터 자본이 부족한 상태였다. 게다가 윌리엄스는 회사의 재정 상태와 성장을 저해하는 갖가지 실수를 저질렀다. 《미즈》에 1984년에 실린 기사에는 윌리엄스가 저질러온 다양한 실수가 연대순으로 정리되었는데, 꼼꼼한 계획 없이 사업을 시작한 것과 튼튼한 재정적 기반 없이 사업을 확장한 것, 의도는 좋았지만 결국 해로웠던 타인의 충고들을 신뢰한 것 등이 그런 실수에 포함된다. 윌리엄스는 자신이 "사업적 감각보다는 열정으로 움직였다"고 인정했다. 그 때문에 이브스가든은 무너

질 뻔했다. 벤처 사업이 역풍을 맞았던 1980년대에 우편 주문 시스템을 보스턴으로 옮기면서 회사가 엉망진창이 되었던 것이다.[5] 과로와 불안에 비틀거리고 빚더미에 앉은 데다 세금도 제대로 내지 못하게 된 윌리엄스는 사업을 다시 뉴욕으로 옮겨와 새롭게 시작하려고 했다.

"더 이상 못하겠다 싶었던 때가 있었어요." 윌리엄스가 말했다. "신경쇠약이었는지 정신적으로 무너졌죠. 그때는 (이브스가든 사업에) 더는 관여할 수가 없었어요. 2년인가 3년 정도 물러나 있었죠."[6]

윌리엄스가 겪었던 재정적 고난과 심각한 불안은 극단적인 경우이긴 했으나, 내가 인터뷰한 페미니스트 소매업자 중 편하게 자신이 사업가라고 말하는 이는 거의 없었다. 사실 섹스 포지티브 페미니스트 소매업자의 내러티브를 규정하는 것은 소비자본주의를 향한 양가감정 아니면 명확한 적대감이었다. 아마도 사업에 가장 큰 반감을 드러낸 이는 굿바이브레이션스 창업자 조아니 블랭크였던 것 같다.

블랭크는 자신이 재계를 무시한다는 점을 수치심 없이 드러냈고, 자신이 "흔한 사업"을 한 게 아니라는 사실을 자랑스러워했다. 그게 무슨 뜻이냐고 물었더니, 블랭크는 한 문장으로 답을 들려주었다. **"이윤에는 쥐뿔도 신경을 안 썼다는 뜻이죠."**[7] 사업을 성공적으로 운영하는 데 중요한 모든 것들 중에서, 이윤은 자신에게 부차적인 문제였다고 블랭크는 설명했다. 블랭크는 그 자신이 판단할 때 재정적으로 특권적인 위치에 있었다는 점에서 "엄청나게 운이 좋았"다. 그는 집세가 싼 곳에 살았고 저축해둔 돈도 있었으며 가족에게서 재정적 지원도 받을 수 있었다. 이는 블랭크가 다른 사업자들이 그래야 했던 것처럼 사업의 결과를 그토록 철저하게 신경 쓸 필요가 없었다는 뜻이다. 그는 의지할 만한 자금이 있었기에 대놓고 돈 문제를 무시하면서도 사업을 유지하는 데 필요한 비용을 충당할 수 있을지에 대해 걱정할 필요가 없었다. 그래서 그는 필요할 때 굿바이브레이션스에 현금을 공급할 수 있었다. 회사가 적자 상태라 비용을 처리할 수 없게 되면 블랭크가 굿바이브레이션스를 부양했다고, 1980년대에 그곳에서 일했던 직원 중 여럿이 기억하고 있다. "조아니는 결과에 신경 쓰지 않는 사치를 누렸어요." 전 직원 앤 세먼스의 회상이다.[8] 굿바이브레이션스 매니저였던 캐시 윙크스도 동의한다. "창업 초기에는 모두가 장난으로 조아니 블랭크라는 이름 대신 '조아니 뱅크'라고 불렀다니까요. 그가 굿바이브레이션스를 지원하지 않고 영업 이익만 따지며 운영했더라면 아마 아주 빠르게 문을 닫아야 했을걸요."[9]

그러나 이익을 창출하고 부를 축적하는 회사의 소유주가 되는 것이 최우선 동기가 아니라서 좋은 점도 있었다. 일단, 블랭크는 그 덕분에 어떤 물건이나 프로젝트가 이윤을 창출할지 여부에 휘둘리지 않고 사업적 결정을 내릴 자유를 누렸다. "그냥 내가 옳다고 생각하는 방식으로 (사업을 운영)할 수 있었어요." 블랭크가 설명했다. 이는 블랭크가 어떤 제품을 소비자가 구할 수 있게 해야 한다고 판단하기만 하면 매출 이익을 전혀 남기지 않고도 굿바이브레이션스에서 그것을 취급할 수 있었다는 뜻이다. 윙크스는 창업 초기 블랭크가 직접 정기적으로 샌프란시스코 재팬타운에 가서 히타치 매직완드의 케이스를 사서 되팔았던 것을 기억한다.

윙크스에 따르면, 블랭크는 그 바이브레이터를 아주 조금 할인받아 사고 재팬타운에서 파는 가격과 똑같이 굿바이브레이션스에서 팔았기 때문에 한 개를 팔 때마다 2달러 정도밖에 수익을 내지 못했다고 한다.

세먼스의 표현처럼 블랭크가 "압박받는 사업가"가 아니었다는 사실은 블랭크가 굿바이브레이션스에 이윤을 남기지 못할 수도 있는 모험을 할 수 있었음을 의미한다. 1980년대에 시작된 굿바이브레이션스의 섹슈얼리티 도서관은 이를 증명할 분명한 사례 중 하나로, 성에 관한 책과 영상물을 소개하는 카탈로그를 제작했다. 섹슈얼리티 도서관 프로젝트를 진두지휘했던 세먼스는 이것이 첫해에는 본질적으로 "돈을 내다 버리는" 일이었다고 말했다. 도서 가격의 인상률은 낮은데 인쇄 비용은 높아서 책 카탈로그에서 매출 이익을 남기기 어려웠던 것이 큰 이유였다. 세먼스가 기억하기로, 한번은 세먼스가 회의에서 도서관 사업이 재정적으로 너무 어렵다고 속상해했다. 회의가 끝난 후에 블랭크가 세먼스를 한쪽으로 불러서 말했다. "앤, 그렇게 마음 상해하지 마. 최악의 경우라고 해도 뭐가 있겠어? 그냥 프로젝트를 관둬버리면 되지 뭐."[10]

"회사의 재정적 능력 덕분에 항상 기뻤어요." 세먼스는 말한다. "그게 저한테도 그렇고 다른 사람들에게도 마찬가지였다고 생각하는데요. 어떤 프로젝트든 일과 성공 혹은 실패의 관계를 더 현실적으로 세울 수 있게 해줬거든요."

1980년대와 1990년대 초반에 굿바이브레이션스에서 일한 직원 다수는 돈을 대하는 블랭크의 태도를 축복으로 여겼다. 윙크스는 블랭크가 "우리에게 풍족함의 정신을 갖게 해줬어요. 난 항상 그 정신을 되새기죠. '우리는 이게 필요하다고 생각해. 그럼 그걸 만들자.' 블랭크는 사람들이 봐야 한다고 생각하는 책이 있으면, 그냥 찍는 거예요. 그런 가능성의 정신은 계승해야 하는, 정말로 굉장한 축복이죠."[11]

블랭크는 굿바이브레이션스 직원으로 여성을 고용했다. 원래 창업 초기에는 모든 직원이 여성이었다. 그들은 영리하고, 회사의 사회적 사명에 열정이 넘쳤다. 그둘 중에는 스탠퍼드대학교나 버나드 칼리지 같은 학교에서 문학과 신학 등의 학위를 받은 사람은 있었지만, 경영이나 소매업 관련 전공이나 경험이 있는 사람은 거의 없었다. 세먼스에 따르면, "(블랭크는) 자기가 똑똑하다고 생각하는 사람을 고용했어요. 그리고 '이게 내 비전이야. 이걸 현실로 만들자'라고 말했죠. 우리 모두에게 굉장한 직업적 경험이 있었어요. 결국 우리 모두는 정말 여러 가지 측면에서 사업 경영을 많이 배울 수 있었어요. 경영 대학원에 가지 않고도 말이에요."[12] 세먼스는 이런 시스템의 단점 또한 시인했다. "경영을 전공했거나 좀 더 사업적인 요령이 있는 사람이 있었다면 그렇게 많은 시간을 허비하지 않고 좀 더 전략적으로 운영할 수 있었을 겁니다."

그러나 그 당시에 사업적인 요령이나 전략은 굿바이브레이션스에서 일하기 위한 전제조건이 아니었다. 강조점은 돈을 얼마나 버느냐가 아니라, 회사가 무엇을 했는지에 있었다. 적어도 테리 헤이그가 일하던 1990년대 중반까지는 그러했다. "굿바이브레이션스는 항상 돈을 벌었어요. 그렇게 운영하는데도 말이에요." 그가 설명했다. "직원들이 일을 그렇게 하는데도 말이죠. 다른 회

사였다면 직원들은 경험 부족이라는 요인 하나만으로도 나가야
했을걸요. 사업에 관련된 지식도 없고 실수하는 것만으로요."[13] 또
다른 굿바이브레이션스 직원도 비슷한 평가를 했다. "1994년이나
1995년 즈음에 저한테 직접적으로 우리는 매출 이익에 신경 쓰지
않는다고 말한 사람은 없었어요. 어느 정도는 '다른 일이 더 중요
하니까'라는 태도였던 것 같아요. 그런데 어떤 면에선, 어떻게 이
익을 남기는지 정말로 모르기도 했어요."[14]

베이브랜드와 유사하게 굿바이브레이션스는 1990년대 중후
반 일련의 재정 적자를 겪고 나서 이윤과 회사의 관계를 다시금
사유하기 시작했다. 헤이그는 이렇게 설명한다.

(굿바이브레이션스는) 수년간 계속 기록적인 판매 실적을 기록했
고 손익계산서는 마이너스였습니다. [재정 위기가] 정말 심각해
진 적이 몇 번 있었고, 그때는 청구서를 지불할 수 없을 것 같은
상황이었습니다. 정말 큰일이었던 거죠. 좀 더 진지하게 돈을 벌
어야 했어요. 할 수 있는 만큼 비용을 절감하고 영업 이익을 더
강조해야 했고요. …… 굿바이브레이션스는 우리는 언제나 돈을
벌 거고, 성[관련 물품]은 잘 팔리니까 이익을 낼 거라고 안이하
게 생각하고 있었어요. 안타깝게도 지출 비용 또한 폭증하고 있
었는데 말이죠.[15]

비용 효율을 따지고 영리를 추구하는 문화의 전조는 2000년
대 초반 굿바이브레이션스와 베이브랜드 모두에서 나타나기 시
작했다. 이런 문화는 새롭게 발견된 판매 전문가로서의 직업의식

에 꼭 들어맞았다. 이러한 전환과 함께 MBA를 취득한 사업 총괄 관리자도 채용되었다. 전문 경영인들은 회사를 계획된 성장, 재정 안정성, 그리고 수익이 존재하는 새로운 시대로 인도하는 데 필요한 역량으로 무장하고 있었다. 2000년대 초 굿바이브레이션스 사업 총괄 관리자로 일했던 벤 도일Ben Doyle은 이렇게 설명한다. "그런 데[돈 문제] 신경 쓰고 싶지 않아도, 어쩔 도리 없이 걱정할 수밖에 없게 된다는 것을 (굿바이브레이션스가) 알게 되었습니다. 사업 운영을 지속적으로, 현저히 개선하지 않는다면 우리는 이 시장에서 도태될 수밖에 없기 때문이죠."[16] 베이브랜드의 슈레이더 또한 비슷한 정서를 공유했다. "살아남아 우리가 하는 일을 계속하기 위해선 물건을 팔아야 합니다. 수요를 창출해야 하고 시장에서 버텨야 하죠."[17]

새롭게 부상한 영리 추구 문화는, 적어도 발생 초기에는 이러한 [페미니스트 섹스토이 소매] 기업들이 추구하던 기존의 철학과 극단적으로 대립했다. 블랭크는 상업계를, 그리고 소매업 모델을 구축해냈다. 그것은 정보 접근성, 사회적 선, 그리고 사업 운영을 향한 윤리적 접근이 순전히 부의 축적이라는 동기를 위한 이윤 창출을 누르고 승리하는 세계였다. 블랭크는 언젠가 어떤 지인이 자신에게 "넌 사업을 사회복지 서비스 운영하듯이 하는구나"라고 말했다는 이야기를 다소 자랑스럽다는 듯 들려주었다. 그 말을 들은 블랭크는 한 박자도 쉬지 않고 바로 대답했다고 한다. "맞아, 내가 하는 게 바로 그거야. 고마워, 그 말은 칭찬이야."[18] 블랭크가 이 말을 사업 운영에 대한 비판이 아니라 찬사로 받아들였다는 점에서 우리는 그가 사업가로서 자신을 어떤 식으로 이해하고 있었는지 알 수 있다. 이뿐만 아니라 그 태도는 그가 대개 당연한 것으로 여겨지는 영리 추구 기업과 비영리단체의 경계를 얼마나 교란했는지 또한 보여준다. 이러한 가치, 실천, 그리고 이데올로기 사이의 불분명한 경계는 오랜 시간 굿바이브레이션스 소매업 모델의 특징을 이뤘다.

섹스토이와 사회적 기업

위에서 언급한 것과 같이 경계를 흐리는 블랭크의 실천은 사회적 기업의 특징이다. 그리고 이는 결국 다른 페미니스트 소매업체들에게도 영향을 주었다. 1980년대에 탄력을 받기 시작한 사회적 기업이라는 개념은 아쇼카^{Ashoka}의 빌 드레이턴^{Bill Drayton}에게 힘입은 바가 크다. 아쇼카는 "만성적인 사회 문제 해결"을 목표로 전 세계 건강, 교육, 소액 금융, 그리고 농업 등의 분야에서 발생하는 사회문제에 창의적인 해결책을 모색하는 사람들을 찾아 지원하는 데 힘쓰는 비영리재단이다.[19] 사회적 기업가들은 이익을 더 큰 사회적 목적에 돌리는 데 헌신한다. 그들은 다양한 형식을 통해 이를 실행한다. 혁신적인 비영리 기업 혹은 사회 공헌을 목표로 하는 벤처 기업을 창업하거나, 영리적 요소와 비영리적 요소가 혼합된 조직을 구축하는 등 다양한 방법이 있다. 예를 들어, 홈리스 숙소인데 사업을 병행해 숙소 거주자들을 훈련시키고 고용하도록 하는 단체도 사회적 기업일 수 있다. 탐스^{TOMS} 창업자 블레이크 마이코스키^{Blake Mycoskie}가 그 예다. 그는 누군가 탐스에서 신발을 한 켤레 구매할 때마다 신발이 필요한 사람들에게 한 켤레를 기부한다. 이와 유사하게 와비 파커Warby Parker는 안경이 필요한 사람들이 안경을 구할 수 있도록 안경 한 점이 팔릴 때마다 다른 한 점을 기부한다. 희망의 머리띠Headbands of Hope 창립자 제시카 엑스트롬Jessica Ekstrom은 머리띠가 하나 팔릴 때마다 아동 암환자를 위해 다른 머리띠 하나를 기부한다.

최근 10년간 비영리 부문에 후원이 축소되어 부족한 자금을 두고 경쟁이 심해지면서 사회적 기업과 사회적 책임을 다하는 기업이라는 모델이 대중적 인기를 얻었다. 이제는 기업들이 스스로 자선 기업으로 등록할 수도 있다. 이는 사회에 긍정적인 영향을 주는 것을 법적 목표로 규정한 기업체라는 뜻이다. 기업 구조가 어떻든, 사회적 기업들은 비영리적 차원과 영리 추구적 차원을 창조적으로 결합하고 혼합한다. 예를 들어 사회복지사의 이상주의를 노련한 CEO의 회계 전문성과 결합하는 것이다. 전문가들에 따르면, 사회적 기업의 가치는 효율성(예를 들어 생산 라인 같은 방식)을 증대하는 것이 아닌 세상을 더 낫게, 공정하게, 지속 가능하게 바꾸는 데 있다. 그리고 누군가는 여기에 세상을 더 섹스 포지티브하게 바꾸는 일도 포함시킬 것이다.[20]

사회적 기업가들은 "실험실의 미친 과학자"나 "요령 좋은 이상주의자" 등으로 묘사되어왔다. 그들이 운영하는 기업은 자선단체가 아니지만 전통적인 의미의 사업체 또한 아니다. 사회적 기업 연구의 선구자 J. 그레고리 디스J. Gregory Dees는 사회적 기업가가 자신의 사회적 비전을 구현하기 위해 가장 효과적인 수단을 찾는 혁신가이며, 영리와 비영리의 세계 사이에 통상적으로 상정되곤

하는 경계에 구속받지 않는다고 했다.[21] 이윤과 부의 창출이나 고객의 수요에 부응하는 등의 실천은 모두 사회적 기업가들이 쓰는 사업 모델일 수 있지만, 이것들은 "사회적 목표를 위한 수단이지, 그 자체가 목적이 아니"라고 디스는 주장한다.[22] 사회적 기업가들에게 성공이란 궁극적으로 사회적 효과로 측정되는 것으로, 은행 계좌 잔고의 액수는 성공의 기준이 아니다.

사회적 기업이 지금처럼 주목받기 몇십 년 전에, 그리고 스탠퍼드나 하버드 같은 대학교가 이런 사업 전략을 습득하는 데 집중하는 코스를 제공하기도 한참 전에, 이브스가든과 굿바이브레이션스 같은 페미니스트 섹스토이숍은 유토피아적 이상을 시장과 혼합하여 사명을 목표로 움직이는, 성교육과 사회변혁에 헌신하는 소매업 벤처를 만들어냈다. 이들은 비영리단체가 아니었지만 많은 경우 비영리단체의 방식으로 운영되었다. 그들이 가게로 오는 모든 고객에게 바이브레이터를 공짜로 나눠준 건 아니었지만, 사람들이 자신의 성생활을 개선하고 성적 자존감을 증진할 수 있도록 정보와 자원을 제공했으며 이는 많은 경우 대가 없이 이루어졌다. 그들은 지역사회에 교육과 아웃리치 프로그램을 제공했고, 늘 기금 모금용 추첨 행사나 공동체 조직, 또는 다른 가치 있는 목적을 위해 내놓을 물건을 제공했다. 윌리엄스와 블랭크는 페미니스트 섹스토이 소매업이 첫 물결을 일으키던 1970년대와 1980년대 초기에 확고한 비영리 추구 정신을 널리 퍼뜨렸다. 이는 후세대 페미니스트 소매업자들이 사업을 계획하는 데 많은 영향을 끼쳤다. 많은 이들은 페미니스트 섹스토이숍을 운영하는 일의 목표는 부자가 되는 데 있는 것이 아니라 사회적 공공선을 증진시키는 데 있다고 생각했다. 밀워키에 있는 툴셰드의 점주 로라 하브도 그런 정신을 체화하고 있다. 그가 [창업하고 나서] 몇 년이 지나 내게 한 말에는 그의 선배들의 메아리가 들렸다. "돈을 벌자고 이일을 하는 게 아닙니다. 내 인건비는 안 가져가요. 이 가게에서 내가 버는 돈은 전혀 없어요. 그리고 전 다른 정규직 직업에 종사하고 있기도 하죠. 이 가게는 내가 하는 봉사활동이고, 내 자식 같은 곳이기도 해요. 분명 나는 부자가 되기 위해 이 일을 하는 게 아닙니다."23

그럼에도, 이런 회사에서 일하는 모든 사람이 이렇게 봉사활동할 때의 마음가짐을 감당할 수는 없다. 어떤 종류든 사업을 시작하려면 자본에 접근할 수 있어야 하는데, 성인산업은 은행 대출을 받을 수 있는 경쟁력이 부족한 편이다. 나와 인터뷰한 페미니스트 소매업자 대부분은 가족이나 친구에게 도움을 받거나 개인적으로 모은 저금, 또는 주택 담보대출로 창업 자금을 마련했다. 그리고 여기에는 언제나 인종과 사회경제적 지위가 얽혀 있는데, 그것은 백인 남성과 백인 여성은 처음부터 창업에 필요한 자본을 가지고 있거나, 자본에 접근할 수 있다는 의미다. 실로 이브스가든, 굿바이브레이션스, 그리고 베이브랜드는 중산층·중상류층 백인 여성이 창업했다. 일부 창업자는 고등교육을 받았으며 모두 자기 마음대로 처분할 수 있는 경제적 자본을 보유하고 있었다. 그러므로 이윤은 부수적일 뿐이라는 의견은 인종 및 계급 특권이 특수한 배치를 이루는 상황에서 생성되고 발전된 것이다. 미국에서 물가가 가장 비싼 몇몇 도시에서 시급으로 근근이 먹고 사는 사람에게는 [창업을 위한] 계산이 전혀 다를 수 있다. 한 굿바이브레이션스 직원은 이렇게 말했다. "(직원 주주로서) 수백만 달러 규모의 기업을 관리하고 있는데 월세도 겨우 내는 처지로 사는 게 쉽진 않죠."[24] 돈에 대한 태도를 두고 점주와 직원 사이에는 시간이 지날수록 깊은 단절이 형성되었다. 그런 상황은 페미니즘 사업을 운영한다는 것이 무슨 의미인가라는 질문에 새로운 종류의 압박을 가했다.

돈이 얽히면 지저분해진다

내가 베이브랜드에서 처음 계산한 물건은 한 여성 고객이 산 420달러어치 섹스토이와 책, 그리고 비디오였다. 그 고객은 중년의 백인으로, 풍성한 빨간 머리가 눈에 확 띄었다. 그가 집중해서 숙고하며 가게를 걸어다니는 동안 그를 바라봤던 것이 기억난다. 그는 물건을 집어 들어 자신의 손에 쥔 채 나에게 질문을 퍼부었다. "여기서는 이런 종류를 많이 파나요? 이 영화 봤어요? 이 바이브레이터 방수 되나요? 추천해주실 거 없나요?"

곧 계산대에 물건이 쌓이기 시작했다. 가죽 하네스, 보라색 딜도, 반짝이는 바이브레이터, 또 다른 딜도, 파란색 간지럽힘 깃털, 책, 비디오 등. 상품 더미가 점점 커지자 나는 불안해지기 시작했다. 나는 컴퓨터로 작동하는 금전출납기를 작동시키는 법을 알았고, 매출을 기록하고 다른 사람의 돈(고객의 돈과 가게의 돈 모두)을 다루는 법을 배웠음에도 그 순간 돈을 다루는 일 때문에 초조해졌다. 내가 뭔가를 잘못 기록해서 그 물건을 지워야 하면 어떡

하지? 고객에게 거스름돈을 너무 적게 혹은 많이 내주면 어떡하지? 마감할 때 잔고가 안 맞으면 어쩌지? 나는 그 고객에게 계산을 해주며 그런 것들을 전부 생각하고 있었고, 실수하지 않도록 열심히 노력했다.

고객이 가게를 나선 다음에야, 그에게 신용카드 영수증에 서명해달라고 부탁하는 걸 잊었다는 게 기억났다. 그 고객의 구매 목록은 길었고 총액도 상당했다. 그러나 영수증 하단에 서명이 없었다. 이렇게 되면 거래 전체가 무효로 취소되어버리는 걸까? 베이브랜드는 나에게 당신의 학문적 관심에는 정중한 감사를 표하지만 당신은 너무 짐스럽다고 말하려나? 바이브레이터 판매원으로서 나의 경력은 시작하자마자 끝나는 걸까? 대체 왜 돈을, 특히 다른 사람의 돈을 다룰 때는 이렇게 불안할까? 나는 궁금했다.

다행히도 나는 일자리에서 잘리거나 현장연구 장소에 접근이 불가능한 지경에 이르지는 않았다. 매니저님이 다음 날 아침 그 고객에게 전화를 했고, 정말 다행히 고객은 전화로 구매 내역을 승인해주었다. 그렇지만 그 사고는 내가 돈을 불편해한다는 중요한 사실을 깨닫게 해주었다. 그리고 오래지 않아 나는 베이브랜드에서 돈과 관계되는 걸 껄끄러워하는 사람이 나뿐만이 아니라는 걸 깨달았다. 돈을 쓰는 것, 다른 이들이 돈 쓰는 것을 감독하는 것, 돈을 주고받는 것, 돈을 버는 것, 돈을 충분히 벌지 못하는 것 등을 불편해하는 것이다. 이튿날 내가 캐버너에게 420달러어치 상품을 구매한 여자 이야기를 했더니, 캐버너는 자신도 예전에 사람들이 베이브랜드에서 돈을 쓰는 걸 걱정하곤 했다고 말했다. 그리고 이제는 익숙해지긴 했지만, 아직도 그게 완전히 편하지는 않다고 했다.

현장연구가 진행될수록 돈 문제, 수익성, 그리고 소비자본주의와 회사의 관계를 둘러싼 가책으로 인한 지속적인 위기가 베이브랜드(그리고 다른 섹스 포지티브 페미니스트 소매업체들도 마찬가지임을 후일 배우게 된다)의 소매 문화에 큰 영향을 미친다는 점이 분명해졌다. 한 직원의 표현대로다. "베이브랜드에서는 수익을 냈다고 사죄합니다."

내가 인터뷰한 사람들은 가볍거나 매우 심각한 정도의 차이가 있을 뿐 모두 자신이 착취 및 불평등과 밀접하게 공조한다고 보는 자본주의 체제에 적극적으로 참여하는 데 불편함을 드러냈다. 나는 무수한 대화에서 직원들이 돈이 뭔가를 더럽힌다고 여긴다는 점과 자신들이 베이브랜드의 성공에 쏟아붓는 투자와 헌신을 조화시키려고 애쓴 이야기를 들었다. 뉴욕점의 한 성교육 강사는 날카로운 어조로 만일 회사가 그저 돈 버는 것만 추구하는 곳이 된다면 자신은 그만둘 거라고 내게 말했다. "나는 물건을 팔자고 가게에 일하러 온 게 아니에요." 그 여성 직원의 말이다. "이 일이 내게 그런 의미인 적은 전혀 없었어요. 그렇게 되는 것이 점점 익숙해지고 있긴 하지만, 그 때문에 내 비판의 날이 무뎌졌나 생각했지만 내가 가게에서 경험을 쌓고, 일을 시작하고, 계속 일하고 있는 건 전부 이 가게가 그런 곳이기 때문에, 그리고 이 가게가 사명까지 추구하는 곳이라는 그 사실 때문이라고 생각해요."[25]

직원 대부분이 회사의 섹스 포지티브 사명에 찬성하며 돈과 관련된 부분은 잽싸게 무시해버렸다. 마치 회사에 상업과 정치 두 개로 양분된, 각자 자신만의 고유 언어로 이해되고 서로 쉽게 분리될 수 있는 서로 다른 부서가 있는 것 같았다. 판매 직원과 점주 모두 그런 견해를 공유하고 있었다. 캐버너는 이렇게 말했다. "나는 기업가로서 이 사업에 뛰어든 게 아니에요. 페미니스트이자 여성해방주의자로서, 성이 거기에 어떻게 들어맞을지 스스로 생각하며 시작한 거죠. 자본주의 소비자와 관련된 모든 일은 다루기가 항상 어려웠어요. 나는 쇼핑조차 안 해요. (베이브랜드를 창업하기 전에는) 소매업계에서 일하지 않았을뿐더러 그런 가게에 들어가지도 않았어요."[26]

얼리투베드의 시어라 데이색 또한 이 불편함에 동조했다. 데이색은 자신 역시 사업가가 되고 싶었던 적은 한 번도 없다고 인정했다. 그러나 그가 궁극적으로 원하는 일(사람들이 지지받는 환경에서 성 지식을 얻을 수 있도록 하는 것)을 하기 위해서는 사업가가 되어야 했다. "소매점을 비영리로 창업하긴 정말 힘들어요." 데이색이 말했다. "그럴 수 있었다면 [마음이] 훨씬 편안했을 거예요."[27]

소비자본주의에 잠식당하지 않는 동시에 회사가 생성해낸 화폐적·사회적 이익을 취하려면 복잡한 협상 및 유예의 기술이 필요하다. 페미니스트 소매업자들은 많은 경우 자신이 지배문화의 안팎에서 동시에 활동하고 있다고 여긴다. 그들은 헤게모니적인 동시에 반헤게모니적이며, 주류인 동시에 급진적이다. 이는 시장자본주의와 문화 변혁 양쪽에 접근하는 그들의 태도에 모두 적용되는 특성으로, 그들은 그 역설을 이해하고 있다. 예를 들면, 캐버너는 자신을 "불편하지만, 어쩌다 보니 자본가"가 된 사람이라고 설명한다. 하지만 자신 또한 자신이 그토록 불편하게 여기는 바로 그 체제의 일부임을 인정한다.[28] 그의 사업 파트너 레이철 베닝은 자신의 불편함을 이렇게 설명한다. "소매업자가 된다는 건 분명히 이 문화에 참여한다는 거죠. (우리가) 소비주의 문화(에서 살아가)고 (그 문화가) 사람들이 서로 어떻게 상호작용하는지, 어디서 만나는지, 뭘 생각하는지, 자신을 어떻게 표현하는지를 정말 많이 규정하니까요. 개인적으로는 별로 개의치 않습니다. 이 모든 쇼핑, 사고파는 일은 그 과정에서 제일 중요한 순간은 아니에요. 그건 그저 일종의 필요악일 뿐입니다."[29]

MBA 학위가 있는 베닝은 자신을 사업가로 규정하는 것이 달갑진 않다고 인정했지만, 자신의 일을 표현할 마땅한 언어가 딱히 없다는 것을 알고 있다. "제가 '저는 성교육 강사고 베이브랜드 소유주예요.'라고 말하면, 뭔가 거짓이 섞인 듯한 기분이에요. 그렇지만 '저는 사업가입니다'라고 말한다고 해도 모든 게 설명되진 않죠. 둘 다 진실입니다."[30] 사업가와 성교육 강사, 또는 소매업자와 사회운동가처럼 보통 대립한다고 여겨지는 서로 다른 자아를 연결할 방법을 찾는 일은 끊임없는 도전으로, 많은 [페미니스트] 기업가가 이것을 적절히 해결하지 못한 듯하다. 왜 그토록 많은 페미니스트 업자와 판매 직원들이 자신이 이 사업의 상업적 거래라는 측면을 불편하게 느끼고 있음을 시인하는지의 문제에 대답하는 방법 중 하나는 돈이 엮이면 무엇이든 지저분해진다는 생각을 적용하는 것이다. 그러나 이러한 설명은 궁극적으로 이 불편함의 고도로 성별화된 본질을 설명하는 데는 실패한다. 그 불편함은 여성으로서, 게다가 사회변혁에 헌신하는 페미니스트로서 돈과 수익의 문제를 신경 쓰면 안 된다는 믿음에서 비롯된다. 흥미롭게도 이러한 입장에는 1970년대에 많은 페미니스트가 페미니스트

바이브레이터의 나라

기업과 같은 것이 존재할 수 있는가를 두고 표명했던 의견이 반영되어 있다. 페미니스트 기업을 자본주의의 본질 자체를 변혁할 수 있는 힘을 가진 혁신이라고 보는 이들과 페미니즘과 사업은 근본적으로 자본주의와 대립하며, 자본주의는 필연적으로 "그 어떤 정치학이든 사업의 법칙에 순종하도록 뒤틀고 왜곡시킬 것"이라고 보는 이들 사이에 치열한 논쟁이 벌어졌다.[31] 이 논쟁은 래디컬 페미니스트의 출판물 《오프 아워 백스》(《온 아워 백스》와 다른 잡지다)의 지면을 빌려 이루어졌다.

페미니즘과 자본주의가 양립할 수 없다는 믿음은 아직도 많은 페미니스트 사이에서 지배적이다. 베이브랜드의 펠리스 셰이스를 예로 들면, 그는 적어도 이론적으로는 "페미니즘은 돈을 지향해서는 안 된다"고 설명한다. 그에 따르면, "자본주의는 아직도 남성의 영역으로 생각되는 경우가 많으며, 따라서 부정적이다. 페미니스트가 어떻게 자본주의자가 될 수 있는가 하는 문제는 매우 혼란스러운 이분법을 동반한다".[32] 진보 정치와 시장 문화 사이에 존재한다고 여겨지는 간극은 왜 그렇게 많은 페미니스트 소매업자와 판매 직원이 페미니스트 정치는 자본주의의 얼룩에 더럽혀지면 안 된다는 생각을 고수하는지 설명해주는 한 방법이다.

"페미니스트는 돈을 벌거나 이윤을 추구하면 안 된다는 생각은 참 어이가 없어요." 베이브랜드의 타일러 메리먼은 말한다. "그렇지만 역사가 그런 생각을 강요한 측면도 있죠. 이윤 문제를 두고 페미니즘과 사회주의가 이상하게 뒤섞이고, 그게 우리 문화에서 어떻게(얼마나 하찮게) 취급되었는지 보면요." 메리먼은 계속해서 이렇게 설명한다.

페미니스트가 진짜로 돈 이야기를 한 건 유일하게 여성이 남성과의 관계에서 무엇을 생산하는가의 문제와 관련해서였을 거예요. 여성이 사업을 하면서 뭘 하는지, 페미니스트는 뭘 해서 돈을 벌어서 먹고사는지는 말하지 않죠. 캐버너와 베닝이 이 회사를 창업했을 때 어땠는지는 전 모르지만, 돈이 동기부여 요소였던 것 같진 않아요. 그보다 '좋은 말씀 전하러 왔습니다' 뭐 이런 쪽에 가까웠던 것 같네요. 돈을 버는 건 그다지 중요하지 않았다고 생각해요. …… [돈이] 꼭 필요 없는 건 아니었지만, 사명을 전파하는 게 더 중요했던 거죠.[33]

베닝 자신은 여기서 더 나아가 "아주 엄격하고 열성적인 페미니스트라면 애초에 창업하지 않았을 겁니다. 부의 분배가 불평등하니까요."라고 덧붙였다.[34]

섹스 포지티브 소매업자들은 성을 페미니스트의 영역으로 되찾아왔으나, 소비자본주의는 되찾지 못했다. 섹스 포지티브 페미니스트 저술가, 포르노 제작자, 성교육 강사, 그리고 소매업자는 성을 구출하고, 재정의하고, 새로운 문화적 의미로 가득 채웠다. 반면 소비자본주의에는 같은 방식으로 페미니스트 재점유가 이루어지지 않았다. 페미니스트 섹스토이 판매 사업에서 성은 더러운 것으로 구성되지 않았다. 돈과 시장이 오히려 섹스 포지티브 사명을 약화시키거나, 적어도 훼손할 위험이 있는 잠재적 오염원으로 규정되었다. 트리스탄 타오미노가 2015년에 한 성교육 강사 합숙훈련 현장에서 말했던 것처럼, "돈 이야기가 (섹스 이야기보다) 더 금기시되는 것 같다."

페미니스트 소매업자들에게 페미니즘과 자본주의 사이의 긴장은 이데올로기 측면에서만 문제가 되는 게 아니었다. 사실, 여성이 화폐와 맺는 복잡한 관계를 젠더 이데올로기와 분리하기는 어려우며, 이 이데올로기는 사업의 세계 및 사회적 선을 행하는 일을 구조화하는 논리이기도 하다. 헤이그가 보기에 굿바이브레이션스에서 돈과 성장을 둘러싸고 진행된 논의, 즉 얼마나 많이, 얼마나 빨리, 그리고 어떤 종류의 성장을 할 것인가는 필연적으로 여성과 돈이라는 문제로 귀환하게 되어 있었다. 여성은 돈을 벌기를 꺼린다, 여성은 수익을 창출하고 싶어 하지 않는다, 여성은 다른 여성이 치른 비용으로 이득을 보고 싶어 하지 않는다는 식의 이야기들은 물론 여성은 그저 돈을 다루는 데 서투르다는 생각을 믿는 것까지.[35] 타오미노도 비슷한 의견을 드러냈다. "돈과 관련해서, 여성이 소유하고 운영하는 회사들에 이상한 페미니스트 백래시가 아직 남아 있는 것 같네요. 여전히 이런 폄하가 존재하는 것 같아요. (여성은) 돈을 버는 이들이 아니라거나, 우리는 돈을 벌 만큼 쓸모가 없다는 것이요. 돈과 관련된 문제가 아직도 정말 많은 것 같아요."[36]

돈을 향한 많은 페미니스트 소매업자와 그 직원들의 염려는 좋은 일을 해야 한다는 점이 강조되면서 더 심각해지는 것처럼 보인다. 사회변혁을 위해 일하는 것은 흔히 고귀하고 이타적인 헌신으로 여겨진다. 반면 돈을 벌고 부를 축적하는 것은 이기적이고, 공허하며, 시간과 재능을 잘못된 방향으로 사용하는 일로 여겨진다. 자크 존스의 설명처럼, "여성은 주로 어떤 사회적 선을 기반으로 삼는 일을 하는 경우가 많습니다. 그리고 사회적 선을 위해 일하는 사람들은 거기서 돈을 뽑아내선 안 되죠. 사회적 선을 행하면서 개인이 이득을 봐서는 안 되는 겁니다. 자동차를 팔아서 이윤을 남기는 건 괜찮지만, 어떤 여성이 남편의 학대에서 벗어나도록 도우면서 이익을 남기면 안 된다는 거예요."[37]

존스는 여성과 돈의 복잡한 관계를 더 넓은 이데올로기적 틀 안에 위치시킨다. 그것은 선을 행하는 것이 우선적으로 여성의 일로 이해되는 경향이다. 이는 최근에 정식화된 공식이 아니다. 역사학자 로리 긴즈버그Lori Ginzberg에 따르면, "자애로운 여성성benevolent femininity"이라는 백인 중산층의 강력한 이데올로기는 19세기에 미국에서 등장했다. 이 이데올로기는 여성은 "치유하거나 세상을 변화시키기 위해 행동한다"고 주장한다.[38] 도덕성과 사회적 선이라는 개념이 "여성의 더 높은 도덕 기준이라는 이데올로기"에 접합된 것이다. 여기서 우리는 특정 백인과 중산층 및 상류층 집단에 존재하는 이해 방식, 즉 여성의 일은 금전적 이득보다 고결한 사회 변화를 우선시한다는 생각을 엿볼 수 있다.[39] 자선은 대가 없이 제공되어야 한다는 것이 지배적 신념이었던 것이다. 긴즈버그는 이러한 자애로운 여성성 이데올로기가 사실은 복잡한 것임을 강조한다. "자선을 특히 여성적인 '마음에서 우러난 충동'으로 강조함으로써 경제적 맥락에서 제거시키며, 자선과 돈이 밀접하게 연결되어 있다는 사실을 은폐하는 경향이 있다"고 긴즈버그는 주장한다.[40]

자선의 본질은 확실히 19세기와 달라졌으나, 여성의 일은 사회 변화를 위한 것이며 보수를 받지 않거나 아주 조금만 받아야 한다는 믿음에 기반한 백인 중산층의 자애로운 여성성 이데올로기는 고집스럽게 지속된다. 또한 많은 페미니스트 섹스토이 소매업자와 판매 직원이 돈, 소비자본주의, 그리고 그들의 사업이 고취하고자 하는 사회 변화라는 진정한 업무와 어떤 관계를 맺는지, 그리고 그 요소들은 서로 어떤 관계를 맺는지 보여준다.

한편, 페미니스트 소매업자 일부는 사업을 운영할 때 자본주의의 정언명령이 주는 불편함을 극복하거나, 적어도 관리하는 방법을 알아냈다. 지역공동체에 되갚는 것이 그 방법이다. 이는 돈이나 제품 혹은 시간과 전문성을 플랜드 패런트후드부터 LGBT 청년센터나 HIV/AIDS 단체에까지, 자신이 찬성하는 대의를 추구하는 곳에 제공하는 일을 뜻한다. 굿바이브레이션스를 예로 들면, 트랜스젠더 법센터Transgender Law Center나 버클리 무료 클리닉Berkeley Free Clinic 같은 여러 지역 단체와 결연 관계를 맺어 제품을 기부하고, 홍보하고, 수익도 일정한 비율로 기부했다. 컴포어커즈Come for a Cause는 베이브랜드의 자선단체인데, 회사 웹사이트에 따르면 몇 년 동안 수백 개의 단체를 위해 2만 달러가 넘는 돈을 모았다고 한다. 얼리투베드의 데이색은 퀴어 청년 단체, 대학, 그리고 지역 에이즈 단체의 여성 그룹처럼 제대로 지원받지 못하는 사람들을 위해 아웃리치 프로그램과 교육 프로그램을 운영한다. 이런 노력이 매출에 반영되든 안 되든, 데이색은 이런 프로그램이 얼리투베드의 일부로 남을 수 있도록 열성을 쏟는다. 동시에, 소기업의 단독 소유주로서 데이색은 매장에서 물러나 회사의 이윤에 직접적 영향을 미치기 어려운 워크숍은 주최하기 힘들다는 것을 알고 있다. "그럴 때면 우리 회사에 비영리단체를 운영했으면 좋겠다는 생각이 들어요. 회사가 그런 프로그램을 지원해주고, 회사는 사람들이 이런 워크숍이나 공동체 아웃리치 활동을 할 수 있도록 지급해줄 보조금을 받고요. 이곳이 그런 장소로 변하는 공상을 하곤 하죠."[41]

"여기는 미국이야. 돈이 말한다고."

어떤 페미니스트 소매업자와 직원들은 이윤 창출이 성공적인 사업 운영에 필수적인 부분일 뿐 아니라 사회적 권력의 한 형태이기도 하다는 점에 감사한다. "난 자본주의 소매업과 아무런 문제도 없어요." 존스가 내게 말했다. "난 돈을 좋아해요. 돈은 좋은 거라고 생각해요."[42]

존스를 포함해 소수의 다른 페미니스트 소매업자들은 굿바이브레이션스의 로마 에스테베스의 표현처럼 "돈이 할 수 있는 일이 있다"는 걸 알고 있었다.[43] 돈이 많을수록 직원의 봉급을 더 줄 수도 있고, 지점을 더 열 수도 있고, 더 좋은 웹사이트를 만들 수 있고, 더 많은 사람에게 섹스 포지티브 메시지를 전할 수도 있다. 베이브랜드의 직원 브랜디 테일러Brandie Taylor는 돈과 사명의 관계에 대해 변명하지 않고 이렇게 말했다.

우리 사명은 모든 사람을 위한 거예요. 돈을 두둑히 가지고 있다면 다른 어떤 방법보다 더 우리 사명을 크게, 분명하게, 그리고 널리 전파할 수 있죠. 그러니 우리는 우리의 비전을 모두에게 전하고 이 세상 전체에 포지티브 섹슈얼리티를 홍보하기 위해 이토이들을 많이 팔고 이익을 내야 해요. …… 무엇보다도, 우리는 기업이에요. 우리가 페미니스트 기업인 건 맞아요. 나는 퀴어 기업이기도 하다고 생각하는데, 어쨌든 우리는 기업이라는 거예요. 이상 끝. 그리고 (기업은) 일반적으로 어떻게 하나요? 이윤을 창출하죠. 그게 우리가 하는 일이에요. 기업은 물건을 판매합니다. 그래서 우리는 여기서 바이브레이터를 팔죠. 그게 우리 일이에요.[44]

테일러에게 돈은 사회변혁이라는 바퀴를 잘 돌아가게 해주는 윤활유일 뿐 아니라, 그 바퀴가 계속 돌아갈 수 있도록 기능한다. 그에게, 그리고 베이브랜드라는 맥락에서 이윤이란 돈을 버는 것이 유일한 목적일 때와는 아마도 다른 의미를 획득한다. 이렇게 보면 베이브랜드와 다른 페미니스트 섹스토이 기업에서 추구하는 사회 변화 프로젝트는 이런 기업들을 지탱하는 자본주의를 만회하고, 일정 부분 변화시키며, 새로이 발견된 의미와 사회적 가치를 자본주의에 투입한다.

캐시 윙크스는 굿바이브레이션스의 사명을 밀고 나가는 데 돈이 얼마나 중요한지 깨달았던 순간을 이렇게 묘사했다. "1991년인가 1992년? 그전에는 몰랐어요. 그때 갑자기 (굿바이브레이션스의) 수입 총액이 수백만 달러라는 걸 깨달은 거예요. 머릿속에 스위치가 반짝 켜진 것 같았고, '우와 세상에. 우리가 수백만 달러를 벌었어. 훨씬 많이 벌 수도 있을 거야' 하는 생각이 들었죠. 그러고는 내 엔진이 활기를 되찾아서 어떻게 우리의 메시지를 세상에 퍼뜨리면서도 성공할 수 있을지 궁리하기 시작했어요."[45]

로마 에스테베스도 비슷한 경험이 있다. 굿바이브레이션스에서 일한 9년 동안 회사가 돈을 더 많이 벌 수 있다면 "세상에 더 크고 더 좋은 일을 해줄 수 있다"는 것을 깨달은 뒤부터, 돈을 향한 그의 태도는 바뀌기 시작했다.[46] 윙크스 또한 이런 생각에 동감한다. "여기는 미국이에요. 돈이 말을 한다고요. 굿바이브레이션스가 이렇게 성공하고 수입이 좋은 회사가 되지 못했다면, 다른 소매점이나 성인용품 제조업자들에게 영향을 미칠 힘이 없었을 거예요. 섹스토이의 디자인, 품질, 성인용 영상의 질을 바꾸고 싶으면 [질 좋은 성인용품을 원하는] 시장이 존재하고, 그게 크고 수익성이 충분한 시장이라는 걸 증명해야 하는 거예요."[47]

주장을 관철하려면 돈이 있어야 한다는 생각은 소비자본주의야말로 많은 사람이 이해하는 언어라는 점을 암시한다. 섹스 포지티브 소매업자들은 구매 행위에 초점을 맞추며 전략적으로 비영리 감성과 시장의 논리를 결합시킨다. 그들은 그렇게 거의 모든 이가 즉각 친숙함을 느끼는 방식으로 세계를 조직한다. 다시 말해, 소비자본주의와 그 연장선상에서 상업화된 버전의 페미니스트 정치학은 인간의 삶을 절대적이고 근본적으로 구조화하고 조정하는 일련의 규범 및 교환 체계와 동행하는 것이다. 베이브랜드의 베닝은 이렇게 설명한다. "사람들은 가게에서 뭘 어떻게 해야 하는지 알죠. 그들은 가게에 들어서서 주위를 둘러보는 행동에 아주 친숙해요. [물건에 대해] 질문을 하고, 물건을 사거나 사지 않고 가게를 떠납니다. 만일 예약 없이 들릴 수 있는 성교육센터였다면, 사람들이 가게를 찾아가는 일에 훨씬 겁냈을 거라고 생각해요. 아무 때나 들러서 질문할 수 있는 곳이었다면, 섹스토이가 있고 그것들에 관한 정보를 얻을 수 있지만 소비가 목적이 아닌 곳이었다면 지금만큼 사람들이 많이 찾아오지는 않았을 거라고 생각합니다. 이상하게 느껴질 테니까요."[48]

사람들이 가게에서 무엇을 어떻게 해야 하는지 알고 있다는 주장(둘러보고, 물어보고, 물건을 구매하거나 빈손으로 떠난다)은 사실 상점이야말로 교육이나 페미니즘 프로젝트를 시작하기에 완벽한 장소일 수 있다는 점을 시사한다. 상점은 이미 사람들이 빈번하게 드나드는 곳이기 때문이다. 상점은 문화적으로 친숙한 장소일 뿐 아니라, 20세기 초반 백화점이 등장하면서 여성의 쇼핑이 실용적인 활동에서 존중받을 만하고 실로 인기있는 여가 활동으로 전환된 맥락도 지나칠 수 없다. 미국에서 소비자란 여성에게 거의 자연적으로 주어지는 역할처럼 간주되어왔다. 이는 '타고난 쇼퍼born to shop'나 '고객 마님Mrs. consumer'과 같은 함축적 문구에 압축되어 있다. 역사학자 캐시 페이스Kathy Peiss는 여성과 소비자 문화의 관계가 역사 발전에 깊이 뿌리 내리고 있음을 관찰했다. 광고, 여성 대중 잡지, 그리고 "정보검색 담당자, 중개인, 여성 소비자를 이해하고 그들과 효과적으로 의사소통한다고 주장하는 유행 선도자" 같은 새로운 전문적 기회 등이 발달해온 것이다.[49] 20세기 전반에 걸쳐 쇼핑은 "자유를 확대하는 수단"이 되었으며 특히 중산층 여성 소비자에게 그러했다.[50] 이 점은 오늘날 여성이 섹슈얼리티 시장에 참여하는 것과도 깊은 관련이 있다.

섹스토이숍의 직원과 고객을 인터뷰하는 과정에서 쇼핑이 여성의 여가 활동으로서 사회적으로 정당화되었다는 점이 명확하게 드러났다. 내가 인터뷰한 한 20대 여성은 "성 지식 쇼핑"이

비영리 성교육센터에 가는 것보다 쉬울지도 모른다고 말했다. 그 이유는 가게가 '비주류'의 반대항인 '주류'이기 때문이라는 것이었다. 게다가 쇼핑에는 사회복지 서비스의 일부로 요구되는 다양한 검증 절차가 필요하지 않다. 예약을 잡고 접수원과 상담하거나, 시간을 소모할 뿐 아니라 익명성도 유지되지 않는 서류의 빈칸을 채우는 작업도 필요 없다. 상점에 갈 때는 자신이 문제가 있고 특수한 도움이 필요한 사람으로 보이지 않을까 걱정할 필요도 없다. 즉 판매원과 고객의 관계는 사회복지사와 수혜자의 관계와 매우 다르다. "쇼핑하는 고객의 입장이 되면 역량이 증진되는 것 같아요." 또 다른 베이브랜드의 여성 고객이 이렇게 말한 바 있다. 그는 또한 "고객이 왕이다"라는 흔한 슬로건은 흔한 관계, 예를 들어 의료인과 환자 사이에 존재하는 관계와 다른 관계를 성립시켜주는 평형 장치가 된다고 말했다. "어쩌면, 사회복지 서비스가 상품 형태로 판매되었다면 사람들이 더 편하게 접근할 수 있었을지도 모르겠어요." 사회복지사로 일했던 베이브랜드 직원의 경험이다. 베이브랜드의 로라 와이드도 비슷한 생각을 말했다. "(베이브랜드가) 무슨 여성 섹슈얼리티나 쾌락을 위한 소규모 활동가 단체·교육센터가 아니라 상업 현장이기 때문에(적법성을 갖는 것 같아요)."[51]

명백한 상업 공간인 페미니스트 섹스토이숍은 각종 기호, 상징, 관행, 그리고 시장을 기반으로 한 상호작용을 원용했다. 시장에 기반을 둔 상호작용은 친숙하고, 어떤 이들의 주장에 따르면 적법한 문화적 지평을 구성한다. 돈이 말을 하고 소비자본주의가 규범으로 받아들여지는 상업 세계에 대한 많은 페미니스트 소매업자들의 불편감을 뒤로하고 섹슈얼리티 정보와 섹슈얼리티 해방 이념을 상품처럼 포장하는 일은 사실 그것을 사람들에게 제공하는 고도로 효율적인 수단이었을 수 있다. 그것을 전달받는 사람들은 시장 문화 바깥의 맥락에서라면 그 정보와 생각에 쉽게 접근하지 못했을 이들이다. "정말 미국적이에요." 한 베이브랜드 고객은 이렇게 평했다. "성해방을 쇼핑할 수 있다는 게 말이에요."

총괄 책임자의 변화

2001년 8월, 베이브랜드가 비용 절감 조치를 시행하고 이익에 신경 쓰기 시작한 지 거의 석 달 정도가 지난 시점이었다. 캐리 슈레이더는 회사의 총괄 관리직에서 사퇴하고 영화 제작의 길로 떠났다. 그가 떠나면서 한 시대가 끝났다. 슈레이더는 베이브랜드의 자식이었다. 그는 판매 직원으로 입사해 지점 관리자를 거쳐 회사 전체의 수석 총괄 관리자 자리까지 올랐다. 새로운 체계를 적용하고, 관리직을 신설하고, 베이브랜드의 사명을 회사 문화의 중추로 만드는 데 필수적인 역할을 수행했다. 캐버너는 베이브랜드를 다른 차원으로 "끌어올린" 공을 슈레이더에게 돌렸다. "우리만의 특이성은 처음부터 가지고 있었지만, 그걸 하나의 문화로 만든 건 슈레이더예요."[52] 물론 당시 베이브랜드의 상황은 갈수록 경쟁이 심해지는 업계에서 재정적 번영을 이루기 위해 슈레이더가 했던 것보다 더욱 강력한 재정적 지도력과 수완 좋은 운영이 필요한 단계에 이르렀다.

베이브랜드의 새로운 총괄 관리자를 찾는 일은 회사의 중요한 전환점이 되었다. 그 일은 많은 면에서 돈과 사명 사이의 오랜 긴장을 상징했다. 그런 긴장은 직원들이 대화를 한다고 사라지는 것이 아니었다. 어떻게 돈을 잘 다루면서도 사명을 동력으로 삼는 섹스토이 회사가 될 것인가. 베이브랜드는 이제 막 그 답을 찾기 시작한 단계였다. 그 도전에 성공하려면 사업의 서로 다른, 하지만 중복되기도 하는 방면들 사이에서 균형을 잡아야 할 필요가 있었다. 이것은 지속성이 요구되는 과정이었고, 누가 회사의 새 재무 담당으로 고용될지에 직접적인 영향을 미치는 문제였다.

회사 입장에서 가장 절박한 사안은 적임자를 찾을 수 있느냐는 것이었다. 어떤 직원이 말한 것처럼 새 관리자는 "숫자를 다룰 줄 아는" 사람, 강력한 경영 지도력이 있는 사람이어야 했다. 하지만 동시에 베이브랜드의 사명을 "아는" 사람이어야 했다. 슈레이더는 직원들에게 돌린 이메일에서 어떤 사람이 자신의 후임을 맡아주었으면 하는지 설명했다. 그는 "가슴에 사명을 품고 머리로는 사업을 생각하며 양자를 지속적으로 유지하고 그 일에서 기쁨을 얻는 사람을 (베이브랜드에) 데려오기 위해 온 세상에 있는 섹시한 영혼의 소유자들에게 전화를 걸어보고 있다"고 했다.

베이브랜드는 250건이 넘는 이력서를 받았다. 구인광고에 그 자리는 최고재무책임자^{CFO}와 "걸스카우트 대장$^{den\ mother}$"을 오가는 역할이라고 설명되었다.[53] 많은 MBA 소지자들이 이력서를 보냈는데, 언뜻 괜찮아 보이지만 자세히 살펴보면 베이브랜드가 아동상품점이 아니라 섹스토이숍이라는 것조차 모르는 이들이 대부분이었다(당시 베이브랜드의 이름은 아직 토이스 인 베이브랜드$^{Toys\ in}$

^{Babeland}였다). 어떤 지원자들은 베이브랜드의 사명과 목적을 이해하지 못하는 것처럼 보였다. 슈레이더는 내게 자기소개서에 "저는 딸이 있습니다. 딸을 정말 아끼기 때문에 저도 여성 문제를 중요하게 생각합니다"라고 적은 사람도 있었다고 말했다.

리베카 뎅크의 이력서는 베이브랜드가 거의 마지막으로 받은 이력서 중 하나였다. 뎅크는 자신의 MBA뿐 아니라 자신이 일했던 각 단체에서 체계를 바꾸고, 예산을 짜고, 재정적 기반을 강화했던 일을 증빙할 실적 자료를 같이 보냈다. 그는 시애틀의 슈미터 극장^{Theater Schmeater}처럼 비영리적이고 사명을 추구하는 회사에서 일한 경력도 있었다. 운영에 곤란을 겪던 평범한 극장에서 재정이 탄탄한 지역 명소로 거듭난 그 극장은 슈레이더가 주목하던 회사였다. 그러나 뎅크가 유일한 후보는 아니었다. 베이브랜드 뉴욕점 매니저 데이나 클라크도 최종 후보 중 한 명이었다.

뎅크와 클라크는 각자 서로 매우 다른 강점이 있었다. 뎅크는 MBA 소지자로 경영 전문가였다. 클라크는 베이브랜드와 그곳이 속한 소매 문화의 특성을 직접 겪어서 잘 알고 있었다. 회사 외부에서 충원된 인력이라면 이런 특성들을 익혀야 했다. 뎅크의 경력과 장점은 수익성과 경영 안정성을 중시하는 회사의 최근 경향과 부합했다. 그렇지만 클라크의 전문성은 베이브랜드가 앞으로도 계속 사명에 헌신할 수 있는 가능성을 담고 있었다. 여러모로 뎅크는 구인광고에서 설명한 최고재무책임자였고, 클라크는 걸스카우트 대장이었다. 슈레이더의 후임을 결정하는 일은 베이브랜드가 궁극적으로 무엇을 가장 중시할 것인가라는 문제로 요약되는 듯했다. 회사의 사명 추구를 존중하는 최고재무책임자를 찾을 것인가, 아니면 수백만 달러 규모의 회사를 운영할 수 있는 걸스카우트 대장을 찾을 것인가?

뎅크의 취임은 베이브랜드에게 심판의 시간을 갖는 것과 다름없었다. 전년도의 재정적 난관에는 심리적 대가가 따랐다. 캐버너와 베닝은 특히 그 부분을 신경 썼고, 그 인선에 관계된 사람들도 회사에 무엇보다 필요한 것이 재정 전망을 즉각 개선시킬 수 있는 인재라는 데 합의했다. 베닝에 따르면 그 당시의 정서는 이랬다고 한다. "전문적·재정적 경험이 더 풍부하고, 회사에 들어와 일을 배우기보다는 (알아야 할 것을) 이미 잘 습득하고 있는 사람을 뽑자. (우리에게는) '경영 전문성이 더 뛰어난 사람을 데려오자'라고 말하는 순간이었죠."[54]

뎅크가 경영진에 합류한 일은 회사 내부에서 많은 이들이 받아들이려고 애쓰던 것을 실행할 기회가 왔다는 의미이기도 했다. 자본주의 체제 내부에서 일한다는 것은 곧 조직을 지속시키기 위해서는 좋든 싫든 자본주의적 의제를 염두에 두어야 한다는 뜻이라는 사실 말이다. "여기는 대학교나 지역 센터나 동호회가 아닙니다." 캐버너는 말한다. "여기는 매장이고, 흑자로 전환되지 않는 한 우리가 해왔던 대로 계속할 수는 없어요."[55] 베이브랜드의 타일러 메리먼도 동의했다. "돈을 버는 일이 **곧** 이 사업의 일부분입니다. 사업이 그런 거죠. 돈벌이가 이 회사의 **전부**는 아니지만 (일부인 것은 맞아요)."[56]

뎅크가 취임한 지 1년이 지난 후, 나는 그가 감독하는 동안 일어났던 변화를 두고 대화를 나누었다. 그는 베이브랜드가 그 자신의 표현처럼 "진지한 의도를 가지고 사회운동으로 시작했"지만 자신들은 기업이며 살아남기 위해서는 돈을 벌어야 한다는 사실을 간과하고 있었던 시기에 고용되었다. 뎅크는 자신의 최우선 책무를 회사의 사업이 교육적 사명과 밀접하게 공조하도록 하는 것으로 여겼다. 뎅크에게 가장 절박한 질문은 "우리가 하는 일이 사명에 진실되**면서도** 사업에 이로운가?"였다.[57]

뎅크는 섹스 포지티브 사명을 향한 베이브랜드의 헌신을 변화시키지 않으면서도, 재임 기간 동안 회사의 재정 기반을 강화하기 위해 노력했다. 그는 새로운 재정 관리 체계를 도입하고, 회사의 수익 계획을 개편했다. 또한 그는 직원 매뉴얼을 포함해 베이브랜드의 서류를 더 강력하고 법적 효력이 발생할 수 있는 방향으로 여러 차례 고쳤다. 그는 자신이 "마음에서 우러나는", 그리고 "풀뿌리"라고 표현한 베이브랜드 정신을 유지하는 동시에 회사가 "좀 더 세련된" 방식으로 운영되도록 만전을 기했다. 뎅크 자신이 "구전"이라든지 "이게 우리 방식"이라고 표현했던 회사의 오랜 운영 방식에 의지하기보다 정책, 절차, 그리고 예산까지 정식으로 문서화시켰다. 뎅크는 "이 시점에선 모두가 이런 걸 원하는 것 같습니다. '오, 너무 딱딱하고 사업적이네요' 같은 반응이 있는 것 같지는 않아요. (오히려) '우린 정말 이런 걸 알아야 해'라는 반응이 보이더군요."라고 했다.[58] 테일러도 뎅크에게 동의했다. "우리는 사명을 가진 회사죠." 테일러는 강하게 주장했다. "하지만 돈을 벌지 않고는 (베이브랜드가) 여기 존속할 방법이 없어요. 사명을 지향하려면 이익도 지지해야 합니다. (왜냐하면) 우리가 이익을 내지 못해서 성장이 어려워진다면 사명을 널리 알릴 수 없잖아요."[59]

베이브랜드와 다른 페미니스트 섹스토이 기업들이 문화가

성을 사유하고 말하는 방식을 바꾸기 위해서는 기업가적 비전과 선교자적 열정뿐 아니라, 장부 잔고를 정리하고 청구서를 지불할 능력 또한 필요했다. 이 말이 당연해 보일지 몰라도, 굿바이브레이션스와 베이브랜드는 일련의 재정 위기를 겪은 뒤에야 돈과 사명, 페미니즘과 자본주의, 그리고 수익성과 사회변혁 사이에 오랫동안 존재했던 이념적 간극을 연결했다. 그 결과 그들은 이윤이 어떻게 그들의 사업에 동력을 제공하고 지탱시켜주었는지 새롭게 평가했다.

그러나 제자리를 찾기란 쉽지 않았다. 페미니스트 섹스토이 기업들은 역사적으로 대안적인 상업적 비전, 가치, 그리고 실천에 의지해왔다. 그것은 이런 기업이 돈을 얼마나 벌었는지보다 이들이 자신의 사업과 대척점에 있는 세상에 공헌한 바(섹슈얼리티 교육을 제공하고, 섹스 포지티비티를 고취하고, 섹슈얼리티 문해력을 향상시키기)를 강조하는 대안성을 중시했음을 뜻한다. 그 결과 시장 수요가 사명의 목표에 밀려나는 일이 빈번했다. 이로 인해 상업과 정치학 혹은 수익성과 사회변혁이라는 구도에서 양자가 상호의존적인 것이라기보다 별개의 활동 영역이라는 생각이 강화되었다. 더불어 많은 직원이 자신을 사업가나 소매점 직원이라기보다 사회복지사이자 성교육 강사로 보았다는 사실은 이러한 분할을 더욱 심화시킬 뿐이었으며, 이는 상업적 성공을 평가할 때 선행이 수익 창출 여부를 압도하는 기업 문화를 만들었다.

페미니스트 섹스토이숍은 이런 이데올로기적 분열을 중재하고 자신의 사명을 지키면서 이익도 낼 수 있는 새로운 형태의 사업 전문성을 육성하기 위해 몇 년이나 애써왔다. 한 직원은 굿바이브레이션스를 이렇게 설명했다. "사업 전문성을 발전시키기 위해 우리는 엄청난 노력을 했는데, 이제는 어떻게 수익을 낼 수 있는지 아는 것 같아요. 예전에는 아니었다고(수익을 내는 방법을 몰랐다고) 생각합니다. 그 방법을 습득하기 위해 정말 열심히 노력한 것 같아요. 그렇게 되고 싶어서 변화했으니까요."[60]

돈을 적이 아니라 친구로 보는 일을 배우기까지, 소유주와 직원들은 전면적인 방향전환을 시도해야 했다. 많은 인터뷰이가 표출한 돈과 소비자본주의에 대한 불편함이 완전히 사라지지는 않았지만, 시장이 점점 치열하고 경쟁적이 되어 섹슈얼리티 역량 강화와 사회변혁을 향한 열망만으로는 회사를 지탱하기 어려워지면서 점주와 직원들은 점차 돈과 사업 문제를 노련하게 받아들이고 있다. 물론 그렇지 않고 퇴사하는 경우도 있지만 말이다. 페미니스트 소매업자들은 페미니스트 섹스토이숍이 통상적인 방식으로 사업하지 않으며, 전통적인 성인용품점과 비교하면 더욱 그렇다는 점을 스스로 안다. 그러나 그들이 고취하고자 하는 성교육과 사회변혁 사업은 결코 시장의 힘 바깥에 존재하지 않으며, 그 존속 여부를 판매, 돈, 시장점유율, 그리고 수익성에 의존할 수밖에 없을 것이다.

성장 아니면 죽음?

우리는 어느 정도 우리가 이룬 성공의 희생자들이다.

—굿바이브레이션스의 CEO 테레사 스파크스Theresa Sparks
〈경쟁에 흔들린 굿바이브레이션스〉에서

　소식이 들불처럼 번져나갔다. 내 이메일 수신함은 전국의 페미니스트 소매업자들의 충격과 불신으로 터질 듯했다. 굿바이브레이션스와 수많은 페미니스트 소매업자에게 영감을 준 샌프란시스코의 그 전설적인 섹스토이 백화점이 매각된 일 때문이었다. 파산 절차를 밟거나 최악의 경우에는 문을 닫아야 할 만큼 너무나 심각한 재정 위기가 초래한 결과였다. 거래처에 지불하고 재고를 채울 돈조차 없는 상황이었던 것이다. 한 페미니스트 소매업자는 나에게 "부모님이 돌아가신 것 같은 기분"이라고 했다.

　단순히 굿바이브레이션스가 매각되었다는 이유만으로 그 많은 동료 소매업자와 오랜 고객이 충격을 받은 건 아니었다. 매각자가 GVA-TWN General Video of America and Trans-World News이었기 때문이었다. 이곳은 클리블랜드에 본사를 두고 1950년대 후반부터 운영한 성인용품 도매·배포업체다. GVA-TWN은 도심의 퀴어나 교외의 중산층 가정주부들에게 정확한 성 지식을 제공하기보다 구강성 교용 인형을 팔고, 주로 트렌치코트 부대*에게 인기가 있는 회사였다. 많은 사람에게 GVA-TWN은 30년 전 굿바이브레이션스가 독특하고 성교육에 초점을 맞추는 여성친화적 바이브레이터숍으로 창업할 때 그토록 자신과 구분짓고자 했던 전형적인 주류 성인용품 회사로 보였다. 누군가의 말처럼 굿바이브레이션스는 "어둠의 영역"으로 팔려나간 것인가? 아니면 급격하게 변화하는 시장 환경에서 영리한 선택을 한 것인가? 무슨 일이 일어난 거지?

다른 섹스토이 소매업자들과 마찬가지로, 굿바이브레이션스는 재정적으로 힘든 시기도 견뎌 왔다. 그러나 2007년 회사가 매각되었을 때는 상황이 달랐다. 직전 해에는 탄탄했던 인터넷 판매 부문의 매출이 급락했다. 많은 직원은 구글이 웹 검색 순위를 결정하는 알고리즘을 바꾼 결과라고 주장했다. 굿바이브레이션스의 구글 검색 결과는 한 페이지였는데, 그것이 여덟 페이지로 바뀌면서 매출도 함께 떨어졌던 것이다. 그러나 회사의 기반에 영향을 미친 요인은 그뿐만이 아니었다. 굿바이브레이션스를 비롯한 다른 섹스 포지티브 소매업체들의 성공에 상당 부분 힘입어 섹스토이가 문화적으로 수용되고 주류화되었다. 이는 곧 섹스토이 산업이 아마존과 같이 규모의 경제에 기반을 두는 거대 기업과 경쟁하며 소규모 소매업을 약화시키고 똑같은 제품을 훨씬 더 싸게 판매할 수 있게 됐음을 의미했다. 또한 누구든 노트북 한 대만 있으면 돈이 많이 드는 오프라인 매장 없이도 온라인 섹스토이 사업을

---

*   한국의 '넥타이 부대'와 유사한 의미로 볼 수 있다.

시작할 수 있었다. 한때 인터넷이 섹스 포지티브 소매업의 동료로 여겨지던 시절도 있었으나, 이제는 경쟁자가 된 듯했다. 부실 경영이 이미 불안정한 굿바이브레이션스의 재정 상태를 악화하는 데 얼마나, 어떻게 영향을 미쳤는지 궁금해하는 이들도 있었다.

굿바이브레이션스의 상황은 너무 심각한 나머지, GVA-TWN에 매각되기 한 달 전에는 투자자들에게 메일을 돌릴 정도였다. 회사가 겪는 어려움을 요약하고 상황이 개선될 수 있도록 투자를 요청하는 메일을 발송한 일은 평소의 굿바이브레이션스가 하지 않는 종류의 행동이었다. "30주년을 눈앞에 두고 있는 오늘, 우리는 굿바이브레이션스가 전통을 지키며 살아남기 위해 시급하게 투자를 유치해야 하는 상황에 직면했습니다."[1] 이사회의 캐럴 퀸과 찰리 글리크먼은 이렇게 썼다.

얼마나 불길한 상황이었던 걸까? 굿바이브레이션스의 웹사이트를 잠시 살펴보기만 해도, 거의 모든 상품이 품절 상태임을 알 수 있었다. 팔 물건이 거의 없는 상태나 마찬가지였고, 딱히 MBA 소지자가 아니더라도 상황의 심각성을 알 수 있었다.

GVA-TWN에 굿바이브레이션스가 매각된 초기에는 언론에서 이를 합병이라고 보도했는데, 여하튼 이 일은 굿바이브레이션스에 회생의 기회를 주었으되 GVA-TWN에도 득이 되는 거래였다. GVA-TWN 소유주 론디 케이민스^{Rondee Kamins}는 "굿바이브레이션스에는 GVA-TWN에 없는 모든 것이, GVA-TWN에는 굿바이브레이션스에 없는 모든 것이 있다"고 말했다.[2] GVA-TWN이 굿바이브레이션스에 간절히 필요한 재정 안정성과 재고품을 제공하는 대신 굿바이브레이션스는 GVA-TWN에 훈련과 노하우를 제공했다. 이것은 중서부 지역에서 수십 곳의 성인용품점을 운영하는 GTA-TWN이 여성과 커플에게 친화적인 방향으로 사업 모델을 개편하는 데 도움이 되었다. 한 굿바이브레이션스 직원은 둘의 결합에 대해 이렇게 표현했다. "[이 결합은] 서로 다른 두 세계의 결혼이며, 지금 당장 필요한 일이라고 생각된다."

그러나 의문은 남는다. 굿바이브레이션스는 앞으로도 예전 고객들이 알고 사랑했던 그 섹스 포지티브하고, 퀴어친화적이며, 페미니즘 지향적인 회사로 남을 것인가? 교육적 사명과 아웃리치의 노력은 어떻게 될까? 굿바이브레이션스는 그저 좀 더 나은 정치적 지향을 가진 섹스토이 월마트가 될 운명이었던 걸까?

"굿바이브레이션스가 도산하지 않아서 기뻐요." 한 페미니스트 소매업자가 내게 말했다. "그렇지만 대기업 밑에서 급진적인 회사가 되긴 훨씬 힘들 게 분명해요."[3]

굿바이브레이션스 창업 이후, "급진적인 회사"라는 뜻도 극적으로 변화했다. 조아니 블랭크가 굿바이브레이션스를 개업한 1977년과 그 후 몇 년 동안에는 경쟁, 적어도 전통적인 의미에서 경쟁이라는 관념은 고려 대상이 아니었다. 굿바이브레이션스를 운영하는 블랭크의 접근법은 8장에서 설명했듯 경쟁에 강력히 반대하는 것이었다. 그리고 블랭크는 창업을 원하는 이들에게 회사의 재정 사항, 공급업체 명단, 교육적 사명 등을 대가 없이 공유했다. 그러나 만일 블랭크가 시장에 끼어드는 경쟁자들을 신경 쓰는 좀 더 기성적인 타입의 사업가였다고 해도, 1970년대와 1980년대의 섹슈얼리티 시장에서 굿바이브레이션스는 일종의 희귀종이 될 수밖에 없는 운명이었다. 여성친화적이고 교육에 집중하는 방침이 너무나 독특해서, 굿바이브레이션스는 다른 소매업체들과 직접 경쟁할 입장이 아니었던 것이다.

시어라 데이색이 시카고에서 얼리투베드를 개업하기로 결심했던 2000년대 초반에는 시장의 전반적 취지가 심지어 페미니스트 업체들 사이에서도 극적으로 변화했다. 데이색은 굿바이브레이션스가 베이브랜드와 그랜드 오프닝의 창업을 도왔다는 것을 알고 있어서, 그와 비슷한 방식으로 섹스 포지티브숍을 운영하는 요령을 익힐 수 있는 인턴십을 하기 위해 굿바이브레이션스에 연락했다. "그냥 거절당했어요." 데이색은 말했다. "'우린 그런 것 못합니다'라고 하더군요." 데이색의 반응은 어땠을까? "페미니스트 기업의 친근한 가족이라고 할 수 없죠."[4]

데이색이 굿바이브레이션스에 5년만 더 일찍 연락했다면 그의 경험은 달랐을 수 있다. 그러나 새천년이 시작되면서 소매업체들은 지점을 확정하고 온라인 사업에 진출했는데, 그러면서 (섹스토이숍을 포함한) 많은 회사가 경쟁을 바라보는 관점을 바꾸었다. 더 이상 각 회사를 지역으로 묶을 수 없었고, 그와 함께 굿바이브레이션스가 베이 에어리어 지역을 주름잡거나, 베이브랜드가 시애틀과 뉴욕에서 제일 큰 수익을 내거나, 그랜드 오프닝이 보스턴 근방의 수요에 부응하는 게 옛일이 된 것이다. 이제 이 모든 회사들은 아이오와의 시골이나 오클라호마의 작은 마을처럼 지리적으로 한참 떨어진 곳에 있는 고객을 두고 같은 온라인 시장에서 서로 경쟁하는 사이가 되었다. 이는 소매업계에 발생한 지각변동이었고, 한때 굿바이브레이션스가 대가 없이 공유하던 정보도 경쟁의 열기가 치열해져가는 시장에서 버티기 위해 보호해야 할 영업비밀이 되었다. 아이러니한 것은 굿바이브레이션스가 바로 그 시장을 형성하는 데 기여했다는 점이다. 정보와 거래업체를 공유하던(블랭크의 기업가적 자매애의 특징) 시절에는 다른 업체들이 굿바이브레이션스의 선례를 바짝 뒤쫓는 것이 가능했지만, 이제 그런 시대는 끝났고, 대신 기밀 유지 조항과 경업금지 서약noncompeti-tive ethos(베이브랜드에서 일할 때 나는 후자에 서명했다)의 시대가 온 것이다. 굿바이브레이션스 직원 한 명은 회사가 이런 정보를 독점하게 된 변화를 이렇게 표현했다. "우리는 우리가 그런 정보들을 축적하기 위해 했던 노력을 지켜야 한다고 판단했다."[5]

최근 이런 경향이 더 가속화되고 있다. 델 윌리엄스와 블랭크가 1970년대에 각자 창업할 때와 비교하면 오늘날 섹슈얼리티 시장은 거의 알아보기 힘들 정도로 변모했다. 이제 소비자는 굿바이브레이션스 같은 부티크 소매점을 둘러보고, 그 자리에서 바로 같은 상품을 더 저렴하게 파는 온라인 경쟁 업체에서 물건을 주문할 수 있다.

그러니 위스콘신주 매디슨에서 우먼스터치를 운영하는 엘런 버나드가 아무도 자신의 패를 보지 못하도록 사업 정보를 숨긴다고 말하는 것도 놀라운 일이 아니다. "문의를 많이 받죠." 버나드는 말한다. "어디선가 누가 우리 같은 가게를 열고 싶다고 연락했더군요. 난 '응원합니다. 창업 자금을 충분히 준비하시고, 비즈니스 감각과 비전이 좋다면 성공할 거예요'라고 해요. 그게 내가 기꺼이 줄 수 있는 정보의 전부예요. 아니면 내가 가진 정보를 몽땅 줘야 하죠."[6]

데이색은 지금에 와 돌이켜 생각해보면 [섹스 포지티브 소매업]

회사들이 경쟁자가 창업하겠다는 데 기뻐 날뛰진 못했던 이유가 이해된다고 한다. 하지만 당시에는 [정보 공유에 대한] 거절에 충격을 받았다. 현재 데이색은 사람들이 정보와 충고를 구하러 올 때 자신이 받았던 선의를 되갚으려고 한다. 새로운 페미니스트 섹스토이숍이 개업했다는 소식이 들리면 데이색은 그 점주에게 편지를 전한다. "저는 여기 있어요. 이 일을 몇 년 동안이나 했죠. 제가 모든 걸 아는 건 아니지만, 도움이 필요하면 어려워하지 말고 저에게 말씀하시기 바랍니다."[7] 데이색에게 이런 식의 공유는 그 자신이 페미니스트 섹스토이숍 점주들 사이에 존재하길 바라는 종류의 관계와 공동체 의식을 함양하는 노력이다.

그것은 다른 페미니스트 섹스토이숍 점주들도 원하는 바였다. 2009년에 앨버커키에 위치한 셀프서브의 점주 몰리 애들러와 매티 프리커는 진보적 쾌락 클럽Progressive Pleasure Club(이하 PPC)을 설립했다. PPC는 정확한 섹슈얼리티 관련 자원과 안전하고 품질 좋은 상품을 제공하는 데 헌신하기로 뜻을 모은 오프라인 섹스토이 소매점들의 연결망이다. 규모가 작고 사회를 의식해야 하는 섹스토이숍을 운영할 때 특별히 문제가 되는 난점을 서로 이해해주는 동료 집단의 공동체를 육성하려는 욕구에서 생겨났다. 그러나 애들러와 프리커는 페미니스트 사업체들이 정보 공유와 경쟁에 접근하는 방식 또한 바꾸고 싶어 했다. 그들은 프리커가 '협업 선언문'이라고 이름 붙인 글을 썼고 그것을 다른 진보적 섹스토이숍 점주들에게 돌렸다. 프리커가 말하길, 반응은 즉각적이고 열정적이었다. 모두 "이런 종류의 공간을 찾고 있었"다고 그는 말했다.[8]

미국 전역의 섹스토이숍 열 곳이 PPC에 가입했다. [미국 북동부] 메인주 포틀랜드시에서부터 [북서부] 오리건주 포틀랜드시에 이르는 이 연대체는 현재는 일단 구성원들의 사적 연락망으로 존재한다. 이 연락망을 통해 구성원들은 자신이 좋아하는 방식으로 사업을 운영할 방법을 찾을 수 있고, 이를 통해 그들 자신은 물론 직원들도 활기를 얻는다.

"자본주의 체제 아래에서 기능하기란 힘들죠." 프리커의 설명이다. "그래서 어떻게 윤리적인 방법으로 이 사업을 할지 아주 오랫동안 이야기를 나눠요."

프리커가 "풍족함을 향한 믿음"이라고 부르는 것이 이 모든 것을 지탱하고 있다. 흥미롭게도 이것은 페미니스트 섹스토이숍이 몇십 년 전, 제1물결 시기 블랭크로 인해 유명해진 사고방식으로 되돌아가려는 시도다. 성공적인 사업을 운영하는 방법에 개방적이고 지역사회 지향적으로 접근하는 것이다. 경쟁을 두려워할 필요가 없다. 자원의 공유는 우리의 몫을 줄이는 것이 아니라 모두의 몫을 늘리는 일이다. 정확한 성 지식을 제공하고 섹스를 터놓고 논하는 가게가 많아질수록 모두에게 더 좋고 섹스 포지티브한 세상이 올 것이기 때문이다. 다시 말해, 풍족함이 풍족함을 낳는 것이다.

PPC 구성원 목록에 굿바이브레이션스와 베이브랜드가 없다는 사실이 눈길을 끈다. 이 두 업체는 수년간 잘 운영되어 온 대규모 회사여서 "그들의 어려움은 우리와 너무 다른 종류"라는 게 그 이유라고 프리커는 설명했다.[9] PPC에 가입된 회사는 대부분 직원이 열 명 이하고, 두세 명의 인원으로 운영되는 가게도 있다. 반면 굿바이브레이션스와 베이브랜드는 지점이 여럿 있는 수백만 달러 규모의 기업이라 상품을 대규모로 매입하므로, 고객에게 더 많은 할인을 제공할 수 있고 신제품도 미리 판매할 수 있다. 그래서 셀프서브, 슈거, 스미튼키튼, 얼리투베드, 필모어 같은 PPC 구성원들이나 그와 비슷한 고만고만한 가게들은 이들과 경쟁하기 힘들다. 굿바이브레이션스와 베이브랜드가 아마존처럼 초거대 기업은 아닐지라도 영세 페미니스트 섹스토이숍들은 그들을 소매업계의 거물로 여긴다. "저희 단체는 베이브랜드와 좋은 관계를 유지하고 있어요." 프리커는 흔쾌히 인정했다. "그렇지만 그들은 종이 달라요. 저희와 같은 우리에 들어가 있을 순 없죠."[10]

노동 및 노동자의 권리 문제 또한 페미니스트 섹스토이숍의 직원과 점주에게 새로운 걱정거리를 안겼다. 2016년 5월 베이브랜드 뉴욕점의 노동자들이 노동조합 조직화를 결정하여 도소매 및 백화점 노동조합^{RWDSU} 산하로 들어가는 과정이 영화로 제작되어 전국적 관심을 모았다. 언론은 이 결정을 모든 섹스토이숍 직원들의 승리로 보도했으며, 베이브랜드 지지자들은 해시태그 '#베이브랜드에연대를'과 '#딜도연대'로 소셜미디어를 뒤덮는 연대를 보여주었다. 노조화 과정에 적극적으로 참여한 베이브랜드 직원 레나 솔로^{Lena Solow}는 전화 인터뷰에서 어떤 특별한 사건을 계기로 조직화를 이루게 된 것은 아니라고 말했다. 그보다 노조화는 투명성, 소통, 임금 상승, 고용 안정성, 그리고 부적절한 고객을 처리하는 기술의 교육을 더 제공받는 것을 포함해 판매 현장에서의 직원 안전 등 직원들의 여러 고충이 합쳐져 발생한 결과라고 했다. 이러한 고충은 트랜스젠더 직원처럼 이미 소외 계층에 속한 직원들에게 더 큰 악영향을 미쳤다. 여러 달에 걸쳐 사내 회의와 이메일에서 우려를 표출했던 직원들은, 결국 자신이 베이브랜드를 최고의 일터로 바꿀 것이라고 판단하는 구조적 변화를 일으키기 위해 집단 행동을 추구하기로 결정했다.[11]

소유주인 클레어 캐버너와 레이철 베닝은 이 일에 엄청난 충격을 받았다. 그들은 직원들이 봉급, 교육, 그리고 안전 문제로 염려하는 것을 이해하고 조치를 취하기 시작한 참이었다. 직원 매뉴얼을 개정하는 일과 신규 직원 시급을 12달러에서 14달러로 인상하는 방안 등의 조치였다. 캐버너와 베닝은 전미 노동조합 총연맹 National Labor Relations Board에서 서류를 작성하고 있다는 전화 통보를 받기 전까지 노조화가 진행 중이라는 사실을 전혀 알지 못했다. 레즈비언 사업가로서 베이브랜드를 좋은 직장으로 만드는 것, 특히 퀴어 직원들이 일하기 좋은 곳으로 만드는 일을 항상 중요하게 여겼던 그들은 베이브랜드가 좋은 직장이 아닐 수도 있다는 주장에 크게 상처받았다. 캐버너와 베닝은 그때까지 고객을 변화시킬 수 있는 상호작용이 베이브랜드에서 일하는 특전이라고 생각했다. 그러한 상호작용 덕분에 베이브랜드에서 일하는 것이 재미있고 뜻깊을 수 있다고 말이다. 그러나 그것은 이제 마찰의 원인이 되었다. 판매 직원들은 상호작용에 수반되는 감정노동을 부담스러워했다. 특히 남성 고객이 문제가 되었는데, 일부 남성 고객들이 직원들과 대화할 때 항상 예의를 지키지는 않기 때문이다. 베이브랜드 점주들이 고객에게 안전한 공간을 제공하는 일을 항상 강조해왔다면, 이제는 직원들이 안전한 일터를 요구하기 위해 같은 개념을 사용하고 있었다. 한때는 섹스 네거티비티와 성차별에 대항하는 공동의 전투에 합류한 섹스 포지티브 전사들의 공동전선으로 여겨지던 것들이, 이제는 판매 직원과 관리자 사이에 패인 골이라는 내부 분열의 압박으로 무너지고 있었다.[12]

베이브랜드가 미국 최초로 노조를 결성한 섹스토이숍이었던 것은 아니다. 보스턴에 있는 그랜드 오프닝의 노동자들은 2004년 [북미의 숙박업 및 서비스업 노조 연합인] 유나이트 히어Unite Here에 가입했다. 이들도 베이브랜드 직원들과 마찬가지로 근무 중 권리 확대와 보호를 요구했다. 거기에는 표준 임금, 일관된 징계 방침, 장기근속 직원의 보상 향상 등이 포함되어 있었다. 직원들은 집세를 낼 수 없다면 직원이 섹스토이 할인을 많이 받는 것이 별 소용이 없다고 주장했다. 점주 킴 에어스는 직원들이 자신에게 먼저 문제를 상의하지 않고 노조화에 찬성 투표를 했다는 데 엄청난 충격을 받은 나머지 사업을 지속할 열정을 크게 상실하고 말았다. 에어스가 그 후 오래지 않아 그랜드 오프닝의 임대차 계약을 연장하지 않고 모든 판매를 온라인화한 것은 노조화 움직임의 탓이 컸다. 에어스는 10년 넘게 성공적으로 운영하던 가게를 포기하는 것이 "우리 엄마가 돌아가신 것보다 고통스러웠다"고 내게 말했다.[13]

하지만 매티 프리커에게 노조화 투쟁은 인생을 바꾸는 경험이었다. 프리커는 인터뷰 당시 셀프서브의 소유주였고 그랜드 오프닝에 노조가 설립될 때 노조위원장을 맡았던 경력이 있었다. "잠깐 동안 반짝반짝 빛나는 순간이었죠." 그가 말했다. "우리는 세계에서 유일하게 노동조합이 있는 섹스토이숍이었습니다." 프리커는 그 경험이 없었다면 셀프서브는 지금과 같은 회사일 수 없었을 거라고 여긴다. "누가 저한테 셀프서브가 일하기 좋은 직장이라고 하면 송구스러운 마음이죠. 저는 직원들이 존중받고 자신의 의견이 반영된다고 느끼는 공간을 만들고 싶었어요. …… 회사의 경영진과 직원 모두가 힘을 합치는 그런 곳 말이에요." 프리커가 보기에 주당 20시간 이상 일하는 직원이라면 누구나 유급 병가와 휴가를 낼 수 있게 하는 등의 조치는 회사가 직원에게 투자하는 일이다. 그에게 직원에 대한 투자는 성교육과 섹스 포지티비티라는 회사의 페미니즘 기반만큼이나 중요한 요소다.[14]

페미니스트 섹스토이숍들이 주류화되면서 자본주의 체제에서 운영되는 페미니스트 기업이 무엇인지도 다시금 정의되었다. 성적 쾌락을 권장하는 것이 더 이상 전처럼 급진적이지 않아지면서 베이브랜드 같은 직장에서 일한다는 것의 의미도 변화했다. 직원들은 이제 푼돈인 열정 페이를 받으며 선행하는 사람으로 취급받길 원하지 않았다. 그들은 자본주의라는 조건에서 일하는 노동자로 대우받길 원했다. 그러한 노력을 하면서 고전적인 [노사 간] 대립과 직원의 권리에 집중적인 관심이 쏠렸고, 어떤 것이 페미니즘적 의제인지도 문제가 되었다. "당사자의 [의사를 따라] 성별 대명사를 존중하는 걸로는 충분하지 않아요." 베이브랜드 직원 솔로의 주장이다. "트랜스젠더인 사람이 병가를 낼 수 없는 문제는 페미니즘 의제예요."

베이브랜드 직원들은 1970년대부터 페미니즘을 괴롭혀온 질문을 제기하고 있다. 바로 무엇을 페미니즘 의제로 볼 것이며 페미니스트에게 계급 문제는 얼마나 중요한가라는 질문이다. 1970년대 초 노동계급 페미니스트들은 페미니즘의 대의에 계급 분석을 도입하는 일의 중요성을 매우 강경하게 주장했고, 페미니스트 사상가 벨 훅스$^{Bell\ Hooks}$가 지적한 바 있는 오직 특권층 백인 여성의 의제만 중요하게 다뤄지는 문제에도 도전했다.[15] 계급의 문제는 가부장제와도, 여성이 매일 겪는 성차별과 인종차별과도 무관하지 않았다. 베이브랜드에서 발생한 갈등은 실로 계급 문제를 섹스 포지티브 소매업 운동의 최전선으로 끌어내는 계기가 되었다. 이러한 투쟁은 또한 수십 년간 끈질기게 페미니스트 섹스토이숍들에 존재했던 여러 핵심적인 긴장의 전형성을 보여준다. 돈과 사명 사이에서 어떻게 균형을 잡을 것인가? 소매업 노동인가, 성교육인가? 이러한 가게들은 남성을 얼마나 환대하는가? 마지막으로, 안전한 공간을 만든다는 것은 무엇을 뜻하며, 누가 그 공간에 포함되는가?

어쩌면 미국에서 전국적으로 생활임금운동 등이 활발해지면서 노동자의 권리가 매우 중요하게 고려된 시기에 페미니스트와 퀴어가 운영하는 섹스토이숍에서도 동시에 이런 의제가 부상한 것은 우연이 아닐지도 모른다. 이런 변화를 고충이 늘어난 것으로 되짚기는 쉽겠으나, 섹스토이 판매의 문화적 지형 또한 베이브랜드가 1993년 시애틀에 작은 가게를 창업했을 때와는 심히 달라졌다는 점을 상기할 필요가 있다. 베닝의 말처럼, 정해진 구역에서 페미니스트 섹스토이숍이 주류 성인용품 산업을 때려눕히는 "다윗과 골리앗의 싸움"은 이제 옛이야기다. "(우리가 하는 일은) 이제 훨씬 평범해요." 베닝이 인정했다. "이 일은 그(예전에 그랬던 것)만큼 특별하지 않고, 그러니 직원들이 자신은 그냥 고용된 사람이라고 느끼는 것도 이해할 만하죠."[16]

베이브랜드 직원 솔로는 노조화 결의가 행동하는 페미니즘의 또 다른 사례이자, 오늘날의 노동 조직화라는 더 큰 이야기의 일부를 이루는 일이었다고 본다. 이제 퀴어로 정체화한 노동자와 트랜스젠더 노동자들은 노조에서 목소리를 내고 영향력을 행사한다. 솔로는 섹스토이와 섹스 포지티비티가 "멋지다"고 인정했다. 그러나 노동자들이 존중받지 못한다고 느낀다면 부족한 부분이 있는 것이다. 솔로는 자신의 더 큰 목표에 대해 이야기했다. "모든 섹스토이숍에 전부 노조가 생기는 거죠."[17]

협동조합이 기업이 될 때

2013년에 오클랜드 시내의 굿바이브레이션스 본사에서 조엘 카민스키^{Joel Kaminsky}를 잠깐 만났을 때, 그는 성인산업 분야 노동조합 단체인 프리 스피치 코얼리션^{Free Speech Coalition}과 한창 통화 중이었다. 카민스키는 그 단체의 임원이었다. 그는 늘씬하고 스타일리시한 남자로, 희끗한 머리를 뒤로 넘겨 포니테일로 묶고 한쪽 귀에 귀걸이를 하고 있었다. 그는 나에게 급히 손을 흔들어 인사하고 다시 통화를 계속했다. 한 손에 휴대전화를 들고 한쪽 귀에 블루투스 훅을 착용한 그는 멀티태스킹에 능하고 일을 잘하는 사람처럼 보였다.

카민스키는 성인산업 분야의 베테랑이다. 클리블랜드에서 자라면서 10대 때부터 가족이 운영하는 포르노 사업에 참여한 그는 뒷골목에서 고급 쇼핑 거리로 이동한 성산업의 진화를 직접 목격한 산증인이기도 하다. 카민스키는 굿바이브레이션스가 인수

합병되던 2007년에 GVA-TWN의 최고운영책임자^{COO}였다. 2009년 그는 굿바이브레이션스 소유주가 되어 회사 운영에 온전히 집중하기 위해 베이 에어리어로 이사했다.

나는 굿바이브레이션스 건너편의 레스토랑에서 카민스키와 재키 레드나워-브룩먼^{Jackie Rednour-Bruckman}(재키 스트래노)을 만났다. 그들은 파산 지경에 처한 회사의 운영을 안정화하는 데 더해, 회사를 성장시켜 새로운 지점을 열기까지의 과정을 들려주었다.

카민스키는 "늘" 회사 매입 제안을 받았다고 한다. 특히 오프라인 소매점을 정리하고 싶어 하는 점주들에게 연락이 많이 왔다. 그러나 굿바이브레이션스의 역사, 그리고 사명에는 그의 상상력을 사로잡는 무언가가 있었다. 그는 굿바이브레이션스가 "업계에서 갖는 의미가 크다"고 말했다. "사람들을 도왔잖아요." 그는 회사를 발전시키고 계속 나아가게 하는 데 참여하길 원했다.[18]

카민스키는 자신이 책임자로 부임하던 당시의 굿바이브레이션스의 상태가 압류당한 집과 비슷했다고 말했다. 채무 이행 능력이 없었던 것은 물론이고, 회사와 각 지점의 상태를 개선하기 위해 필요한 모든 유지 보수 작업이 기한을 넘긴 상태였다. "우리는 새로운 집을 새로운 기반 위에서 만드는 거죠." 그가 말했다. 카민스키는 운영을 효율화하고, 상급자들의 급여 지출을 정리하고, 직원들의 중복 업무를 줄였으며(알고 보면 두세 사람이 똑같은 일을 하는 경우가 있었다), 자신과 뜻을 같이하지 않거나 회사의 새로운 사업지향적 경영 방침에 반대하는 직원들을 해고했다. 또 그는 자신이 "규율 문화"라고 이름 붙인 것을 도입했다. 카민스키는 이전의 협동조합 구조가 직원들에게 일하는 시간을 스스로 정할 자유를 지나치게 준 나머지 어떤 직원들은 거의 일을 하지 않는 지경에 이르렀다고 보았다. "성장하려면 정리가 필요하죠."[19]

그리고 굿바이브레이션스는 성장했다. 이제 굿바이브레이션스는 베이 에어리어 일곱 곳, 보스턴 지역 두 곳, 도합 아홉 개에 이르는 세련되게 치장된 지점들을 뽐내고 있다. 이런 성취에도 불구하고 굿바이브레이션스의 영업 방법이 신경에 거슬린다고 생각하는 고객도 존재한다. 2014년 옐프[Yelp]*에는 신랄한 고객 후기가 올라왔다. 에이미 루나[Amy Luna]라는 이름의 이 고객은 베이 에어리어에서 활동하는 성교육 강사로 굿바이브레이션스의 오랜 단골이었다고 한다. 루나는 굿바이브레이션스의 여성지향적 철학과 마케팅이 "더 나쁘"게 변질되어 버렸음을 애도했다. "[가게에] 들어가자마자 느껴졌고, 동행인도 같은 의견이었다." 그는 자신이 "포르노 같은" 속옷이라고 평가한 상품을 팔고 그 상품이 판매 공간을 대규모로 점거한 상황에 대해 "젠더 규범에 굴종하는 뚜쟁이질"이라고 지적했다. 루나는 그것이 "지난 몇십 년간 당신들의 브랜드를 이루는 데 도움을 준 모든 여성에게 원칙적으로 무례한 짓"이라고 주장했다.[20] 후기는 이렇게 계속된다.

당신들이 일반 대중의 섹슈얼리티 관념(여성은 자신이 어떻게 "보이는"지를 자신이 어떻게 "느끼는"지보다 중요시한다거나)에 영합하기 시작한 이상 당신들은 더 이상 대안적 섹스토이숍이 아닙니다. 애초에 당신들이 충성 고객층을 구축할 수 있었던 건 대안성

---

*   미국의 지역 검색 앱으로, 장소 리뷰나 예약 등의 기능을 제공한다.

때문이었는데요. 굿바이브[레이션스]는 대안적인 여성지향적 트렌드를 **창조**했고, 대중매체가 원하는 대로 **뒤따라가**지 않았습니다. 당신들이 나에게 자기 섹슈얼리티의 주체가 되라고 가르쳐놓고, 이제는 태세를 바꿔 다른 모든 성인용품점과 똑같이 여성을 성적 대상으로 마케팅하다니요. 더 충격적인 건 …… 언론 보도자료에 말장난만 늘어놓으면 고객들이 눈치 채지 못할 거라고 착각한다는 점입니다. 협동조합이 기업이 될 때 일어난 일이 바로 그거예요. …… 래리 플린트가 《미즈》를 사서 표지에 여성 성기 성형수술이 최신 여성 "해방"이라고 떠드는 것 같아요. 여성들이 그걸 "원한다"는 이유로 말이죠. …… 뭐, 예전의 굿바이브레이션스는 좋았습니다. **전설적**이고 세계를 변화시키는 곳이었지요. 고마웠습니다. 내가 하는 일에서는 그 횃불이 꺼지지 않도록 할게요. 다른 분들도 그렇게 해주시길 희망합니다.[21]

많은 장기근속 직원이 이 리뷰를 보고 무너져내렸다. 그들은 굿바이브레이션스와 그 사명을 지키기 위해, 아마도 설립 이래 가장 심란한 상황이라고 할 만한 시기에 불안정한 상황과 누군가의 표현에 따르면 "큰 비탄"을 헤쳐나온 이들이었다. 직원들은 그 후기 작성자가 회사를 지독하게 잘못 이해하고 있을 뿐 아니라, 하마터면 회사를 영원히 문 닫게 만들 뻔했던 더 광범위한 시장의 힘을 잘 모른다고 생각했다.

그러나 고객들만 회사의 미래를 염려하는 건 아니었다. 일부 직원은 카민스키가 "낡은 성인산업 사업 모델을 굿바이브레이션스의 파손된 사업 모델의 해결책으로 밀어붙일 것"[22]이라고 우려

했다. 카민스키가 그것이 결코 자신의 의도가 아니라고 일관되게 주장했음에도 말이다. 그들은 굿바이브레이션스가 매각되었을 때 회사를 그만두었다. 노동자 소유 협동조합에서 주식회사로, 그리고 또다시 더 전통적인 자본가 소유 기업으로 변화하는 과정을 겪은 한 직원은 강조점이 전도되었다고 했다. 예전의 판매 직원들이 성교육 강사인데 물건도 팔게 된 사람들이었다면, 이제 그들은 판매 직원인데 성교육도 제공하는 이들이 되었다는 것이다.

그러나 사태를 다르게 보는 장기근속 직원들도 있었다. 상품 및 구매 매니저 코요테 데이스도 그중 하나였다. 데이스는 매각이 "생명줄"이라고 보았다. 즉 그가 사랑하는 굿바이브레이션스라는 회사가 이제 살아날 기회를 얻은 것이고, 그는 회사가 번영하도록 모든 힘을 쏟아부을 것이다. 또한 매출량 증대로 굿바이브레이션스가 공급자들에게 대금을 지불할 수 있게 되었는데, 데이스에게 그건 중요한 일이었다. 그 공급자들은 데이스와 몇 년이나 알고 지낸 사이였다. 데이스는 그들의 가족을 만나본 적이 있었고, 어떤 경우에는 집에 방문할 정도로 가까운 사이였다. 매출이 늘어 굿바이브레이션스에 현금이 밀려든 덕택에 미지불 대금을 치르고 빈 선반을 상품으로 채울 수 있었다. "정말로 '주문하겠습니다. 여기 신용카드요'라고 말할 수 있게 된 겁니다." 데이스는 말했다.

굿바이브레이션스의 매각은 회사에 새로운 기회를 열어주기도 했다. 예를 들어, 데이스가 유통업체에 전화를 걸어 "안녕하세요. 저희 회사는 조엘 카민스키 소유인데요"라고 말하는 것이 가능해졌다. 업계 베테랑인 카민스키가 동종업계에서 평판이 좋았던 덕분에 굿바이브레이션스가 이전에는 접촉할 수 없었던 유통업체들을 이용하는 것이 갑자기 가능해진 것이다. 데이스는 다른 궁정적인 변화도 생겼다고 말한다. 카민스키는 장기근속 직원들을 승진시키고 그들에게 더 많은 권력과 책임을 주었다. 이 점은 그에게 간과된 재능을 알아보는 재주가 있다는 것뿐 아니라, 격변과 불확실성의 시기에도 회사에 남을 만큼 굿바이브레이션스를 사랑하는 사람들을 "깊이 존경"한다는 점을 잘 보여주는 조치였다고 데이스와 다른 직원들은 평했다. "우리는 항상 하던 일을 계속하고 있어요." 데이스의 말이다. "하지만 이제 더 큰 규모로 하는 거죠."

굿바이브레이션스의 매각을 악마와의 계약 비슷한 것으로 여기는 이들도 있었지만, 다른 한편에서는 섹스 포지티브의 유산을 기리며 더 안정적인 재정 상황과 함께 미래를 대비할 수 있는 새출발로 보는 이들도 있었다. 이 상황에 아마도 가장 실용적인 관점의 평을 내놓은 것은 10년도 더 전에 굿바이브레이션스를 떠난 블랭크였다. 그는 어깨를 으쓱하면서 말했다. "그들은 해야만 하는 일을 한 거죠."[23]

주변에서 주류로

페미니스트 섹스토이숍들이 성공하면서 변했다지만, 그들 또한 성인산업계 및 그것을 넘어선 문화 전체를 상당히 탈바꿈시켰다. 페미니스트 섹스토이 소매점들은 몇십 년 동안 연령과 거주 지역에 관계없이 모든 여성의 침대 옆에 바이브레이터를 놓는 것을 사명으로 삼았다. 성적 쾌락은 타고난 권리라고 믿었기 때문이다. 섹스 포지티브 교육 및 아웃리치에 쏟은 그들의 노력이 성공적이었던 덕분에, 오늘날 우리는 여성친화적 섹스토이숍이 점차 규범이 되어가는 세상에 살고 있다. 심지어 라스베이거스처럼 성 정치가 진보적이라고는 평가하기 힘든 도시에서도 말이다. 페미니스트 섹스토이숍 점주 캐롤라인 카미스[Karoline Khamis]는 단념하지 않았다. 용도지역 규제 조례 등 각종 걸림돌에도 불구하고 그는 세계 최대 규모의 성인용 놀이터에 굿바이브레이션스 모델을 가져오겠다는 희망으로 2014년 토이박스[Toyboxx]를 개업했다.

지금은 《비치》 같은 잡지에 페미니스트 섹스토이숍 광고가 전면으로 실리거나 딜도의 역사를 다룬 기사가 실리는 것이 그다지 특별한 일이 아니다.[24] 남성의 전립선부터 스트랩온 섹스까지, 다자간 연애에서부터 임신 중 성행위까지 성을 다루는 안내서에 접근하는 방식이 크게 늘었다. 섹스 아웃라우드[SexOutLoud]나 섹스너드샌드라[SexNerdSandra]처럼 성과 문화의 교차를 탐구하는 섹스 관련 팟캐스트도 있고, 점차 늘어나는 섹스토이 리뷰 전문 파워블로거들이 자신의 관점에서 업계의 최악과 최고를 꼽기도 한다.

전문성을 연마하고 자신을 성 전문가로 홍보하려는 성교육 강사는 트리스탄 타오미노의 성교육자 부트캠프[Sex Educator Boot Camp]나 리드 미하코[Reid Mihalko]의 섹스긱* 서머캠프[Sex Geek Summer Camp]에 참

---

* 긱[geek]은 한 가지 분야에 몰두하고 집착하는 괴짜를 일컫는다. 여기에서는 성교육의 맥락에서 알아야 할 섹스 및 섹슈얼리티의 모든 것을 속속들이 다루는 캠프를 의미한다.

라스베이거스에 위치한 토이박스에 있는
창업자 캐롤라인 카미스의 모습(2016).
사진 제공 캐롤라인 카미스.

가할 수 있다. 한편 〈트랜스퍼런트Transparent〉*나 〈브로드시티Broad City〉**처럼 텔레비전에서 섹스토이를 재현하는 경우가 점점 늘고 있으며, 오스트레일리아의 한 대학교는 현재 섹스토이 디자인 전공을 운영하기도 한다.[25] 2012년에 출간되어 순식간에 베스트셀러가 된 《그레이의 50가지 그림자》는 냉담한 백만장자와 그의 젊은 여성 연인의 이야기로, 전 세계적으로 섹스토이 판매 붐을 일으키는 역할을 했다. 영국의 소매업체 러브허니Love Honey는 《그레이의 50가지 그림자》의 공식 "플레저 컬렉션"을 팔았고, 성인산업박람회AEE는 초심자 맞춤형 BDSM 워크숍과 "레이디스 나잇"을 개최하여 "《그레이의 50가지 그림자》 열풍"을 더 잘 활용하는 법에 대한 세미나를 개최하기도 했다.[26]

문화적 전환은 하룻밤 사이에 일어난 것이 아니다. 섹스토이에 대한 접근성이 점차 늘어나고 여성 시장이 성장하는 현상은 몇십 년에 걸친 페미니스트 섹스토이숍, 제조자, 그리고 성교육자들의 노력에 힘입은 결과다. 그들은 성인용품점을 탐험하는 일은 꿈도 꾸지 못했을 일부 미국 중산층이 성적인 도구를 좀 더 신뢰하도록, 즉 좀 더 수용할 만한 것으로 받아들이도록 하기 위해 애썼다. 음란한 자세를 취한 포르노 배우들의 이미지가 담긴 섹스토이 포장은 점차 더 부드럽고 위생적인 느낌을 주는 이미지로 바뀌었

---

*   은퇴한 정치학 교수가 자녀들에게 mtf 트랜스젠더로 커밍아웃하면서 일어나는 사건들을 다루는 미국 코미디 드라마로, 아마존이 운영하는 OTT 서비스인 프라임 비디오Prime Video에서 2014년 초에 처음으로 서비스되었다.

** 뉴욕에 사는 두 유대인 여성의 일상을 그린 텔레비전 시트콤으로, 2014년에 방영을 시작했다.

다. 이런 변화에는 비용이 들지만, "친근하고 컬러풀하며 나체 사진을 피하고 정보를 전달하는 포장"[27]을 기반으로 여성 소비자에게 어필하고자 하는 기업에서는 시도해볼 만한 일이다. 성적 자극보다는 성 건강을 다루거나 교육적인 담론들이 일상적으로 마케팅에 사용된다. 또한 탠터스나 엔조이 같은 섹스토이 제조업체에서 선보이는 새로운 부류들은 세련된 디자인 및 높은 제조 수준과 라이프스타일 브랜딩을 내세우고 있는데, 성인업계는 역사적으로 이런 요소들로 유명하지 않았음을 기억했다. "지금 우리는 문화적 전환의 융합 지점을 보고 있는 거죠." 엔조이의 그레그 들롱이 말했다. "블랭크와 굿바이브레이션스가 30년 전에 시작한 것(여성도 섹스토이를 사용할 수 있다는 주장)이 계속 진화한 거예요. 인터넷도 새 세대 소비자들에게 정보를 전파하고 섹스를 정상화하는 데 일조했죠."[28]

가장 극적인 변화는 아마 주류에 속하는 소매업자, 섹스토이 제작자, 그리고 포르노그래피 제작자 상당수가 성인산업이 더 이상 남성의 세계가 아니라는 점을 인지한 일일지도 모른다. 베티 도슨은 자신이 1973년 전미여성기구 여성 섹슈얼리티 컨퍼런스 연단에서 자신의 바이브레이터를 자랑할 때만 해도 이런 시대가 오리라고는 생각지 못했을 것이다. 오늘날 성인산업계의 리더들은 베이브랜드의 레이철 베닝과 같은 페미니스트 섹스토이숍 점주를 찾아 판촉 요령과 통찰을 구한다. 2000년대 중반 업계 총회의에서 일어났던 일이 바로 그것이다. 여성들이 무시당하기는커녕, 강의실에 가득 찬 도매업자, 유통업자, 소매업자, 콘텐츠 제작들이 그들의 전문성을 발굴하고 협업하고 싶어서 야단이었다. 여성의 구매력을 이용하는 데 점차 관심을 보이는 업계에서 전문가로서, CEO로서, 교육자로서, 유행 선도자로서, 그리고 가장 중요하게는 소비자로서 여성의 지위는 계속 높아져 갔다.

이는 힘들게 얻어낸 성취다. "내가 시작할 때는 진짜 남초 집단이었어요. 남자가 중요한 구매자고, 판매자고, 공급자고, 점주였죠. 여자들이 남자 팔에 매달려 있을 순 있어도 결정을 내리는 건 거의 항상 남자였어요."[29] 섹스토이 제조업체 탠터스의 창업자 메티스 블랙이 1990년대 성인산업계를 회고하며 말했다.

블랙은 2000년대 초반에 열렸던 어떤 성인용품 박람회를 기억한다. 거기서 그는 굿바이브레이션스의 상품 매입 담당자가 부스들을 오갈 때 무시당하는 것을 목격했다. "덩치 큰 남성들은 그 여성 직원과 말도 섞으려 들지 않더군요. 1년에 100만 달러를 훨씬 넘는 돈을 쓸 사람이 거기 있는데도요. 아마 300만 달러가 그 사람 예산이었을 텐데. …… 그런데 아무도 그 여성 직원한테 관심이 없는 거예요."[30]

남성이 지배하며 성차별이 만연한 업계에서 여성들은 주변화된다. 이뿐만 아니라, 그들의 관점과 기여는 자주 완전히 무시당한다. 페미니스트 포르노의 선구자 캔디다 로열이 1980년대에 처음 여성들과 [이성 간] 커플이 즐길 수 있는 포르노를 찍기 시작했을 때, 그는 자신의 영화를 기꺼이 소매업체에 공급해줄 배포업체를 찾을 수 없었다. 그 영화를 이해하는 사람이 없었기 때문이다. 로열이 소매업체들에 영화를 가지고 찾아가자, 사장들은 눈썹을 꿈틀거리고 머리를 긁적대며 혼란에 빠졌다. "시장은 (여성의 말을) 듣지 않았지만, 난 들었죠." 로열의 회상이다.[31]

페미니스트 소매업자·제조업자·포르노 제작자들은 다른 행성에 존재하는 데 익숙해져 있었다. 그건 정말로 그들만의 우주였다. 너무 심하게 소외당했기 때문에, 그들의 궤도는 더 큰 성인산업계와 가끔씩만 겹칠 뿐이었다. 베이브랜드의 공동창업자 베닝을 예로 들면, 그는 2007년 전까지 미국 최대 성인산업박람회인 AEE에 참석하지 않았다. 베이브랜드가 개업하고 14년 동안이나 말이다. "(AEE가) 우리 일과 관련이 있다고 생각하지 않았어요." 베닝이 설명했다. "포르노, 스타 포르노 배우, 그리고 여성에 대한 대상화에 지나지 않아 보인다고 생각했어요. 수년 동안이나 난 베이브랜드가 성인산업의 일부라고 여기지 않았죠. 항상 우리가 확고하게 다른, 서점이라든지 지역 센터라든지 뭔가 보건에 관련된 그런 것으로 봤어요. …… 그래서 (AEE) 박람회가 몇 년이나 계속 열리는 동안에도 그걸 신경 쓰지 않았던 거예요."[32]

주류 성인 소매업체가 눈에 달러 표시를 띄우고 굿바이브레이션스의 소매업 모델 일부를 도입하면서 베닝과 다른 이[페미니스트 소매업자]들은 매수의 정치학, 즉 마땅한 허락 없이 누군가의 아이디어를 취하거나 도입하는 행위에 대해 질문하게 된다. 그들의 염려는 1970년에 페미니스트들의 그것과 닮아 있다. 페미니스트 기업이 "새 시장의 정찰조이자 대기업 제품의 판매점이 되지 않을까 하는" 것이 그 염려다.[33] 베닝은 이렇게 말한다. "여성들의 수요가 고려되는 것은 좋은 일이에요. (그러나) 나는 가끔 말만 번지르르하고 행동은 안 하는 자들을 조력하는 게 아닌가 싶어요. …… 그들은 성교육을 한다고 주장할지 몰라도, 그건 사실 구매 권유에 지나지 않아요. 사업의 측면에서 보면 그 결과 경쟁이 더 심해지니까 신날 일은 아니죠. 그렇지만 난 아직 우리가 최고 중의 최고라고 봐요. 그건 다행이죠."[34]

페미니스트 기업들은 섹스토이가 주류화되고 그들 자신의 비즈니스 모델이 매수되는 현상이 미래에 어떤 영향을 미칠 것인가라는 질문을 두고 분열했다. 어떤 이들은 "성장이 아니면 죽음"이 시장의 현실이라며 이 구호를 더욱 강력하게 밀어붙였다. 다른 이들, PPC 가맹회원 같은 이들은 회사의 건전성과 지속성을 확보하기 위한 방안으로 협력과 공동체 건설을 앞세웠다. 굿바이브레이션스에게 생존이란 경영 개선을 위해 새롭고 전략적인 사업 제휴 관계를 발전시키고 급변하는 업계에서 버티는 것을 의미했다.

어떤 소매업자들은 굿바이브레이션스의 소매 모델은 그렇게 쉽게 복제할 수 있는 것이 아니라고 자신했다. 굿바이브레이션스의 판매 경험과 전반적인 섹스 포지티브 철학은 어떤 사람의 표현처럼 그런 "소스 비법"을 찾아다니는 모방 회사들이 베낄 수 없다는 것이다. 다시 말해, 여성에게 호소하려면 가게를 라벤더색으로 칠하고 계산대에 여성 직원을 세워놓는 것보다 좀 더 많은 노력을 해야 한다. "우리 가게를 여성이 쇼핑하고 싶어 하는 장소로 만드는 요인은 여러 가지지만, 무엇보다 우리의 윤리관에서 시작되는 것 같아요." 슈거의 자크 존스가 말했다. "우리는 섹스를 강력하게 정상화합니다. 우리는 사람들이 질 좋은 정보, 깨끗하고 환대받는 환경, 열심히 일하는 직원을 접할 수 있도록 하죠. 섹스를 향한 태도에 거대한 문화적 전환이 동반되지 않은 상태에서 그런 일이 대규모로 일어나는 걸 본 적이 없네요."[35]

매수가 업계에서 유행하는 행태라면, 그것은 어쩌면 페미니스트들이 지불한 대가인지도 모른다. 그것은 소매업자 존스의 말처럼, "섹스토이를 파는 가게에 들어가는 걸 공포스러워하던 친구들이 이제는 기꺼이 그런 곳에 들어가서 그 경험을 페이스북에 올리는" 그런 세상을 위해 지불한 대가인 것이다.[36] 이브스가든이나 굿바이브레이션스와 같은 초기 페미니스트 회사들 덕분에 이제 우리는 그들이 발달시킨 대안적이고 여성친화적이며 교육 지향적인 소매 모델의 요소를 라스베이거스의 어덜트 수퍼스토어 같은 기성 성인용품점에서도 찾아볼 수 있게 되었다. 최근에 라스베이거스로 이주한 26세 여성 앰버도 어덜트 수퍼스토어로 향했다. 기르던 개가 제일 좋아하는 바이브레이터를 씹어놓자 가게를 찾게 된 것이다. 앰버는 인구가 6000명 남짓한 중서부의 작은 농장지대에서 자랐다. 그곳에서 성은 "외면당하는" 것이었고 섹스토이 이야기는 절대 나오지 않았다. 앰버의 본가에서 섹스토이숍에 가려면 세인트 루이스까지 40마일을 운전해야 했다. 이제 앰버는 대형 섹스토이 백화점 어덜트 수퍼스토어에서 폭넓은 상품 중 원하는 것을 선택할 수 있으며, 지식을 갖춘 직원이 자신을 존중하며 응대해줄 것임을 알고 있다.[37]

1970년대 초반 윌리엄스가 히타치 매직완드를 사기 위해 메이시스 백화점에 들어가서 겪었던 굴욕의 경험과는 정말 동떨어진 현실이다. 윌리엄스와 그 동세대 페미니스트들이 변혁을 위해 격렬하게 저항했던 당시의 문화는 여성을 진정으로 쾌락과 오르가슴을 즐길 권리가 있는 성적 주체 및 성적 소비자로 보지 않고, 다른 이들도 당연히 그러하리라고 가정했다.

바이브레이터를 구하는 일에 대한 앰버의 태도로 미루어보건대 그 페미니스트들은 성공한 듯하다. 앰버는 섹스토이숍에 가거나 바이브레이터를 사는 것을 전혀 더럽다거나 추접하다고 보지 않는다. 낙인도, 수치심도 없다. 섹스토이를 사는 일은 다른 상거래와 다를 바 없이, 필요한 소비 상품을 사는 일일 뿐이다. "세상이 바뀌고 있어요." 앰버는 말한다. "이제 우리 여자들도 자기 섹슈얼리티를 터놓고, 거기에 의견을 가지고 말해도 괜찮아요.³⁸

페미니스트들은 섹스토이 업계를 바꿨다. 그리고 시간이 지나면서 변화한 업계가 다시금 그들의 사업을 바꾼 탓에 그들은 좋든 싫든 더 이윤을 추구하고 재정에 신경 쓸 수밖에 없도록 내몰렸다. 나를 포함해 많은 이들이 옛 시절에 향수를 품고 있다. 윌리엄스나 블랭크 같은 페미니스트 기업가들이 확신과 목적을 가지고 전통적인 [성인용품] 사업 방식에서 벗어났던 그런 시절을 향한 향수다. 윌리엄스가 자택 부엌에 서서 이브스가든을 창업해줘서 고맙다는 고객들의 편지를 읽는 장면, 혹은 블랭크가 샌프란시스코 미션 디스트릭트의 조그마한 가게에 앉아 "그냥 갈색 종이 봉투"라는 농담조의 문구가 새겨진 도장을 종이가방에 찍고 있는 장면이 지나간 시절을 회상하게 한다는 점은 부인할 수 없다. 그것은 예스럽고도, 페미니스트 비전이 확고하고 그것을 실현시키는 데 주저하는 것만이 문제였던 단순한 시절이다.

사명 뒤에 돈이 자리하게 되고 섹스 포지티비티 혹은 적어도 그 여러 가지 버전 중 하나가 문화적 주류로 흡수되면서 이런 회사들이 그토록 소중하게 지켜온 페미니스트적 지향이 희석되는 경우도 있었다. 페미니스트 섹스토이숍의 미래는 불확실하지만, 그들이 활성화시킨 섹스 포지티브 자본주의 모델, 성교육과 솔직한 섹스 이야기가 이끄는 그 모델은 사라지지 않았으며 사실상 업계의 표준이 되었다. 페미니스트 섹스토이숍의 역사는 상업적 압력과 정치적 이상주의가 편치 않고 때로 험악한 관계를 형성하는 자본주의 체제에서 사회운동이 갖는 가능성과 한계 모두를 드러내는 사례다. 페미니스트 기업들은 수많은 여성과 남성의 침실에 성적 혁명을 일으키는 데 성공했다. 그 사람들은 어쩌면 정치적 시위나 섹슈얼리티 컨퍼런스에 참석할 일이 없었을, 하지만 성 지식이나 성 관련 상품을 구매하는 일은 편하게, 어쩌면 당연한 권리로 여기는 이들일 것이다. 페미니스트 섹스토이숍들은 페미니즘 정치학과 시장 문화, 사회운동과 자본주의, 그리고 사회변혁과 수익성의 관계를 재구성하는 것이 가능하다는 점을 직접 보여주었으며, 그 과정에서 사람들의 성생활을 교육하고, 향상시키고, 변혁하기 위해 고안된 새로운 상업 및 정치적 현실을 창조했다. 비록 창업자들이 상상했던 것과 항상 똑같은 방식은 아니더라도 말이다.

성문화 및 성산업 연구

나는 페미니스트 섹스토이숍의 역사를 좇아 토끼굴로 들어 갔다. 그 회사들, 그리고 더 광범위한 여성 섹스토이 및 포르노그 래피 시장을 형성한 역사적 맥락, 문화적 시류, 그리고 정치적 영 향을 조사하는 데 수년의 시간과 여러 자료 수집 기법(민족지학 현 장연구, 심층 인터뷰, 아카이브 조사 등)이 필요했다.

커뮤니케이션 및 미디어 연구를 전공했던 젠더·섹슈얼리티 연구자로서 나는 대상이 의미를 얻는 과정과 그 의미가 순환되고 소비되는 방식을 이해하고 싶었다. 이 방면에서 나의 연구는 사회 학자 폴 두 게이Paul du Cay가 "문화의 언어language of culture"라고 표현한 것에 빚지고 있다. 이는 사람들이 "조직 내에서 생각하고, 느끼고 행동하는" 방법을 포함하는 개념이다.[1]

섹슈얼리티 관련 현상, 그중에서도 특히 영리 조직 및 산업 역학과 관련된 현상을 연구할 때 방법론적 어려움이 따른다는 점은 여러 학자들이 언급한 바 있다.[2] 일례로 조지나 보스^{Georgina Voss}는 섹슈얼리티 연구자들에게 "[단편적인] 장면 너머"에 도달해 "업계 내부를 더 깊이 파고들어 자료를 찾아내라"고 했다.[3] 나의 경우, 이 조언을 따르려면 난잡한 방법론을 취해야 했다. 따라서 나는 될 수 있는 대로 많은 소매업자, 직원, 그리고 업계 내부자와 인터뷰했고, 관련 있는 현장이라면 최대한 여러 군데를 방문했다. 그리고 기업 문서, 내부 메모, 광고, 그 밖에 잠깐 쓰이다 버려진 수많은 문서로 바글거리는 연구 아카이브를 축적했다. 나는 페미니스트 바이브레이터 사업과 그것을 이끈 선구적 여성들의 역사를 다차원적으로 사유하기 위해 그 모든 자료에 의존했다.

민족지학적 현장연구

2001년 나는 6개월간 무수한 시간을 페미니스트 소매업체 베이브랜드의 뉴욕 로어이스트사이드점에서 현장연구를 하며 보냈다. 나는 영업 공간과 그 너머까지 제한 없이 접근할 수 있었다. 바이브레이터를 팔고 실용적인 성 지식을 공급했으며, 직원 회의, 홍보 및 운영 회의에 참여했다. 손익계산서를 읽는 방법을 배웠고, 신입사원 고용 면접에도 참여했다. 가게 점주들과 직원들이 어떻게 성교육과 개인 역량 강화라는 회사의 사명을 진전시키는 동시에 상업적으로 성공할 수 있는 기업으로 남는지 알아내기 위해 베이브랜드에 발을 담근 것이다.

내가 좀 더 전통적인 민족지학 연구를 수행하고 있었더라면 거기가 연구의 종착점이었을 것이다. 그러나 베이브랜드에서 일하는 것은 시작에 불과했다. "문화적 궤적의 맥락을 실증적으로 따라가면서" 나는 일종의 "이동 민족지학"을 수행했다. 그 여정은 나를 샌프란시스코에 있는 굿바이브레이션스에서부터 보스턴의 그랜드 오프닝, 앨버커키의 셀프서브, 시카고의 얼리투베드, 매디슨의 우먼스터치, 밀워키의 툴셰드, 그리고 필모어의 오클랜드에 이르기까지 전미의 여러 도시에 있는 섹스토이숍들로 이끌었다.[4] 교외의 고립된 지역과 도시의 성지를 가리지 않고 가능한 한 많은 전통적인 성인용품점을 찾아다녔다. 하루는 딜도 공장에 견학을 가기도 하고, 윤활제 제조 공장도 둘러보았다. 여러 섹스토이숍에서 여는 워크숍 강좌도 수십 개 참석했다. 주제는 섹스토이 입문, 도구를 사용하는 섹스, 구강성교를 잘하는 법 등 다양했다. 몇 년 동안 열다섯 군데 이상의 성인산업 전시회도 갔는데, 그중에는 매년 열리는 라스베이거스 AVN 성인산업박람회(2008~2013), 로스앤젤레스 엑스비즈쇼XBiz Show(2014)도 있었다. 그곳에서 섹스토이 제작자·유통업자·소매업자들을 만나 이야기했고 소매업 환경에서 하는 성교육, 성인산업계에서 여성의 힘과 영향력 성장, 《50가지 그림자》를 향한 열광 등 여러 주제를 다루는 비즈니스 세미나에도 참석했다. 2010년과 2011년에는 AVN 성인산업박람회의 여성 세미나 사회자로 참석했는데, 그 역할은 나를 나 자신이 분석하는 바로 그 담론의 한가운데 위치시켰다.

　나의 현장연구는 마이클 부라보이Michael Burawoy가 "사례 확장기법extended case method"이라고 표현한 것과 비슷하다. 이는 대규모 처리 과정(가령 [성인산]업계의 압력과 규제)이 특정한 문화적 분야와 맥락(가령 페미니스트 바이브레이터숍)에 어떻게 영향을 미치는지 알아보는 데 유용한 접근법이다.[5] 또한 이 기법은 민족지학 연구의 약점을 보완할 수 있는 방법이기도 하다. 부라보이는 분석의 깊이와 의의라는 두 가지 문제를 전통적 민족지학이 가진 근본적인 약점으로 보았다. 개별 사례 연구는 흥미로운 발견을 가능케 하지만, 그것은 대개 일반화될 수 있는 것이라기보다 매우 특수한 것이다. 따라서 거기서 생성되는 분석은 본질적으로 미시사회적이고 많은 경우 비역사적이다. 사례 확장 기법은 문화적 활동이 일어나는 여러 장소를 이동하는 와중에 미시적 과정과 거시적 과정 사이의 상호작용에 집중함으로써 이러한 한계를 보완한다. 그 결과 연구자는 여러 장소에 걸쳐 일어나는 사회 활동의 다양한 층위들 사이에서 발생하는 상호작용을 더 잘 포착할 수 있고 일상생활 전반에 얽힌 "권력 양상patterns of power"의 세부사항을 그려낼 수 있다. 이 경우에 그 대상은 성 시장이 될 것이다.[6]

인터뷰

나는 80명이 넘는 페미니스트 기업가, CEO, 판매 직원, [섹스토이] 제조자, 홍보 담당자, 포르노그래피 업계 종사자들과 심층 인터뷰를 진행했다. 주요 정보 제공자를 수년에 걸쳐 반복적으로 인터뷰하기도 했다. 거의 모든 인터뷰를 녹음하여 녹취록을 만들었으나 그렇지 않은 극소수의 예외가 있다. 퇴사한 직원까지 포함해 회사 내 직위, 그리고 가진 권력이 서로 다른 여러 사람들을 인터뷰함으로써, 1970년대부터 현재까지 페미니스트 섹스토이 소매업의 여러 물결을 아우르는 다세대적이고 다의적인 이야기를 담을 수 있었다.

인터뷰 대상자들은 그들의 회사, 직업, 그리고 섹스포지티브 사회 변화에 대한 자신의 비전을 이야기할 수 있다는 데 신나했다. 2001년에 만났던 79세의 이브스가든 창업자 델 윌리엄스를 비롯해, 내가 만난 많은 페미니스트 인터뷰이는 페미니즘의 역사가 자주 얼버무려지거나 잘못 재현된다는 것을 알고 있었다. 이에 그들은 자신의 헌신을 기록하는 일에 열정적으로 참여했다. 점주들 또한 자신이 본질적으로 자신의 경쟁 상대인 다른 회사도 포함되는 연구 프로젝트에 참여 요청을 받았다는 사실을 인지했고, 연구 대상에서 제외되기를 원치 않았다. 점주들은 내가 학회에서 연구결과를 발표하고 나중에는 그것을 출판할 거라는 사실을 알고 있었다. 따라서 나는 내가 연구하는 산업계를 형성한 더 큰 상업 및 홍보 관련 의제와 무관하지 않았다.

나의 연구는 또 다른 효과를 발생시켰다. 많은 소매업자가 자신의 노력에 의미가 있다는 점을 상기하게 된 것이다. 그들은 자신이 상품을 팔기도 하지만, 사람들의 삶에 의미 있는 방법으로 엄청난 영향을 미칠 잠재력이 있는 일종의 섹스 포지티브 소매업 운동에 참여하고 있기도 하다는 것을 새삼 상기했다. 사업 운영의 일상적 책임과 자잘한 업무(끝없는 회의, 인사 문제, 홍보 고민, 콘돔 개수까지 전부 세어야 하는 창고 관리 업무 등)에 파묻혀 있다 보면 점주들은 가끔 애초에 섹스토이숍을 창업한 계기가 무엇이었는지 쉽게 잊기도 한다. 일례로, 어떤 여성 점주는 내 연구가 자신의 "머리를 다시 돌아가게" 하고 사업에 대한 "처음 열정을 되찾"게 해주었다고 말했다. 또 다른 점주는 연구가 "진보적 기업의 비전을 정리하도록" 해주었다고 했다. 이 여성 점주는 몇 년간 그 모든 문제·의제·비판에 시달리다 번아웃되어 일이 번잡한 일과처럼 느껴졌다고 인정했다. "당신의 열정에 영향을 받았어요. 이 일에 다시 열정을 찾게 된 데는 당신 덕분도 있어요. …… 내 의욕을 북돋아주는 일이 애초 당신의 연구 계획에 포함된 항목은 아니었겠지만, 당신의 연구는 연구자가 자신이 연구하는 문화에 유익한 영향을 줄 수 있다는 걸 보여주는 것 같아요."

아카이브 연구

아카이브 연구는 풍부하고 값어치를 따질 수 없는 데이터로 가득했다. 나는 지하 창고의 서류함에 보관된 기록, 언론 기사를 모아 둔 회사의 스크랩북, 지역 기반 아카이브에 있는 처리되지 않은 서류, 그리고 대학 [도서관의] 컬렉션이 축적한 문서를 보았다. 고객의 편지, 회사 사명 헌장, 광고 복사본, 인쇄본 카탈로그, 회사 뉴스레터, 홍보 자료, 내부 메모, 직원 회의록 같은 쉽게 버려지는 문서도 검토했다. 특히 회사 내부에서 주고받은 메모를 통해 많은 것을 알 수 있었다. 그러한 문서들은 비용 절감 조치, 직원들 사이의 긴장, 조직의 성장통, 그리고 가끔은 직원들이 품는 불만을 선명히 보여주었다. 페미니스트 기업 운영의 비교적 화려하지 않고 때로는 경쟁이 발생하는 측면이 자세히 드러나 있었다. 그 자료들은 인터뷰이들이 개별 인터뷰에서 주로 혹은 부담없이 털어놓은 정보를 보충해주었다.

정체성, 혼종성, 그리고 페미니즘적 객관성

나는 많은 면에서 연구 대상과 연결되어 있었다. 특히 1980년대 초중반 페미니스트 성전쟁이 절정에 달했을 무렵에 성년이 된 세대와 그러했다. 그들이 자기 회사를 언급하면서 쓴 정치적 언어와 문화적 레퍼런스는 그들의 주체적 위치와 세계관을 이해하는 데 친숙한 해석의 틀을 제공했다. 나는 많은 페미니스트 섹스토이숍 점주와 직원이 그렇듯 백인·중간계급·대졸자이며 유동적인 섹슈얼리티와 섹스 포지티브한 정서의 소유자다. 이러한 정체성에 힘입어 나는 연구 대상인 상업적 세계에 접근할 수 있는 권리를 얻고 협상할 수 있었다. 또한 나의 위치는 내가 무엇을 보고, 본 것을 어떻게 이해할 것인가에도 영향을 끼쳤다.

연구 현장에서 나의 역할은 다양했다. 나는 민족지학자였고, 바이브레이터 판매 점원이었으며, 성적 소비자이기도 했다. 따라서 나의 정체성은 복잡했고 쉽게 변했다. 예를 들어 베이브랜드에서 처음 현장연구를 시작했을 때 나는 나 스스로를 판매 직원을 겸한 연구자로 정체화했다. 어느 시점(가게 열쇠를 맡게 되었을 때인 것 같다)에 그 관계의 경계는 흐릿해졌다. 어느 날 나는 내가 정말 베이브랜더Babelander[베이브랜드 직원]가 되었다는 것을 깨달았다. 그것은 연구자만큼이나, 혹은 때로는 그보다 더 큰 나의 정체성이 되었다. 내 민족지학적 시선은 전통적인 참여관찰에서 인류학자 바버라 테드록[Barbara Tedlock]이 "참여를 관찰하기[observation of participation]"라고 한 것으로 옮겨갔다. 참여를 관찰하기란 민족지학자가 "민족지학적 조우에서 자신과 타인의 공동 참여를 경험하고 관찰하는" 연구 방법이다.[7] 만화경을 돌리는 것처럼 나의 관점과 연구 대상의 범위가 바뀌었다.

결국 내 연구의 성공 여부는 일을 해낼 수 있는 나의 능력에 달려 있었다. 나는 열심히 일의 요령을 익혔다. 상품과 성 지식을 폭넓게 아는 것도 그 요령에 포함되었다. 나의 학습 곡선은 가팔랐으며 특히 영수증 종이 갈아 끼우는 법, 상품권 사용법, 그리고 신용카드 여러 개를 한번에 결제하는 법을 빠르게 익혔다. 나는 내가 직장 동료들이 의지할 수 있고 신뢰할 수 있는 사람이라는 것, 그리고 바쁠 때 도울 수 있는 일손이라는 것을 꼭 보여주고 싶었다. 잘해내고 싶었던 건, 단지 판매 일이 베이브랜드 내부에 들어갈 기회여서가 아니라, 내가 베이브랜드의 사명에 동감하고 그 사명의 일부가 되는 것을 즐겨서였다. 매일같이 출근해 성교육과 사회정의에 헌신하는 똑똑하고, 강인하고, 대체로 스스로를 퀴어로 정체화하는 여성들에게 둘러싸여 있는 것은 정말이지 고무적인 경험이었다. 베이브랜드에도 단점과 부족한 면은 있었다. 이를테면, 회사의 정치적 이상과 일상적 업무 사이에서 간극을 느껴 좌절을 표하는 직원들도 있었다. 어떤 직원들은 회사가 너무 가족 같다고 했다. '쿰바야[Kumbaya]'* 스타일의 레즈비언 페미니즘식 업무 처리로 합의에 기반한 의사결정을 추구하지만, 그것이 고질적으로 위계 구조로 후퇴하고 만다는 것이다. 그럼에도 베이브랜드는 너무나 매혹적인 유토피아적 가능성으로 가득한 곳이었다. 그렇기에 내가 직면했던 가장 큰 도전은 섹스 포지티브에 대한 지지와 연구자적 객관성 사이에서 균형을 잡으면서, 페미니스트 여부와 관계없이 좋은 연구자라면 갖춰야 할 비판적 거리를 유지하는 일이었다. 이 둘을 조화시키기 위해 나는 최선을 다했다.

---

* 아프리카계 미국인들이 부르던 흑인 영가靈歌로, 여기서는 베이브랜드 특유의 단결과 연대를 뜻한다.

1998년 나는 첫 인터뷰를 진행했다. 그 인터뷰는 훗날 이 책의 일부가 됐다. 1998년은 슬로우 스칼라십 운동*이 일어나기 한참 전이었다. 슬로우 스칼라십은 속도 줄이기, 생각이 스며들도록 두기, 양보다 질을 강조하기, 쓰고, 고쳐 쓰고, 그리하여 이상적으로 제대로 해내는 것을 포함하는 연구 접근방법이다. 첫 인터뷰를 할 당시만 해도 내가 수년에 걸쳐 계속될 연구 과제에 착수했다는 사실을 전혀 알지 못했다. "출판되거나 아니면 사장되거나"가 끊임없이 반복되고 요구되는 학계에서, 시간을 들인다는 것은 실로 사치다. 그러나 이 책이 완성되기 위해서는 반드시 시간이 필요했다.

이 연구를 시작했던 1990년대 후반에 페미니스트 섹스토이숍

---

* 대학의 신자유주의적 성과주의에 반발하여 연구하고 학위를 취득하는 데는 시간에 얽매이지 않는 숙고와 사려가 필요하다고 주장하는 운동이다.

은 뜻 맞는 사업체들의 느슨한 연대체 중 하나였지만, 더 광범위한 성인산업의 주변부이기도 했다. 내가 출판계약서에 서명하고 오래지 않아, 섹스 시장에 격심한 변화가 찾아왔다. 2008년이 되자 여성을 겨냥한 섹스토이와 포르노그래피 시장은 주된 성장 시장이 되리라 선포되었고, 페미니스트 섹스토이숍은 새롭게 등장한 주요 소비자이자 앞으로 매우 큰 수요를 만들어낼 집단에 다른 부문의 사업들이 접근할 수 있도록 해줄 열쇠를 쥔 것처럼 여겨졌다. 내가 원하는 이야기를 하기 위해서는 책의 주제를 확장시킬 필요가 있었다. 이에 연구를 마무리하는 대신 새로운 데이터를 모으는 또 다른 단계를 시작해 연구를 몇 년 더 지속했다.

여러 해에 걸쳐 내게 시간을 내주고, 열정적이면서도 사려 깊게 자신의 경험과 전문적 식견을 나누어준 모든 페미니스트 섹스토이숍 사장, 직원, 마케팅 담당자, 제조업자, 성교육 강사, 창작자, 그리고 구매자 여러분께 큰 빚을 졌다. 그분들이 아니었다면 이 책은 존재하지 않았을 것이다. 그들의 지지에 헤아릴 수 없을 만큼 깊이 감사드린다.

매사추세츠주 노샘프턴에서 작은 페미니스트 섹스토이숍을 운영했던 에일린 저니에게 특히 큰 감사를 표한다. 그는 내가 이 프로젝트를 시작하면서 맨 처음 인터뷰했던 사람으로 그 덕분에 중요한 영감을 얻었다.

베이브랜드 공동창업자인 레이철 베닝과 클레어 캐버너는 2001년 무명의 박사과정 연구자였던 나를 가게에 받아주는 모험을 감행했다. 그들은 나를 자신의 집단에 조건도 제약도 없이 연구자로 환대해주었다. 나는 그들의 개방성과 관대함에, 그리고 나와 나의 프로젝트에 믿음을 보여준 것에 대해 앞으로도 늘 감사를 잊지 않을 것이다. 그때 나는 진심으로 친절하게 나를 자신의 세계에 수용해준 베이브랜드의 뛰어난 직원들로 둘러쌓인 행운아였다. 댄 아시니오스, 데이나 클라크, 더키 둘리틀Ducky doolittle, 얼리샤 렌스, 펠리스 셰이스, 솔 실바, 그리고 자미에 왁스먼에게 특히 큰 감사를 표하며, 오랫동안 친구로서 나를 지지해준, 신랄한 위트와 날카로운 지성의 소유자 크리스틴 링키에게 내가 정말 고마워하고 있음을 전하고 싶다.

이렇게 오랫동안 한 프로젝트를 하다 보면 연구 목적으로 만난 사람들이 소중한 친구이자 대화 상대가 된다. 킴 에어스, 메티스 블랙, 수지 브라이트, 코요테 데이스, 그레그 들롱, 로마 에스테베스, 찰리 글리크먼, 캐럴 퀸, 샤 레드나워, 재키 스트라노, 그리고 트리스탄 타오미노에게 감사를 표한다. 소매업자들인 엘런 바너드, 시어라 데이색, 매티 프리커, 로라 하브, 네나 조이너, 자크 존스, 그리고 제니퍼 프리쳇의 헤아릴 수 없는 공헌과 값을 매길 수 없는 기여에도 진심으로 감사드린다.

애석하게도, 이 책을 만드는 데 도움을 주셨던 모든 분들이 살아계실 때 결실을 보지는 못했다. 이브스가든 창업자 델 윌리엄스는 2015년에 고인이 되었으며, 굿바이브레이션스를 창업했고 수많은 다른 창업자들의 창업을 도왔던 조아니 블랭크도 내가 마지막 퇴고를 하는 와중에 짧은 병환을 거쳐 세상을 떠났다. 이 여성들은 정말로, 섹스 포지티브라는 말이 위키피디아에 등재되기도 전에, 혹은 그런 이름이 생겨나기도 전부터 섹스 포지티브 페미니즘의 기반을 닦는 데 일조했다. 나는 이 책이, 수많은 사람이 그 페미니스트 발자취를 따르도록 영감을 준 여성들인 윌리엄스와 블랭크의 선구적 비전을 기리는 데 보탬이 되기를 희망한다.

여성 섹스토이와 포르노그래피 시장의 성장을 역사화할 수 있게 도와준 모든 아카이브에 정말 감사드린다. 윌리엄스와 블랭크 모두 내가 그들의 개인 서류를 샅샅이 살피는 일을 허락해주는 동시에 자신의 과거를 실컷 들려줬을 뿐 아니라 우편 주문 카탈로그와 광고지부터 사진과 법적 서류에 이르기까지 유용하다고 판단되는 서류들을 복사해주었다. 레즈비언 허스토리 아카이브, GLBT 히스토리컬 소사이어티, 그리고 섹스와 문화 센터에 감사드린다. 이 아카이브들은 내 분석을 풍부하게 하는 데 크게 기여한 귀중한 1차 자료를 제공해주었다. 킨제이 연구소와 인디아나대학교, 코넬대학교의 휴먼 섹슈얼리티 컬렉션에도 감사를 표하고 싶다. 수많은 섹스포지티브 혁신자들의 자료를 얻는 데 열심히 노력해준 휴먼 섹슈얼리티 컬렉션의 브렌다 마스턴[Brenda Marston]에게 특히 감사한다.

듀크대학교 출판사에서 내 책 편집을 맡아준 켄 위소커[Ken Wissoker]는 이 프로젝트가 시작된 초기부터 변함없이 작업을 지지해주었다. 그는 이 책에 담긴 이야기가 세상에 알려져야 한다고 믿으며 큰 격려를 전해줬음은 물론이고 대단한 인내심을 발휘했다. 그의 인도와 지지에 깊이 감사드린다. 선임 편집자 코트니 버거[Courtney Berger], 보조 편집자 엘리자베스 올트[Elizabeth Ault], 준 편집인 올리비아 포크[Olivia Polk], 그리고 프로젝트 편집인 대니엘 후츠[Danielle Houtz]의 열정과 지속적인 도움에 감사한다.

모교인 라스베이거스의 네바다대학교뿐 아니라 다른 기관에서 수년에 걸쳐 받았던 연구지원금과 장학금 덕분에 이 연구가 가능했다. 패컬티 오퍼튜니티 어워드, 인문대 여름장학금, 네바다대학교 교무처에서 지원해준 연구 펀딩에도 감사한다. 그리고 네바다대학교 윌리엄 S. 보이드 법대가 제공해준 한 학기의 안식 휴가 덕분에 새로운 활기와 열정으로 결승선을 통과할 수 있었다.

프로젝트 초기에 받았던 모든 연구 지원에 너무나 감사드린다. 특히 퍼드 재단에서 기금을 지원한 사회과학 연구협회의 섹슈얼리티 연구 펠로우십 프로그램에 가장 큰 감사를 표한다. 흥미진진한 학제간 연구 공동체, 후일 많은 구성원이 그 분야에서 선두가 된 공동체의 일원이 될 기회를 준 SRFP와 그곳 책임자 다이앤 디마우로^{Diane Dimauro}에게 나는 정말 큰 빚을 졌다. 프로젝트의 초기 단계일 때 마운트 홀리요크 칼리지의 5개 대학 연합 여성학 연구센터에서 1년간 연구협회 회원 자격으로 있으면서 활발하게 활동하는 페미니스트 학자들과 교류할 수 있었다. 간절히 필요했던 재정적 지원을 제공해준 애머스트 매사추세츠대학교 대학원에도 크게 감사드린다.

이 책의 집필을 가능하게 한 불씨는 내가 커뮤니케이션학 박사학위를 받은 애머스트 매사추세츠대학교에서 지펴졌다. 내 박사학위 심사위원단은 성인용품 산업에 대한 연구가 낯설었던 당시 이 책의 연구 프로젝트를 진행하도록 격려해주셨으며, 학문 연구의 영역을 넓히고 시류를 거슬러 연구 주제를 정하는 일이 가능함을 보여주셨다. 리사 헨더슨^{Lisa Henderson}은 내가 페미니스트 섹스토이숍을 주제로 열린 첫 세미나에서 페이퍼를 제출했던 그때부터 이 주제로 연구를 해보라고 내게 권했다. 그는 커뮤니케이션 연구의 범위를 정의하는 데 있어서 열린 사고방식을 갖고 있었으며 성적 재현의 정치학 역시 의사소통의 한 분야임을 명확히 했다. 헨더슨의 지도와 학문적 엄정함, 인간적 관대함, 그리고 격려는 모두 커다란 힘이 되었다. 어바인의 번뜩이는 통찰력과 내게 베풀어준 우정은 내 배움에 도움을 주었고, 덕분에 이 책도 보강될 수 있었다. 섯 잴리^{Sut Jhally}의 지도는 내 사고를 더욱 날카롭게 벼렸으며 내가 더 좋은 학자가 될 수 있게 해 줬다.

애머스트 매사추세츠대학교에서 만난 멋진 사람들은 내가 그곳에서 보낸 시간을 사랑하는 이유의 큰 부분을 차지한다. 커뮤니케이션학과는 특별하고 활기찬 곳이었다. 내가 재학하는 동안 학장을 맡아 활기차면서도 멋지게 학구적인 분위기를 조성해준 마이클 모건 Michael Morgan에게 감사드린다. 섹슈얼리티 연구와 퀴어 연구 분야에서 작업하는 소규모 학생회가 있었던 시기에 대학원에 입학한 것은 내게 행운이었다. 제임스 앨런James Allan, 빈센트 도일Vincent Doyle, 비에라 로렌코바Viera Lorencova, 이브 응Eve Ng, 그리고 캐서린 센더Katherine Sender가 대학원 재학 시절과 그 이후에도 보여준 동지애, 지지, 그리고 우정에 감사드린다. 대학원 생활을 즐겁게 만들어준 멜리사 클릭Melissa Click, 안드레스 코레아Andres Correa, 알파 셀린 델럽Alpha Selene Delap, 에스테반 델리오Esteban Del Rio, 제니스 헤인스Janice Haynes, 니나 헌트먼Nina Huntemann, 앤 존슨Ann Johnson, 얼리샤 케밋Alicia Kemmitt, 켐브루 매클라우드Kembrew McLeod, 에릭 모건Eric Morgan, 세일라 푸티아이넨Saila Poutiainen, 리사 러드닉Lisa Rudnick, 미셸 스콜로Michelle Scollo, 신디 수오피스Cindy Suopis, 그리고 리베카 타운센드Rebecca Townsend에게 감사한다.

작업물로 내게 영감을 주었던 여러 섹슈얼리티 학자들의 네트워크를 포함해, 먼 곳과 가까운 곳의 동료들이 여러 해 동안 나를 지탱해주었다. 피터 알리루너스Peter Alilunas, 피오나 애트우드Feona Attwood, 헤더 버그Heather Berg, 케빈 헤퍼넌Kevin Heffernan, 대니엘 히댈고Danielle Hidalgo, 조반나 마이나Giovanna Maina, 존 머서John Mercer, 미레유 밀러-영Mireille Miller-Young, 콘스탄스 펜리Constance Penley, 다이애나 포조Diana Pozo, 틸라 샌더스Teela Sanders, 클래리사 스미스Clarissa Smith, 휘트니 스트럽Whitney Strub, 조지나 보스Georgina Voss, 론 바이처Ron Weitzer, 그리고 페데리코 제카Federico Zecca에게 모두 정말 감사드린다. 또 나는 인디애나대학교의 젠더연구학과Department of Gender Studies에서 어디에도 없을 멋진 동료들에 둘러쌓인 채 2년을 보냈다. 이 지면을 빌어 콜린 존슨Colin Johnson, 젠 마허Jen Maher, 브렌다 웨버Brenda Wever, 그리고 메리 그레이Mary Cray의 협력과 우정에 감사를 표한다. 라스베이거스 네바다대학교의 동료들인 크리스티 뱃슨Christie Batson, 셰일라 복Sheila Bock, 바브 브렌츠Barb Brents, 마누체카 셀레스테Manoucheka Celeste, S. 차루실라S.Charusheela, 조지언 데이비스Georgiann Davis, 마샤 갤로Marcia Callo, 조앤 굿윈Joanne Coodwin, 케이트 코건Kate Korgan, 엘리자베스 맥도웰Elizabeth MacDowell, 에밀리 만Emily Mann, 켈리 메이스Kelly Mays, 앤 매긴리ANN McGinley, 빌 램지Bill Ramsey, 래니타 레이Ranita Ray, 페그 리스Peg Rees, 아니타 레빌라Anita Revilla, 애디 롤닉Addie Rolnick, 그리고 대니엘 로스-존슨Danielle Roth-Johnson께 특히 감사드린다.

듀크대학교 출판사의 익명의 검토위원들께 진심으로 감사드린다. 그분들의 섬세하고 통찰력 있는 논평 덕분에 이 책의 헤아릴 수 없이 많은 부분이 개선될 수 있었다. 펠리샤 멜로Felicia Mello가 이 책에 전문적인 편집을 해준 결과로 나는 더 나은 저술가가 될 수 있었다. 크리스탈 잭슨Crystal Jackson과 레이엣 마틴Rayette Martin의 연구 보조, 알렉산드리아 쿡Alecsandria Cook과 커비 스톨조프Kirby Stolzoff의 입력과 교열 작업에도 감사드린다. 최종 교정본을 읽고 귀중한 피드백을 준 퀸과 시라 태런트Shira Tarrant에게 특히 고마움을 표한다. 이분들의 조건 없는 지지와 우정에 영원히 감사할 것이다.

이 책의 내용 중 몇몇 아이디어는 나의 이전 출판물에서 발전시킨 것이다. 케이트 하디^{Kate Hardy}, 세라 킹스턴^{Sarah Kingston}, 그리고 틸라 샌더스가 편집했고 최신 연구를 잘 정리한 컬렉션인 《성노동의 새로운 사회학^{New Sociologies of Sex Work}》에 내 글이 포함되어 매우 기뻤다. 내가 그 책에 쓴 장의 일부는 수정되어 이 책에 실렸다. 루팔리 무커지^{Roopali Mukherjee}와 세라 배닛와이저^{Sarah BanetWeiser}가 편집자인 《상품 운동: 신자유주의 시대의 문화 저항^{Commodity Activism: Cultural Resistance in Neoliberal Times}》에 실린 것도 마찬가지로 명예로운 경험이다. 그 글에서 논했던 수익성과 사회 변화에 관한 사유가 이 책에서 다시 논의된다. 마지막으로, 소비자 피드백 회로의 중요성에 관한 사유는 트리스탄 타오미노, 셀린 파레아스 시미즈^{Celine Parreas Shimizu}, 콘스탄스 펜리, 그리고 미레유 밀러-영이 편집한 획기적인 에세이 모음집인 《페미니스트 포르노 책: 쾌락 생산의 정치학^{The Feminist Porn Book: The Politics of Producing Pleasure}》에 실은 글에서 처음 발전시킨 것이다.

수없이 많은 친구와 가족이 몇 년간 나를 지탱해주었다. 웬디 스위처 페리스^{Wendy Sweetser Ferris}는 이 책이 된 연구 프로젝트가 시작될 때부터 힘이 되어 주었다. 집필로 지쳐버린 하루의 끝에 그의 느긋한 천성과 유머 감각은 항상 반가운 휴식이었다. 에밀리 웨스트^{Emily West}와 케빈 앤더슨^{Kevin Anderson}이 매사추세츠주 서부에서 내게 베풀어준 우정, 음식, 술에 감사한다. 내 학술 작업과 이 책에 대해 항상 주저하지 않고 물어준 인척 마리^{Marie}와 론 올브리시^{Ron Olbrysh} 부부, 그리고 특히 항상 내 기분을 북돋아 준 내 자매 크리스틴 코멜라^{Kristen Comella}에게 마음 깊이 감사한다. 그러나 무엇보다도 내 남편 라이언 올브리시^{Ryan Olbrysh}에게 고마움을 표현하고 싶다. 그는 이 책 원고를 전부 다 읽어주었으며, 내 연구 자료가 서서히 우리 공동 연구실을 벗어나 결국 집 안 대부분을 차지하게 됐을 때도 전혀 불평하지 않았다. 그는 사탕 단지에 항상 젤리를 채워주었고, 오랫동안 글을 쓴 하루의 저녁이면 항상 어떻게든 나를 웃게 해주었다. 만약 내가 "지금 당신한테 뭐 좀 읽어줘도 괜찮아?"라고 물을 때마다 그에게 일 달러씩 줬다면 그는 부자가 됐을 것이다. 우리 고양이 버디, 마마 캣, 그리고 사랑하는 시시 Schishy(1993-2013)는 내게 꼭 필요한 포옹과 휴식을 주었다.

내 할머니 윌마 탤콧 킷슨Wilma Talcott Kitson은 이 책 전반에 영향을 준 사람이다. 1910년에 태어난 할머니는 대학에서 도서관학을 공부하고 클리블랜드 공공도서관에서 오래 일했다. 할머니는 열정적인 독자이자 완벽한 연구자였으며 내 심장이었다. 1990년대 후반에 이 연구 프로젝트를 시작할 때, 할머니는 섹스토이숍과 루스 웨스트하이머 박사에 대한 관련 기사를 신문에서 오린 후 나한테 편지로 보내주셨다. 한번은 내가 연구 때문에 지방으로 이동해야 해서 시간이 부족해 수집할 수 없는 데이터를 걱정하자 할머니께서 이렇게 말씀하셨다. "네가 가지지 못한 것 때문에 걱정하지 마라. 이미 가지고 있는 것을 잘 사용하렴." 할머니는 2011년에 101세로 세상을 떠나셨고 그때부터 나는 매일 할머니를 그리워하고 있다. 할머니가 이 책을 자랑스러워하실 것임을 안다.

프롤로그: 시장의 형성

1   *The avn Adult Entertainment Expo Show Guide*, January 2008, p.50에
    실린 "b2b Means Business"에서 인용, 저자 소유 판본.

2   〈섹스 앤드 더 시티〉의 악명 높은 바이브레이터 에피소드에 대한 논의는 다
    음을 참조하라. Lynn Comella, "(Safe) Sex and the City: On Vibrators,
    Masturbation, and the Myth of 'Real' Sex", *Feminist Media Studies* 3,
    no. 1, 2003, pp.107-110. 《그레이의 50가지 그림자》의 경제에 대한 논의
    는 다음을 참조하라. Lynn Comella, "Fifty Shades of Erotic Stimulation",
    Feminist Media Studies 13, no. 3, 2013, pp.563-566. 성적인 제품을 거래
    하는 여성 시장의 등장과 관련된 논의는 다음을 참조하라. Feona Attwood,
    "Fashion and Passion: Marketing Sex to Women", *Sexualities* 8, no. 4,
    2005, pp.392-406; Clarissa Smith, *One for the Girls: The Pleasures and
    Practices of Reading Women's Porn*, Intellect, 2007; Merl Storr, *Latex
    and Lingerie: Shopping for Pleasure at Ann Summers Parties*, Berg,
    2003.

3   Debby Herbenick, Michael Reece, Stephanie A. Sanders, Brian Dodge,
    Annahita Ghassemi, and J. Dennis Fortenberry, "Prevalence and Char-
    acteristics of Vibrator Use by Women in the United States: Results

from a Nationally Representative Study", *Journal of Sexual Medicine* 6, 2009, pp.1857–1866.

4 Hilary Howard, "Vibrators Carry the Conversation", *New York Times*, April 20, 2011, http://www.nytimes.com/2011/04/21/fashion/21VI-BRATORS.html?_r=0.

5 Emma Gray, "Vibrator Sales Up—Are Sex Toys a Woman's Best Friend?", *Huffington Post*, May 8, 2012, http://www.huffingtonpost.com/2012/05/08/vibrator-sales-sex-toys-women_n_1501352.html. 《어덜트 비디오 뉴스Adult Video News》의 섹스토이 부문 수석 편집자 셰리 샤울리스Sherri Shaulis는 [필자와 주고받은] 개인 서신으로 이 150억 달러라는 숫자의 맥락을 유념해야 한다고 환기시켰다. 이 숫자는 미국뿐 아니라 전 세계를 포함한 매출을 가리키는 것이며, 10달러짜리 총알형 바이브레이터에서부터 7000달러짜리 섹스돌에 이르기까지 모든 성인용품을 포함한 것이다. 여기에는 윤활제나 성행위에 활용되는 가구 등도 포함되어 있다. 그리고 자주 인용되곤 하는 이 수치가 과장되었을 가능성이 크긴 하지만, 샤울리스는 "진짜 [매출] 액수라는 건 존재하지 않는다"고 주장한다. 이 수치를 이용한 기사로는 David Rosen, "What the $15 Billion Sex Toy Industry Tells Us about Sexuality Today", *Alternet*, March 7, 2013, http://www.alternet.org/sex-amp-relationships/what-15-billion-sex-toy-industry-tells-us-about-sexuality-today, 그리고 Janet Burns, "How the 'Niche' Sex Toy Market Grew into an Unstoppable $15B Industry", *Forbes*, July 16, 2016, http://www.forbes.com/sites/janetwburns/2016/07/15/adult-expo-founders-talk-15b-sex-toy-industry-after-20-years-in-the-fray/#5d2b394f38a1 등이 있다.

6 Betty Friedan, *The Feminine Mystique*, Norton, 2001(1963)[한국어판: 《여성성의 신화》, 김현우 옮김, 갈라파고스, 2018].

7 Sara Evans, *Personal Politics: The Roots of Women's Liberation in the Civil Rights Movement and the New Left*, Vintage, 1979, p.12.

8 John D'Emilio and Estelle Freedman, *Intimate Matters: A History of Sexuality in America*, University of Chicago Press, 1997, p.286.

9 Barbara Ehrenreich, *The Hearts of Men: American Dreams and the Flight from Commitment*, Anchor, 1983, p.42.

10 Evans, *Personal Politics*, p.11.

11 릴리언 페이더먼Lillian Faderman에 따르면 레즈비언 통속소설은 "너무 폐쇄적으로 살아서 그 소설이 아니었다면 그러한 세계가 존재하는지도 몰랐을 여성들에게 레즈비언 라이프스타일을 전파하는 데 기여했다". 페이더먼

의 *Odd Girls and Twilight Lovers: A History of Lesbian Life in Twentieth-Century America*, Penguin, 1991, p.147을 보라.

12 Friedan, *Feminine Mystique*, p.258.

13 Friedan, *Feminine Mystique*, p.261.

14 Elaine Tyler May, *America and the Pill: A History of Promise, Peril, and Liberation*, Basic Books, 2010, p.6.

15 David Allyn, *Make Love, Not War: The Sexual Revolution, an Unfettered History*, Little, Brown, 2000, p.243.

16 Allyn, *Make Love, Not War*, p.243.

17 D'Emilio and Freedman, *Intimate Matters*, p.327.

18 Barbara Ehrenreich, Elizabeth Hess, and Gloria Jacobs, *Re-making Love: The Feminization of Sex*, Anchor Press/Doubleday, 1986, p.105.

19 Ehrenreich, *Hess, and Jacobs, Re-making Love*, p.105.

20 Ehrenreich, *Hess, and Jacobs, Re-making Love*, p.109.

21 Commission on Obscenity and Pornography, *The Report of the Commission on Obscenity and Pornography*, Bantam, 1970, p.1.

22 Commission on Obscenity and Pornography, *Report*, p.53.

23 "Is Smut Good for You?", *Time*, October 12, 1970.

24 Gerard Damiano, dir., *Deep Throat*, Gerard Damiano Film Productions, 1972.

25 Carolyn Bronstein, *Battling Pornography: The American Feminist Anti-pornography Movement, 1976–1986*, Cambridge University Press, 2011, p.82.

26 조지아주의 선례를 좇아 텍사스주도 1979년 외설금지법을 만들었다. 곧 콜로라도주(1981), 미시시피주(1983), 루이지애나주(1985), 캔자스주(1986), 앨라배마주(1998), 그리고 버지니아주(2000)가 그 뒤를 따랐다. 이러한 법규 대부분에 반발이 일어났고 그 일부는 주 법원에서 위헌으로 판결되었으나, 아직 유지되는 조항도 있다. 2008년에 미국 제5순회법원은 텍사스 금지령에 대한 판결을 뒤집었고, 이로써 앨라배마는 미국에서 유일하게 바이브레이터 및 다른 '음란 도구'의 판매를 불법화하는 주로 남게 된다. 이 금지법과 관련된 논의는 다음을 참조하라. *Tristan Taormino's True Lust: Adventures in Sex, Porn and Perversion*, Cleis, 2002, pp.13-15에 실린 Tristan Taormino, "Dallas Dildo Defiance"; Danielle J. Lindemann, "Pathology Full Circle: A History of Anti-vibrator Legislation in the United States", *Columbia Journal of Gender and Law* 15, no. 1, 2006, pp.326-346; Alana Chazan, "Good Vibrations: Liberating Sexuality from the

Commercial Regulation of Sexual Devices", *Texas Journal of Women and the Law* 18, no. 2, 2009, pp.263-305; *Alabama Civil Rights and Civil Liberties Law Review* 1, no. 111, 2011, pp.111-139에 수록된 Karthik Subramanian, "It's a Dildo in 49 States, but It's a Dildon't in Alabama: Alabama's Anti-obscenity Enforcement Act and the Assault on Civil Liberty and Personal Freedom".

27 Lynn Raridon, interview with author, March 26, 2002.

28 Claire Cavanah, interview with author, August 30, 2001.

29 Joani Blank, "Closing Keynote Plenary", Catalyst Con West, Burbank, California, September 13, 2015.

30 섹슈얼리티의 재현에서 사적인 것 대 공적인 것에 대한 논의로는 다음을 참조하라. Jane Juffer, *At Home with Pornography: Women, Sex, and Everyday Life*, New York University Press, 1998; Dangerous Bedfellows, *Policing Public Sex: Queer Politics and the Future of aids Activism*, South End, 1996.

31 Aileen Journey, interview with author, October 25, 1998.

32 이러한 논쟁을 다룬 글로는 Bronstein, Battling Pornography, Lisa Duggan and Nan Hunter, *Sex Wars: Sexual Dissent and Political Culture*, Routledge, 1995 그리고 Carole Vance, *Pleasure and Danger: Exploring Female Sexuality*, Routledge and Kegan Paul, 1984 등이 있다.

33 회사의 원래 명칭은 'Toys in Babeland'로 2005년에 리브랜딩하면서 'Toys in'이 빠졌다. 베이브랜드 공동창업자 레이철 베닝은 "섹스토이만 다루는 데서 멈추지 않고 [여성들이] 성적 역량을 향상시킬 수 있는 장소로 정체화하고 싶었다"고 [리브랜딩 동기를] 밝혔다. 2015. 6. 4. 저자가 받은 이메일에서 인용.

34 Lisa Henderson, "Sexuality, Cultural Production, and Foucault" (paper presented at Sexuality after Foucault, Manchester University, Manchester, U.K., November 2003).

35 텔레비전 토크쇼 분석에 관해서는 다음을 참조하라. Josh Gamson, *Freaks Talk Back: Tabloid Talk Shows and Sexual Nonconformity*, University of Chicago Press, 1998; Laura Grindstaff, *The Money Shot: Crass, Class, and the Making of tv Talk Shows*, University of Chicago Press, 2002. 소비자 시장의 생성과 관련된 논의는 다음을 보라. Katherine Sender, *Business, Not Politics: The Making of the Gay Market*, Columbia University Press, 2004; Arlene Davila, *Latinos, Inc.: The Marketing and Making of a People*, University of California Press, 2001. 《미즈》 잡지 창립 과정을

검토하는 논의는 다음을 보라. Amy Erdman Farrell, *Yours in Sisterhood: Ms. Magazine and the Promise of Popular Feminism*, University of North Carolina Press, 1998.

36 예를 들어 다음의 작업들이 있다. Mireille Miller-Young, *A Taste for Brown Sugar: Black Women in Pornography*, Duke University Press, 2014; Margot Weiss, *Techniques of Pleasure: bdsm and the Circuits of Sexuality*, Duke University Press, 2011; Barb G. Brents, Crystal A. Jackson, and Kate Hausbeck, *The State of Sex: Tourism, Sex, and Sin in the New American Heartland*, Routledge, 2010; Katherine Frank, *G-Strings and Sympathy: Strip Club Regulars and Male Desire*, Duke University Press, 2002.

37 온라인 소매업과 홈 섹스토이 파티가 페미니스트 섹스토이 회사에 중대한 수입원이기는 하다. 그러나 그런 소매 채널은 내가 이 책에서 검토한 것과는 다른 고유한 논리를 가지고 있으며, 그들만의 소비 경험을 형성한다. 터퍼웨어Tupperware 같은 회사가 유행시킨 직접 판매 방식인 홈 섹스토이 파티는 개인의 주거지에서 사적으로 개최되고, 보통은 이미 존재하는 친구와 지인 들의 관계망에 의존한다. 그리고 많은 이들이 온라인에서 섹스토이를 사는 이유는 편리성만큼이나 익명성이 보장되기 때문이다.

38 백화점의 역사와 미국 소비문화의 형성에 관해서는 다음을 참조하라. Susan Porter Benson, *Counter Cultures: Saleswomen, Managers, and Customers in American Department Stores 1890–1940*, University of Illinois Press, 1986; William Leach, *Land of Desire: Merchants, Power, and the Rise of a New American Culture*, Pantheon, 1993; Elaine Abelson, *When Ladies Go A-Thieving: Middle-Class Shoplifters in the Victorian Department Store*, Oxford University Press, 1989; Kathy Peiss, *Hope in a Jar: The Making of America's Beauty Culture*, Metropolitan, 1998.

39 Michel Foucault, *The History of Sexuality*, vol. 1: An Introduction, Vintage, 1978, p.18.

40 Jacq Jones, interview with author, April 12, 2002.

41 성 부정성sex negativity과 그 효과를 다룬 논의는 게일 루빈Gayle Rubin이 쓴 다음의 기념비적 논문을 보라. "Thinking Sex: Notes for a Radical Theory of the Politics of Sexuality", *The Lesbian and Gay Studies Reader*, ed. Henry Abelove, Michelle A. Barale, and David M. Halperin, Routledge, 1993, pp.3–44[한국어판:《일탈》, 신혜수 외 3인 옮김, 현실문화, 2015].

42 Carol Queen and Lynn Comella, "The Necessary Revolution: Sex-Positive Feminism in the Post-Barnard Era", *Communication Review* 11, no. 3, 2008, p.278.

43   Andi Zeisler, *We Were Feminists Once: From Riot Grrrl to Covergirl®, the Buying and Selling of a Political Movement*, PublicAffairs, 2016; Alexandra Chasin, *Selling Out: The Gay and Lesbian Movement Goes to Market*, Palgrave, 2000.

44   Gail Dines, *Pornland: How Porn Has Hijacked Our Sexuality*, Beacon, 2010; Julia Long, *Anti-porn: The Resurgence of Anti-pornography Feminism*, Zed, 2012; Robert Jensen, *Getting Off: Pornography and the End of Masculinity*, South End, 2007.

45   Michael Warner, *The Trouble with Normal: Sex, Politics, and the Ethics of Queer Life*, Harvard University Press, 1999, p.4.

1장 | 자위산업

1   Betty Dodson, *My Romantic Love Wars: A Sexual Memoir*, Betty Dodson, 2010, p.177.

2   Betty Dodson, "Remarks", *Women's Sexuality Conference Proceedings*, ed. NOW, now, 1974, p.10. Photocopy on file with author.

3   Lorrien, "Remarks", *Women's Sexuality Conference Proceedings*, p.38.

4   Lorrien, "Remarks", p.38.

5   Laurie Johnson, "Women's Sexuality Conference Ends in School Here", *New York Times*, June 11, 1973; Lindsay Miller, "Women Confer on Sex", *New York Post*, June 11, 1973.

6   Barbara, "Remarks", *Women's Sexuality Conference Proceedings*, p.33.

7   Laura Scharf, "On Planning the Sexuality Conference", *Women's Sexuality Conference Proceedings*, p.36.

8   Dell Williams, "To Explore, Define and Celebrate Our Own Sexuality (Or the Resurrection of Eve)", *Women's Sexuality Conference Proceedings*, p.6.

9   Ruth Rosen, *The World Split Open: How the Modern Women's Movement Changed America*, Penguin, 2006, p.143.

10   Judy Wenning, "Opening Remarks", *Women's Sexuality Conference Proceedings*, p.9.

11   Sigmund Freud, *New Introductory Lectures on Psychoanalysis*, Norton,

1965, p.104[한국어판: 《새로운 정신분석 강의》, 임홍빈·홍혜경 옮김, 열린 책들, 2020].

12　Anne Koedt, "The Myth of the Vaginal Orgasm", *Notes from the Second Year: Women's Liberation*, ed. Shulamith Firestone and Anne Koedt, Radical Feminists, 1970, p.38.

13　Koedt, "The Myth of the Vaginal Orgasm", p.38.

14　Alix Shulman, "Organs and Orgasms", *Woman in Sexist Society: Studies in Power and Powerlessness*, ed. Vivian Gornick and Barbara K. Moran, Mentor, 1971, p.292.

15　Shulman, "Organs and Orgasms", p.291.

16　Alfred C. Kinsey, *Sexual Behavior in the Human Female*, Saunders, 1953.

17　Janice M. Irvine, *Disorders of Desire: Sex and Gender in Modern American Sexology*, Temple University Press, 1990, p.63.

18　Kinsey, *Sexual Behavior*, p.582.

19　Kinsey, *Sexual Behavior*, p.584.

20　Irvine, *Disorders of Desire*, p.59.

21　William H. Masters and Virginia Johnson, *Human Sexual Response*, Little, Brown, 1966, p.45.

22　Rebecca Chalker, *The Clitoral Truth: The Secret World at Your Fingertips*, Seven Stories, 2000, p.14.

23　Joani Blank, "Closing Keynote Plenary", Catalyst Con West, Burbank, California, September 13, 2015.

24　Federation of Feminist Women's Health Centers, *A New View of a Woman's Body: A Fully Illustrated Guide*, Feminist Health, 1991, p.33.

25　Federation of Feminist Women's Health Centers, *A New View of a Woman's Body*, p.46.

26　Ti-Grace Atkinson, "The Institution of Sexual Intercourse", *Notes from the Second Year: Women's Liberation*, ed. Shulamith Firestone and Anne Koedt, Radical Feminists, 1970, pp.42-47.

27　Shulman, "Organs and Orgasms", p.301.

28　Dell Williams, Eve's Garden catalog, 1975. Photocopy on file with author.

29　Dodson, *My Romantic Love Wars*.

30　Betty Dodson, *Liberating Masturbation*, Betty Dodson, 1974, p.2.

31　Betty Dodson, *Sex for One: The Joy of Selfloving*, Three Rivers, 1996, p.19[한국어판: 《네 방에 아마존을 키워라》, 곽라분이 옮김, 현실문화, 2001].

32   Dodson, *Sex for One*, p.22.

33   Betty Dodson, "Having Sex with Machines: The Return of the Electric Vibrator," Betty Dodson's Blog, June 8, 2010, http://dodsonandross. com/blogs/betty-dodson/2010/06/having-sex-machines-return-elec-tric-vibrator.

34   의료인들은 히스테리가 자궁의 장애에서 비롯된다고 믿었다. 그 장애란 자궁이 몸 안을 돌아다니면서 생기는 여러 가지 문제를 말한다. 이 이론의 기원은 수천 년 전 히포크라테스 시절까지 거슬러 올라가며, 미국정신의학회 American Psychiatric Association가 1952년에 그 진단을 폐기할 때까지 유통되었다. 바이브레이터의 역사를 다룬 논의로는 다음을 보라. Rachel Maines, *The Technology of Orgasm: "Hysteria," the Vibrator, and Women's Sexual Satisfaction*, Johns Hopkins University Press, 1999; Hallie Lieberman, "Taboo Technologies: Sex Toys in America since 1850", PhD diss., University of Wisconsin, Madison, 2014.

35   1981년 다운데어 출판사는 *The Relief of Pain and the Treatment of Disease by Vibration: Shelton Electric Vibrator*, Shelton Electric Company, 1917을 재발간했다.

36   Betty Dodson, "Porn Wars", *The Feminist Porn Book: The Politics of Producing Pleasure, ed. Tristan Taormino, Celine Parreñas Shimizu, Constance Penley, and Mireille Miller-Young*, Feminist Press, 2013, p.24.

37   Betty Dodson, telephone interview with author, December 3, 1999.

38   Evans Holt, *A New Look at Masturbation*, Griffon, 1970, p.8.

39   Thomas W. Laqueur, *Solitary Sex: A Cultural History of Masturbation*, Zone, 2003, p.397.

40   Boston Women's Health Book Collective, *Our Bodies, Ourselves: A Course by and for Women*, New England Free Press, 1971, p.13[한국어판: 《우리 몸 우리 자신》, 또문몸살림터 옮김, 또하나의문화, 2005].

41   Toni Ayers, Maggi Rubenstein, and Carolyn Haynes Smith, *Masturbation Techniques for Women/Getting In Touch*, Multimedia Resource Center, 1972.

42   Ayers, Rubenstein, and Smith, *Masturbation Techniques for Women*, p.6.

43   인본주의 성과학을 개괄하는 글로는 다음을 참조하라. Leonore Tiefer,

"Sex Therapy as Humanistic Enterprise", *Sexual and Relationship Therapy* 21, no. 3, 2006, pp.359–375.

44 Irvine, *Disorders of Desire*, pp.106–107.

45 Ayers, Rubenstein, and Smith, *Masturbation Techniques for Women*, p.2.

46 Dodson, *Liberating Masturbation*, p.13.

47 페미니스트 자조 모임과 교육 워크숍에서 나타난 성기의 초상과 자위행위 시범에 대해서는 다음을 보라. Eithne Johnson, "Loving Yourself: The Specular Scene in Sexual Self-Help Advice for Women", *Collecting Visible Evidence*, ed. Jane M. Gaines and Michael Renov, University of Minnesota Press, 1999, pp.216–240.

48 Dodson, interview.

49 Mimi Lobell, "Last Word," n.d. 저자 소유 사진 파일.

50 Dodson, *My Romantic Love Wars*, p.167.

51 Suzie Saliga Vavrek, letter to the editor, *Ms.*, December 1974, p.8.

52 Kay Kling, letter to the editor, *Ms.*, December, 1974, p.8.

53 Susie Bright, telephone interview with author, June 18, 2010.

54 Dodson, *Liberating Masturbation*, p.7.

55 Kathy Davis, *The Making of Our Bodies, Ourselves: How Feminism Travels across Borders*, Duke University Press, 2007, p.2.

56 Dell Williams, interview with author, November 20, 2001.

57 Dell Williams and Lynn Vannucci, *Revolution in the Garden: Memoirs of the Garden Keeper*, Silverback, 2005, p.142.

58 Williams, interview.

59 Katie Monagle, "All about Eve's Garden", *Ms.*, November–December 1995, 54에서 재인용.

60 Williams, interview.

61 Williams, interview.

62 Williams, interview.

63 Williams, interview.

64 Wilhelm Reich, *The Function of the Orgasm: Sex-Economic Problems of Biological Energy*, trans. V. R. Carfagno, Farrar, Straus and Giroux, 1973[한국어판: 《오르가슴의 기능》, 윤수종 옮김, 그린비, 2005].

65 Reich, *The Function of the Orgasm*, p.201.

66 David Allyn, *Make Love, Not War: The Sexual Revolution, An Unfettered History*, Little, Brown, 2000, p.45.

67 Dell Williams, Eve's Garden catalog, 1986. Copy on file with author.

68 Williams, interview.

69 Williams, interview.

70 Alice Echols, *Daring to Be Bad: Radical Feminism in America 1967–1975*, University of Minnesota Press, 1989, p.269[한국어판: 《나쁜 여자 전성시대》, 유강은 옮김, 이매진, 2017].

71 Williams and Vannucci, *Revolution in the Garden*, p.190.

72 Williams, interview.

73 Williams, interview.

74 Herme Shore, "Dell Williams Caters to Woman's Right to Sexuality", *Women's Week*, February 27, 1978, p.10.

75 Williams, interview.

76 Eve's Garden catalog, 1986에서 재인용. 저자 소유 판본 사용.

77 1975년 4월 5일 델 윌리엄스가 고객과 주고받은 서신에서 인용. Customer correspondence to Dell Williams, 5 April 1975, box 5, folder 1, Dell Williams papers, #7676, Division of Rare and Manuscript Collections, Cornell University Library.

78 1980년 4월 8일 윌리엄스가 고객과 주고받은 서신에서 인용. Customer correspondence to Dell Williams, 8 April 1980, box 5, folder 1; customer correspondence, 18 June 1980; customer correspondence, n.d., box 5, folder 2, Dell Williams papers.

79 윌리엄스가 고객과 주고받은 서신에서 인용. Customer correspondence to Dell Williams, n.d., box 5, folder 13 (1985–1989), Dell Williams papers.

80 Customer correspondence to Dell Williams, 21 September 1986, box 5, folder 14, Dell Williams papers.

81 윌리엄스가 고객과 주고받은 서신에서 인용. Customer correspondence to Dell Williams, 25 May 1976, box 5, folder 4, Dell Williams papers.

82 윌리엄스가 고객과 주고받은 서신에서 인용. Customer correspondence to Dell Williams, 28 January 1991, box 5, folder 15, Dell Williams papers.

83 윌리엄스가 고객과 주고받은 서신에서 인용. Customer correspondence to Dell Williams, n.d., box 5, folder 15, Dell Williams papers.

84 윌리엄스가 고객과 주고받은 서신에서 인용. Customer correspondence to Dell Williams, February 1982, box 5, folder 2; correspondence to Dell Williams, n.d., box 5, folder 6; correspondence to Dell Williams,

February 1982, box 5, folder 2, Dell Williams papers.

85 윌리엄스가 고객과 주고받은 서신에서 인용. Customer correspondence to Dell Williams, 1 August 1976; Dell Williams correspondence to customer, n.d., box 5, folder 3, Dell Williams papers.

86 윌리엄스가 고객과 주고받은 서신에서 인용. Customer correspondence to Dell Williams, 5 August 1983, box 5, folder 2, Dell Williams papers.

87 윌리엄스가 고객과 주고받은 서신에서 인용. Customer correspondence to Dell Williams, 23 January 1984, box 5, folder 3; correspondence to Dell Williams, 3 April 1975, box 5, folder 2; correspondence to Dell Williams, 6 November 1975, box 5, folder 2, Dell Williams papers.

88 윌리엄스가 고객과 주고받은 서신에서 인용. Dell Williams correspondence to customer, 11 November 1975, box 5, folder 2, Dell Williams papers.

2장 | 상담소를 벗어나 바이브레이터숍으로

1 미션 디스트릭트를 포함해 샌프란시스코 인근 지역에서 펼쳐진 섹슈얼리티 역사를 자세히 검토하려면 다음을 참조하라. Josh Sides, *Erotic City: Sexual Revolutions and the Making of Modern San Francisco*, Oxford University Press, 2009.

2 Adi Gevins, "She's Bringing You Good Vibrations", *Berkeley Barb*, June 17, 1977.

3 Gevins, "She's Bringing You Good Vibrations."

4 Joani Blank, telephone interview with author, October 20, 1999.

5 Joani Blank, conversation with author, December 9, 2015.

6 Joani Blank, interview with author, November 13, 2013.

7 Joani Blank, "Closing Keynote", Catalyst Con West, Los Angeles, September 13, 2015.

8 Blank, interview, November 13, 2013.

9 바바크와 그곳 직원들은 오르가슴 미경험자 여성을 가리킬 때 "오르가슴을 못 느끼는"이나 "불감증"과 같은 표현보다는 "아직 오르가슴을 경험하지 못한"이라는 표현을 사용했다. 프로그램에 등록한 여성 모두 과정이 끝날 때는 온전히 오르가슴을 느낄 거라고 기대했기 때문이다. 이 치료 클리닉에 대한 설명은 다음 자료를 보라. Lonnie Barbach, *For Yourself: The Fulfillment of Female Sexuality*, Signet, 1975.

10 Joani Blank, telephone interview with author, February 6, 2002.

11 다음 자료에서 재인용. Meika Loe, "Feminism for Sale: Case Study of a Pro-Sex Feminist Business", *Gender and Society* 13, no. 6, 1999, p.711.

12 Blank, interview, February 6, 2002.

13 Blank, interview, February 6, 2002.

14 Joani Blank, *My Playbook for Women about Sex*, Down There Press, 1975, p.7.

15 Joani Blank, *Good Vibrations: The Complete Woman's Guide to Vibrators*, Down There Press, 1976.

16 Blank, *Good Vibrations*, p.4.

17 Blank, *Good Vibrations*, p.9.

18 Blank, *Good Vibrations*, p.18.

19 Cathy Winks, telephone interview with author, June 27, 2002.

20 Susie Bright, telephone interview with author, June 18, 2010.

21 Bright, interview.

22 Bright, interview.

23 Bright, interview.

24 Bright, interview.

25 Susie Bright, *Big Sex Little Death: A Memoir*, Seal, 2011.

26 Bright, interview.

27 안티포르노그래피 페미니스트 조직을 자세히 설명한 문헌으로는 다음을 참조하라. Carolyn Bron-stein, *Battling Pornography: The American Feminist Anti-pornography Movement, 1976–1986*, Cambridge University Press, 2011.

28 Bronstein, *Battling Pornography*, p.285.

29 Bronstein, *Battling Pornography*, p.287.

30 Heather Findlay, "Freud's 'Fetishism' and the Lesbian Dildo Debates", *Feminist Studies* 18, no. 3, 1992, p.563.

31 Sophie Schmuckler, "How I Learned to Stop Worrying and Love My Dildo", *Coming to Power: Writings and Graphics on Lesbian S/M*, ed. Samois, Alyson, 1981, p.102.

32 다음 자료에서 재인용. Jill Nagle, "My Big Fat Dick", *On Our Backs*, June–July 1998, p.29.

33 Debi Sundahl and Nan Kinney, "From the Desk of the Publishers", *On Our Backs*, September–October 1989, 4.

34 다음 문헌을 참조하여 작성했다. Susie Bright, *Susie Sexpert's Lesbian Sex*

World, Cleis, 1990, p.16.

35 Susie Bright, "Toys for Us", *On Our Backs*, summer 1984, p.13.

36 Shar Rednour and Jackie Strano, "Steamy, Hot, and Political: Creating Radical Dyke Porn", in *New Views on Pornography: Sexuality, Politics, and the Law*, ed. Lynn Co-mella and Shira Tarrant, Praeger, 2015, p.176.

37 Bright, interview.

38 Bright, interview.

39 Roma Estevez, interview with author, November 22, 1999.

40 ed. Briarpatch Community, *The Briarpatch Book: Experiences in Right Livelihood and Simple Living*, New Glide, 1978, p.viii.

41 Gary Warne, "Demystifying Business", *The Briarpatch Book*, p.64.

42 Joani Blank, interview with author, July 14, 2008.

43 Winks, interview.

44 Blank, conversation with author, December 9, 2015.

45 Anne Semans, telephone interview with author, June 25, 2002.

46 Winks, interview.

47 Carol Queen, interview with author, June 8, 2002.

3장 | 사명에 살다

1 Carrie Schrader, interview with author, June 21, 2001.

2 Schrader, interview.

3 Schrader, interview.

4 Claire Cavanah, interview with author, August 30, 2001.

5 Cavanah, interview.

6 Cavanah, interview.

7 Rachel Venning, telephone interview with author, March 14, 2002.

8 Cavanah, interview.

9 Schrader, interview.

10 James Twitchell, *Branded Nation: The Marketing of Megachurch, College Inc., and Museumworld*, Simon and Schuster, 2004, p.48.

11 Twitchell, *Branded Nation*, p.4.

12 Marc Gobé, *Emotional Branding: The New Paradigm for Connecting Brands to People*, Allworth, 2001, p.xiv.

13 Gobé, *Emotional Branding*, p.xxiii.

14 Tony Hsieh, *Delivering Happiness: A Path to Profits, Passion, and Purpose*, Grand Central, 2010, p.151.

15 Babeland Employee Handbook, 2001, 5. Copy on file with author.

16 Cavanah, interview.

17 Heather, interview with author, August 1, 2001.

18 Bernd Schmitt, *Experiential Marketing: How to Get Customers to Sense, Feel, Think, Act, and Relate to Your Company and Brands*, Free Press, 1999.

19 Juawana, interview with author, July 1, 2015.

20 Juawana, interview.

21 Juawana, interview.

22 Carrie Schrader, interview with author, November 21, 2001.

23 Rebecca Denk, telephone interview with author, October 12, 2003.

24 Jacq Jones, interview with author, April 12, 2002.

25 Amy Andre, telephone interview with author, July 10, 2008.

26 Andre, interview.

27 여러 면에서 블랭크가 받은 굿바이브레이션스의 감정가는 회사 가치의 일부분에 불과했다. 그 유상 증자 계획에는 월 7퍼센트 복리 이자를 포함해 15년이 넘는 기간에 걸쳐 상환해야 하는 46만 2252달러의 어음이 포함되어 있었다. 법적 서류에 기재된, 초창기 오너 직원의 명단은 다음과 같았다. 리 데이비드슨Leigh Davidson, 로라 밀러Laura Miller, 앤 세먼스, 캐시 윙크스, 에이미 오틴저Amy Ottinger, 아샤 구나발란Asha Gunabalan, 캐럴 퀸, 캐럴라인 스트리터 Caroline Streeter, 데버라 메이어Deborah Mayer, 로마 에스테베스, 스테이시 헤인스Staci Haines, 테리 헤이그.

28 Terri Hague, telephone interview with author, March 28, 2002.

29 Cathy Winks, telephone interview with author, June 27, 2002.

30 Anne Semans, telephone interview with author, June 25, 2002.

31 Winks, interview.

32 Winks, interview.

33 Charlie Glickman, telephone interview with author, November 2, 2007.

34 Semans, interview.

35 Sarah Kennedy, interview with author, June 13, 2002.

36 Isaiah Benjamin, interview with author, June 7, 2002.

37 Matie Fricker, interview with author, June 25, 2008.

38 "Jacq Jones on Her Baltimore Sex- Positive Shop Sugar and Selling

Sex Toys in the Age of the Internet", *Sex Out Loud* Radio with Tristan Taormino on VoiceAmerica, November 14, 2014.

39   Jacq Jones, telephone interview with author, October 11, 2007.

40   Jones, telephone interview.

41   Jones, telephone interview.

4장 | 섹스의 포장을 바꾸다

1   Peter Stallybrass and Allon White, *The Politics and Poetics of Transgression*, Cornell University Press, 1986, p.3.

2   Rita Mae Brown, "The Last Straw", *Class and Feminism*, ed. Charlotte Bunch and Nancy Myron, Diana Press, 1974, p.15.

3   Lisa Henderson, *Love and Money: Queers, Class, and Cultural Production*, New York University Press, 2013, p.5.

4   Claire Cavanah, interview with author, August 30, 2001.

5   Cathy Winks, telephone interview with author, June 27, 2002.

6   Candida Royalle, "What's a Nice Girl Like You…", *The Feminist Porn Book: The Politics of Producing Pleasure*, ed. Tristan Taormino, Celine Parreñas Shimizu, Constance Penley, and Mireille Miller-Young, Feminist Press, 2013, p.62.

7   커뮤니케이션 학자 신디 패튼Cindy Patton의 성적 방언이라는 착상을 빌렸다. 패튼은 성적 수행, 정체성, 그리고 관계망은 섹슈얼한 언어 또는 방언으로 구성된다고 주장했다. 성적 방언은 보편적으로 통용되는 언어가 아닌, 성을 말하고 성적 지식과 의미를 구조화하는 독특한 방식을 소유한 특정 공동체, 하위문화와 밀접하게 연관된 언어다. 이에 대해서는 다음을 참고하라. Cindy Patton, "Safe Sex and the Pornographic Vernacular", *How Do I Look? Queer Film and Video*, ed. Bad Object-Choices, Bay Press, 1991, pp.31–50.

8   Alicia Relles, interview with author, October 25, 2001.

9   Charlie Glickman, interview with author, June 15, 2002.

10   Carol Queen, interview with author, June 8, 2002.

11   Kim Airs, interview with author, August 4, 1999.

12   Queen, interview, emphasis added.

13   Roma Estevez, interview with author, November 7, 1999.

14   Winks, interview.

15 Anne Semans, telephone interview with author, June 25, 2002.

16 Pierre Bourdieu, *Distinction: A Social Critique of the Judgement of Taste*, trans. Richard Nice, Harvard University Press, 1984, p.56.

17 Laura Weide, telephone interview with author, February 2, 2002.

18 See Beverley Skeggs, *Formations of Class and Gender: Becoming Respectable*, Sage, 1997.

19 Jacq Jones, telephone interview with author, October 11, 2007.

20 Ellen Barnard, interview with author, June 25, 2007.

21 Merl Storr, *Latex and Lingerie: Shopping for Pleasure at Ann Summers Parties*, Berg, 2003, p.126.

22 Storr, *Latex and Lingerie*, p.126.

23 Amy Andre, telephone interview with author, July 10, 2008.

24 Aileen Journey, interview with author, October 25, 1998.

25 Searah Deysach, interview with author, June 24, 2007.

26 Jones, interview.

27 Tracy Clark-Flory, "Mixed Vibes from Good Vibrations", *Salon*, April 3, 2006, http://www.salon.com/2006/04/03/goodvibes/.

28 Estevez, interview.

29 Cavanah, interview.

30 Winks, interview.

31 Journey, interview.

32 Cavanah, interview

33 Laura Kipnis, *Bound and Gagged: Pornography and the Politics of Fantasy in America*, Duke University Press, 1999.

34 Kipnis, *Bound and Gagged*, p.130.

35 Candida Royalle, telephone interview with author, November 7, 2001.

36 Royalle, interview.

37 Winks, interview.

38 Juawana, interview with author, July 1, 2015.

39 Brian Caulfield, "New Business Raises 'Adult- Oriented' Issue", *Berkeley Voice*, February 16, 1995.

40 Queen, interview.

41 구획 설정zoning과 그 효과에 대한 논의로는 다음을 보라. Lynn Comella, "Reinventing Times Square: Cultural Value and Images of 'Citizen Disney'", *Critical Cultural Policy Studies: A Reader, ed. Justin Lewis and Toby Miller*, Blackwell, 2003, pp.316-326.

42 Matie Fricker, interview with author, June 26, 2008.

43 다음 글에서 재인용. Christie Chisholm, "Self Serve Created a Community That Celebrates Sexuality", *Albuquerque Business First*, February 14, 2010.

44 Fricker, interview.

5장 | 상품의 정치학

1 Tyler Merriman, interview with author, February 19, 2002.

2 Merriman, interview.

3 Rachel Venning, telephone interview with author, March 14, 2002.

4 Searah Deysach, e-mail to author, December 11, 2012.

5 Searah Deysach, interview with author, June 24, 2007.

6 Searah Deysach, interview with author, April 24, 2015.

7 Joani Blank, conversation with author, December 9, 2015.

8 Anne Semans, telephone interview with author, June 25, 2002.

9 Susie Bright, telephone interview with author, June 18, 2010.

10 Bright, interview.

11 Bright, interview.

12 Roma Estevez, "Good Vibrations", unpublished paper, University of Massachusetts, Amherst, 2000, p.20.

13 Cathy Winks, *The Good Vibrations Guide to Adult Videos*, Down There Press, 1998, p.vii.

14 Carol Queen, "Good Vibrations, Women, and Porn: A History", *New Views on Pornography: Sexuality, Politics, and the Law*, ed. Lynn Comella and Shira Tarrant, Praeger, 2015, p.184.

15 Queen, "Good Vibrations", p.186.

16 Roma Estevez, interview with author, November 7, 1999.

17 Queen, "Good Vibrations", p.187.

18 Queen, "Good Vibrations", p.189.

19 Marilyn Bishara, interview with author, June 5, 2002.

20 Bishara, interview.

21 Cathy Winks, telephone interview with author, June 27, 2002.

22 Marlene Hoeber, telephone interview with author, August 27, 2015.

23 Tristan Taormino, telephone interview with author, December 17,

2015.

24   Bishara, interview.

25   Bright, interview.

26   Metis Black, telephone interview with author, April 1, 2008.

27   Winks, interview.

28   Greg DeLong, interview with author, December 1, 2010.

29   DeLong, interview.

30   Laura Haave, telephone interview with author, November 20, 2013.

31   Haave, interview.

32   Jennifer Pritchett, interview with author, September 16, 2012.

33   Nils H. Nilsson, Bjørn Malmgren-Hansen, Nils Bernth, Eva Pedersen, and Kirsten Pommer, "Survey and Health Assessment of Chemical Substances in Sex Toys", Danish Ministry of the Environment, 2006.

34   Pritchett, interview.

35   Alliyah Mirza, telephone interview with author, August 22, 2010.

36   Ellen Barnard, interview with author, June 25, 2007.

37   Metis Black, telephone interview with author, August 22, 2010.

38   Carol Queen, e-mail to author, August 23, 2010.

39   Mirza, interview.

40   Queen, e-mail.

41   Pritchett, interview.

6장 | 섹스퍼트 그리고 섹스 토크

1   Molly Adler, interview with author, June 25, 2008.

2   Michelle Fine, "Sexuality, Schooling, and Adolescent Females: The Missing Discourse of Desire", *Harvard Education Review* 58, no. 1, 1988, pp.29–53.

3   Fine, "Sexuality, Schooling, and Adolescent Females", p.33.

4   Fine, "Sexuality, Schooling, and Adolescent Females", p.35.

5   Amy T. Schalet et al., "Invited Commentary: Broadening the Evidence for Adolescent Sexual and Reproductive Health and Education in the United States", *Journal of Youth and Adolescence* 43, 2014, p.1596.

6   Douglas B. Kirby, "The Impact of Abstinence and Comprehensive Sex and StD/HIv Education Programs on Adolescent Sexual Behavior",

Sexuality Research and Social Policy 5, no. 3, 2008, pp.18-27.

7   관련 연구는 10대 소년의 이성애적 행동은 찬양하면서 10대 소녀의 성적 경험은 낙인화하는 성적 이중 잣대가 소녀들에게 해악을 끼칠 수 있음을 시사한다. 그러한 이중잣대는 성적 접촉이 일어날 때 그들의 협상 능력을 감소시키고, 소녀들이 자신의 성적 욕망은 남자 상대의 욕망보다 덜 중요하다고 믿도록 만든다. 젠더 이데올로기는 소년에게도 해로운데, 소년에게 그들은 자신의 성적 충동과 기량으로 정의된다고 말하기 때문이다.

8   이 주제에 대해서는 다음을 참고하라. Victor C. Strasburger and Sarah S. Brown, "Sex Education in the 21st Century", *Journal of the American Medical Association* 312, no. 2, 2014, pp.125-126.

9   Debby Herbenick and Michael Reece, "Sex Education in Adult Retail Stores", *American Journal of Sexuality Education* 2, no. 1, 2006, pp.57-75.

10 Herbenick and Reece, "Sex Education in Adult Retail Stores", p.70

11 Metis Black, "Bridging Sex Education and Adult Retail", *American Journal of Sexuality Education* 7, no. 4, 2012, p.482.

12 캐럴 퀸의 다음 글은 섹스퍼트, 전문가, 그리고 성 연구자sexologist의 차이에 관한 유용한 논의를 제공한다. Carol Queen, "Sexperts, Experts and Sexologists… Oh My", *Adult Video News*, October 1, 2009, http://business.avn.com/articles/novelty/Sexperts-Experts-and-Sexologists-Oh-My-368942.html.

13 Jamye Waxman, "The New Sex Educators", *Adult Video News*, May 5, 2008, http://business.avn.com/articles/novelty/The-New-Sex-Educators-52605.html.

14 Susie Bright, telephone interview with author, June 18, 2010.

15 Joani Blank, interview with author, June 12, 2002.

16 Susie Bright, e-mail to author, June 15, 2015.

17 Lizz Randall, interview with author, February 22, 2002.

18 Tristan Taormino, telephone interview with author, November 2, 1999.

19 Alicia Relles, interview with author, October 25, 2001.

20 Ellen Barnard, interview with author, June 25, 2007.

21 Claire Cavanah, interview with author, August 30, 2001.

22 Janell Davis, telephone interview with author, November 9, 2001.

23 Carol Queen, "Continuing Education"(draft for Good Vibrations newsletter), n. d. Photocopy on file with author.

24 Queen, "Continuing Education".

25 Queen, "Continuing Education".

26 Roma Estevez, interview with author, November 7, 1999.

27 Carol Queen, "Memo to Staff", December 1, 1993. Photocopy on file with author.

28 다음 책에 실린 퀸의 글은 섹스 포지티비티는 무엇이고 섹스 포지티비티가 아닌 것은 무엇인지 상세하게 논의한다. *The Sex and Pleasure Book: Good Vibrations Guide to Great Sex for Every-one*, Barnaby, 2015, pp.29–31.

29 Claire Cavanah, "Sex Toys 101", lecture, Bluestockings, New York City, September 7, 2001.

30 Blank, interview.

31 Rachel Venning, telephone interview with author, March 14, 2002.

32 Cavanah, interview.

33 Randall, interview.

34 Venning, interview.

35 Carol Queen and Lynn Comella, "The Necessary Revolution: Sex-Positive Feminism in the Post- Barnard Era", *Communication Review* 11, no. 3, 2008, p.287.

36 Carol Queen, interview with author, June 8, 2002.

37 Christine Rinki, interview with author, October 16, 2001.

38 Isaiah Benjamin, interview with author, June 7, 2002.

39 Michel Foucault, *The History of Sexuality*, vol. 1: An Introduction, Vintage, 1978, p.18.

40 Searah Deysach, interview with author, June 24, 2007.

41 Blank, interview.

42 Charlie Glickman, interview with author, June 15, 2002.

43 Randall, interview.

44 Davis, interview.

45 Amy Andre, telephone interview with author, July 10, 2008.

46 Andre, interview.

47 Andre, interview.

48 John Stagliano and Ernest Greene, dirs., *The Ultimate Guide to Anal Sex for Women*, Evil Angel Video, 1999, DVD.

49 Tristan Taormino, *Down and Dirty Sex Secrets*, Ragan, 2001, p.1.

50 Taormino, *Down and Dirty Sex Secrets*, p.3.

51 Robert Eberwein, *Sex Ed: Film, Video, and the Framework of Desire*,

Rutgers University Press, 1999.

52 Taormino, interview.

53 Shar Rednour and Jackie Strano, dirs., *Bend Over Boyfriend*, Fatale Video, 1998, DVD.

54 Jackie Strano, interview with author, June 7, 2002.

55 Shar Rednour and Jackie Strano, "Steamy, Hot, and Political: Creating Radical Dyke Porn", in *New Views on Pornography: Sexuality, Politics, and the Law*, ed. Lynn Comella and Shira Tarrant, Praeger, 2015, p.169.

56 Shar Rednour, interview with author, June 7, 2002.

57 Rednour and Strano, "Steamy, Hot, and Political", p.169.

58 Rednour and Strano, "Steamy, Hot, and Political", p.170.

7장 | 정체성을 팝니다

1 베이브랜드가 받은 고객 편지. 1999년 12월. 미처리 문서. 2002년 2월에 베이브랜드 시애틀점에서 열람.

2 Himani Bannerji, *Thinking Through: Essays on Feminism, Marxism and Anti-racism*, Women's Press, 1995, p.17.

3 Dell Williams and Lynn Vannucci, *Revolution in the Garden: Memoirs of the Garden Keeper*, Silverback, 2005, p.203.

4 Dell Williams, interview with author, November 28, 2001.

5 Alice Echols, *Daring to Be Bad: Radical Feminism in America 1967–1975*, University of Minnesota Press, 1989, p.245.

6 Norma Alarcón, "The Theoretical Subject(s) of This Bridge Called My Back and Anglo-American Feminism", *Making Face, Making Soul: Haciendo Caras*, ed. G. Anzaldúa, Aunt Lute, 1990, p.360.

7 Janell Davis, telephone interview with author, November 9, 2001.

8 Amy Andre, telephone interview with author, July 10, 2008.

9 Nenna Joiner, interview with author, July 14, 2008.

10 Nenna Joiner, interview with author, September 16, 2011.

11 Nenna Joiner, *Never Let the Odds Stop You*, Nenna Feelmore, 2015, p.4.

12 Joiner, interview, September 16, 2011.

13 Nenna Joiner, telephone interview with author, October 11, 2015.

14 Joiner, interview, October 11, 2015.

15 Joiner, interview, September 16, 2011.

16 Babeland Roundtable, group interview with author, November 23, 2002.

17 Babeland Roundtable, interview.

18 Babeland Roundtable, interview.

19 Paula Gilovich, interview with author, February 19, 2002.

20 Davis, interview.

21 Lizz Randall, interview with author, February 22, 2002.

22 Randall, interview.

23 Felice Shays, interview with author, November 27, 2001.

24 Archer Parr, interview with author, June 7, 2002.

25 Babeland Roundtable, interview.

26 Searah Deysach, interview with author, April 24, 2015.

27 Molly Adler, interview with author, June 25, 2008.

28 Adler, interview.

29 Adler, interview.

30 Rachel Venning, telephone interview with author, March 14, 2002.

31 Kim Airs, interview with author, August 4, 1999.

32 Robert Lawrence, telephone interview with author, August 25, 2015.

33 Carol Queen, interview with author, June 8, 2002.

34 Queen, interview.

35 Babeland Roundtable, interview.

36 Babeland Roundtable, interview.

37 Terri Hague, telephone interview with author, March 28, 2002.

38 Charlie Glickman, interview with author, June 15, 2002.

39 Thomas Roche, interview with author, June 17, 2002.

40 Davis, interview.

41 Laura Haave, telephone interview with author, November 20, 2013.

42 Ellen Barnard, interview with author, June 25, 2007.

43 Barnard, interview.

44 Queen, interview.

45 Roma Estevez, interview with author, November 22, 1999.

46 Estevez, interview.

47 Babeland Roundtable, interview.

48 Claire Cavanah, interview with author, August 30, 2001.

49 Glickman, interview.

50 Coyote Days, interview with author, March 18, 2008.

51 Dena Hankins, interview with author, June 10, 2002.

52 Tristan Taormino, "The Queer Heterosexual", *Village Voice*, May 6, 2003, http://www.villagevoice.com/news/the-queer-heterosexual-6410490.

53 Jacq Jones, interview with author, April 12, 2002.

54 Jones, interview.

55 Laura Weide, interview with author, June 11, 2002.

56 Tristan Taormino, "Dyke Porn Moguls Shar Rednour and Jackie Strano", *On Our Backs*, June–July 2000, p.31에서 재인용.

57 Taormino, "Dyke Porn Moguls", p.31에서 재인용.

58 Taormino, "Dyke Porn Moguls", p.31에서 재인용, 강조는 필자.

59 Dana Clark, interview with author, August 24, 2001.

60 Adler, interview.

61 Deysach, interview with author, June 24, 2007.

62 Isaiah Benjamin, interview with author, June 7, 2002.

63 Weide, interview.

64 Shays, interview.

65 Samuel R. Delany, *Times Square Red, Times Square Blue*, New York University Press, 1999, p.123.

66 Delany, *Times Square Red*, p.128.

8장 | 이윤과 사회변혁

1 Claire Cavanah, interview with author, August 30, 2001.

2 Annie Michelson, telephone interview with author, February 25, 2002.

3 Alicia Relles, interview with author, October 25, 2001.

4 Dell Williams, interview with author, November 20, 2001.

5 "A New Breed of Entrepreneur", Ms., January 1984에서 재인용.

6 Williams, interview.

7 Joani Blank, telephone interview with author, February 6, 2002.

8 Anne Semans, telephone interview with author, June 25, 2002.

9 Cathy Winks, telephone interview with author, June 27, 2002.

10 Semans, interview.

11 Winks, interview.

12 Semans, interview.

13 Terri Hague, telephone interview with author, March 28, 2002.

14 Ziadee Whiptail, telephone interview with author, March 29, 2002.

15 Hague, interview.

16 Ben Doyle, interview with author, June 17, 2002.

17 Carrie Schrader, interview with author, June 21, 2001.

18 Joani Blank, interview with author, June 12, 2002.

19 Skoll World Forum, "The Rise of Social Entrepreneurship Suggests a Possible Future for Global Capitalism", *Forbes*, May 2, 2013.

20 Mee-Hyoe Koo, "Interview with Bill Drayton, Pioneer of Social Entrepreneurship", *Forbes*, September 30, 2013.

21 J. Gregory Dees, "The Meaning of Social Entrepreneurship", Duke Innovation and Entrepreneurship, October 31, 1998, https://entrepreneurship.duke.edu/news-item/the-meaning-of-social-entrepreneurship/.

22 Dees, "The Meaning of Social Entrepreneurship", p.5.

23 Laura Haave, telephone interview with author, November 20, 2013.

24 Hague, interview.

25 Christine Rinki, interview with author, October 16, 2001.

26 Cavanah, interview.

27 Searah Deysach, interview with author, June 24, 2007.

28 Cavanah, interview.

29 Rachel Venning, telephone interview with author, March 14, 2002.

30 Venning, interview.

31 Brooke William and Hannah Darby, "God, Mom, and Apple Pie: 'Feminist' Businesses as an Extension of the American Dream", *off our backs*, February 28, 1976; on the debate, Jennifer Woodhul, "What's This about Feminist Businesses?", *Feminist Frameworks: Alternative Theoretical Accounts of the Relationships between Women and Men*, ed. A. M. Jaggar and P. Rothenberg, McGraw-Hill, 1978, pp.196–204.

32 Felice Shays, interview with author, November 27, 2001.

33 Tyler Merriman, interview with author, February 19, 2002.

34 Venning, interview.

35 Hague, interview.

36 Tristan Taormino, telephone interview with author, November 2, 1999.

37 Jacq Jones, interview with author, April 12, 2002.

38 Lori D. Ginzberg, *Women and the Work of Benevolence: Morality, Politics, and Class in the Nineteenth-Century United States*, Yale University Press, 1990, p.34.

39 Ginzberg, *Women and the Work of Benevolence*, p.13.

40 Ginzberg, *Women and the Work of Benevolence*, p.42.

41 Deysach, interview.

42 Jones, interview.

43 Roma Estevez, interview with author, November 7, 1999.

44 Brandie Taylor, interview with author, February 21, 2002.

45 Winks, interview.

46 Estevez, interview.

47 Winks, interview.

48 Venning, interview.

49 Kathy Peiss, "American Women and the Making of Modern Consumer Culture", *Journal for MultiMedia History* 1, no. 1, fall 1998.

50 David Chaney, "The Department Store as a Cultural Form", *Theory, Culture and Society* 1, no. 3, 1983, p.22.

51 Laura Weide, interview with author, June 11, 2002.

52 Cavanah, interview.

53 광고 내용은 다음과 같았다. "여성 소유 섹스토이숍 (베이브랜드)에서 총괄 관리자를 찾습니다. 온 마음과 정성을 쏟아야 하는 일입니다. 회사의 가치와 사명을 지키며 서로 먼 두 지점과 온라인 상거래 사이트의 사업 계획 수립, 경영 관리 및 수익성 있는 운영에 책임져야 합니다. 기본적인 직무는 수입 및 수익 목표를 달성하는 동시에 직원에게 우호적인 근무 환경을 조성하는 것입니다. CFO와 걸스카우트 지도자의 역할이 합쳐진 역할이라 할 수 있습니다. 6인 혹은 그 이상의 관리자급 직원과 그 외 30명이 넘는 직원 일동을 이끌고 격려하는 능력이 필수입니다."

54 Venning, interview.

55 Cavanah, interview.

56 Merriman, interview.

57 Rebecca Denk, telephone interview with author, October 12, 2003.

58 Denk, interview.

59 Taylor, interview.

60 Whiptail, interview.

에필로그: 성장 아니면 죽음?

1   Ilana DeBare, "Competition Has Shaken Good Vibrations", *San Francisco Chronicle*, September 7, 2007.

2   Heather Cassell, "Good Vibrations Announces Merger", *Bay Area Reporter*, October 4, 2007에서 재인용.

3   Searah Deysach, e-mail to author, October 2, 2007.

4   Searah Deysach, interview with author, June 24, 2007.

5   Ziadee Whiptail, telephone interview with author, March 29, 2002.

6   Ellen Barnard, interview with author, June 25, 2007.

7   Deysach, interview, June 24, 2007.

8   Matie Fricker, telephone interview with author, December 18, 2015.

9   Fricker, interview, December 18, 2015.

10   Fricker, interview, December 18, 2015. Other PPC stores include Good for Her, Nomia, Oh My, She Bop, and the Tool Shed.

11   Lena Solow, telephone interview with author, July 8, 2016.

12   Rachel Venning, telephone interview with author, July 19, 2016.

13   Kim Airs, personal correspondence with author, July 18, 2016.

14   Matie Fricker, telephone interview with author, July 7, 2016.

15   Bell Hooks, *Feminism Is for Everybody: Passionate Politics*, South End, 2000.

16   Venning, interview.

17   Solow, interview.

18   Joel Kaminsky, interview with author, November 14, 2013.

19   Kaminsky, interview.

20   Amy Luna, "Good Vibes Has Gone from Progressive to Regressive," Yelp review, March 31, 2014.

21   Luna, "Good Vibes".

22   Violet Blue, "Phil Bronstein on Good Vibrations: Not for Women Anymore?", Tiny Nibbles (blog), August 17, 2009, http://www.tinynibbles.com/blogarchives/2009/08/phil-bronstein-on-good-vibrations-not-for-women-anymore.html.

23   Joani Blank, conversation with author, December 10, 2015.

24   Hallie Lieberman, "If You Mold It, They Will Come", *Bitch*, summer 2015, pp.20–22.

25   Tom Major, "Melbourne's RMIT University Runs a Design Course on

How to Make Sex Toys", *Sydney Morning Herald*, January 22, 2016.

26 Bianca London, "Is This Fifty Shades Too Far? New Book-Themed Collection of Sex Toys Aimed at the Frustrated Housewives of Middle England", *Mail Online*, October 2, 2012.

27 이른바 포르노적 마케팅이라 불리는 홍보 전략과 더 여성친화적인 접근 방식을 비교한 흥미로운 논의로 다음 글을 참고할 수 있다. Shelly Ronen, "Properly Selling the Improper", *Thresholds* 44, 2016, p.122.

28 Greg DeLong, interview with author, April 8, 2008.

29 Metis Black, e-mail to author, December 17, 2015.

30 Black, e-mail.

31 Candida Royalle interview, 2008, YouTube video, https://www.youtube.com/watch?v=lpVBgk_EJrw.

32 Rachel Venning, e-mail to author, January 24, 2008.

33 Brooke William and Hannah Darby, "God, Mom, and Apple Pie: 'Feminist' Businesses as an Extension of the American Dream," *off our backs*, February 28, 1976.

34 Venning, e-mail.

35 Jacq Jones, e-mail to author, January 24, 2008.

36 Jacq Jones, e-mail to author, December 17, 2015.

37 Amber, telephone interview with author, December 29, 2015.

38 Amber, interview.

부록: 성문화 및 성산업 연구

1 Paul du Gay, *Production of Culture/Cultures of Production*, Sage, 1997, p.1.

2 Georgina Voss, "'Treating It as a Normal Business': Researching the Pornography Industry", *Sexualities* 15, no.3-4, 2012, pp.391-410; Lynn Comella and Katherine Sender, "Doing It: Methodological Challenges of Communication Research on Sexuality", *International Journal of Communication* 7, 2013, pp.2560-2574; Lynn Comella, "Studying Porn Cultures", *Porn Studies* 1, no.1-2, 2014, pp.64-70.

3 Voss, "'Treating It as a Normal Business'", p.404.

4 George Marcus, "Ethnography in/of the World System: The Emergence of Multisited Ethnography", *Annual Review of Anthropology* 24,

1995, p.97.

5   Michael Burawoy, "The Extended Case Method", *Ethnography Unbound: Power and Resistance in the Modern Metropolis*, University of California Press, pp.271–300.

6   Burawoy, "The Extended Case Method", p.278.

7   Barbara Tedlock, "From Participant Observation to the Observation of Participation: The Emergence of Narrative Ethnography", *Journal of Anthropological Research* 47, 1991, p.69.

Alarcón, Norma. "The Theoretical Subject(s) of *This Bridge Called My Back* and Anglo-American Feminism." In *Making Face, Making Soul: Haciendo Caras*, edited by Gloria Anzaldúa, pp.356-369. San Francisco: Aunt Lute, 1990.

Allyn, David. *Make Love, Not War: The Sexual Revolution, An Unfettered History.* Boston: Little, Brown, 2000.

Atkinson, Ti-Grace. "The Institution of Sexual Intercourse." In *Notes from the Second Year: Women's Liberation*, edited by Shulamith Firestone and Anne Koedt, pp.42-47. New York: Radical Feminists, 1970.

Attwood, Feona. "Fashion and Passion: Marketing Sex to Women." *Sexualities* 8, no. 4, 2005, pp.392-406.

Ayers, Toni, Maggi Rubenstein, and Carolyn Haynes Smith. *Masturbation Techniques for Women/Getting in Touch.* San Francisco: Multimedia Resource Center, 1972.

Bannerji, Himani. *Thinking Through: Essays on Feminism, Marxism and Anti-racism.* Toronto: Women's Press, 1995.

Barbach, Lonnie. *For Yourself: The Fulfillment of Female Sexuality.* New York: Signet, 1975.

Benson, Susan Porter. *Counter Cultures: Saleswomen, Managers, and Cus-*

tomers in American Department Stores 1890–1940. Urbana: University of Illinois Press, 1993.

Black, Metis. "Bridging Sex Education and Adult Retail." *American Journal of Sexuality Education* 7, no. 4, 2012, pp.480–482.

Blank, Joani. "Good Business Vibrations." In *The Woman-Centered Economy: Ideals, Reality, and the Space in Between*, edited by Loraine Edwalds and Midge Stocker, pp.205–208. Chicago: Third Side Press, 1995.

Blank, Joani. "Good, Good, Good, Good Vibrations." In *That Takes Ovaries! Bold Females and Their Brazen Acts*, edited by Rivka Solomon, pp.82–85. New York: Three Rivers, 2002.

Blank, Joani. *Good Vibrations: The Complete Woman's Guide to Vibrators*. Burlingame, CA: Down There Press, 1976.

Blank, Joani. *The Playbook for Women about Sex*. Burlingame, CA: Down There Press, 1975.

Boston Women's Health Book Collective. *Our Bodies, Ourselves: A Course by and for Women*. Boston: New England Free Press, 1971.

Bourdieu, Pierre. *Distinction: A Social Critique of the Judgement of Taste*. Translated by Richard Nice. Cambridge, MA: Harvard University Press, 1984.

Brents, Barb G., Crystal A. Jackson, and Kate Hausbeck. *The State of Sex: Tourism, Sex, and Sin in the New American Heartland*. New York: Routledge, 2010.

Bright, Susie. *Big Sex Little Death: A Memoir*. Berkeley: Seal, 2011.

Bright, Susie. *Susie Sexpert's Lesbian Sex World*. Pittsburgh: Cleis, 1990.

Bronstein, Carolyn. *Battling Pornography: The American Feminist Anti-pornography Movement, 1976–1986*. Cambridge: Cambridge University Press, 2011.

Brown, Rita Mae. "The Last Straw." In *Class and Feminism*, edited by Charlotte Bunch and Nancy Myron, pp.14–23. Baltimore, MD: Diana, 1974.

Burawoy, Michael, et al. *Ethnography Unbound: Power and Resistance in the Modern Metropolis*. Berkeley: University of California Press, 1991.

Chalker, Rebecca. *The Clitoral Truth: The Secret World at Your Fingertips*. New York: Seven Stories, 2000.

Chaney, David. "The Department Store as a Cultural Form." *Theory, Culture and Society* 1, no. 3, 1983, pp.22–31.

Chasin, Alexandra. *Selling Out: The Gay and Lesbian Movement Goes to*

Market. Basingstoke, U.K.: Palgrave, 2000.

Chazan, Alana. "Good Vibrations: Liberating Sexuality from the Commercial Regulation of Sexual Devices." *Texas Journal of Women and Law* 18, 2009, pp.263–305.

Comella, Lynn. "Fifty Shades of Erotic Stimulation." *Feminist Media Studies* 13, no. 3, 2013, pp.563–566.

Comella, Lynn. "Re-inventing Times Square: Cultural Value and Images of 'Citizen Disney.'" In *Critical Cultural Policy Studies: A Reader*, edited by Justin Lewis and Toby Miller, pp.316–326. Malden, MA: Blackwell, 2003.

Comella, Lynn. "(Safe) *Sex and the City*: On Vibrators, Masturbation, and the Myth of 'Real' Sex." *Feminist Media Studies* 3, no. 1, 2003, pp.107–110.

Comella, Lynn. "Studying Porn Cultures." *Porn Studies* 1, no. 1–2, 2014, pp.64–70.

Comella, Lynn, and Katherine Sender. "Doing It: Methodological Challenges of Communication Research on Sexuality." *International Journal of Communication* 7, 2013, pp.2560–2574.

Comella, Lynn, and Shira Tarrant, eds. *New Views on Pornography: Sexuality, Politics, and the Law.* Santa Barbara, CA: Praeger, 2015.

Commission on Obscenity and Pornography. *The Report of the Commission on Obscenity and Pornography.* New York: Bantam, 1970.

Davila, Arlene. *Latinos, Inc.: The Marketing and Making of a People.* Berkeley: University of California Press, 2001.

Davis, Kathy. *The Making of Our Bodies, Ourselves: How Feminism Travels across Borders.* Durham, NC: Duke University Press, 2007.

Delany, Samuel R. *Times Square Red, Times Square Blue.* New York: New York University Press, 1999.

D'Emilio, John, and Estelle Freedman. *Intimate Matters: A History of Sexuality in America.* Chicago: University of Chicago Press, 1997.

Dines, Gail. *Pornland: How Porn Has Hijacked Our Sexuality.* Boston: Beacon, 2010.

Dodson, Betty. *Liberating Masturbation: A Meditation on Self Love.* New York: Betty Dodson, 1974.

Dodson, Betty. *My Romantic Love Wars: A Sexual Memoir.* New York: Betty Dodson, 2010. PDF e-book.

Dodson, Betty. "Porn Wars." In *The Feminist Porn Book: The Politics of Pro-*

ducing Pleasure, edited by Tristan Taormino, Celine Parreñas Shimizu, Constance Penley, and Mireille Miller-Young, pp.23–31. New York: The Feminist Press, 2013.

Dodson, Betty. *Sex for One: The Joy of Selfloving*. New York: Three Rivers, 1996.

du Gay, Paul. *Production of Culture/Cultures of Production*. London: Sage, 1997.

Duggan, Lisa, and Nan Hunter. *Sex Wars: Sexual Dissent and Political Culture*. New York: Routledge, 1995.

Eberwein, Robert. *Sex Ed: Film, Video, and the Framework of Desire*. New Brunswick, NJ: Rutgers University Press, 1999.

Echols, Alice. *Daring to Be Bad: Radical Feminism in America 1967–1975*. Minneapolis: University of Minnesota Press, 1989.

Edwalds, Loraine, and Midge Stocker, eds. *The Woman-Centered Economy: Ideals, Reality and the Space in Between*. Chicago: Third Side, 1995.

Ehrenreich, Barbara. *The Hearts of Men: American Dreams and the Flight from Commitment*. New York: Anchor, 1983.

Ehrenreich, Barbara, Elizabeth Hess, and Gloria Jacobs. *Re-making Love: The Feminization of Sex*. Garden City, NY: Anchor Press/Doubleday, 1986.

Evans, Sara. *Personal Politics: The Roots of Women's Liberation in the Civil Rights Movement and the New Left*. New York: Vintage, 1979.

Faderman, Lillian. *Odd Girls and Twilight Lovers: A History of Lesbian Life in Twentieth-Century America*. New York: Penguin, 1991.

Farrell, Amy Erdman. *Yours in Sisterhood: Ms. Magazine and the Promise of Popular Feminism*. Chapel Hill: University of North Carolina Press, 1998.

Federation of Feminist Women's Health Centers. *A New View of a Woman's Body: A Fully Illustrated Guide*. West Hollywood, CA: Feminist Health, 1991.

Feelmore, Nenna. *Never Let the Odds Stop You*. Oakland, CA: Nenna Feelmore, 2015.

Findlay, Heather. "Freud's 'Fetishism' and the Lesbian Dildo Debates." *Feminist Studies* 18, no. 3, 1992, pp.563–579.

Fine, Michelle. "Sexuality, Schooling, and Adolescent Females: The Missing Discourse of Desire." *Harvard Education Review* 58, no. 1, 1988, pp.29–53.

Foucault, Michel. *The History of Sexuality*, vol. 1. New York: Vintage, 1978.

Frank, Katherine. *G-Strings and Sympathy: Strip Club Regulars and Male Desire*. Durham, NC: Duke University Press, 2002.

Freud, Sigmund. *New Introductory Lectures on Psychoanalysis*. Translated by J. Strachey. New York: Norton, 1965.

Friedan, Betty. *The Feminine Mystique*. New York: Norton, 2001 (1963).

Ginzberg, Lori D. *Women and the Work of Benevolence: Morality, Politics, and Class in the Nineteenth-Century United States*. New Haven, CT: Yale University Press, 1990.

Gobé, Marc. *Emotional Branding: The New Paradigm for Connecting Brands to People*. New York: Allworth, 2001.

Hardy, Kate, Sarah Kingston, and Teela Sanders, eds. *New Sociologies of Sex Work*. Farnham, U.K.: Ashgate, 2010.

Henderson, Lisa. *Love and Money: Queers, Class, and Cultural Production*. New York: New York University Press, 2013.

Herbenick, Debby, and Michael Reece. "Sex Education in Adult Retail Stores." *American Journal of Sexuality Education* 2, no. 1, 2006, pp.57–75.

Herbenick, Debby, Michael Reece, Stephanie A. Sanders, Brian Dodge, Annahita Ghassemi, and J. Dennis Fortenberry. "Prevalence and Characteristics of Vibrator Use by Women in the United States: Results from a Nationally Representative Study." *Journal of Sexual Medicine* 6, 2009, pp.1857–1866.

Herbenick, Debby, Michael Reece, Stephanie A. Sanders, Brian Dodge, Annahita Ghassemi, and J. Dennis Fortenberry. "Women's Vibrator Use in Sexual Partnerships: Results From a Nationally Representative Survey in the United States." *Journal of Sex and Marital Therapy* 36, no. 1, 2010, pp.49–65.

Holt, Evans. *A New Look at Masturbation*. Las Vegas: Griffon, 1970.

Hooks, Bell. *Feminism Is for Everybody: Passionate Politics*. Cambridge, MA: South End, 2000.

Hsieh, Tony. *Delivering Happiness: A Path to Profits, Passion, and Purpose*. New York: Grand Central, 2010.

Irvine, Janice M. *Disorders of Desire: Sex and Gender in Modern American Sexology*. Philadelphia: Temple University Press, 1990.

Jensen, Robert. *Getting Off: Pornography and the End of Masculinity*. Cambridge, MA: South End, 2007.

Johnson, Eithne. "Loving Yourself: The Specular Scene in Sexual Self-Help Advice for Women." In *Collecting Visible Evidence*, edited by Jane M. Gaines and Michael Renov, pp.216–240. Minneapolis: University of Minnesota Press, 1999.

Juffer, Jane. *At Home with Pornography: Women, Sex, and Everyday Life.* New York: New York University Press, 1998.

Kinsey, Alfred C. *Sexual Behavior in the Human Female.* Philadelphia: Saunders, 1953.

Kipnis, Laura. *Bound and Gagged: Pornography and the Politics of Fantasy in America.* Durham, NC: Duke University Press, 1999.

Kirby, Douglas B. "The Impact of Abstinence and Comprehensive Sex and STD/HIV Education Programs on Adolescent Sexual Behavior." *Sexuality Research and Social Policy* 5, no. 3, 2008, pp.18–27.

Koedt, Anne. "The Myth of the Vaginal Orgasm." In *Notes from the Second Year: Women's Liberation*, edited by Shulamith Firestone and Anne Koedt, pp.37–41. New York: Radical Feminists, 1970.

Laqueur, Thomas W. *Solitary Sex: A Cultural History of Masturbation.* New York: Zone, 2003.

Leach, William. *Land of Desire: Merchants, Power, and the Rise of a New American Culture.* New York: Pantheon, 1993.

Loe, Meika. "Feminism for Sale: Case Study of a Pro-Sex Feminist Business." *Gender and Society* 13, no. 6, 1999, pp.705–732.

Long, Julia. *Anti-porn: The Resurgence of Anti-pornography Feminism.* London: Zed, 2012.

Maines, Rachel. @*The Technology of Orgasm: "Hysteria," the Vibrator, and Women's Sexual Satisfaction.* Baltimore, MD: Johns Hopkins University Press, 1999.

Marcus, George E. "Ethnography in/of the World System: The Emergence of Multisited Ethnography." *Annual Review of Anthropology* 24, 1995, pp.95–117.

Masters, William H., and Virginia Johnson. *Human Sexual Response.* Boston: Little, Brown, 1966.

May, Elaine Tyler. *America and the Pill: A History of Promise, Peril, and Liberation.* New York: Basic Books, 2010.

Miller-Young, Mireille. *A Taste for Brown Sugar: Black Women in Pornogra-*

phy. Durham, NC: Duke University Press, 2014.

Mukherjee, Roopali, and Sarah Banet-Weiser, eds. *Commodity Activism: Cultural Resistance in Neoliberal Times*. New York: New York University Press, 2012.

Nilsson, Nils H., Bjørn Malmgren-Hansen, Nils Bernth, Eva Pedersen, and Kirsten Pommer. "Survey and Health Assessment of Chemical Substances in Sex Toys." Danish Ministry of the Environment, 2005.

Patton, Cindy. "Safe Sex and the Pornographic Vernacular." In *How Do I Look? Queer Film and Video*, edited by Bad Object-Choices, pp.31–50. Seattle: Bay Press, 1991.

Peiss, Kathy. "American Women and the Making of Modern Consumer Culture." *Journal for MultiMedia History* 1, no. 1, fall 1998, http://www.albany.edu/jmmh/vol1no1/peiss-text.html.

Peiss, Kathy. *Hope in a Jar: The Making of America's Beauty Culture*. New York: Metropolitan, 1998.

Queen, Carol. "Good Vibrations, Women, and Porn: A History." In *New Views on Pornography: Sexuality, Politics, and the Law*, edited by Lynn Comella and Shira Tarrant, pp.179–190. Santa Barbara, CA: Praeger, 2015.

Queen, Carol, and Lynn Comella. "The Necessary Revolution: Sex-Positive Feminism in the Post-Barnard Era." *Communication Review* 11, no. 3, 2008, pp.274–291.

Queen, Carol, and Shar Rednour. *The Sex and Pleasure Book: Good Vibrations Guide to Great Sex for Everyone*. Concord, CA: Barnaby, 2015.

Rednour, Shar, and Jackie Strano. "Steamy, Hot, and Political: Creating Radical Dyke Porn." In *New Views on Pornography: Sexuality, Politics, and the Law*, edited by Lynn Comella and Shira Tarrant, pp.165–177. Santa Barbara, CA: Praeger, 2015.

Reece, Michael, Debby Herbenick, and Catherine Sherwood-Puzzello. "Sexual Health Promotion and Adult Retail Stores." *Journal of Sex Research* 41, no. 2, 2004, pp.173–180.

Reich, Wilhelm. *The Function of the Orgasm: Sex-Economic Problems of Biological Energy*. Translated by V. R. Carfagno. New York: Farrar, Straus and Giroux, 1973.

Ronen, Shelly. "Properly Selling the Improper." *Thresholds* 44, 2016, pp.117–

130.

Rosen, Ruth. *The World Split Open: How the Modern Women's Movement Changed America.* New York: Penguin, 2006.

Royalle, Candida. "What's a Nice Girl Like You…" In *The Feminist Porn Book: The Politics of Producing Pleasure,* edited by Tristan Taormino, Celine Parreñas Shimizu, Constance Penley, and Mireille Miller-Young, pp.58–69. New York: Feminist Press, 2013.

Rubin, Gayle. "Thinking Sex: Notes for a Radical Theory of the Politics of Sexuality." In *The Lesbian and Gay Studies Reader,* edited by Henry Abelove, Michele A. Barale, and David Halperin, pp.3–44. New York: Routledge, 1993.

Samois. *Coming to Power: Writings and Graphics on Lesbian s/m.* Boston: Alyson, 1981.

Sarachild, Kathie. "A Program for Feminist 'Consciousness Raising.'" In *Notes from the Second Year: Women's Liberation,* edited by Shulamith Firestone and Anne Koedt, pp.78–80. New York: Radical Feminists, 1970.

Schalet, Amy T., John S. Santelli, Stephen T. Russell, Carolyn T. Halpern, Sarah A.

Miller, Sarah S. Pickering, Shoshana K. Goldberg, and Jennifer M. Hoenig. "Invited Commentary: Broadening the Evidence for Adolescent Sexual and Reproductive Health and Education in the United States." *Journal of Youth and Adolescence* 43, 2014, pp.1595–1610.

Schmitt, Bernd. *Experiential Marketing: How to Get Customers to Sense, Feel, Think, Act, and Relate to Your Company and Brands.* New York: Free Press, 1999.

Schmuckler, Sophie. "How I Learned to Stop Worrying and Love My Dildo." In *Coming to Power: Writings and Graphics on Lesbian s/m,* edited by Samois. Boston: Alyson, 1981.

Sender, Katherine. *Business, Not Politics: The Making of the Gay Market.* New York: Columbia University Press, 2004.

Shulman, Alix. "Organs and Orgasms." In *Woman in Sexist Society: Studies in Power and Powerlessness,* edited by Vivian Gornick and Barbara K. Moran, pp.292–303. New York: Mentor, 1971.

Sides, Josh. *Erotic City: Sexual Revolutions and the Making of Modern San Francisco.* Oxford: Oxford University Press, 2009.

Skeggs, Beverley. *Formations of Class and Gender: Becoming Respectable*. London: Sage, 1997.

Smith, Clarissa. *One for the Girls: The Pleasures and Practices of Reading Women's Porn*. Bristol, U.K.: Intellect, 2007.

Stallybrass, Peter, and Allon White. *The Politics and Poetics of Transgression*. Ithaca, NY: Cornell University Press, 1986.

Storr, Merl. *Latex and Lingerie: Shopping for Pleasure at Ann Summers Parties*. Oxford: Berg, 2003.

Strasburger, Victor C., and Sarah S. Brown. "Sex Education in the 21st Century." *Journal of the American Medical Association* 312, no. 2, 2014, pp.125–126.

Taormino, Tristan. *Down and Dirty Sex Secrets*. New York: Regan Books, 2001.

Taormino, Tristan. *True Lust: Adventures in Sex, Porn and Perversion*. San Francisco: Cleis, 2002.

Taormino, Tristan. *The Ultimate Guide to Anal Sex for Women*. San Francisco: Cleis, 1998.

Taormino, Tristan, Celine Parreñas Shimizu, Constance Penley, and Mireille Miller-Young, eds. *The Feminist Porn Book: The Politics of Producing Pleasure*. New York: Feminist Press, 2013.

Tedlock, Barbara. "From Participant Observation to the Observation of Participation: The Emergence of Narrative Ethnography." *Journal of Anthropological Research* 47, 1991, pp.69–94.

Tiefer, Leonore. "Sex Therapy as Humanistic Enterprise." *Sexual and Relationship Therapy* 21, no. 3, 2006, pp.359–375.

Twitchell, James B. *Branded Nation: The Marketing of Megachurch, College Inc., and Museumworld*. New York: Simon and Schuster, 2004.

Vance, Carole. *Pleasure and Danger: Exploring Female Sexuality*. New York: Routledge and Kegan Paul, 1984.

Voss, Georgina. "'Treating It as a Normal Business': Researching the Pornography Industry." *Sexualities* 15, no. 3–4, 2012, pp.391–410.

Warne, Gary. "Demystifying Business." In *The Briarpatch Book*, edited by the Briarpatch Community. San Francisco: New Glide, 1978.

Warner, Michael. *The Trouble with Normal: Sex, Politics, and the Ethics of Queer Life*. Cambridge, MA: Harvard University Press, 1999.

Weiss, Margot. *Techniques of Pleasure: bdsm and the Circuits of Sexuality*.

Durham, NC: Duke University Press, 2011.

Weitzer, Ronald, ed. *Sex for Sale: Prostitution, Pornography, and the Sex Industry*, 2nd ed. New York: Routledge, 2010.

William, Brooke, and Hannah Darby. "God, Mom, and Apple Pie: 'Feminist' Businesses as an Extension of the American Dream." *off our backs*, February 28, 1976.

Williams, Dell. "Roots of the Garden." *Journal of Sex Research* 27, no. 3, 1990, pp.461–466.

Williams, Dell, and Lynn Vannucci. *Revolution in the Garden: Memoirs of the Garden Keeper.* Santa Rosa, CA: Silverback, 2005.

Winks, Cathy. *The Good Vibrations Guide to Adult Videos.* San Francisco: Down There Press, 1998.

Woodul, Jennifer. "What's This about Feminist Businesses?" In *Feminist Frameworks: Alternative Theoretical Accounts of the Relationships between Women and Men*, edited by Alison M. Jaggar and Paula A. Rothenberg, pp.196–204. New York: McGraw-Hill, 1978.

Zeisler, Andi. *We Were Feminists Once: From Riot Grrrl to Covergirl®, the Buying and Selling of a Political Movement.* New York: PublicAffairs, 2016.

Interviews

Molly Adler (cofounder, Self Serve), June 25, 2008, Albuquerque, NM.

Kim Airs (founder, Grand Opening), August 4, 1999, Boston; May 26, 2014, Las Vegas.

Amber (customer), December 29, 2015, telephone.

Amy Andre (former sex educator/sales assistant [SESA]/education department, Good Vibrations), July 10, 2008, telepahone.

Dan Athineos (assistant store manager, Babeland NYC), October 19, 2001, New York City.

Babeland Roundtable Discussion (cofounder Claire Cavanah and staff sex educators Christine Rinki, Felice Shays, Saul Silva, and Jamye Waxman), November 23, 2002, New York City.

Ellen Barnard (cofounder and owner, A Woman's Touch), June 25, 2007, Madison, WI.

Stephanie Basile (organizer, Retail, Wholesale and Department Store Union), July 6, 2016, telephone.

Isaiah Benjamin (mail order employee, Babeland), June 7, 2002, Oakland, CA.

Marilyn Bishara (founder, Vixen Creations), June 5, 2002, San Francisco.

Metis Black (founder and president, Tantus), April 1, 2008, telephone; August 22, 2010, telephone.

Joani Blank (founder, Good Vibrations), October 20, 1999, telephone; February 6, 2002, telephone; June 12, 2002, Oakland; May 9, 2003, telephone; July 14, 2008, Oakland; November 13, 2013, Oakland.

Susie Bright (former manager, Good Vibrations), June 18, 2010, telephone.

Claire Cavanah (cofounder and owner, Babeland), August 30, 2001, New York City.

Dana Clark (store manager, Babeland NYC), July 30, 2001; August 24, 2001, New York City.

Janell Davis (former SESA, Good Vibrations), November 9, 2001, telephone.

Coyote Days (product and purchasing manager, Good Vibrations), March 18, 2008, San Francisco; July 5, 2016, telephone.

Greg DeLong (founder, NJoy), April 8, 2008, Las Vegas; December 1, 2010, telephone.

Rebecca Denk (general business manager, Babeland), January 10, 2002, telephone; October 12, 2003, telephone.

Searah Deysach (founder, Early to Bed), June 24, 2007, Chicago; April 24, 2015, Chicago.

Betty Dodson (author/artist), December 3, 1999, telephone.

Erin Doherty (mail order manager, Babeland), June 6, 2002, Oakland, CA.

Ben Doyle (general business manager, Good Vibrations), June 17, 2002, San Francisco.

Andy Duran (educational outreach and affiliate manager, Good Vibrations), July 18, 2016, telephone.

Roma Estevez (former SESA/porn reviewer and buyer, Good Vibrations), November 9, 1999; November 22, 1999, Northampton, MA.

Matie Fricker (cofounder and owner, Self Serve), June 25, 2008, Albuquerque, NM; December 18, 2015, telephone; July 7, 2016, telephone.

Kristina Garcia (sex educator, Babeland Seattle), February 25, 2002, telephone.

Paula Gilovich (sex educator, Babeland Seattle), February 19, 2002, Seattle.

Gina (customer), March 18, 2008, San Francisco.

Charlie Glickman (SESA, Good Vibrations), June 15, 2002, San Francisco; November 2, 2007, telephone.

Phoebe Grott (senior buyer, Babeland), January 17, 2013, Las Vegas.

Laura Ann Haave (owner, Tool Shed), November 20, 2013, telephone.

Terri Hague (former SESA, Good Vibrations), March 28, 2002, telephone.

Candy Halikas (former sales clerk, Forbidden Fruit), November 30, 2001, New York City.

Dena Hankins (marketing associate, Babeland), June 10, 2002, Okaland, CA.

Heather (customer, Babeland), August 1, 2001, New York City.

Marlene Hoeber (former designer, Vixen Creations), August 27, 2015, telephone.

Nenna Joiner (founder and owner, Feelmore), July 14, 2008, San Francisco; September 16, 2011, Oakland, CA; October, 11, 2015, telephone.

Jacq Jones (assistant store manager, Babeland), April 12, 2002, New York City; (founder and owner, Sugar), October 11, 2007, telephone.

Aileen Journey (founder, Intimacies), October 20, 1998; October 25, 1999, Northampton, MA.

Juawana (customer, Babeland), July 1, 2015, Las Vegas.

Joel Kaminsky (owner, Good Vibrations), November 14, 2013, Oakland, CA.

Sarah Kennedy (producer, Sexpositive Productions/SESA, Good Vibrations), June 13, 2002, San Francisco.

Karoline Khamis (founder and owner, Toyboxx), August 15, 2015, Las Vegas.

Robert Lawrence (customer, Good Vibrations), August 25, 2015, telephone.

Dan Martin (owner, Vibratex), April 9, 2013, Las Vegas.

Eve Meelan (president, board of directors/porn reviewer-buyer, Good Vibrations), June 17, 2002.

Gene Menger (marketing manager, Forbidden Fruit), May 21, 2002, Austin, TX.

Tyler Merriman (purchasing manager, Babeland Seattle), February 19, 2002, Seattle.

Annie Michelson (sex educator, Babeland Seattle), February 25, 2002, telephone.

Alliyah Mirza (founder, Earth Erotics), August 22, 2010, telephone.

Gail Monat (manager, Intimacies), August 29, 2001, Northampton, MA.

Amanda Morgan (sexual health educator), August 22, 2010, Las Vegas.

Chephany Navarro (sales clerk, Pink Pussycat), October 12, 2001, New York City.

Susan Ott (sales clerk, Intimacies), May 5, 2001, Northampton, MA.

Archer Parr (mail order, Babeland Oakland), June 7, 2002, Oakland, CA.

Jennifer Pritchett (founder and owner, Smitten Kitten), September 16, 2012, Long Beach, CA.

Carol Queen (staff sexologist, Good Vibrations), June 8, 2002, San Francisco.

Lizz Randall (store manager, Babeland Seattle), February 22, 2002, Seattle.

Lynn Raridon (owner, Forbidden Fruit), March 26, 2002, Austin, TX.

Shar Rednour (cofounder, SIR Video/former part-time SESA, Good Vibrations), June 7, 2002, Berkeley, CA.

Alicia Relles (sex educator, Babeland NYC), October 25, 2001, New York City.

Christine Rinki (sex educator, Babeland NYC), October 16, 2001, New York City.

Thomas Roche (marketing manager, Good Vibrations), June 17, 2002, San Francisco.

Candida Royalle (founder, Femme Productions), November 7, 2001, telephone.

April Sanchez (sales clerk, Forbidden Fruit), June 1, 2002, Austin, TX.

Carrie Schrader (general business manager, Babeland), June 21, 2001; November 21, 2001, New York City.

Anne Semans (former employee, Good Vibrations), June 25, 2002, telephone.

Sherri Shaulis (senior editor of pleasure products at Adult Video News), June 20, 2016, telephone.

Felice Shays (sex educator, Babeland NYC), November 27, 2001, New York City.

Lamalani Siverts (sex educator/assistant purchasing manager, Babeland Seattle), February 22, 2002.

Lena Solow (sex educator, Babeland NYC), July 8, 2016, telephone.

Angelique Stacy (store manager, Good Vibrations), March 21, 2008, San

Francisco.

Jackie Strano (cofounder, SIR Video; executive vice president, Good Vibrations), June 7, 2002, Berkeley, CA; November 14, 2013, Oakland, CA.

Tristan Taormino (author and sex educator), November 2, 1999, telephone; December 17, 2015, telephone.

Brandie Taylor (assistant store manager, Babeland Seattle), February 21, 2002, Seattle.

Rachel Venning (cofounder and owner, Babeland), March 14, 2002, telephone; July 19, 2016, telephone.

Jamye Waxman (sex educator, Babeland NYC), November 29, 2001, New York City.

Laura Weide (marketing manager, Babeland), February 1, 2002, telephone; June 11, 2002, San Francisco.

Ziadee Whiptail (manager, education department, Good Vibrations), March 29, 2002, telephone.

Dell Williams (founder, Eve's Garden), November 20, 2001; November 28, 2001, New York City.

Cathy Winks (former manager, Good Vibrations), June 27, 2002, telephone.

오랜 기간 한국에서 여성으로 규정되고 사회화되어온 사람 중에서 자신의 섹슈얼리티를 드러낼 때 폭력의 예감*을 느끼지 않을 이는 매우 드물 거라고 생각합니다. 직접적인 성폭력을 경험하지 않는다 해도 여론이, 미디어가, 판례가 성적 존재로서의 여성이 얼마나 취약한지 끊임없이 상기시켜줍니다. 우리는 옷차림의 선택, 미소 짓기, 특정 시간에 특정 공간으로 가기, 음식을 덜어주는 행위처럼 일상적이고 사소한 행동들이 쉽게 성적 동의로 오해받을 수 있고, 그리하여 성적 가해자에게 면죄부를 줄 수 있다고 지속적으로 주입받습니다. 슬프게도, 이런 일은 정의롭지 못한 법원의 판결이나 사회적 책임을 저버리는 언론, 또는 소셜미디어나 인터넷 커뮤니티처럼 익명성 뒤

---

* 도미야마 이치로의 책 제목(《폭력의 예감》) 및 그가 고안해낸 표현에서 따온 말이지만, 본래의 맥락과 긴밀한 연관이 있지는 않습니다.

에서 폭력에 도취되는 사람들이 모인 곳에 국한되지 않고 일어납니다. 친밀한 이들에게 받는 사랑과 염려를 통해서도 우리는 끊임없이 이런 메시지를 받기 때문입니다.

성적 보수주의라는 가면을 쓰고 이성애자 시스젠더 남성을 제외한 모든 소수자의 성을 억압하고 규율해온 사회에서, 권력의 역학과 위치의 차이를 고려하지 않은 채 그저 성적 욕망을 표출하고 추구하자는 말은 약자에 대한 또 다른 폭력을 예고하는 것에 지나지 않습니다. 그러니 많은 여성이 차라리 성을 아예 거부하고 섹슈얼리티를 부정하자는 주장에 더 찬성과 공감을 표하는 현상도 이해할 만합니다. 페미니스트 연구자가 되고자 공부할 때조차도 우리는 학문의 언어로 그것을 접하게 됩니다. 1970~1980년대를 전후한 시기, 헬렌 론지노[Helen Longino], 캐서린 매키넌[Catharine MacKinnon], 안드레아 드워킨[Andrea Dworkin], 로빈 모건[Robin Morgan] 등의 페미니스트 이론가들은 여성에게 가해지는, 섹슈얼리티를 경유하거나 도구화한 젠더 폭력을 정교하게 이론화함으로써 많은 여성과 남성들의 이론적·실천적 지지를 얻었습니다. 그들의 저작을 발굴하고 재평가하려는 시도는 지금도 계속되고 있습니다.

하지만 여성의 섹슈얼리티와 결부되어 일어나는 폭력에 주의를 기울여야 한다는 메시지는 쉽게 섹슈얼리티, 특히 여성의 몸과 섹슈얼리티 자체에 대한 혐오와 거부(보디·섹스 네거티비티)로 변질되거나 왜곡됩니다. 여성의 섹슈얼리티는 언제나 여성 자신에게 위험하고 파괴적인 데 반해 여성의 몸은 극도로 취약하다는 이유를 들어, 여성이 자신의 몸과 섹슈얼리티를 항상 조심해야 하고 쉽게 드러내서는 안 되며 때로는 아예 거부해야만 한다고 주장하는 것입니다. 하지만 결국 우리는 불가피한 질문들을 던지게 됩니다. 비록 다른 동기에서 도출된 결론이라 해도 가부장제의 여성 억압('순결을 지켜라' '재생산과 분리된 성애를 즐기는 여성을 처벌하라')을 동일하게 반복하는 결론이 과연 최선일지, 이미 자신의 몸 그리고 섹슈얼리티와 불화하고 그것들을 자아에 통합시키지 못해 괴로움을 겪고 있는 이들에게 그것을 계속 부정하라고 말해도 되는지, 성애를 거부하고 회피하는 태도만으로 충분히 안전을 보장받을 수 있는지, 그러한 부정의 요구가 성적 지향이 서로 다른 사람들에게 모두 똑같은 영향을 미치는지와 같은 질문들이 바로 그것입니다.

그러다 보면, 결국 성차별의 종식을 추구하는 이론이자 실천인 페미니즘*이 성애의 생산적이고 긍정적인 측면을 논할 수 있는 언어를 완전히 포기하는 것이 과연 현명한 선택인지 의심하게 됩니다. 이념적인 정당성뿐 아니라 전략적 효용이라는 측면에서도 말입니다. 여성의 안전지대는 성적으로 살균된 곳이라고 선포하고, 섹슈얼리티의 폭력성을 성토하는 것 이외에는 성 관련 문제에 침묵과 금지로 일관할 것을 요구하는 담론은 어쩌면 스스로 만들어낸 금지와 부정의 경계에 포획될지도 모릅니다. 그렇게 되면 우리는 페미니즘의 언어로 동의와 거부, 관계와 자립, 사랑과 폭력처럼 인간의 상호작용 과정에서 언제나 발생하는 모순과 협상의 역학을 규명하고 재협상할 기회를 상당 부분 잃게 될 것입니다. 이 책에 등장하는 섹스 포지티브 페미니스트들을 비롯하여 많은 포스트구조주의 페미니스트 및 퀴어

---

* 벨 훅스의 페미니즘 정의를 참고했습니다. 벨 훅스, 《모두를 위한 페미니즘》, 이경아 옮김, 권김현영 해제, 문학동네, 2017.

이론가들이 섹스 네거티비티를 비판하고, 섹슈얼리티의 긍정적이고 해방적인 측면을 소수자의 관점에서 다르게 이론화하고자 한 것은 그 때문입니다. 안티포르노그래피 진영과 섹스 포지티비티 진영의 대립으로 거칠게 요약할 수 있는 이 논쟁은 '성전쟁^{sex war}'으로 일컬어집니다. 이 대립은 아직 끝나지 않았습니다.

이 책은 섹슈얼리티와 쾌락의 힘, 그리고 모든 사람에게 자신의 몸을 바로 알고 즐길 권리가 있음을 굳건히 믿는 사람들의 이야기입니다. 주인공 다수는 여성의 몸과 섹슈얼리티에 쏟아진 염려와 거부의 메시지에 저항하며 나아갔던 여성 페미니스트입니다. 그들은 사회적 소수자에게 가해지는 섹슈얼리티를 경유한 위협을 분명히 인지하고 있었지만, 그것에 굴복한 채 절망하지 않았습니다. 대신 그들은 성적 영역에서 소외되고 배제되었던 사람들을 수면 위로 드러내는 동시에 그런 사람들이 안심하고 편안하게 성을 즐길 수 있는 공간을 만들기 위해 최선을 다했습니다. 그러한 노력이 깃든 장소 중 하나인, 여성을 비롯한 성적 소수자들을 위한 미국 각지의 섹스토이숍이 바로 이 책의 주 무대입니다. 여성의 섹슈얼리티를 포함하여 주변화되고 비정상으로 규정되던 섹슈얼리티들이 배치되는 방식을 문화적·상징적·지리적으로 바꾸는 데 어느 정도 성공하기까지, 이들이 통과한 지난한 여정을 저자의 친절한 안내로 살펴볼 수 있습니다.

이 선구자들은 불굴의 의지와 단호한 용기, 그리고 창조적이고 영리한 전략과 더불어 세상을 더 나은 곳으로 바꾸기 위해 헌신한 멋진 사람들입니다. 비록 우리가 처한 사회경제적 환경은 다르지만, 그들의 이야기는 시간과 국경의 한계를 넘어 여전히 많은 사람에게 영감을 불어넣어줄 힘을 간직하고 있습니다. 하지만 이 책을 옮긴 저는 책이 단지 태생부터 달랐던 용감하고 특출난 여성 영웅들의 이야기로만 읽히지 않기를 바랍니다. 두려움을 느끼지 않는 사람들은 두려움에 맞서 싸우지 않았을 겁니다. 그들 중에도 '언제나 조심해라'라고 말하는 사람들만큼이나 겁먹은 이들이 있었을지도 모릅니다. 하지만 이 책의 주인공들은 성에 대한 자신의 무지와 두려움에 압도되는 대신, 그것을 인정하고 현명한 방식으로 다루고자 했습니다. 그리고 무엇보다 뜻을 같이하는 동료들과 함께 공포와 부정성을 강요하는 주류 사회 및 문화에 맞서 그것을 바꿔낼 힘을 얻었습니다.

이 책이 줄 수 있는 영감은 젠더와 섹슈얼리티 영역에만 국한되지 않습니다. 저자 린 코멜라는 몇몇 영웅적 개인의 서사를 넘어 페미니스트 섹스토이숍과 여성지향적 성산업의 흥망성쇠를 다각도에서 조망하려 노력했습니다. 흥미롭게도 페미니스트 섹스토이숍의 운영 주체들은 자본주의와 상업화라는 사회적 압력을 적극 활용하면서, 오히려 의료화medicalization와 제도화institutionalization의 압력에서 어느 정도 벗어난 소통 방식으로 사람들에게 다가갈 기회를 얻습니다. 하지만 자본주의 사회가 상행위 장소에 부여하는 특권에 편승하는 방식의 사회운동에는 대가가 따르기 마련입니다. 대의를 추구하는 사회운동과 사익 추구가 목적인 기업이라는 조직 형태는 잘 융합될 수 있을까요? 또 영리단체이면서 운동 조직인 이곳에서 구성원들은 자신을 무엇으로 정의하고, 어떤 방식으로 정당한 보상을 받아야 할까요? 독자분들은 이 책을 읽으며 섹슈얼리티와 문화는 물론이고, 사회운동, 소매업, 조직과 개인, 대의와 현실이 복잡하게 얽힌 미로 속에서 길을 잃는 주인공들의 모습까지 생생히 목격하실 수 있을 것입니다. 이 책에 담긴 내용은 더 나은 세상을 꿈꾸는 모든 이에게 귀중한 자원이 될 수 있을 것입니다.

번역할 기회를 얻어 진심으로 영광이라고 말할 만한 책을 만나는 행운은 번역자에게 쉽게 주어지지 않습니다. 저에게 《바이브레이터의 나라》는 바로 그런 책이었습니다. 이 책의 입장에서야 더 나은 번역자를 만나는 행운을 누리지 못해 안타까울 수도 있겠지만, 이 책이 자신의 진실을 간직한 채 한국의 독자들을 만날 수 있도록 기울인 노력만큼은 그 누구에게도 지지 않을 거라고 감히 자부해봅니다.

번역 과정에서 받은 많은 도움을 주어진 지면에 모두 열거할 수 없어 죄송한 마음으로 일부만 언급하고자 합니다. 제 반려동물인 동거 고양이 둘리는 언제나 더없는 위로와 사랑을 베풀어 번역을 계속할 힘을 주었습니다. 번역 과정에서 배려와 지원을 아끼지 않으신 출판사 오월의봄, 모자란 문장을 가다듬어 제대로 된 한국어로 바꿔주신 편집자인 임세현 선생님과 윤현아 선생님께 깊이 감사드립니다. 특히 임세현 선생님은 이 책의 한국어판이 존재해야 한다고 (아마도) 이 세상에서 처음으로 결심하신 기획자이며, 번역어의 문화적 맥락을 고민하는 험난한 과정을 함께해주셨습니다. 이해하기 어려운 학술어와 원서 문장의 형태를 고집하는 옮긴이의 편협함을 부드럽지만 단호하게 깨우쳐주시고 옮긴이의 작은 실수까지 예리하게 잡아내주신 임세현 선생님 덕분에 이 책이 더 많은 독자에게 전해질 수 있었습니다.

마지막으로 이 번역 작업은 많은 선행 작업이 있었기에 비로소 세상에 나올 수 있었던 결과물입니다. 따라서 한국에서 관련 텍스트를 쓰고 번역하신 앞선 분들께 가장 큰 감사를 표하고자 합니다. 번역을 포함한 모든 텍스트는 다른 텍스트에 빚을 지고 태어나지만, 한국에서 페미니스트 섹스 포지티비티를 다루는 책이 출판될 수 있었던 것은 전적으로 대가를 바라지 않고 길을 열어주신 많은 글쟁이들 덕분입니다. 예컨대, 만일 1998년에 섹슈얼리티 매거진 《BUDDY》가 창립되지 않았더라면, 만일 2005년에 또하나의문화에서 《우리 몸 우리 자신》의 한국어판을 출간해주시지 않았더라면 이런 책이 정식으로 출판될 수 없었을지도 모릅니다. 글이 수난을 겪는 시대라고들 하지만, 텍스트로 정돈된 사유의 결과물은 여전히 무시할 수 없는 힘을 가지고 있습니다. 언젠가 다시 용기와 창조력 그리고 희망을 통해 세상을 바꾼 멋진 사람들의 이야기가 멀리서 전해질 때, 이 책 또한 타고 넘을 수 있는 길이 되기를 바랍니다.

2022년 10월

조은혜(또는 이브리)

바이브레이터의 나라

초판 1쇄 펴낸날 2022년 11월 8일
지은이 린 코멜라
옮긴이 조은혜
펴낸이 박재영
편집 이정신·임세현·한의영
마케팅 신연경
디자인 조하늘
제작 제이오
펴낸곳 도서출판 오월의봄
주소 경기도 파주시 회동길 363-15 201호
등록 제406-2010-000111호
전화 070-7704-2131
팩스 0505-300-0518
이메일 maybook05@naver.com
트위터 @oohbom
블로그 blog.naver.com/maybook05
페이스북 facebook.com/maybook05
인스타그램 instagram.com/maybooks_05

ISBN 979-11-6873-039-7 03300

만든 사람들
편집 윤현아·임세현
디자인 조하늘